DIETMAR KUHN

DER GEBURTENRÜCKGANG ALS FAMILIENPROBLEM

Strukturlogische Problemanalyse
des übergreifenden sozialanthropologischen Fragestandes

FÜR ALFRED KLOSE

DIETMAR KUHN

DER GEBURTENRÜCKGANG ALS FAMILIENPROBLEM

Strukturlogische Problemanalyse
des übergreifenden sozialanthropologischen Fragestandes

VWGÖ
WIEN 1981

Die Arbeit ist Bestandteil eines vom Jubiläumsfonds der Oesterreichischen Nationalbank geförderten Projekts 'Weiterführende Studien über den Geburtenrückgang'. Die Drucklegung wurde finanziell von der Oesterreichischen Nationalbank unterstützt.

CIP-Kurztitelaufnahme der Deutschen Bibliothek

Kuhn, Dietmar:

Der Geburtenrückgang als Familienproblem: strukturlogische Problemanalyse des übergreifenden sozialanthropologischen Fragestandes / Dietmar Kuhn. — Wien : Verlag des Verbandes der Wissenschaftlichen Gesellschaften Österreichs, 1981.

ISBN 3-85369-488-8

© Verlag und Kleinoffsetdruck:
Verband der wissenschaftlichen Gesellschaften Österreichs, A-1070 Wien, Lindengasse 37

Satzherstellung:
Fa. EXAKTA, 1180 Wien

ISBN 3-85369-488-8

INHALTSVERZEICHNIS

ERSTER ABSCHNITT

ZWEITER ABSCHNITT

Die Weitergabe des Lebens in Abhängigkeit von der Familienfrage 77

DRITTER ABSCHNITT

Zusammenfassung und Schlußfolgerungen 169

VORWORT

Will man das Phänomen des in unserer spätindustriellen Gesellschaft mit den frühen sechziger Jahren unseres Jahrhunderts einsetzenden Geburtenrückganges *in eine systematische Beziehung setzen zur Familienfrage,* so gehört dies zweifellos zum schwierigsten und risikoreichsten Unterfangen innerhalb der Gesamtbeschäftigung mit unserer generativen Gegenwartsproblematik. Dies erhellt auch aus dem überraschenden Umstand, daß bis jetzt — 20 Jahre nach dem Einsetzen des Fruchtbarkeitsrückganges — trotz der inzwischen immens angewachsenen Literatur unseres Wissens noch kein Vorläufer eines solchen Versuches einer systematischen Problemerfassung des gestörten generativen Prozesses unter der erkenntnisleitenden Perspektive des Familienthemas bekanntgeworden ist (zumindest nicht im deutschsprachigen wissenschaftlichen Schrifttum). Im Widerspruch zu den tragenden Ansatzbetrachtungen eines Großteils der tonangebenden bevölkerungswissenschaftlichen Forschung der siebziger Jahre geht unser vorliegendes Unternehmen von einer ganz eigenständigen Erfassung und Aufarbeitung der Problematik aus. Die folgende Darstellung ist das komprimierte Ergebnis weitläufiger außer-fachdemographischer Befassung mit der außerordentlich *komplexen* Gesamtthematik. In diesem komprimierten Ergebnis wird die Problematik einerseits in die Tiefe letztmöglicher Wurzelklärung ausgelotet, andererseits wird versucht, die geradezu unabsehbare Breite auch der *horizontalen* Problemverästelung überblicksmäßig in den Griff zu bekommen. Die alleinige Absicht dieser Studie besteht in einer problemganzheitsbezogenen Grundlagenklärung der familienrelevanten Kernproblematik. Durch diese Grundlagenklärung ist die darauf aufbauende Bearbeitungsrichtung der *Teil*probleme bereits vorgezeichnet. Die nähere Verfolgung solcher *Teil*probleme oder gar die Erörterung von *Einzelfragen* kann aber angesichts der gegebenen hundertfachen Problemverästelung nur als *je separate* Weiterführung unserer Ansatzerfassung geschehen. Im Rahmen unserer Grundlagenbearbeitung ist dies auch deshalb nicht möglich, weil damit sogleich eine Explosion des Stoffumfanges die Folge wäre.

Im Rahmen unserer damit begründeten rigorosen Kürzungen, die eine Vermischung von Grundlagen- und Teilproblemstudie verhindern wollten, haben wir schlußendlich auch darauf verzichtet, einen umfangreich ausgearbeiteten *empirischen* Teil in Gestalt einer familienstatistischen Datensammlung (betreffend die Nachkommenschaftsentwicklung und die ökonomische Familiensituation) samt vielfältiger numerischer und graphischer Bearbeitung in diese Arbeit aufzunehmen. Abgesehen davon, daß sich dieser Teil im Schwerpunkt nur auf Österreich beschränkt hätte, scheinen uns die zusätzlich damit verbundenen hohen Druckkosten nicht gerechtfertigt, weil gerade in der Zwischenzeit gute und umfangreiche bevölkerungsstatistische Veröffentlichungen auch mit Bezug auf die Familiensituation in Österreich wie im benachbarten Ausland erschienen sind. Dasselbe gilt für die *ökonomische* Situation der Familie. Vor allem die einschlägigen Arbeiten des Österreichischen Statistischen Zentralamtes und seiner führenden Demographen, sodann die damit verzahnten Bemühungen des noch jungen Wiener Instituts für Demographie und schließlich die u. a. von diesen Fachleuten für den Zweiten Österreichischen Familienbericht (1979) umfangreich bearbeiteten Datenmaterialien lassen den Abdruck unserer zwar großenteils zuvor schon abgeschlossen gewesenen einschlägig eigenen Ausarbeitungen wegen vielfältiger Überschneidungen und der zusätzlichen Kosten nicht mehr als lohnenswert erscheinen.

Ein weiterer Grund besteht darin, daß die (demographischen und ökonomischen) fachstatistischen Datenbearbeitungen — so sie ihre diesbezügliche Zielsetzung nicht überschreiten und methodisch einwandfrei sind — zum Unterschied von unserer anthropologischen Themenbearbeitung weithin *unbestritten,* also nicht Gegenstand der *kontroversen* wissenschaftlichen und gesellschaftspolitischen Diskussion sind. Im Hinblick auf die strittigen normativen Fragebezüge handelt es sich dabei um eine *standpunktneutrale* Ermittlung und Verarbeitung der einschlägigen bevölkerungs- und sozialstatistischen Daten. In *unserer* Themenstellung hingegen stehen im Rahmen der existenziellen Selbstdeutung menschlichen Lebens die darin steckenden kontroversen Sinnziele bzw. Wertorientierungen notgedrungen im Zentrum des Klärungsinteresses. Gerade in diesem anthropologischen Bezugsrahmen aber fehlt unseres Wissens bisher eine grundlegende Bearbeitung der Problematik des Geburtenrückganges unter dem erkenntnisleitenden Gesichtspunkt der Familienfrage. Es scheint uns deshalb wichtig, diesen (theoretischen) Teil unserer Problembearbeitung hier zu publizieren und den (durch inzwischen erschienene andere Arbeiten nicht mehr dringend notwendigen) *empirischen* Teil mit seinen bevölkerungs- und sozialstatistischen Materialien auszuscheiden.

Die in der Sache liegende *kontroverse* Diskussion über die anthropologischen Grundlagenprobleme des Fortpflanzungsverhaltens überschreiten sachnotwendig die Dimension der *einzelmenschlichen* Lebenslage und reichen hinein bis mitten in den Bereich der (ebenso kontroversen) *öffentlichen* Ordnungsvorstellungen. Da die vorliegende Problemanalyse eine echte Klärungshilfe sein will für die gerade in der wissenschaftlichen Diskussion bisher weithin verdrängten *entscheidenden* Determinantenkomplexe, ist große Unbefangenheit und Offenheit — anders ausgedrückt: der Mut zu unpopulärem Widerspruch und zu dem damit verbundenen Bekenntnisrisiko — die einzig zielführende Voraussetzung dieses Unternehmens. Es ist geleitet von der alleinigen Absicht, damit einen Dienst zu erweisen für die Lösung unseres so gemeinwohlbedrohenden generativen Gegenwartsproblems.

Wien, im März 1981

ERSTER ABSCHNITT

Zur sachrichtigen Erfassung des Problemganzen menschlichen Fortpflanzungsverhaltens bzw. der darauf gründenden natürlichen Bevölkerungsentwicklung

Will man die Beziehung der *Familienfrage* zum epochalen Geburtenrückgang unserer spätindustriellen Gesellschaften in der Breite und Tiefe des damit insgesamt berührten sozialanthropologischen Fragestandes erfassen können, ist es unerläßlich, sich eine auffassungserleichternde wie zusammenhangklärende *Überschau der Gesamtproblematik* zu erarbeiten. Die *Verursachungs*seite von jener der *Folgewirkungen* systematisch zu trennen (wie dies fast immer geschieht), erweist sich in einem solchen globalen Grundlagenansatz deshalb nicht als optimal, weil infolge der interdependenten Rückkoppellungseffekte die *Auswirkungen* des geänderten Nachkommenschaftsverhaltens sich in vielerlei Hinsicht gleichzeitig wieder in einer *Veränderung der Verursachungskonstellation* niederschlagen. Eine genaue Trennung nach diesem Einteilungskriterium bringt für eine solche Untersuchung wie die unsere mehr erkenntnistrübende Nachteile als klarheitsfördernde Vorteile. Diese methodische Überlegung ist ein Ergebnis unserer langwierig einschlägigen Vorstudien. In der vorliegenden Grundlagenerarbeitung ist der *Verursachungs*aspekt ebenso wie jener der *Auswirkungen* der hochgradig defizitären Nachkommenschaftsleistung *jeweils aus dem konkreten Erörterungszusammenhang* hinreichend ersichtlich.

Die *volle* Bedeutung der Familie für das so komplexe Phänomen des Geburtenrückganges erschließt sich erst über den Rückgriff einer *allgemeinen Grundlagenerfassung des Problemganzen menschlichen Fortpflanzungsverhaltens* als des Verursachungsgeschehens für die darauf aufruhende natürliche Bevölkerungsentwicklung. Dieses Problemganze gilt es zunächst in den Blick zu nehmen; denn darauf ruht das sachrichtige Verständnis *aller* Bearbeitungsaspekte des Geburtenrückganges – nicht nur jenes der von uns hier in der engeren Fragestellung behandelten *Familien*thematik.

In einer solchen allgemeinen Grundlagenerfassung des Problemganzen menschlichen Fortpflanzungsverhaltens müssen somit *alle wesentlichen* Sektoren, Aspekte bzw. Dimensionen des Nachkommenschaftsproblems *gleichzeitig* Berücksichtigung finden. Wie immer man es dabei anfängt: man kommt von *jedem* Gesichtspunkt, von *jedem* Teilproblem, von *jeder* Einzelfrage aus rasch in eine sich geradezu in geometrischer Proportion ausdifferenzierende Problemverästelung sowohl *innerhalb* des jeweiligen Sektors, Aspekts bzw. der jeweiligen Fragedimension als auch in deren Zuordnung zu den *je benachbarten* und dann zu den *weiter entfernt liegenden* Problembereichen. Man kommt so *von jedem* Ansatzpunkt aus bald in ein regelrechtes 'Meer' interdependent ineinander verschachtelter Faktoren bzw. der darauf aufbauenden Problemkonfigurationen. Auf der Suche nach den *linearen* wie nach den *vielgliedrig-strukturalen* bzw. *multidimensionalen* Ableitungszusammenhängen der nachkommenschaftsrelevanten Geschehnisreihen geht man so lange im Kreis bzw. man bleibt so lange in der Verwirrung ungeordneter Vielfalt, bis es gelingt, die Gesamtproblematik als einheitlich geordnete *Struktur* zu überblicken. Es ist dies nur möglich, wenn man erfahrungs-

orientiert-induktiv von der Peripherie aus Schritt für Schritt zu den immer allgemeineren Grundlagen fortschreitet, bis man schließlich zum Wurzelgrund durchgedrungen
ist, der gleichzeitig eine Über- und Zusammenschau des uferlosen Fragestandes ermöglicht. Dieses Problemganze gilt es als erstes in den Blick zu nehmen. Es geht somit um
die *Grundlegung* unserer dominant familienwissenschaftlichen Fragestellung in Form
einer Basisklärung des Problemganzen menschlichen Fortpflanzungsverhaltens als des
Verursachungsgeschehens für die darauf gründende natürliche Bevölkerungsentwicklung.

Von einem solchen Basisverständnis der übergeordneten Gesamtthematik hängt die
richtige Zuordnung, hängt eine angemessene Gewichtung aller mit dem Geburtenrückgang zusammenhängenden Problemaspekte bzw. ihrer Zusammenfassung zu größeren
Teilproblemen ab. Ziel einer solchen übergreifenden Gesamtschau ist die sachrichtige
Erfassung der logischen Problemstruktur, die sich als das Verhältnis der Teilprobleme
zum Problemganzen definieren läßt. Dadurch soll es möglich werden, zahlreiche vermeidbare Unklarheiten, Mißverständnisse, divergierende bis widersprüchliche Sichtweisen im Ansatz der Problembearbeitung des Geburtenrückganges zu überwinden. Diese
Grundlagenklärung will eine Hilfe darstellen zur Entwirrung der oft unklar ineinander
verschlungenen divergierenden Problemverständnisse und ihrer Konsequenzen in Gestalt vermeidbarer widersprüchlicher Aussagen über die generative Gegenwartsproblematik. Es soll dadurch aufhellendes Licht in die für jede Einzelbearbeitung wichtigen
übergeordneten Zusammenhänge kommen. Der einschlägige Mangel ist eine wesentliche Ursache für das seit langem bestehende Durcheinander und Gegeneinander von
Auffassungsrichtungen als Folge unterschiedlicher Problemverständnisse in der bevölkerungswissenschaftlichen und der darauf bezogenen bevölkerungspolitischen Diskussion, was dazu geführt hat, daß der bis in die zweite Hälfte der siebziger Jahre zunächst
anhaltende einschlägige wissenschaftliche Erfolgsoptimismus inzwischen mancherorts
in das Gegenteil einer resignativen Entmutigung umgeschlagen ist. Der Endpunkt dieser Entmutigung liegt in der völligen Kapitulation fachlich-wissenschaftlicher Problemaufarbeitungsbemühungen mit der Begründung, das menschliche Fortpflanzungsverhalten sei mittels 'rationaler' Kriterien nicht zu durchdringen. Ausschlaggebend dafür
sind die zahlreichen als Widersprüche interpretierten ungereimten Sachverhalte, so
daß hinsichtlich der bisher ins Spiel gebrachten Erklärungsansätze menschlichen Fortpflanzungsverhaltens zwar jeweils eine Menge empirischen Materials zur Untermauerung jedes dieser Ansätze beigebracht werden konnte, daneben aber stets auch diverse
Sachverhalte aufgetaucht sind, die als Einwendung (Widerspruch) dagegen interpre-
tierbar sind. Daß die Auffassung von der infolge ihrer 'Irrationalität' wissenschaftlich
nicht lösbaren Frage nach den Steuerungskräften des Fortpflanzungsverhaltens daneben auch als Methode der Verdrängung eingesetzt wird, um so der ansonsten drohenden Aufdeckung inhaltlich nicht erwünschter Problemtatbestände elegant aus dem Weg
gehen bzw. einschlägige Analysenergebnisse vom Anspruch wissenschaftlicher Aussage-
kraft ausschließen zu können, wird an späterer Stelle zu erörtern sein.

1.1 Der zweifache thematische Grundbezug menschlichen Fortpflanzungsverhaltens

Die vom Mangel einer richtigen *Gesamtproblemerfassung* ausgehenden Schwierigkeiten können zunächst dadurch beträchtlich verringert werden, daß man die verschiedenen Problemebenen, unter denen das menschliche Nachkommenschaftsverhalten in Erscheinung tritt und wonach die Themenerfassung orientiert werden kann, zunächst in die beiden grundlegendsten Dimensionen einerseits des *Mikrobereichs des individuell/primärgruppenhaften,* andererseits des *Makrobereichs des gesellschaftlich/staatlichen* Themenbezugs unterscheidet. Beide Problemdimensionen haben für die Vielzahl der insgesamt auftauchenden Einzelaspekte sowie für ihre partielle Zusammenfassung zu komplexeren Problemfeldern mittlerer Reichweite *eine je eigenständige thematische Beschaffenheit.* Sie sind nämlich auf *ganz unterschiedliche* Problemlagen ausgerichtet: die individuell/primärgruppenhafte Lebenslage ergibt mit ihrer andersgearteten Bedürfnis- bzw. Interessenperspektive einen mit der gesellschaftlich/staatlichen Problemebene oftmals nicht deckungsgleichen Themengrundbezug. Für den Einzelmenschen, für das Ehepaar, die Kernfamilie, für die Verwandtschaft und die persönlichen Verkehrskreise bedeuten Kinderlosigkeit, Kinderarmut bzw. Kinderreichtum etwas ganz anderes als die sich daraus ergebenden Bevölkerungskonsequenzen für die Gesellschaft und für den sie ordnungspolitisch gestaltenden Staat. Im erstgenannten Themengrundbezug (Mikroaspekt) kommen die *persönlich relevanten* Problemtatbestände des Nachkommenschaftsverhaltens zur Geltung; im gesellschaftlich/staatlichen Makroaspekt dagegen handelt es sich um die daraus hervorgehenden *überpersönlichen* Folgewirkungen, die aus dem gesellschaftlich aufsummierten individuellen Geburtenverhalten die natürliche Bevölkerungsentwicklung entstehen lassen. So kommt es, daß *ein und derselbe* Nachkommenschaftstatbestand entweder einer hohen (bevölkerungsvermehrenden) oder aber einer geringen (bevölkerungsverringernden) Fruchtbarkeit eine *ganz andere* Problemlage entstehen lassen kann, je nachdem, ob er unter dem einen oder dem anderen der beiden genannten Themengrundbezüge betrachtet wird.

Gesellschaftsweiter Kinderreichtum im Ausmaß des Überwiegens von Vielkinderfamilien zieht unbeschadet etwaiger individuell-familial-verwandtschaftlicher (oder sonstwie primärgruppenhafter) Wünschbarkeit bei einer industriegesellschaftlichen Bevölkerungsweise (hohe Heiratshäufigkeit, niedere Kindersterblichkeit, hohe allgemeine Lebenserwartung) für Gesellschaft und Staat — zumindest auf längere Sicht — negative Folgen einer störenden Übervölkerung nach sich. Die umgekehrte Problematik: individuell/primärgruppenhaft und damit im Aspekt der *persönlichen* Lebenslage wie immer als wünschenswert bzw. vorteilhaft erscheinende Kinderlosigkeit bzw. Kinderarmut (Ein-Kind-Familien) ergibt im Fall einer gesellschaftlich fühlbaren Ausprägung solchen Fortpflanzungsverhaltens — zumindest in der Langzeitwirkung — vielerlei beträchtliche bis große Schwierigkeiten im gesellschaftlich/staatlichen Themenbezug als Folge der daraus entstehenden defizitären natürlichen Bevölkerungsentwicklung. Ein Auseinandertreten der beiden in Rede stehenden thematischen Grundbezüge wird aber nur im Fall einer *Übervölkerung* oder bei der Gegenproblematik einer *Bevölkerungsschrumpfung* wirksam. Stimmt die individuelle Fortpflanzungsbereitschaft mit dem daraus hervorgehenden gesellschaftlichen Bevölkerungseffekt als wünschenswert überein, weil weder eine störende Übervölkerung noch ein nachteiliger Bevölkerungsrückgang die Folge ist, dann erweisen sich diese beiden thematischen Grundbezüge als deckungsgleich.

Ansonsten aber kann *ein und derselbe* generative Sachverhalt sowohl einer *hohen* als auch einer *geringen* Fruchtbarkeit (mit der Folge von Übervölkerung oder Bevölkerungsschrumpfung) jeweils eine *ganz andere* Bedeutung erlangen, je nachdem, unter welchem dieser beiden Themengrundbezüge er betrachtet wird. Infolge der durch den zweigeteilten thematischen Grundbezug gegebenen Problemverschiedenheit ergeben sich daraus auch divergierende bis konträre Zielvorstellungen *hinsichtlich der als wünschenswert angesehenen Lösungsrichtung* bei der Bewältigung der Problematik zu hoher oder zu geringer Fruchtbarkeit. Eine in der *individuell/primärgruppenhaften* Sichtweise (auch nach Art einer unreflektierten Selbstverständlichkeit) als wünschenswert empfundene hohe eheliche Fruchtbarkeit wird *in diesem* thematischen Grundbezug die gesellschaftliche Folgewirkung einer *Übervölkerung* lieber durch Abwanderung des Bevölkerungsüberschusses ins Ausland gelöst sehen wollen als durch eine der persönlichen Einschätzung, dem primärgruppenhaften Lebensvollzug, widerstrebende Anpassung des individuellen Fortpflanzungsverhaltens an das Ziel einer ausgeglichenen natürlichen Bevölkerungsentwicklung (Reduktion der Fruchtbarkeit auf das Maß des 'Null-Wachstums' einer Bevölkerung). Die gegenteilige Sichtweise: Aus der Perspektive der *gesellschaftlich/staatlichen* Problemlage wird eine ihrer Folgewirkungen wegen als unerwünscht einzustufende Übervölkerung lieber *durch Absenkung der ehelichen Fruchtbarkeit der Inlandsbevölkerung auf ihre Bestandserhaltungsrate* als durch Abwanderung des Bevölkerungsüberschusses ins Ausland gelöst werden wollen. Außerhalb der ethnischen sowie der sonstigen (die staatliche Ordnungspolitik tangierenden) Komplikationen und Risken, die eine durch Übervölkerung hervorgerufene größere Wanderungsbewegung im zwischenstaatlichen Leben mit sich bringen kann, sei hier nur auf folgendes vordergründige Argument verwiesen: Die Kinderkosten – nebst allen außerökonomischen (vor allem den erzieherischen) Lasten – für die späteren (erwachsenen) Auswanderer müssen von der eigenen Bevölkerung (nämlich von den Kindeseltern sowie teilweise von den Steuerleistungen und den sonstigen nachwuchsbezogenen Einschränkungen bzw. Belastungen der einen abwandernden Bevölkerungsüberschuß hervorbringenden Gesellschaft) getragen werden, während die bevölkerungsmäßigen Nutznießer dieses 'exportierten' Aufwuchsgelingens die nachwuchsschwachen Einwanderungsstaaten sind, deren Bevölkerung sich von den materiellen und außermateriellen Leistungen, die ein ausreichend eigener Nachwuchs mit sich bringt, freizuhalten weiß.

Umgekehrt wird aus der Perspektive des gesellschaftlich/staatlichen Themenbezugs das Erfordernis ausreichender (bestanderhaltender) Nachkommenschaft in aller Regel zum Wunsch, zur Erwartung führen, daß eine defizitäre natürliche Bevölkerungsentwicklung *durch eine größere Fortpflanzungsbereitschaft der Inlandsbevölkerung* ausgeglichen werde. In der individuell/primärgruppenhaften Perspektive des Themenbezugs jedoch hängt eine *Übereinstimmung* der persönlich relevanten Problemeinschätzung mit dieser gesellschaftlich/staatlichen Erwartung davon ab, ob die einzelnen Ehepaare gewillt sind, ihre mit dem Nachkommenschaftsverhalten in Verbindung stehende individuell/primärgruppenhafte Bedürfnis- bzw. Interessenlage mit den gesellschaftlich/staatlichen Nachwuchserfordernissen in Einklang zu bringen. Wenn ja, wird die individuelle eheliche Fruchtbarkeitsmentalität im Bedarfsfall eine solche gesellschaftlich relevante Zusatzmotivierung akzeptieren und nach Maßgabe der umständebedingten Möglichkeit bei sich selbst wirksam werden lassen; wenn nein, wird das individuelle bzw. einzeleheliche Fruchtbarkeitsverhalten ohne Rücksicht auf die Folgen eines gesamtgesellschaftlich defizitären (oder zu Übervölkerung führenden) Fortpflanzungsverhaltens *ausschließlich* auf den individuell/primärgruppenhaften Themenbezug, d. h. auf die damit erfaßte *persönliche* Bedürfnis- bzw. Interessenlage, ausgerichtet bleiben. Dabei ist es vom Bevölkerungseffekt her einerlei, ob die Bereitschaft, eine solche Zusatzmotivierung des ehelichen Fortpflanzungsverhaltens zu akzeptieren, Ergebnis einer *individuell-eigenständigen* sozialethischen Entscheidung darstellt, oder aber, ob eine solche auf die gesellschaftlichen Nachwuchsbedürfnisse bezogene Zusatzmotivierung mehr oder weniger durch die öffentliche Meinung, die gesellschaftliche Bewußtseinslage, bewirkt wird, der sich die einzeleheliche Verhaltensentscheidung unreflektiert bis unbewußt im Sinne einer außengesteuerten Einstellung anschließt. Wird eine solche gesellschaftsbezogene Zusatzmotivierung als im Bedarfsfall — d. h. bei störender Übervölkerung oder aber bei nachteiliger Bevölkerungsschrumpfung — erforderliches Regulativ der natürlichen Bevölkerungsentwicklung *abgelehnt,* dann scheint in der Perspektive des individuell/primärgruppenhaften Themenbezugs die Lösung des Problems eines gesellschaftlichen Geburtendefizits nicht in der notgedrungen opferbelastenden Erhöhung der ehelichen Fruchtbarkeit der Inlandsbevölkerung als vielmehr in einer *Kompensation des Bevölkerungsabganges durch Einwanderung* (beispielsweise von Gastarbeitern mit ihren Familien) zu liegen.

Die beiden in Rede stehenden thematischen Grundbezüge ergeben also bei bevölkerungsreduzierender ebenso wie bei einer zu Übervölkerung führenden Fruchtbarkeit eine *je eigenständige* Problematik. Trifft der zuletzt geschilderte Fall zu, daß trotz der mit einem länger anhaltenden und ins Gewicht fallenden Geburtendefizit verbundenen gesellschaftlichen Nachteilsfolgen die einzeleheliche Fruchtbarkeitsmentalität eine zur Überwindung dieser Nachteilsfolgen erforderliche gesellschaftsbezogene Zusatzmotivierung der eigenen Nachwuchsbereitschaft *ablehnt,* dann tritt der in Rede stehende *divergierende* thematische Grundbezug voll in Erscheinung. Das jeweils zum Ausdruck kommende Problemverständnis bzw. die daraus abgeleitete Lösungsrichtung zur Bewältigung der demographischen Problematik zu zahlreicher oder zu geringer Nachkommenschaft eines Staatsvolkes mit der Folge von Übervölkerung bzw. Schrumpfung der heimischen Bevölkerungssubstanz ist dann davon abhängig, *auf welchen dieser beiden thematischen Grundbezüge sich eine Problembearbeitung bezieht.* Das ist eine wesentliche Ursache dafür, weshalb nicht nur die bevölkerungs*politische,* sondern auch die ihr heute bis zu einem gewissen Grad meist vorgeschaltete bevölkerungs*wissenschaftliche* Bearbeitung des Geburtenrückganges auf einer *ambivalenten* Betrachtungsweise aufruht, die ein divergierendes Problemverständnis mit daraus abgeleiteten unstimmigen Perspektiven der Problemlösung erzeugt. Hier liegt eine maßgebliche Wurzel für das eingangs erwähnte *uneinheitliche* bevölkerungswissenschaftliche und bevölkerungspolitische Problemverständnis und die daraus hervorgehenden kontroversen (widersprüchlichen) Aussagelinien über unsere generative Gegenwartsproblematik bzw. über die Lösungsrichtung zu deren Bewältigung. Je nachdem, ob der in den spätindustriellen Gesellschaften Europas meist seit den frühen sechziger Jahren anhaltende Geburtenrückgang, der sich bei mehreren von ihnen (darunter insbesondere in den Ländern des deutschen Sprachraumes) ein Jahrzehnt später in die wachsende Defizitzone eines allgemeinen Fruchtbarkeitsverfalls auszuweiten begann, entweder auf die *persönlich relevanten* Konsequenzen des Nachkommenschaftsverhaltens oder aber auf die sich daraus ergebenden *gesellschaftlichen* Folgen der natürlichen Bevölkerungsentwicklung bezogen wird: je nachdem ergibt sich die erörterte Verschiedenheit der Problemlage.

Bei Bedachtnahme auf die *Mikroebene der persönlich relevanten* Konsequenzen bringt — wesentlich verstärkt durch die in unserer Gegenwartsgesellschaft vorherrschende nützlichkeits- bzw. bequemlichkeitsbestimmte Konsumorientierung — die Zielsetzung einer bestandsichernden Nachwuchsleistung zwangsläufig *die damit verbundene Erhöhung der elterlichen Belastungen bzw. Verzichtleistungen* in den Überlegungsmittelpunkt. Es entsteht eine belastungsabwehrende Defensiveinstellung gegen die Vorstellung (Forderung) einer Fruchtbarkeitserhöhung. Ganz anders dagegen ist es bei einer Bedachtnahme auf die *gesellschaftlichen* Konsequenzen unseres bevölkerungsreduzierenden Geburtenrückganges. In diesem Fall ist dieselbe Zielsetzung einer Fruchtbarkeitserhöhung (Wiedererreichung einer bestanderhaltenden Nachwuchsrate) *nicht* auf die abwehrerzeugende Vorstellung *wachsender Belastungen bzw. Verzichtleistungen* bezogen, sondern — im Gegenteil — auf das Bewußtsein einer höchst erstrebenswerten Überwindung der auf längere Sicht drohenden massiven gesellschaftlichen Nachteilsfolgen. Beide Sichtweisen zielen also auf die Vermeidung bzw. Verringerung unerwünschter Nachteilsfolgen; infolge des divergierenden Bezugspunktes stehen sie aber inhaltlich zueinander im Verhältnis eines *kontradiktorischen Gegensatzes*. Eine Verringerung der unerwünschten Nachteilsfolgen der einen Sichtweise führt zwangsläufig zur Vergrößerung der Probleme im anderen thematischen Grundbezug. Folglich läßt die Ausrichtung auf die eine Problemlage einen im Verhältnis zur anderen *gegensätzlichen* Lösungshorizont entstehen (steigende persönliche Verzichtleistung bzw. Belastung contra Überwindung gesellschaftlicher Nachteilsfolgen). Mit der Abwehrhaltung gegenüber einer Fruchtbarkeitserhöhung will die erste Zielperspektive eine größere nachkommenschaftsbedingte Belastung der in der Reproduktionsphase stehenden Ehepaare abwehren; im anderen Fall zielt der gegenläufige Wunsch nach einer höheren (bestanderhaltenden) Geburtenrate auf die Überwindung der defizitären natürlichen Bevölkerungsentwicklung, und zwar wegen der damit gegebenen Bedrohung gesellschaftlicher Funktionalität.

Angesichts dieser konkurrierenden Zielperspektiven muß man sich deshalb darüber klar werden, auf welchen dieser beiden thematischen Grundbezüge die eigene Problemanalyse bezogen ist, auf welchem dieser beiden konträren Problemverständnisse der eigene Bearbeitungsansatz aufruht. Da dies nicht nur in der bevölkerungspolitischen, sondern auch in der ihr vorgeschalteten bevölkerungswissenschaftlichen Diskussion weithin nicht geschieht, kommt es häufig zum genannten unbefriedigenden Ergebnis, daß — meist unerkannterweise oder doch nicht in bewußter Klarheit — unterschied-

liche Problemverständnisse mit den ihnen inhärenten unterschiedlichen Bearbeitungsrichtungen einander gegenüberstehen oder sie sich unklar ineinander vermischen. Daraus
lassen sich viele divergierende bis kontroverse sowie ambivalent-schwankende Aussagen
zum Problemkreis des Geburtenrückganges erklären. Allein daraus ergibt sich das oft so
widersprüchliche, undurchschaubare Gesamtbild des Erörterungsstandes.

1.2 Die der generativen Problembearbeitung erkenntnisleitend und lösungsrichtung-entscheidend vorgelagerte Prämisse der jeweils zugrundeliegenden anthropologischen Grundkonzeption

Es gibt noch ein *zweites* verstecktes Grundlagenproblem, das ebenfalls von großer Bedeutung ist für das Gesamtverständnis bzw. für die Behandlungsrichtung zahlreicher Fragestellungen der generativen Thematik. Es handelt sich dabei um die Wirksamkeit einer vorgelagerten *Grundlagenprämisse* mit weitreichenden Folgen in erkenntnisleitender bzw. lösungsrichtungbestimmender Hinsicht. Wir meinen die Tatsache, daß den in sich unstimmigen Auffassungsrichtungen über die Problematik des Geburtenrückganges oft ein im Hinblick auf die ganze damit präformierte soziale Beziehungsordnung *unterschiedliches menschliches Daseinsverständnis* zugrundeliegt. Auch die Bedeutung dieses in vielfacher Hinsicht lösungsrichtungbestimmenden *differenten Hintergrundes* bleibt meist unerkannt. Wo er ins Bewußtsein tritt, wird er in der Regel stillschweigend übergangen, als ein vermeintlich problemirrelevantes Faktum unreflektiert zur Kenntnis genommen. Auch dort, wo im Rahmen der mit dem Geburtenrückgang zusammenhängenden Problemerörterungen Fragen anthropologischer Zielbildabhängigkeit gelegentlich in den Blick kommen, wird dies in aller Regel *nicht* als Ableitungskonsequenz dieser vorgelagerten Prämisse begriffen. Tatsächlich aber besteht eine inhaltlich weitreichende Entsprechung zwischen dem jeweils zugrundeliegenden basalen Daseinsverständnis in Gestalt der die ganze soziale Beziehungsordnung strukturierenden *anthropologischen Grundkonzeption* einerseits und der für die Einschätzung des Fortpflanzungsverhaltens davon ausgehenden Betrachtungsperspektiven andererseits. Es ist deshalb dringend geboten, diese als Grundlagenphänomen der bevölkerungspolitischen und bevölkerungswissenschaftlichen Problematik unbeachtete bis negierte Prämissenabhängigkeit zum Gegenstand unserer Ausleuchtung des Problemganzen zu machen. Konkret geht es um die sozialphilosophischen Bezugspunkte des Nachkommenschaftsverhaltens, wie sie sich aus den systembildenden Perspektiven des *Individualismus,* des *Kollektivismus* bzw. des sich von beiden unterscheidend abhebenden *personalen Menschenverständnisses* ergeben. Zum besseren Verständnis auch der späteren Darstellung schalten wir hier eine die konstitutiven Elemente dieser drei richtunggebenden *anthropologischen Grundkonzeptionen* im Vergleich erfassende Beschreibung ein. Dies ist umso eher angebracht, als diese drei sozialphilosophischen Grundtypen des menschlichen Selbstverständnisses die dem Nachkommenschaftsverhalten *übergeordneten* Problemlösungsperspektiven *der ganzen sozialen Beziehungsordnung* des Menschen erkennen lassen, so daß die Fortpflanzungsproblematik nur ein konkretisierendes Anwendungsgebiet davon darstellt.

1.2.1 Die systembildenden Perspektiven von Individualismus, Kollektivismus und einer personalen Betrachtungsweise des Menschen

Die Behandlung jedweder anthropologischen Problemstellung führt bei konsequenter Vertiefung sowohl des individuellen als auch des sozialen (gesellschaftlichen) Aspekts zum Erfordernis eines die ganze soziale Beziehungsordnung tragenden *Grundbegriffs*, der den Kreisprozeß wechselseitiger Bedingtheit aller beteiligten Faktoren an einer Stelle zu unterbrechen in der Lage ist und der den Ausgangspunkt bzw. Zielhorizont darstellt, auf den die ganze Problemausfaltung gestaltbildend zu beziehen ist. Ohne einen solchen archimedischen Punkt bleibt jede Forschung um den Menschen als eine in der sozialen Realität in Erscheinung tretende *Ganzheit* in letzter Konsequenz eine ziellose Suchwanderung im Nebel. Dieser letzte Orientierungspunkt betrifft die Klärung der wechselseitigen Verschränkung der individuellen und gesellschaftlichen menschlichen Wesensnatur (Wirknatur). Ohne prinzipielle Lösungshilfe durch den geforderten tragenden Grundbegriff verlaufen sich alle sozialwissenschaftlichen Problemklärungsversuche hinsichtlich dieses Wurzelphänomens der individuo-sozialen Doppelnatur des Menschen im Niemandsland einer letztlich offen bleibenden Zuordnungsproblematik. Ohne diese prinzipielle Lösungshilfe muß bei konsequent in die Tiefe geführter Analyse der Versuch einer an der Problembasis erforderlichen Aufhellung des Zusammenhanges zwischen den sozialen Integrationserfordernissen des Einzelmenschen und der Abgrenzung des Eigenstandes seines individuellen Selbst in einem unentscheidbaren Streit über die Priorität des einen oder anderen dieser beiden Pole enden, vergleichbar der fruchtlosen Diskussion über die Ursprungspriorität von Henne und Ei.

Die Suche nach einem fundamentalen Ansatz zur Bewältigung dieses Problems hat in der Wissenschaftsgeschichte zur Herausarbeitung von drei systembildenden Lösungsperspektiven bzw. zu drei darauf aufbauenden anthropologischen Grundkonzeptionen geführt. Die *erste* setzt Fundament bzw. Zielbestimmung im autonom gewerteten *individuellen Selbstsein* des Menschen an, auf das alles Denken und Leben theoretisch wie ordnungspolitisch ausgerichtet ist. Die *zweite* Lösungsperspektive verlegt die letzte Sinn- bzw. Zielorientierung auf die Ebene des sozialen Kooperationsverbundes der *Gesellschaft*, der gegenüber das Individuum in voller Dienstbarkeit untergeordnet ist. Beide Betrachtungsweisen führen zu einer antinomischen Spaltung des Menschen in seine Individual- und Sozialnatur mit bestimmender Über- und Unterordnung der einen über bzw. unter die andere. Bei systemreiner Ausprägung erweisen sie sich als *monistische* Erklärungsweisen einer mehrdimensionalen Wirklichkeit. Liegt die Dominanzbestimmung auf dem autonom gesetzten individuellen Selbst, dann fällt ihm im Ausmaß des erhobenen Vorranganspruchs die Sozialnatur des Menschen zum Opfer und umgekehrt. Anders ausgedrückt: Entweder kommen die individuellen Grundbedürfnisse oder aber die sozialen Erfordernisse des Menschen unter die Räder. Im Verlauf der jüngeren Wissenschaftsgeschichte und der von ihr beeinflußten gesellschaftlichen Ordnungsvorstellungen ist es zu weitreichender Bevorzugung einer dieser beiden anthropologischen Grundkonzeptionen — des Individualismus oder des Kollektivismus — gekommen.

Die Ursachen dieser Entwicklung sollen uns hier nicht näher beschäftigen. Einige allgemeine Anmerkungen sind jedoch zum besseren Verständnis des Zusammenhanges angebracht. In diesem Sinn sei auf einen wichtigen Generalnenner für die damit im Zusammenhang stehenden forcierten Veränderungen des menschlichen Lebens, also auf einen wichtigen Generalnenner des so rapide in Erscheinung getretenen sozialen Wandels hingewiesen: auf die seit Beginn der Industrialisierung rasant fortschreitende Ausdifferenzierung aller ökonomischen und sozialkulturellen Lebensgrundlagen zu immer zahlreicher gewordenen Sektoren relativ eigenwertbestimmter Teilgebiete mit der Tendenz einer Favorisierung einerseits der einzelmenschlichen, andererseits der dazu in dialektischer Spannung entwickelten gesamtgesellschaftlichen Interessenlage. Auf dem Hintergrund dieser ausschlaggebenden Entwicklungsbedingung, die das menschliche Leben über den sozialen Wandel immer nachdrücklicher in die Zuspitzung einer solchen Polarisierung führte, ist der Beliebtheitsvorsprung von Individualismus und Kollektivismus gegenüber der anschließend zu erläuternden *dritten* systembildenden Lösungsperspektive einer 'personalen' Betrachtungsweise noch durch einen weiteren bedeutsamen Faktor erklärbar. Er besteht in dem Umstand, daß die monistische Reduktion auf eine der beiden genannten Teilnaturen des Menschen sowohl wissenschaftstheoretisch als auch hinsichtlich der öffentlichen Ordnungsvorstellungen lebenspraktisch eine in mancher Hinsicht *eindrucksvollere* Systematik bzw. gesellschaftspolitische Organisation menschlichen Lebens zu ermöglichen scheint; nämlich ein einheitlicher und stringenter wirkendes theoretisches System wie auch ein zu imponierenderen politischen Effekten führendes Organisationsprinzip von Gesellschaft und Staat. Je reiner ein solches System den konsequenten, ja kompromißlosen Aufbau der Basisidee widerspiegelt, desto eindrucksvoller wirkt in mancherlei Hinsicht das durch monistische Blickverengung entstehende monolithische Gebilde. Offenbar ist dies das psychologische Geheimnis der weithin tonangebenden Überlegenheitswirkung, ja mitunter der Faszination, die von den verschiedenen reduktionistischen -ismen ausgeht. So auch beim gegenständlichen Problem. Durch *unilinear* entwickelte anthropologische (gesellschaftliche) Konzeptionen ergibt sich für die individualistische wie für die kollektivistische Betrachtungsweise der gewünschte systembildende Effekt. Infolge Totalsetzung eines Aspekts kommt es in einer zweipolig angelegten Realität zur *Dominanz* eines dieser Pole und im Gefolge der dabei entstehenden Struktureigentümlichkeiten zur Ausbildung imposanter Gebilde sowohl in der theoretischen Systematik als auch in der Dimension des (persönlichen wie gesellschaftlichen) praktischen Lebensentwurfs mit der Befähigung zu effektvoller Wirkungssteigerung der in solch einengender Perspektive liegenden Systembildung. Ein letztlich nur noch auf das Individuum oder die Gesamtgesellschaft bzw. den Staat ausgerichtetes Gestaltungsprinzip menschlichen Lebens besitzt große ungebundenheitssteigernde Vorteile. Individualismus und Kollektivismus verdanken deshalb im Grunde zweifellos diesem wirkungssteigernden Reduktionismus ihre Attraktivität, ihren Verbreitungserfolg.

Im einen Fall wird dem *Einzelmenschen* eine weithin sozialbindungsbefreite Selbstverfügungsmaximierung geboten im Sinne unbehinderter Konzentration aller Lebenskräfte auf seine individuelle Interessenlage; im anderen Fall wird der *Gesamtgesellschaft* bzw. dem *Staat* eine maximale Wirkentfaltung auf Kosten vor allem der kleinen natürlichen Gemeinschaften ('Primärgruppen') und der in ihnen für das Individuum gegebenen persönlichen Freiheitsräume ermöglicht. In beiden Varianten bietet die *monistische* Sichtweise eindrucksvollere, imposantere Möglichkeiten einer Wirkungssteigerung entweder für die individuelle oder für die gesamtgesellschaftlich/staatliche Entfaltungsebene, als dies bei einer *personalen* Betrachtungsweise mit ihrer gleichgewichtigen Einschätzung der individuellen und gesellschaftlichen Wesensnatur des Menschen möglich ist. Die legitimen Bedürfnisse (Rechte) des Einzelmenschen grundsätzlich zu bejahen, sie aber gleichzeitig stark zu beschneiden durch Einschränkung ihres Geltungsanspruchs auf die Erfordernisse des GEMEINWOHLS: diese für eine *personale* Auffassung charakteristische Betrachtungsweise bedeutet für die individualistische und kollektivistische Konzeption ein wirkungsminderndes SOWOHL – ALS AUCH. Was im Strukturbild *personaler* Sichtweise *positiv* als problembewältigende *Synthese* erscheint, ergibt unter dem Betrachtungsgesichtswinkel des Individualismus und Kollektivismus die *negative* Einschätzung eines unbefriedigenden *Kompromisses*.

Ein spezielles Element zur Erklärung des in Rede stehenden Beliebtheitsvorsprungs von Individualismus und Kollektivismus kann sodann darin gesehen werden, daß auch die *Konfrontation* zwischen verschiedenen anthropologischen Systemen in Theorie und Praxis bei monistischer Vereinfachung eindrucksvoller, weil vorbehaltloser und also dramatischer dargestellt bzw. erlebt werden kann, als es bei weniger vereinfachender, ausgeglichener, weil mehrdimensionaler Betrachtungsweise der Fall ist. Monistische Systeme begünstigen *leidenschaftliche* Anhängerschaft wie Gegnerschaft, was in einer mehrdimensionalen Sicht durch das Fehlen diametraler Gegensätze nicht in solchem Maße möglich ist. Alle durch illegitime Reduktion entstehenden -ismen *erleichtern* schließlich infolge des dadurch vereinfachten Generalnenners eine Identifikation mit ihren Lehrmeinungen, gesellschaftspolitischen Systemen und persönlichen Lebensentwürfen, eine Identifikation also sowohl im *Erkenntnisbezug* als auch im (privaten wie gesellschaftlichen) *Lebensvollzug*. Sie kommen dem Wunsch nach leichter verständlicher Erklärung komplexer Wirklichkeiten entgegen und haben dadurch – gerade etwa im gesellschaftspolitischen Anwendungsbereich – von vornherein bessere Chancen für propagandistische Effekte einer popularisierten Selbstdarstellung.

Die *dritte* Grundkonzeption vom Menschen und seiner Sozialordnung ist – wie bereits kurz angedeutet – durch die 'personale' Sichtweise bestimmt. Durch eine ausgewogene Geltung der Sozialprinzipien *Subsidiarität* und *Solidarität* sowie durch eine gemeinwohlorientierte Einschätzung des prinzipiell anerkannten Privateigentums ist sie um eine *Synthese* der individuellen und gesellschaftlichen Wesensnatur des Menschen bemüht. Der Gegensatz zwischen individueller und gesellschaftlicher Autonomie wird im tragenden Grundbegriff der PERSON überwunden. Dieser von der Ideenwelt des Individualismus und Kollektivismus gleich weit entfernte Schlüsselbegriff beinhaltet eine umfassende Gleichgewichtskonzeption des sozialen Kräftehaushalts zwischen den Extrempositionen des Individuums und der Gesamtgesellschaft bzw. dem Staat als ihrem – dem Zweck der Gemeinwohlverwirklichung dienenden – organisationsrechtlichen Überbau.

Zwischen diesen Extrempositionen menschlicher Vereinzelung und der Gesamtgesellschaft besteht ein unendlich weites und ebenso differenziertes soziales Spannungsgefüge. Die Interessen(Richtungs)divergenz all der zwischen diesen beiden Polen wirksam werdenden Energie menschlicher Lebensentfaltung bedarf der ordnenden Gestaltbildung, soll aus dem potentiellen Chaos wenigstens ansatzweise ein sozialer Kosmos entstehen. Die Bedeutsamkeit der sozialen Ordnungsregulative bezieht sich dabei keinesfalls einseitig (oder gar ausschließlich) auf das Verhältnis zwischen den beiden Antipoden *Individuum – Gesamtgesellschaft,* sondern genauso auf die kaum überschaubare Mannigfaltigkeit der *dazwischenliegenden* Relationen von Ebenen, Gruppen bzw. einander überlagernden sozialen Problemkonfigurationen. *Diese Ordnungsregulative in einer Welt divergierender Kräfteentfaltung finden ihre optimale, zusammenfassende Gleichgewichtsidee im tragenden Grundbegriff der menschlichen PERSON als der harmonisierenden Vereinigung ihrer individuellen und gesellschaftlichen Wesensnatur.* Wenngleich die soziale Wirklichkeit immer alles eher denn 'harmonisch' beschaffen ist, muß gerade deshalb ein für alle Teile des sozialen Ganzen erträglicher Ausgleich der divergierenden Interessen bzw. Bedeutungsansprüche gefunden werden, um wenigstens ein Mindestmaß an gesellschaftlicher Funktionalität zu gewährleisten.

In einer 'personalen' Betrachtungsweise aber hat diese stets nur ein Mittel zum Zweck zu sein; denn das ihr übergeordnete Orientierungsziel bleibt der eben definierte Zentralbegriff der menschlichen PERSON im Sinne der damit angezielten optimalen Entfaltungsmöglichkeit des Menschen. Diesem PERSON-Begriff liegt die harmonisierende Vereinigung der lebensbedeutsamen individuellen wie gesellschaftlichen Ausfaltungserfordernisse des Menschen zugrunde. Maßstab dieses die antagonistischen individuellen und gesellschaftlichen Strebetendenzen zusammenbindenden Zielbildes ist das GEMEINWOHL. In ihm finden das Individuum ebenso wie die Gesellschaft, der Staat, die lebensbedeutsamen — und daher 'legitimen' — Ausfaltungsansprüche (Rechte) gewährleistet. Desgleichen finden dabei die zwischen diesen beiden Antipoden liegenden sozialen Ebenen bzw. Problemrelationen ihre angemessene Berücksichtigung. Dieser Maßstab der Gemeinwohlverwirklichung zielt also auf optimale Entfaltungsbedingungen des Menschen, was nur bei einer *gleichgewichtigen* Einschätzung seiner individuellen und gesellschaftlichen Lebensbedürfnisse möglich ist. Gemeinwohlgerechtigkeit ist demnach im Grunde nichts anderes als die Anerkennung dieser Gleichgewichtforderung aus der individuo-sozialen Doppelnatur des Menschen. In der Beachtung dieser Balance liegt eine notwendige Bedingung für eine wünschenswerte Vollverwirklichung des Menschen. Im Bereich der ganzen sozialen Beziehungsordnung ist deshalb das GEMEINWOHL *das zentrale Legitimitätskriterium* für alle individuellen und gesellschaftlichen Bedürfnis- bzw. Geltungsansprüche sowie für alle daraus abgeleiteten individuellen und gesellschaftlichen Rechte. Ziel ist dabei genauso wenig das Individuum wie die Gesellschaft, sondern die sie beide verklammernde PERSON. Im Gegensatz zu den systembildenden *monistischen* Perspektiven des Individualismus und Kollektivismus manifestiert sich in dieser Sichtweise des Menschen und der ihm dienstbar gemachten Sozialordnung die 'personale' anthropologische Grundkonzeption. Mit dem sie tragenden Zentralbegriff der PERSON haben wir den eingangs geforderten 'archimedischen Punkt' zur Bewältigung aller Fragen der sozialen Beziehungsordnung des Menschen gefunden. (Der 'archimedische Punkt' der beiden konkurrierenden anthropologischen Grundkonzeptionen heißt anstelle von PERSON im einen Fall INDIVIDUUM, im anderen Fall GESELLSCHAFT.) Die dazu notwendige Grundlagenklärung ist für unser Vorhaben deshalb unerläßlich, weil sich das Fortpflanzungsverhalten unabhängig von seiner unbestreitbar großen *privat-vorgesellschaftlichen Eigenbedeutung* auf der gleichzeitig gegebenen zweiten Bedeutungsebene der natürlichen Bevölkerungsentwicklung als ein *ebenso eminentes gesellschaftliches* Problem erweist, dessen Lösung nur durch Rückgriff auf die soziale Beziehungsordnung möglich ist. Damit ist im Ansatz klargelegt, weshalb auch bei der Bearbeitung des Nachkommenschaftsverhaltens die vorgelagerte Prämisse der jeweiligen anthropologischen Grundkonzeption so bedeutsame Konsequenzen für das Problemverständnis der generativen Frage nach sich zieht.

1.2.2 Das generative Gemeinwohl als oberstes Legitimitätskriterium für eine humane Lösungsrichtung aller im Rahmen der sozialen Beziehungsordnung sich ergebenden Probleme des Nachkommenschaftsverhaltens

Die prinzipiellen Konsequenzen bestehen darin, daß die systembildende Perspektive des *Individualismus* in allen der sozialen Beziehungsordnung zurechenbaren menschlichen Problemen nur auf die *individuelle* Interessenlage ausgerichtet ist, jene des *Kollektivismus* dagegen nur auf das *Gesellschaftsinteresse.* Beide verfehlen eine 'humane' Lösung jedweder Problemstellung, wenn man darunter das optimale Wohlergehen der menschlichen PERSON versteht, das sich – wie wir gesehen haben – nur durch eine *bedeutungsgleiche* Einschätzung der Entfaltungserfordernisse des Menschen sowohl auf der individuellen als auch auf der gesellschaftlichen Ebene erreichen läßt. So ist es auch in der Frage des Fortpflanzungsverhaltens, wo ebenfalls ein spannungsgeladenes Verhältnis zwischen der individuellen und der gesellschaftlichen Bedeutungs(Interessen)-ebene zu unterscheiden ist. Das *legitime* Ausmaß der Bedeutungs- bzw. Interessenansprüche ist auf beiden Ebenen am erläuterten Maßstab des Gemeinwohls zu bestimmen, das sich in unserer engeren Fragestellung auf das GENERATIVE GEMEINWOHL konkretisiert. *Weil die menschliche Person ihre optimalen Entfaltungsbedingungen nur unter Anwendung dieses Maßstabes vom Gemeinwohl finden kann, ist das generative Gemeinwohl das spezifizierte Legitimitätskriterium für eine 'humane' Lösungsrichtung aller sich in der Nachkommenschaftsfrage im Rahmen der sozialen Beziehungsordnung ergebenden Probleme.* Dies gilt für einen bestanddezimierenden Geburtenrückgang ebenso wie für eine bedrängnishafte Übervölkerung. Gewonnen haben wir dieses spezifizierte Legitimitätskriterium aus der anthropologischen Grundkonzeption einer 'personalen' Betrachtungsweise von Mensch und Gesellschaft. Zum Unterschied davon ist für den Individualismus und Kollektivismus das problemlösungsbestimmende Kriterium *nicht* das generative Gemeinwohl, sondern im einen Fall die autonome generative Interessenlage des *Individuums,* im anderen Fall die autonome generative Interessenlage der *Gesellschaft* nach dem Maßstab der von der jeweiligen Staatsführung bzw. von der öffentlichen Meinung (dem gesellschaftlichen Bewußtsein) vorgegebenen bevölkerungspolitischen Zielsetzung. Das *erste* führt zum Standpunkt einer fortpflanzungsmäßigen Verhaltensbeliebigkeit des einzelnen Ehepaares im Sinne *maximaler* Wahrnehmung der dabei ins Spiel kommenden individuellen Eigeninteressen. Das *zweite* Kriterium führt zur blinden Unterwerfung der ehelichen Fruchtbarkeit unter das Diktat der von der jeweiligen Staatsraison oder der jeweiligen öffentlichen Meinung geltend gemachten bevölkerungspolitischen Interessen. Dieses schließt somit die Unterordnung des Menschen auch auf dem Sektor des Nachkommenschaftsverhaltens unter die zweifelhaften Ziele staatlicher Obrigkeitsanmaßung im Falle machtlüsterner wirtschaftlicher, politischer oder/und militärischer Expansionsabsichten einer autoritären Staatsführung im Bereich der damit verbundenen bevölkerungspolitischen Ziele mit ein. Die eheliche Fruchtbarkeit wird dabei ein Mittel zum Zweck für hegemonieorientierte staatliche Geltungssucht bzw. für aggressive außenpolitische Ziele einer autoritären Staatsmacht.

Das GENERATIVE GEMEINWOHL dagegen ist nur auf die Erbringung jener ehelichen Fruchtbarkeitsleistung ausgerichtet, die notwendig ist, um im zeitlichen Ausfaltungszusammenhang der Generationenkette — also auf lange Sicht gesehen — eine ausgeglichene natürliche Bevölkerungsentwicklung als Mittel zum Zweck gesellschaftlicher Funktionalität zu gewährleisten, wobei die gesellschaftliche Funktionalität vom übergeordneten Zweck des Wohlergehens der menschlichen PERSON bestimmt wird. Das generative Gemeinwohl zielt somit auf nichts anderes als auf die friedliche Selbsterhaltung (auf die biologische Überlebenssicherung) eines Staatsvolkes auf der Basis einer lebenswerten (eine ausreichende 'Lebensqualität' ermöglichenden) Bevölkerungsdichte. Infolge der starken internationalen Verflechtungen im Leben der Gegenwartsvölker kann man sodann, wenn man will, das GENERATIVE GEMEINWOHL ergänzenderweise (in abgeleiteter Bedeutung) auch noch mit der überstaatlichen Bevölkerungsregion sozialkulturell gut vergleichbarer und eng miteinander verbundener Nachbargesellschaften in eine Verbindung bringen. Normalerweise aber bzw. primär wird die Bezugsgröße für diesen demographischen Schlüsselbegriff die Bevölkerung eines Staatsvolkes bleiben müssen, weil dieses die begriffliche Entsprechungsgröße einer 'Gesellschaft' darstellt.

Ansonsten könnte sich jedes Staatsvolk der Anwendung des bevölkerungspolitischen Maßstabes vom GENERATIVEN GEMEINWOHL im Bereich seiner eigenen Grenzen *entziehen.* Es könnte dann nämlich die je eigenen Bevölkerungsprobleme rechnerisch dadurch künstlich zum Verschwinden bringen, daß es ein Nachkommenschaftsdefizit ebenso wie eine Übervölkerung durch Kompensationseffekte in der jeweils umgebenden überstaatlichen Region ausgeglichen weiß. Damit könnte man die meisten Bevölkerungsprobleme auf diese Art künstlich aus der Welt schaffen, zumal man sich als demographische Bezugsgröße letztlich den ganzen jeweils umgebenden Kontinent aussuchen könnte (vom einschlägig abstrusen Gedanken, die globale Einheit der Weltbevölkerung als Bezugsgröße dafür anzusehen, einmal abgesehen). Die Anwendung des Maßstabes vom

GENERATIVEN GEMEINWOHL würde dadurch ad absurdum geführt. Solche über-staatlich-regionale bis (sub)kontinentale demographische Kompensationsrechnungen laufen der Anwendung dieses problemlösungsermöglichenden generativen Schlüssel-begriffs deshalb zuwider, weil er sich definitionsgemäß auf den Entsprechungsbegriff einer 'Gesellschaft' zu beziehen hat. Dieser Entsprechungsbegriff deckt sich aber nor-malerweise mit dem jeweiligen Staatsvolk. Um nicht mißverstanden zu werden, sei be-tont, daß es selbstredend sinnvoll, ja notwendig ist, bei großräumiger Zusammenhang-betrachtung auch überstaatlich-regionale bis kontinentale, ja mitunter weltweite, demo-graphische Bestandsaufnahmen unter dem Gesichtspunkt des bevölkerungsbedingten Wohlergehens der Gegenwartsgesellschaften zu machen. Dies hat nichts zu tun mit der hier gemeinten spezifischen Anwendungseinschränkung des Schlüsselbegriffs vom GENERATIVEN GEMEINWOHL, weil wir nur dadurch einen human-legitimen Maßstab zur Bestimmung des wünschenswerten Nachwuchsvolumens einer Gesellschaft erhal-ten.

Auf der Basis der vorangegangenen Grundlagenklärung haben wir mit diesem Maßstab des generativen Gemeinwohl *das* zentrale Legitimitätskriterium für unsere Beurteilung aller auf den Geburtenrückgang bezogenen Probleme der generativen Frage gewonnen. Insbesondere haben wir damit auch ein an den letztmöglichen Problemfundamenten ge-prüftes Maß für die auf jede Bevölkerung anwendbare *legitime Nachwuchserwartung* gefunden, wobei diese Legitimität auf der Summe der – individuellen wie sozialen bzw. gesellschaftlichen – humanen Aspekte beruht, deren gemeinsamer Nenner das Wohler-gehen der menschlichen PERSON ist. Angesichts der bereits im basalen menschlichen Selbstverständnis einwurzelnden *unterschiedlichen* Auffassungsrichtungen zur Lösung aller Fragen der sozialen Beziehungsordnung ergeben sich – als ein Anwendungsfall dafür – auch für das Nachkommenschaftsverhalten drei – aus der jeweiligen anthropolo-gischen Grundkonzeption entspringende – Möglichkeiten eines übergeordneten Legi-timitätskriteriums zur Bestimmung der als 'angemessen' (sachrichtig bzw. human) er-achteten Nachkommenschaftserwartung:

a) individuelle Beliebigkeit nach dem Maß der in Konkurrenz mit allen sonstigen eigenwohlbedachten Lebensinteressen der Ehegatten im Einzelfall am vorteilhaf-testen erscheinenden Kinderzahl (individualistisches Zielbild);

b) bedingungslose Unterordnung des ehelichen Fruchtbarkeitsausmaßes unter die von der jeweiligen Staatsraison oder vom jeweiligen gesellschaftlichen Bewußtsein (der öffentlichen Meinung) bestimmte bevölkerungspolitische Zielsetzung (kollektivi-stisches Zielbild);

c) Orientierung des ehelichen Nachkommenschaftsverhaltens am Maßstab des genera-tiven Gemeinwohls (Zielbild einer personalen Sichtweise von Mensch und Gesell-schaft).

Wenngleich diese Legitimitätskriterien zur Bestimmung der je als 'angemessen' erschei-nenden gesellschaftlichen Nachwuchserwartung an die Adresse der Ehepaare einer Be-völkerung im Ansatz der jeweiligen anthropologischen Grundkonzeption *tief verborgen* liegen, es sich also dabei um eine der den ungezählten generativen Teil-Fragestellungen, der der jeweils behandelten engeren demographischen Sachproblematik *stets vorgelagerte, daher meist unbewußt bleibende Prämisse* handelt, so ist dieser Problemhintergrund dennoch von erkenntnisleitender bzw. lösungsrichtungbestimmender Bedeutung. Es war deshalb unerläßlich, diese in vielerlei Hinsicht entscheidende Prämissenfrage herauszuarbeiten, was nur durch Aufdeckung des einschlägigen Grundlagenzusammenhanges möglich ist. Die Aufhellung dieser Hintergrundproblematik für die von der jeweiligen anthropologischen Grundkonzeption hergeleiteten und solchermaßen standortspezifischen Erwartungshaltung an das Fortpflanzungsverhalten einer Bevölkerung: dieser zweifellos mühsame Gang in die Tiefe der das Problem an der letztfaßbaren Wurzel klärenden Analyse hat die am meisten verborgene sowie die komplizierteste Voraussetzungsklärung des Problemganzen erbracht. War es zunächst die weichenstellende Bedeutung des *zweifachen thematischen Grundbezugs* des Fortpflanzungsverhaltens gewesen (persönlich relevanter Mikroaspekt und gesellschaftlich/staatlich relevanter Makroaspekt), so ist es nunmehr die Erkenntnis von der Wurzelbedeutung des basalen menschlichen Selbstverständnisses in Gestalt der drei erläuterten *anthropologischen Grundkonzeptionen* als denkrichtungbestimmender bzw. lösungsrichtungentscheidender Prämissenvorgabe, von der im Rahmen der ganzen sozialen Beziehungsordnung auch die Einschätzung der generativen Problematik maßgeblich abhängt.

Damit haben wir eine *zweite* wesentliche Ursache dafür aufgedeckt, daß in der bevölkerungspolitischen und bevölkerungswissenschaftlichen Gegenwartsdiskussion (Problemaufarbeitung) ein geradezu unerklärbar scheinendes Durcheinander und Gegeneinander divergierender Auffassungsrichtungen und kontroverser Aussagen auch über *tragende* Themenaspekte besteht, weil ihnen divergierende Problemverständnisse bzw. divergierende Fundamentalprämissen zugrundeliegen. Als Folge der sich daraus ergebenden verwirrenden Widersprüchlichkeit haben nicht wenige einschlägig befaßte Experten verschiedener Bearbeitungsrichtungen zu resignieren angefangen, ja, mitunter haben sie vollends kapituliert vor der Aufgabe, Klarheit in diese für viele undurchschaubar gewordene Problemverworrenheit zu bringen. Eine bereits erwähnte Variante dieser Kapitulationsmentalität sieht die Ursache darin, das menschliche Nachkommenschaftsverhalten sei ein 'irrationales' Geschehen und deshalb mit 'rationalen' Problemanalysen nicht faßbar. Abgesehen davon, daß man bei dem vieldeutig-schillernden Begriff der 'Rationalität' zunächst immer wissen muß, was man darunter inhaltlich des näheren verstehen will, können wir diese Kapitulationsauffassung nicht teilen, wenngleich wir unterstreichend gestehen, daß es sich hier insgesamt um einen äußerst vielschichtigen, extrem komplizierten Problemkreis handelt. Nur die Bedachtnahme auf eine angemessene Grundlagenklärung kann deshalb vom Ansatz her zu einer widerspruchsfreien Erfassung der logischen Problemstruktur führen.

1.3 Abhängigkeit der bevölkerungswissenschaftlichen Problemaufarbeitung vom zugrundeliegenden Wissenschaftsverständnis

In diesem Zusammenhang kann nicht unerwähnt bleiben, daß die Anerkennung einer solchen Grundlagenklärung bzw. der daraus folgenden Problemaufarbeitungskonsequenzen für einen erheblichen Teil der seit langen Jahren tonangebenden außer-fachdemographischen bevölkerungswissenschaftlichen Forschung ein mitunter radikales wissenschaftstheoretisches Umdenken voraussetzen würde. Mit der herkömmlich positivistischen Verengung der Problemerfassung stößt man wie bei anderen komplexen anthropologischen Phänomenen auch bei der Erforschung des Geburtenrückganges gar bald an die Grenzen vertretbarer Erkenntnisrechtfertigung. Dies betrifft zwei Hauptproblemebenen: einerseits die überforderte Reichweite einseitig positivistischer Problembehandlung *im Rahmen legitimer fachwissenschaftlicher* Fragestellungen, sofern sich nämlich die (einzelwissenschaftlichen) Aussagen (letztlich) auf komplexe anthropologische Tatbestände oder gar auf ganze Verhaltenssektoren bzw. Lebensbereiche beziehen; andererseits betrifft dies den Geltungsanspruch wissenschaftlicher Problembewältigung im (weithin unaufgedeckt bleibenden) Entscheidungsbereich der *Sinn- und Wertfragen* menschlichen Lebens, also die Verschränkung der humanwissenschaftlichen Forschung mit der ihr vorgelagerten Problemdimension der normativen Entscheidungen. In beiden Aspekten ist das Fortpflanzungsverhalten ein markantes Beispiel für die relativ engen Grenzen rein positivistischer Bearbeitungsmöglichkeit. Geht es in dieser Thematik letztlich doch um ein Teilgebiet der übergeordneten Ganzheit menschlicher Lebensverwirklichung, ohne deren hinreichende Rückbindung der Verhaltenssektor der Fortpflanzung ein wenig ausgeleuchtetes Fragment bleibt. Durch diese Rückbindung an die ihn als Bedingungs- bzw. Einflußgefüge umgebende vielgestaltige Lebenswirklichkeit kommen wir aber bald in eine außerordentliche thematische Vielfältigkeit und Weite, deren fachliche Durchdringungs- bzw. Bewältigungsmöglichkeit in hohem Maße vom zugrundeliegenden Wissenschaftsverständnis abhängig ist. Dabei tut sich vor allem insofern eine große Problematik – ja häufig ein ausgeprägter Widerspruch – auf, als auch in der *außer-naturwissenschaftlichen* anthropologischen Forschung das tonangebende Wissenschaftsverständnis weithin vom *Positivismus* bestimmt wird. Wir beziehen uns hier nur auf diesen außer-naturwissenschaftlichen Sektor, insbesondere auf die für unsere Fragestellung geradezu ausschlaggebende *sozialwissenschaftliche* Forschungspraxis.

Im Gegensatz zu den vom Positivismus selbst gesetzten engen Erkenntnisgrenzen werden diese in der vorherrschenden humanwissenschaftlichen Forschungspraxis häufig – nicht selten in massiver Weise – *dort* überschritten, wo die (vor allem einzelwissenschaftlichen) positivistischen Bearbeitungsdimensionen bzw. die daraus hervorgehenden interpretierenden und schlußfolgernden Aussagen über die zunächst untersuchten (der positivistischen Methodik vielfach durchaus zugänglichen) Einzelprobleme *hinausgeraten* in die sie oft weit übersteigenden komplexen Sachverhalte der zusammengesetzt-hochorganisierten Lebenswirklichkeit. Die humanwissenschaftliche (zumal die sozialwissenschaftliche) Forschung positivistischer Provenienz stößt aber bei der Behandlung menschlicher Lebensprobleme fast routinemäßig auf diese höhere Ebene komplexer

Verhaltensbereiche als Ausschnitte der sie umgebenden vollen menschlichen Lebens-wirklichkeit vor, wobei leider häufig eine kritische Selbstbescheidung auf die im selbst-deklarierten positivistischen Wissenschaftsverständnis liegenden engen Erkenntnisgren-zen vermißt werden muß. Eine relativ eigenständige Problematik dieser grenzüberschrei-tenden Zuständigkeitsausweitung liegt dann vor, wenn die positivistisch deklarierte Problembewältigung die – überwiegend nicht aufgedeckte, sei es unerkannte oder ab-sichtlich verborgen gehaltene – Dimension der sinnziel- bzw. wertgeltungsabhängigen *normativen* Entscheidungen mit einbezieht.

Diese weithin gegebene doppelte grenzüberschreitende Forschungspraxis hat zur Folge, daß der Geltungsanspruch der Reichweite positivistischer Forschung – also der An-spruch auf eine als objektiv gültig anzusehende, exakte wissenschaftliche Problem-bewältigung – in einem *unvertretbar weiten* Ausmaß erhoben wird. Bei weitläufig-komplexen anthropologischen Untersuchungsgegenständen kann dies mittels grund-lagenwissenschaftlicher Problemanalyse immer wieder klar nachgewiesen werden, sofern sich jemand – was nicht allzu häufig der Fall ist – diese unbedankte nonkonfor-mistische Mühe antut. Im allgemeinen widerfährt ja *jeder* Art von positivistischer For-schungspraxis von vornherein ein so hohes Maß an wissenschaftlichem Ansehen, daß angesichts eines solchen Prestiges und des daraus erwachsenden Selbstbewußtseins vor allem eine solche Grundlagenkritik meist wenig Aussicht auf angemessene Beachtung hat. Deshalb beherrscht die positivistisch-empiristische Forschungsrichtung ganz maß-geblich auch das allgemeine Feld der humanwissenschaftlichen Gegenwartsdiskussion. Das Thema der außer-fachdemographischen bevölkerungswissenschaftlichen Forschung rund um den aktuellen Geburtenrückgang stellt diesbezüglich nur ein typisches Beispiel dar. Es ist deshalb geboten, auf diese Grundlagenproblematik etwas näher einzugehen, wobei wir dies zunächst mit Beziehung auf die *erstgenannte* Hauptproblemebene tun, während wir die davon abgehobene Dimension der Verschränkung des wissenschaft-lichen Leistungsvermögens mit der normativen Problematik von Sinnorientierung und Wertgeltung menschlicher Lebensfragen im anschließenden Punkt 1.3.2 behandeln.

1.3.1 Überforderte Reichweite positivistischer Problembewältigung im Rahmen le-gitimer fachwissenschaftlicher Fragestellungen

Als Massenerscheinung fußt diese zunächst erörterte Problematik ganz maßgeblich auf dem Umstand der stark voranschreitenden wissenschaftlichen Durchdringung unseres ganzen Lebens. Diese zunehmende Verwissenschaftlichung unseres vielgestaltigen Da-seins hat zum paradoxen Ergebnis geführt, daß trotz des immer mehr angewachsenen humanwissenschaftlichen Erkenntnisstandes der Anteil der gelösten Probleme *im Ver-hältnis zur Gesamtheit der offenen Fragen* stets geringer geworden ist; denn die mit der forschungsmäßigen Aufarbeitung menschlicher Lebensprobleme notwendigerweise einhergehende *Ausdifferenzierung* der einzelnen Fragestellungen hat immer deutlicher werden lassen, wie gering doch der Anteil unserer wissenschaftlich gesicherten Problemlösungen im Vergleich zum gewaltig angewachsenen Stand offener oder nur teilgelöster Fragen ist. Diese wachsende Disproportion wird besonders augenscheinlich bei *systematischen* Forschungsansätzen bzw. in der *Grundlagenforschung.* Dabei nämlich werden auch noch das jeweilige Themen*umfeld*, die der Fragestellung *vorgelagerten* Bedingungen sowie die Lösungs*konsequenzen* problematisiert. Auch jedes *gelungene* humanwissenschaftliche Forschungsprojekt zieht so mitunter einen ganzen Katalog neuer offener Fragen nach sich, deren Bewältigung recht bald allein schon in *finanzieller* Hinsicht bzw. im Hinblick auf *personell verfügbare Forschungskapazität* an unüberwindliche Grenzen stößt. Die bevölkerungswissenschaftliche Forschung rund um den aktuellen Geburtenrückgang kann dafür als ein typisches Beispiel angesehen werden.

Diese wichtige Tatsache eines *wachsenden Mißverhältnisses* zwischen den forschungsmäßig aufgearbeiteten Problemen im menschlichen Leben einerseits und dem offenen bzw. teiloffenen Fragestand andererseits wird aber in unserer wissenschaftsgläubigen Zeit weithin verschwiegen oder doch verharmlost, und zwar nicht nur in popularisierten Darstellungen bzw. – am empfindlichsten – in den Massenmedien, sondern auch in einer Vielzahl *fachlicher* Veröffentlichungen. Der Geltungsanspruch der Reichweite beweisgesicherter wissenschaftlicher Erkenntnisse zur Bewältigung komplexer Verhaltensbereiche des menschlichen Lebens trägt so der eben gemachten Einschränkung häufig keine angemessene Rechnung. Das gewaltige Anwachsen partikulärer Einzelkenntnisse und die Überschwemmung unseres Bewußtseins mit solchem Teil- bzw. Detailwissen hat auch im wissenschaftlichen Leben weithin den Eindruck aufkommen lassen, daß wir schon außerordentlich viel *Zusammenhangkenntnisse* über diverse komplexe Problembereiche des menschlichen Lebens besitzen, also darüber, worauf es bei einer lebensbewältigenden (individuellen wie gesellschaftlichen) Verhaltenssteuerung jeweils entscheidend ankommt. Eines der Beispiele dafür ist der Sektor des generativen Verhaltens.

In Wirklichkeit ist unser (vor allem im positivistischen Sinn) wissenschaftlich gesichertes Zusammenhangwissen über größere Lebensgebiete bzw. über komplexe (zwischen)menschliche Verhaltenssektoren als Voraussetzung einer *allein auf dieser wissenschaftlichen Beweissicherung beruhenden* (individuellen, sozialen bzw. gesellschaftlichen) Verhaltenssteuerung trotz des immensen Teilwissens letztlich immer noch höchst bescheiden – und das *selbst außerhalb der Problematik sinn- und wertabhängiger* Fragestellungen. Trotz der (im interdisziplinären Zusammenhang sowie im überregionalen Maßstab auch für den Fachmann weder verfügbaren noch verarbeitungsmöglichen) *Informationslawine* in Gestalt der die jeweils untersuchten Lebensgebiete (Verhaltenssektoren) betreffenden fachlichen Erhebungsbefunde (Datensammlungen) und deren Verarbeitung fehlt auch dem versiertesten Experten ein *wissenschaftlich engmaschig gesichertes* Zusammenhangwissen über weite Strecken der jeweiligen komplexen Problemfelder. Zwar mag eine solche (für *jeden* weitläufigen Lebensbereich gültige) Feststellung angesichts der seit Jahrhunderten anhaltenden Bemühungen neuzeitlicher Forschung um das Leben des Menschen einigermaßen entmutigend klingen – aber das ändert nichts an der genannten Tatsache. Die bisherigen Befunde der (außerhalb des

Zuständigkeitsbereichs der klassischen Naturwissenschaften liegenden) humanwissenschaftlichen Bemühungen ergeben gerade in der *positivistischen* Aufarbeitungsleistung hinsichtlich der von uns hier behandelten Problematik eines wissenschaftlich engmaschig abgesicherten exakten Zusammenhangwissens über komplexe Verhaltensbereiche nur (wenn auch noch so bedeutsame und praktisch verwertbare) *Rahmenkenntnisse* bzw. sie decken nur eine Vielzahl *einzelwissenschaftlicher* Frageaspekte bzw. erst *insulare Teilbereiche interdisziplinärer Feldforschung* verläßlich in ihrer ganzen Breite ab. Angesichts der in jedem Verhaltenssektor steckenden Fülle individual- und sozialanthropologischer Tatbestände beim Versuch einer Erfassung der vollen Lebenswirklichkeit innerhalb solch umfangreicher Fragestellungen ist überdies zu bedenken, daß bei einer grundlagenwissenschaftlichen Bearbeitung zum *systematischen* Forschungsaspekt jeweils die ergänzende Aufhellung der *geschichtlichen* Problementwicklung ebenso gehört wie *kulturvergleichende* Betrachtungen.

Selbst unter der (utopischen) Voraussetzung eines *Gleichklanges* aller einschlägigen fachlichen Bemühungen in bezug auf die zugrundeliegenden *wissenschaftstheoretischen bzw. methodischen* Auffassungen müssen deshalb ihre Ergebnisse — gemessen an den genannten Ansprüchen global-engmaschiger sowie allseitig datenunterlegter Forschungsabsicherung — ein Torso bleiben. Unvergleichlich stärker ins Gewicht aber fällt dieses Ungenügen angesichts der in der Realität in beträchtlichem Maße *divergierenden* wissenschaftstheoretischen Konzeptionen bzw. methodischen Auffassungen in der außernaturwissenschaftlichen anthropologischen Forschung. In all den bisherigen Bemühungen zur Erfassung und Erklärung sowie zu der darauf aufbauenden problemlösenden Steuerung komplexer (zwischen)menschlicher Lebensvorgänge (Verhaltensbereiche) — auf der individuellen, sozialen bzw. gesellschaftlichen Ebene — zeigen sich bei genauer Betrachtung und realistischer Beurteilung überaus große Defizite, ja nicht selten ein weitreichendes *Unvermögen,* solchen Zielsetzungen mehr oder weniger umfassender Beweisabsicherung zu entsprechen. Die Unangemessenheit des von uns diesbezüglich apostrophierten unkritischen positivistischen Forschungsoptimismus bzw. des darauf gründenden naiven wissenschaftlichen Fortschrittsglaubens nimmt dabei mit dem Grad der Komplexität der jeweiligen Fragestellung zu. Diese Problemeinschätzung kann gerade auch auf dem Sektor des Nachkommenschaftsverhaltens in vielerlei Zusammenhängen verdeutlicht werden. Man braucht nur die dabei insgesamt auftauchenden Fragestellungen auf das Vorhandensein einer solch umfassenden, engmaschig abgesicherten, wissenschaftlichen Problembewältigung etwas genauer zu überprüfen, wozu auch eine ausreichende Kenntnis über den *interdependenten Zusammenhang* aller diesen Verhaltensbereich konstituierenden einzelnen Problemfelder gehört, um die Richtigkeit unserer Problemeinschätzung bestätigt zu finden. Dabei reden wir keinesfalls einer wissenschaftlichen Resignation das Wort, sondern lediglich einer realistischen Selbstbescheidung in der beanspruchten Reichweite forschungsmäßig verläßlich abgedeckter Bewältigung solch komplexer Verhaltensbereiche — und das selbst außerhalb der sinn- und wertabhängigen normativen Spezialproblematik.

Diese aufgezeigte Divergenz findet auch auf viele Bearbeitungsansätze bzw. Bearbeitungszusammenhänge und die daraus hervorgehenden Aussagelinien der (außer-fachdemographischen) bevölkerungswissenschaftlichen Forschung der zu Ende gegangenen siebziger Jahre eine sehr konkrete Anwendung. Infolge des sich in diesem Jahrzehnt in verschiedenen hochindustrialisierten Ländern (an der Spitze jener des deutschen Sprachgebietes) dramatisch zuspitzenden Fruchtbarkeitsrückganges hat dieses junge Forschungsgebiet inzwischen eine große Verbreitung und eine ebensolche Beachtung gefunden. Der Schwerpunkt unserer Kritik zielt dahin, daß – in Verbindung mit dem vorerörterten Mangel einer ausreichenden Grundlagen- und Zusammenhangklärung – die vorherrschenden Ansatzbetrachtungen wie die daraus entwickelten tragenden Aussagelinien einseitig bis ausschließlich mit *positivistischen* Forschungsbefunden begründet werden – so, als ob darin eine im Prinzip geradezu unanfechtbare Richtigkeitsgarantie zumindest für das Wesentliche der jeweiligen Aussage läge. Tatsächlich aber lassen sich die erkenntnisleitenden Ansatzbetrachtungen für die Erforschung aller zusammengesetzt-hochorganisierten Phänomene der (stets sozial relevanten) menschlichen Lebenswirklichkeit sowie die aus diesen Ansatzbetrachtungen entwickelten Problemaufarbeitungsrichtungen und die Interpretationshorizonte für die (zusammenhangstiftende) Deutung der empirischen Daten überhaupt nicht durch (isolierte) positivistische Forschungsbemühungen gewinnen bzw. rechtfertigen. Daneben bleibt das unabhängig davon bestehende Problem unbewältigt, das für eine *kompetent-abrundende* wissenschaftliche Bewältigung solcher Phänomene eine engmaschig abdeckende, stets datenunterlegte Tatsachenforschung im Bereich des *Gesamt*phänomens notwendig macht, was aber durch keine noch so umfangreichen und über lange Jahre, ja über Jahrzehnte, anhaltenden Aufarbeitungsbemühungen – gerade auf der Basis eines positivistischen Anspruchsniveaus – auch nur annähernd möglich ist.

Diesbezüglich liegt in der vorherrschenden bevölkerungswissenschaftlichen Forschung eine Fehleinschätzung der Grundlagenprobleme vor; denn mit der Zielsetzung einer umfassenden fachlichen Bewältigung der im Geburtenrückgang steckenden menschlichen Fortpflanzungsproblematik ist der Positivismus zunächst einmal schon *grundsätzlich* – und zwar hochgradig – überfordert. Im Ausmaß dieser Überforderung stellen die als Beweismaterial beigebrachten – heute kaum mehr überschaubaren – exakten (einzel- bzw. teilproblemorientierten) Datenermittlungen und ihre numerische Bearbeitung *prinzipiell* eine Scheinrechtfertigung für die damit begründeten (untermauerten) bevölkerungswissenschaftlichen Denkansätze sowie für die daran orientierten Interpretationsrichtungen bei der (zusammenhangstiftenden) Deutung des (heterogenen) empirischen Materials dar. Aber auch dort, wo nicht eine solche *grundsätzliche* Überforderung vorliegt, weil die Fragestellungen im Bereich positivistischer Bearbeitungsmöglichkeit bleiben, begegnen wir häufig *sonstigen* überzogenen Geltungsansprüchen empiristischer Bearbeitungsergebnisse im Rahmen inhaltlich weitreichender bis globaler Aussagen über das Gesamtphänomen insofern, als die dafür erforderliche *breitflächig bis umfassend engmaschige* Tatsachenkenntnis auch nicht annähernd gegeben, ja im Sinne des Vorgesagten forschungspraktisch (in finanzieller wie arbeitsmäßig-zeitlicher Hinsicht) in einem erheblichen Ausmaß gar nicht möglich ist. Diesbezüglich sind also weitreichende bis globale Problembewältigungsaussagen vom positivistischen Rechtfertigungsrahmen der *Faktenkenntnis* her nicht haltbar.

Die in beiden Varianten grenzüberschreitender Aussagepraxis weit verbreitete Überbewertung (Überinterpretation) positivistischer Problemaufarbeitungsergebnisse erklärt
sich unschwer durch das unkritisch-generalisierend hohe Prestige, das dem positivistischen Wissenschaftsverständnis ohne Rücksicht auf seine durch den Forschungsgegenstand bestimmte Eignung im Verlauf der zurückliegenden Jahrzehnte in immer noch
größerem Maße entgegengebracht worden ist. Infolge Übertragung der erkenntnistheoretischen Gegebenheiten der klassischen Naturwissenschaften auf die weit darüber
hinausragenden humanwissenschaftlichen Forschungsgebiete hat sich die dadurch entstandene wissenschaftslogisch fatale Situation immer mehr zugespitzt. Durch Partizipa-
tion an dem durch die Naturwissenschaften infolge ihrer bewunderungswürdigen Erfolge
entstandenen Prestige positivistischer Forschungsmethodik verschaffen sich (und sei es
in der Hauptsache eher nur einer äußeren Optik nach) auch die sich einseitig darauf ab-
stützenden außer-naturwissenschaftlichen anthropologischen Forschungsunternehmun-
gen *von vornherein* eine große Glaubwürdigkeit und einen darauf gegründeten Beliebtheitsvorsprung — wissenschaftsintern ebenso wie im außerfachlichen (vor allem im öffentlichen) Leben. Hinter dieser allgemeinen Hochschätzung läßt sich die von uns kritisierte grenzüberschreitende Zuständigkeitsausweitung umso leichter *dann* verbergen,
wenn eine imponierende Fülle empirischer Daten und eine noch mehr imponierende
komplizierte (vor allem mathematisch unterbaute) Bearbeitungsmethodik ins Zentrum
der Aufmerksamkeit gestellt werden. Daneben vermögen schwer verständliche (einzelwissenschaftliche) theoretische Bezüge in Verbindung mit einer nicht selten ebenso
schwer verständlichen — mitunter verwirrenden — Fachsprache ('Wissenschafts-Chine-
sisch') die einzel(teil)problemorientierte Denkkonzentration so stark an solch esoteri-
sche (und gerade deshalb autoritätsausstrahlende) Fachwissenschaftlichkeit zu binden,
daß darob die Unbegründetheit, die Unangemessenheit des zugrundeliegenden Denkansatzes, der gehandhabten Interpretationsrichtung, der beanspruchten Reichweite der
Geltung von Beweiselementen, relativ leicht unerkannt bleiben. Ganz allgemein wird
nämlich die wissenschaftliche Glaubwürdigkeit auch der außer-naturwissenschaftlichen
(zumal sozialwissenschaftlichen) Untersuchungsergebnisse einfach dadurch grundgelegt,
daß die jeweilige Bearbeitung auf eine (wie immer beschaffene) empiristische Daten-
basis sowie auf das damit zum Ausdruck kommende positivistische Wissenschaftsverständnis bezogen wird. Durch diese begehrte Legitimation glaubt man vielerorts auch
heute noch, für das sich darüber erhebende Gedankengebäude (Aussagepotential) eine
hinreichende 'objektive' wissenschaftliche Beweisrechtfertigung zu besitzen. So kam es,
daß auch im Rahmen der am Beginn der siebziger Jahre verstärkt einsetzenden bevölkerungswissenschaftlichen Bemühungen nicht nur die denkrichtungsbestimmend in den
Vordergrund gestellten *Ansatzbetrachtungen* sondern auch die daraus hervorgehenden
einzel(teil)problemorientierten wissenschaftlichen Bearbeitungen (welcher Reichweite
auch immer) des Geburtenrückganges sich weitestgehend mit dem respektheischenden
Gütezeichen einseitig-positivistischer Forschungspraxis verbunden haben. So sollten
die damit verbundenen Aussagen eine hinreichende wissenschaftliche Beweiskraft
ausstrahlen.

Auf diesem Hintergrund betonen wir die Einsicht, daß das die einzelnen Teilgebiete
(Einzelfragen) *übergreifende Grundlagenverständnis* des menschlichen Fortpflanzungs-

verhaltens bzw. des daraus hervorgehenden Bevölkerungsprozesses keinesfalls aus einer positivistisch eingeengten Beschäftigung mit den ungezählten Einzelfragen bzw. den sie partiell zusammenfassenden Teilbereichen gewonnen werden kann. Von diesem übergreifenden Grundlagenverständnis aber hängt die Bedeutungsgewichtung der Einzelfragen bzw. Teilbereiche, hängt die Einsicht in maßgebliche Zusammenhänge ihrer interdependenten Relationen, hängt somit die richtige Erfassung der tatsächlichen Problemstruktur ab, worauf die Ausfaltung einer adäquaten Forschungslogik ruht. Ohne diesen denkrichtungsbestimmenden wie lösungsentscheidenden Zusammenhang mit der ganzen Problemgestalt bleibt vor allem auch die einzel(teil)problemübergreifende Interpretationsrichtung des unförmig großen, insgesamt so heterogenen Datenmaterials ohne ein (in sich widerspruchsfreies) zentrales Orientierungskriterium (das wir im generativen Gemeinwohl gefunden haben). Es ist wie bei einem großen Mosaik-Bild. Die einzelnen Mosaikpartien bzw. deren Details ermöglichen erst in ihrer Zusammensetzung eine richtige Gestalterfassung. In diesem Sinne ist es unmöglich, das Grundlagenverständnis der allgemeinen Problemgestalt auch der Nachkommenschaftsfrage auf die methodisch noch so artifizielle positivistische Bearbeitung von Einzel(Teil)aspekten zu gründen, wenn diese nicht in den strukturlogisch geklärten Raster der in Rede stehenden übergreifenden Problemganzheit eingeordnet werden können. Ansonsten ist das so ähnlich, als wollte man durch die Untersuchung von Sandproben die Charakteristik einer dünenhaften Küstenlandschaft oder durch eine an vielen Stellen vorgenommene Gesteinsanalyse die Ausfaltungscharakteristik eines großen Gebirgszuges bestimmen. Genauso unangemessen ist es, die Richtigkeit des bevölkerungswissenschaftlichen (bevölkerungspolitischen) Ansatzdenkens und die sich daraus ergebenden Problembearbeitungsrichtungen mit dem Ergebnis exakter positivistischer Teilproblembeschäftigung rechtfertigen zu wollen.

Darauf aber läuft ein großer Teil der bevölkerungswissenschaftlichen Beschäftigung der siebziger Jahre hinaus. Deshalb muß vor allem die erkenntnistheoretisch relevante Grundlagenproblematik in den Vordergrund der wissenschaftlichen Problemaufarbeitungsbemühungen gestellt werden. Was nützt eine hundertfache — zeit-, arbeits- und geldaufwendige — Detailbeschäftigung, wenn sie ohne absichernde Gewähr eines forschungslogisch richtigen Zusammenhanges geschieht? Im Blick auf die wesentliche Substanz des generativen Problems kann damit letztlich mehr Ablenkung und Verwirrung als problemklärende Durchschau auf das entscheidende Zentrum des vielfältigen Geschehens die Folge sein. In diesem Sinne sind viele bevölkerungswissenschaftliche Auseinandersetzungen letztlich nur *Scheingefechte,* weil die entscheidenden Problemdifferenzen unausgesprochen im Hintergrund bleiben. Der Sturm der heftigen Kontroversen tobt weithin an einer *Ersatzfront* gewisser von der entscheidenden Problemstruktur isolierend abgehobener vordergründiger Realitäten. Auf diese Bereiche der das Gesamtphänomen unzutreffend charakterisierenden Problem*oberfläche* konzentriert sich der Einsatz der geschilderten positivistischen Fachwissenschaftlichkeit. Ihr kommt die Wirkung eines ablenkenden Blickfangs zu. Wichtiger als alle methodische Brillanz empiristischer Einzelproblembearbeitung ist die gestaltlogisch richtige Erfassung der *unter* dieser Auseinandersetzungsebene liegenden *wesentlichen Problemstruktur* der Nachkommenschaftsfrage, die die ganze einschlägige Erfahrungswirklichkeit unverkürzt und proportioniert in den Blick bringt. Damit wird der von uns herausgearbeiteten *Überschreitung* der legitimen Erkenntnisgrenzen der einseitig in den Vordergrund der Auseinandersetzung gerückten positivistischen Forschungspraxis der Boden entzogen.

Immer dann, wenn auf der Basis der von uns kritisierten *kurzatmig-empiristisch untermauerten* humanwissenschaftlichen Forschungspraxis die daraus entfalteten Aussagelinien *weitreichende Zusammenhänge* des Phänomens des Geburtenrückganges zum Gegenstand ihrer Beurteilung machen, haben wir allen Grund, ungeachtet der obwaltenden prestigemächtigen Legitimation, den jeweiligen Untersuchungsrahmen einer grundlagenwissenschaftlich-forschungslogischen Ansatzprüfung zu unterziehen. Dies umso mehr, wenn das für die *Gesamt*behandlung als einzige Legitimationsbasis hervorgekehrte positivistische Wissenschaftsverständnis zum Kriterium einer fraglosen Überlegenheit über alle anderen (ergänzenden) Forschungszugänge gemacht wird, wie dies gerade auch in der bevölkerungswissenschaftlichen Auseinandersetzung rund um den Geburtenrückgang vielerorts seit langem so nachdrücklich geschieht. Erst die von uns betonte Prüfung des jeweiligen Denkansatzes und der darauf bezogenen forschungslogischen Zusammenhänge kann erweisen, ob die auf der Basis eines einseitig bis ausschließlich zur Geltung gebrachten positivistischen Wissenschaftsverständnisses ermittelten Bearbeitungsergebnisse bzw. deren Interpretation von ihren Grundlagen her haltbar sind. Große Vorsicht ist demnach auch gegenüber jenen denkmodischen Abqualifizierungen am Platz, die allen konkurrierenden Ansatzbetrachtungen bzw. divergierenden Interpretationsrichtungen (derselben nachkommenschaftsrelevanten Erfahrungswirklichkeit) unter Berufung auf den positivistischen Alleingeltungsanspruch 'mangelnde Wissenschaftlichkeit' vorwerfen, um mit Hilfe einer solch bequemen geltungspolitischen Begründung die eigenen inhaltlichen Aussagehorizonte behaupten zu können. Unsere einschlägige Kritik wird dann angemessen verständlich sein, wenn man sich – was wir wiederholt betont haben – vor Augen führt, daß es sich dabei nur um ein typisches Beispiel für die der Fortpflanzungsfrage *übergeordnete* Problematik einseitig bis ausschließlich positivistisch legitimierter Bearbeitungsweisen weitläufig-komplexer anthropologischer Fragestellungen innerhalb der zusammengesetzt-hochorganisierten (stets sozial relevanten) menschlichen Lebenswirklichkeit handelt.

1.3.2 Verschränkung der humanwissenschaftlichen Forschung mit der ihr vorgelagerten Problemdimension der sinnorientierten und wertabhängigen normativen Entscheidungen

Wie eingangs schon erwähnt, bezieht sich unsere wissenschaftstheoretisch relevante Grundlagenerörterung auch noch auf eine *zweite* Hauptproblemebene. Jenseits der positiv-wissenschaftlich in inhaltlicher Hinsicht als 'richtig' und 'falsch' beweisbaren Aussagen geht es dabei um die von dieser Beurteilungsebene *abgehobene* sinnorientierte bzw. wertabhängige normative Entscheidungsproblematik. Diesbezüglich hat es jede humanwissenschaftliche Erforschung komplexer anthropologischer Tatbestände der zusammengesetzt-hochorganisierten Lebenswirklichkeit immer auch mit dieser zumindest an der Wurzel *vor*wissenschaftlichen Problemdimension zu tun. Gerade im Verhaltenssektor der Fortpflanzung spielt sie eine sehr bedeutsame Rolle. Zwar bedarf auch diese normative Bezugsproblematik in verschiedener Hinsicht einer wissenschaftlichen Problemklärung auf der Basis der Tatsachenforschung (beschreibende Kategorisierung der Sinn- und Wertphänomene; faktorenanalytische Durchleuchtung ihres Wirkgefüges; Gewichtungsermittlung und Erhellung ihrer interdependenten Zusammenhänge; Zurückführung abgeleiteter Sinn- und Wertbezüge auf deren determinierende Basisgrößen sowie wertlogische Konsistenzprüfung usw.). Grundsätzlich zu unterscheiden von solcher Tatsachenforschung aber ist die *inhaltliche Beweisbarkeit* der Sinnorientierung bzw. Wertgeltung menschlichen Lebens als 'richtig' und 'falsch', wenn man vom Kriterium seelischer Gesundheit und der (damit zusammenhängenden) gesellschaftlichen Funktionalität absieht – zwei Kriterien, die aber meist nur in *indirekter Weise* (somit nicht mit zweifelsfrei beweisbarer Eindeutigkeit bzw. genauer Wirkungsquantifizierung) geltend gemacht werden können. Im Ausmaß dieser inhaltlichen Unbeweisbarkeit als 'richtig' und 'falsch' besitzt die Sinn- und Wertproblematik den Charakter einer *vor*wissenschaftlichen Prämissenebene.

Angesichts des schon betonten Umstandes, daß unser ganzes Leben gerade im Verlauf der zurückliegenden Jahrzehnte eine intensive wissenschaftliche Durchdringung erfahren hat, kommt dieser Sinn- und Wertproblematik heute eine *gesteigerte* Bedeutung in der humanwissenschaftlichen Forschung zu. Durch die geschilderte Vorherrschaft des positivistischen Wissenschaftsverständnisses aber wird dieser Bedeutung in keiner angemessenen Weise Rechnung getragen. In dem von uns kritisierten Geltungsanspruch positivistisch-humanwissenschaftlicher Forschung bei der Bewältigung der im menschlichen Leben steckenden Probleme kommt insbesondere die Bedeutung von deren Sinn- und Wertabhängigkeit *viel zu kurz*. Das hängt mit dem erwähnten humanwissenschaftlich-positivistischen Erfolgsoptimismus und dem darauf beruhenden naiven wissenschaftlichen Fortschrittsglauben zusammen. Diese überzogenen Erwartungen können nur auf Kosten einer weitgehenden Verdrängung bzw. Unterschlagung der Sinn- und Wertbezüge menschlichen Lebens aufrechterhalten werden. Der positivistische Wissenschaftsbegriff kann mit dieser normativen Problematik wenig anfangen. Für seine Denk- und Operationsmuster, für seine Zielsetzung *möglichst umfassender* wissenschaftlicher Bewältigung des menschlichen Lebens stellt sie einen nicht einpaßbaren Störfaktor dar. Will also der Positivismus das menschliche Leben unter seinem vollen wissenschaftlichen Bewältigungsanspruch halten, muß er die *normative* Problemdimension so weit wie möglich verdrängen, d. h., er muß sie möglichst ungeschieden mit der positivwissenschaftlich *legitim zu bewältigenden* Problematik zusammenfließen lassen.

Es geht dabei um eine folgenschwere Selbsttäuschung in Form der Vermengung dieser zwei grundverschiedenen Bearbeitungsebenen: einerseits jener der wissenschaftlich vom Prinzip her in vollem Umfang beweiskräftig lösbaren *Sachfragen*, andererseits der davon zu unterscheidenden Dimension der sich einer objektiven Beweisführung als sachlich 'richtig' oder 'falsch' entziehenden Sinn- und Wertgeltung. Diese Unterscheidung ist für unser Thema der generativen Frage sehr bedeutsam, weil sie einen besonders ausgeprägten Anwendungsfall dieser Problematik darstellt. Dies ist umso leichter verständlich, wenn wir uns vor Augen führen, daß letztlich die *Vollgestalt* menschlichen Lebens (wenngleich weithin nur sehr indirekt) als Bedingungs- und Einflußgefüge in hundertfacher Verästelung hinter der Ausformung des Fortpflanzungsverhaltens steht.

Vorweg soll noch ein Wort über den Unterschied zum früheren Erörterungspunkt der drei anthropologischen Grundkonzeptionen (Individualismus, Kollektivismus, personale Betrachtungsweise von Mensch und Gesellschaft) gesagt werden; denn auch diese Problematik haben wir als eine der generativen Problembearbeitung erkenntnisleitend bzw. lösungsrichtungentscheidend *vorgelagerte Prämisse* bezeichnet, so daß man sich fragen könnte, warum wir den jetzt separat behandelten Zusammenhang mit den Sinn- und Wertfragen nicht schon damals als ein inhaltlich verwandtes Voraussetzungsphänomen damit verbunden haben. Es handelt sich aber doch um zwei wesentlich verschiedene Probleme. Bei den herausgearbeiteten drei anthropologischen Grundkonzeptionen geht es um eine inhaltlich in sich geschlossene Grundlagenerörterung mit dem Ziel der Ermöglichung einer sozialstrukturellen Ausgangsbestimmung vom Charakter eines 'archimedischen Punktes' für die systematische Inangriffnahme aller Fragestellungen der sozialen Beziehungsordnung. Je nach der Zuordnung zu einer der drei möglichen Lösungsvarianten bei der Bewältigung der individuo-sozialen Verschränkungsproblematik und der davon ausgehenden Konsequenzen ergeben sich die drei erläuterten systembildenden Perspektiven zur Entwicklung eines je daraus hervorgehenden sozialen Ordnungsgefüges sowie analog dazu die dreifache Möglichkeit eines auf die soziale Beziehungsordnung gerichteten Fundamentalverständnisses der menschlichen PERSON. Zum Unterschied davon handelt es sich bei den jetzt erörterten sinnzielorientierten bzw. wertgeltungsabhängigen Ausfaltungskriterien menschlichen Lebens trotz des gemeinsamen Nenners eines der fachwissenschaftlichen Bearbeitung vorgelagerten Prämissen-Charakters um eine *wesentlich andere* Problematik. Die typenbildend-sozialstrukturelle Ausgangsbestimmung der drei anthropologischen Grundkonzeptionen ergibt nur einen *allgemeinen Hintergrund* für die in mancherlei Hinsicht darauf aufbauende – die Dimension der sozialen Beziehungsordnung übersteigende – Orientierung des menschlichen Lebens nach den Kriterien der Sinnerfülltheit bzw. Wertgeltung. Ein weiterer Unterschied besteht sodann darin, daß die Problematik der in Rede stehenden anthropologischen Grundkonzeptionen im Vergleich zu der jetzt behandelten Abhängigkeit menschlicher Lebensausfaltung von den Sinn- und Wertzielen eine beträchtlich *gewichtsverschiedene* Kombination ergibt hinsichtlich des Anteils der typisch *vorwissenschaftlich-menschenbildbestimmenden* axiomatischen Vorentscheidungen einerseits und des Anteils der darauf aufbauenden *fachlichen* Problemverarbeitung andererseits. Bei der zum Verständnis jeder Sozialordnung klarheitshalber gebotenen Zusammenhangklärung mit unseren drei anthropologischen Grundkonzeptionen fällt der Anteil der dabei notwendigen *fachlichen* Problemaufarbeitung im Verhältnis zur zugrundegelegten *vorwissenschaftlichen* Basisentscheidung unvergleichlich stärker ins Gewicht als bei der jetzt behandelten Problematik. Die Sinn- und Wertziele als die Orientierungsgrößen individueller wie sozialer menschlicher Entfaltung (Daseinsverwirklichung) können zumindest hinsichtlich der Hauptrichtungsangabe normalerweise auch ohne komplizierte wissenschaftliche Voraussetzungsklärung bzw. Verarbeitungshilfe bestimmt und deutlich gemacht werden. Bei der Behandlung der drei vorerwähnten anthropologischen Grundkonzeptionen dagegen liegt das Übergewicht notwendigerweise auf der *fachlichen* (sozialphilosophischen und sozialpsychologischen) Problembewältigung. Demgegenüber haben die hauptrichtungsbestimmenden Sinn- und Wertentscheidungen menschlichen Lebens ihren Begreiflichkeitsschwerpunkt normalerweise nicht im wissenschaftlichen Aufarbeitungsergebnis, sondern in der *vor*wissenschaftlich getroffenen normativen Entscheidung selbst. Die fachlich-wissenschaftliche Problemlösungshilfe tritt im Vergleich dazu normalerweise stark zurück. Auch in dieser Hinsicht hebt sich die jetzt erörterte Problematik der Verschränkung humanwissenschaftlicher Forschung mit der ihr vorgelagerten Problemdimension der Sinn- und Wertausrichtung von der vorausgegangenen, sozialphilosophisch-sozialpsychologisch aufgeladenen Problematik der drei anthropologischen Grundkonzeptionen ab, so daß eine *getrennte* Behandlung dieser beiden Komplexe angezeigt ist.

Trotz der qualitativ grundlegenden Problemverschiedenheit zwischen der sinnzielorientierten bzw. wertgeltungsabhängigen vorwissenschaftlichen Prämissenebene einerseits und der darauf aufruhenden (nach objektiven wissenschaftlichen Kriterien als 'richtig' und 'falsch' beweisbaren) Sachfragen andererseits ist die wissenschaftslogisch so bedeutsame *Unterscheidung* dieser beiden Dimensionen in unserem Kulturkreis immer mehr verwischt worden. Mehr noch. Nach dem seit Jahrzehnten immer mehr dominierenden – positivistisch grundgelegten – *wissenschaftlichen* Selbstverständnis vom Menschen und seiner Sozialordnung hat die Überzeugung überhand genommen, daß das menschliche Leben durch exakte wissenschaftliche Kriterien schlußendlich in seiner Vollgestalt nicht nur adäquat erfaßbar (beschreibbar) sei, sondern daß darüber hinaus die in seinem individuellen und sozialen Vollzug auftretenden Probleme durch wissenschaftliche Bearbeitung (durch verifizierende bzw. falsifizierende Beweiskriterien) immer umfassender lösbar werden (vor allem auf dem Weg der Konflikteliminierung sowie durch die Erringung einer immer höheren Lebensqualität im Sinne vielgestaltiger Vermehrung des äußeren Lebensnutzens und einer dadurch eintretenden Steigerung des so verstandenen Lebensglücks). Da aber auch innerhalb der verschiedenartigsten (aspektoral, sektoral oder segmental erfaßten) *Teilbereiche* der menschlichen Lebenswirklichkeit ganz maßgeblich die von uns hier betonte Dimension der Sinnbezüge bzw. Wertabhängigkeit steckt, mit der die einem positivistischen Wissenschaftsideal verpflichtete humanwissenschaftliche Forschung aber im Sinne 'werturteilsfreier' Aussagen definitionsgemäß nichts zu tun haben will, ist es solchermaßen in dem seit langem tonangebenden positivistischen Wissenschaftsbetrieb schlicht zur (vermeintlichen) Ausblendung dieser *normativen* Bezugsqualitäten aus dem forschungswissenschaftlichen Aussagegehalt gekommen; d. h. alle diese wissenschaftlichen Untersuchungsergebnisse erheben den Anspruch, 'werturteilsfrei' zustandegekommen zu sein. Dies führt dazu, daß die aus der menschlichen Lebenswirklichkeit nicht eliminierbaren Sinn- und Wertfragen bei all den diesbezüglich qualifizierten ('werturteilsfreien') Untersuchungsergebnissen in

Wirklichkeit *versteckterweise mitgelöst, mitentschieden* werden, so daß ihnen in dieser Hinsicht völlig unberechtigt eine 'objektive' = allgemeinverbindliche Gültigkeit zugeschrieben wird.

Um die Herausarbeitung dieses Irrtums geht es uns hier. In der Vermischung bzw. In-Eins-Setzung der beiden in Rede stehenden, qualitativ grundverschiedenen Problemebenen bzw. in der Behauptung, bei der Erforschung komplexer anthropologischer Fragestellungen müsse und lasse sich die *normative Dimension* aus einer sich 'wissenschaftlich' nennenden Bearbeitungsaussage ausklammern: hier liegt der *zweite* Fundamentalirrtum des heute dominierenden Wissenschaftsverständnisses. Vom Effekt her ist es eine zweitrangige Frage, ob es sich dabei um die Folge eines wissenschaftsdogmatisch blickbeengten Denkens oder um einen Mangel an intellektueller Redlichkeit (oder um eine Mischung aus beidem) handelt. Das einschlägig wissenschaftsdogmatische Denken führt dazu, daß das von uns betonte Unterscheidungserfordernis entweder *im konkreten Bearbeitungszusammenhang* nicht (hinreichend) erkannt wird oder aber, daß die *auch für die fachwissenschaftliche* Bearbeitungsebene komplexer (außer-naturwissenschaftlicher) anthropologischer Tatbestände·unvermeidbare normative Voraussetzungsabhängigkeit *grundsätzlich* übersehen bzw. übergangen wird. Die Folge sind die vom Positivismus für seine einschlägige Forschungspraxis zwar immer wieder nachdrücklich bestrittenen, dennoch aber in Wirklichkeit in vielfältiger Weise in seine fachlichen Aussagen stillschweigend eingebundenen, also verborgen gehaltenen *normativen Implikationen* sowohl in der globalen Ansatzbetrachtung als auch im konkreten Bearbeitungszusammenhang bei der Interpretation der empirischen Daten bzw. der daraus gezogenen Schlußfolgerungen.

Auf dem Hintergrund des erörterten Sinnverständnisses *umfassender* wissenschaftlicher Problemlösungsbefähigung hat im Zusammenhang mit dem ab Mitte der sechziger Jahre massiv sich ausbreitenden progressiv-utopischen Denken die auch für unser Thema relevante Überzeugung überhandgenommen, daß mehr oder weniger alles im menschlichen Leben *wissenschaftlich machbar* sei durch planvoll gesteuerte Veränderung der problembedingenden Variablen und ihrer ökonomischen wie sozialkulturellen Rahmenbedingungen. Insbesondere auf der *gesellschaftlichen* Ebene scheinen so mehr oder weniger alle Probleme (Defekte, Konflikte, Defizite) in einem solchen wissenschaftlichen (werturteilsfreien) Bearbeitungssinn behebbar. Diesem Machbarkeitsoptimismus liegt die Auffassung zugrunde, daß es keine in der erfahrbaren — also nicht spekulativ konstruierten — Wesensnatur (Wirknatur) des Menschen begründete *Ordnungsvorgaben* zu berücksichtigen gilt, die dem sozialen Wandel bzw. dem wissenschaftlichen Veränderungsvermögen (Problemlösungsvermögen) als vorgeschaltete ordnungsbegründete Basisregulative den menschlichen Lebensausfaltungsmöglichkeiten bzw. dem darauf bezogenen gesellschaftlichen Veränderungswillen *Grenzen setzen*. Daraus ergibt sich ein total *funktionalistisches* Menschen- und Gesellschaftsverständnis, wonach alle theoretisch denkbaren Spielarten individueller wie sozialer bzw. gesellschaftlicher Entwicklung (Veränderung) als *real möglich* angesehen werden. Die folgenreichste Konsequenz daraus besteht in jenem Kernstück des seither vorherrschenden *soziologistischen* Denkens, wonach menschliches Verhalten praktisch nur auf einem *der gesellschaftlichen Konven-*

tion verpflichteten Rollenzusammenspiel beruht, das über die Gestaltung des gesellschaftlichen Bewußtseins *beliebig* verändert werden könne. Auch ein durch geschichtliches bzw. interkulturelles Erfahrungswissen im Sinne natürlicher Massenexperimente gesellschaftsweit erhärtetes Lebensverständnis über bestimmte *veränderungsbegrenzende anthropologische Ordnungsvorgaben,* deren Nichtbeachtung schwerwiegende Störungen einer humanen Lebenskultur (mit der Folge gesellschaftlicher Dysfunktionalität) nach sich zieht, wird von einem solchen voraussetzungslosen Wissenschaftsoptimismus bzw. einem darauf gründenden naiv-utopischen Fortschrittsglauben meist abgelehnt, weil dadurch dem beliebigen Veränderungsspielraum, der beliebigen Machbarkeit menschlicher Lebensgestaltung (im individuellen wie gesellschaftlichen Aspekt) *Grenzen gesetzt werden.*

Als Beispiel sei auf die soziale Gruppe von Ehe und Familie verwiesen, deren Institutionalisierungserfordernis sowie deren geschlechts- wie generationsspezifische Grundbeschaffenheit eine solche anthropologische Ordnungsvorgabe darstellen. Die daraus für die Verhaltensebene erwachsenden – auf Stabilität und Dauer von Ehe und Familie abzielenden – *Rollen-Grundmuster* des geschlechts- und generationsdifferenzierten Menschen lassen nämlich im Rahmen einer humanen Lebenskultur keinesfalls eine *nur der gesellschaftlichen Konvention* verpflichtete und also eine *beliebige* Veränderung zu. Genau diese nicht bestehende Möglichkeit einer *ausschließlich durch das gesellschaftliche Bewußtsein* legitimierten Rollenkonvention menschlichen Verhaltens (auf welchem Sektor immer) aber hat das seit eineinhalb Jahrzehnten die sozialwissenschaftlichen Perspektiven, die massenmedial gelenkte öffentliche Meinung und die davon favorisierte Gesellschaftspolitik maßgeblich beherrschende (durch die Ideenwelt der NEUEN LINKEN inspirierte) *soziologistische Denken* zu seinem bevorzugten Programm erhoben. Die zentrale Bedeutung dieser hier aus dem Bereich von Ehe und Familie als Beispiel angeführte anthropologische Ordnungsvorgabe liegt in der Gewährleistung der jeder seelisch gesunden, gesellschaftlich funktionalen, menschlichen Lebensausfaltung zugrundeliegenden – bereits biologisch-stammesgeschichtlich als entscheidendes Element der Verhaltensorientierung präformierten – *Bindungsfundamente des zwischenmenschlichen Daseins.* Die Negierung dieser der gesellschaftlichen Verfügbarkeit entzogenen (dem sozialen Wandel und der sich darauf beziehenden Veränderung des gesellschaftlichen Bewußtseins *vorgelagerten*) anthropologischen Ordnungsvorgaben bedeutet deshalb einen Anschlag auf die *grundlegende soziale Bindungsordnung* des Menschen, deren Geltung in den Aufgabenbereich maßgeblichster gesellschaftlicher Institutionen fällt (vor allem auch solcher des staatlichen Rechts). Konkret geht es hier darum, daß durch das in Rede stehende *soziologistische* Denken diese für seelische Gesundheit und eine funktionierende Gesellschaft *konstitutiven* sozialen Bindungsfundamente ganz und gar zu *negativen* Größen gestempelt worden sind, nämlich zu selbstverwirklichungshemmenden 'traditionalistischen Vorurteilen', die einem freiheitlich-fortschrittlichen (individuellen wie gesellschaftlichen) Dasein im Weg stünden. Durch diese leitbildmächtige Grundanschauung der Gegenwart wurde einer bindungsfeindlichen geschlechts- wie generationsneutralen *Rollenbeliebigkeit* im Sozialverhalten das Wort geredet – bis hin zur Präferenz eines grundlegenden *Rollentausches,* also einer die biologischen und die darauf aufbauenden psychosozialen Daseinsfundamente auf den Kopf stellenden *Rollenumkehr* (etwa in den Relationen Mann–Frau, Vater–Mutter, Eltern–Kinder). Damit wurde die für ein gesundes menschliches Leben (und damit für gesellschaftliche Funktionalität) *konstitutive* soziale Bindungsordnung durch die gegenläufigen Zielbilder der Emanzipations- und Egalitätsprogrammatik *an der Basis* aufgeweicht bis aufgelöst. Das beherrschende Zentrum des menschlichen Lebensverständnisses war nicht mehr das das Individuum in die es übergreifenden Sinnhorizonte und Funktionszusammenhänge einbettende *Bindungsbewußtsein,* sondern dessen Überwindung zugunsten *individueller Selbstverfügungsmaximierung.*

Daher mußten alle diese neue übergeordnete Zielvorstellung *konkurrierenden* bindungsrelevanten anthropologischen Ordnungsvorgaben (Daseinskonstanten) fallen. Begründet wird die Ablehnung solcher durch gesellschaftsweites wie generationenüberspannendes 'Lebenswissen' erfahrungserhärteter (also nicht spekulativ ermittelter) Ordnungsvorgaben des menschlichen Lebens meist mit dem Hinweis, daß die einschlägigen Wirkzusammenhänge nicht in *jeder* Hinsicht bzw. nicht *eindeutig genug* (durch breitflächig abdeckende, widerspruchsfreie Beweisergebnisse positivistischen Charakters) *forschungsmäßig abgedeckt seien.* An diesem Argumentationspunkt wird eine für unsere Grundlagenkritik *charakteristische Dialektik* sichtbar, die es verdient, festgehalten zu werden. Wenn man will, kann man nämlich solchermaßen *jedwedes* – auch das durch ein *erdrückend eindeutiges* gesamtgesellschaftliches 'Lebenswissen' abgestützte – Daseinsverständnis mit dieser Begründung 'bestehender Forschungsdefizite' ablehnen. Hat doch unsere Darstellung deutlich gemacht, daß es bei komplexen Phänomenen der zusammengesetzt-hochorganisierten Lebenswirklichkeit bzw. bei ganzen Verhaltenssektoren *gar nicht möglich ist*, die Breite und Tiefe der damit *insgesamt* erfaßten Problemtatbestände durch *lückenlose* Forschungsbefunde (noch dazu im Sinne eines positivistischen Anspruchsdenkens) abzusichern. Umso mehr gilt dies, wenn dazu die jetzt von uns behandelte Problemdimension der *Sinn- und Wertabhängigkeit* menschlichen Lebens in die wissenschaftliche Klärungsbedürftigkeit *einbezogen* wird.

Hier also finden wir eine ganz charakteristische Argumentationsdialektik am Werk. Geht es darum, den für unsere erkenntnistheoretische Betrachtungsweise nicht akzeptierbaren, weil viel zu weitreichenden, wissenschaftlichen Geltungsanspruch der von uns kritisierten humanwissenschaftlich-positivistischen Forschungspraxis *von ihrer Sicht aus zu verteidigen,* dann wird dies mit dem ganzen Imponiergehabe einer hochdifferenzierten Fachwissenschaftlichkeit – in überzeugungsstärkender Verbindung mit einem möglichst umfangreichen empirischen Datenmaterial – zu rechtfertigen versucht. Man muß dabei den Eindruck gewinnen, mit Hilfe eines enorm leistungsstarken Forschungspotentials habe man die jeweilige menschliche Lebensproblematik (in unserem speziellen Fall das Nachkommenschaftsverhalten als Ursache des Geburtendefizits) wenigstens ansatzweise schon gut im Griff. Geht es aber um die angedeutete Gegenproblematik, einer in Relation zu den heute sozialwissenschaftlich und gesellschaftspolitisch tonangebenden anthropologischen Betrachtungsweisen *kontroversen* Ansatzbetrachtung bzw. den daraus hervorgehenden Bearbeitungsergebnissen (somit auch den in Rede stehenden bindungsrelevanten anthropologischen Ordnungsvorgaben), *keine adäquate Beachtung schenken zu müssen,* dann verkehrt sich die von uns kritisierte szientistische Forschungsmentalität plötzlich ins Gegenteil. Anstelle eines hinsichtlich der globalen Zusammenhänge *unkritischen Forschungsoptimismus* mit dem Selbstverständnis einer diesbezüglich optimalen Problemlösungsbefähigung kommt es plötzlich zu einer *Überbetonung der* (in solchen Zusammenhängen stets unvermeidbaren) *Forschungsdefizite.* In einer scheinbar vom Wissenschaftsethos seriöser Erkenntnisrechtfertigung bewirkten *Bewertungsumkehr* werden die ansonsten in den Hintergrund gedrängten (gering gewichteten) Forschungsdefizite nunmehr plötzlich aussagebestimmend in den Vordergrund gestellt: 'Darüber wissen wir noch viel zu wenig'.

Überzogener wissenschaftlicher Zuständigkeits- und Erfolgsoptimismus auf der *einen* und abwehrendes Überbetonen der Forschungsdefizite auf der *anderen* Seite wechseln so je nach Bedarf miteinander ab. Diese Dialektik ist umso mehr von Bedeutung, als die humanwissenschaftliche (zumal sozialwissenschaftliche) Forschung immer größere Lebensbereiche zum Gegenstand ihrer Bearbeitung gemacht hat. Dies betrifft auch vielfältige Zusammenhänge der (außer-fachdemographischen) bevölkerungswissenschaftlichen Forschung, insbesondere im Konnex mit der inhaltlich stark damit verzahnten Problematik der Frauen-, Jugend-, Erziehungs- und Familienfrage. Die in Rede stehende Dialektik ist nichts anderes als ein (oftmals unbewußt) versteckt eingesetzter Mechanismus zur Durchsetzung bzw. zur Abwehr von *sinn- und wertabhängigen* Problemlösungsperspektiven, die aber als solche gar nicht aufgedeckt werden. Werden hingegen die der wissenschaftlichen Problembewältigung erkenntnisleitend bzw. lösungsrichtungentscheidend vorgelagerten normativen Implikationen *offengelegt,* dann kann man auf den Einsatz eines solchen, die *tatsächlichen* Auffassungsunterschiede weithin verdeckenden, dialektischen Mechanismus ganz und gar verzichten. Es kommt dann allerdings an den Tag, daß eine Vielzahl rein positivistisch begründeter 'wertfreier, allein durch wissenschaftliche Beweisführung zustandegekommener' Problemlösungen (Forschungsaussagen) in Wirklichkeit maßgeblich von *vor*wissenschaftlicher Sinnorientierung bzw. Wertgeltung der einschlägigen Lebenszusammenhänge bestimmt ist; daß also der von uns kritisierte positivistische Forschungsoptimismus und der darauf gründende naive wissenschaftliche Fortschrittsglaube durch die normative Erkenntnisabhängigkeit *weithin durchlöchert* ist. Wer dies anerkennt, kann bei jeder einschlägigen wissenschaftlichen Problemaufarbeitung die beiden forschungslogisch *so verschiedenen* Dimensionen (einerseits der rein fachwissenschaftlichen Fragestellungen, andererseits der ihnen erkenntnis- und lösungsentscheidend vorgelagerten normativen Problematik) *unbefangen unterscheiden und sie nebeneinander gelten lassen.* Unsere gegen eine *einseitig bis ausschließlich positivistisch* inspirierte erkenntnistheoretische Sichtweise ins Treffen geführte grundlagenwissenschaftliche Betrachtung bei der Bearbeitung komplexer außernaturwissenschaftlich-anthropologischer Forschungsgegenstände (und ein solcher ist der Bereich des Fortpflanzungsverhaltens) betont also im Widerspruch zum einschlägig vorherrschenden Wissenschaftsverständnis deren *vielseitige normative Voraussetzungsabhängigkeit,* der ausreichend Rechnung getragen werden muß. Nicht zuletzt aber auch in der tonangebenden bevölkerungswissenschaftlichen Forschung der vergangenen siebziger Jahre ist diese normative Bedingungsproblematik weitestgehend 'unter den Teppich gekehrt' worden, d. h. sie ist weithin *ungeschieden* in die darauf gründende fachwissenschaftliche Bearbeitungspraxis als Bestandteil rein wissenschaftlich entscheidbarer Fragestellungen eingebunden worden.

Im Ausmaß der von uns geltend gemachten Vorbehalte verlieren – in *jedem* thematischen Zusammenhang – die überzogenen positivistischen Geltungsansprüche ihre Grundlage. Sie verlieren die Rechtfertigung, inhaltlich *konkurrierende* Ansatzbetrachtungen bzw. die dadurch bedingten abweichenden Interpretationsergebnisse derselben empirischen Sachverhalte *von vornherein* (aus der grundsätzlichen Überlegenheitseinschätzung eines einseitig positivistischen Forschungsverständnisses) als 'wissenschaftlich widerlegt' und damit auch als gesellschaftspolitisch unbrauchbar zu qualifizieren, *was aber am laufenden Band geschieht.* Im Zusammenhang mit den beiden hier abgehandelten Hauptproblemebenen besteht der springende Punkt vor allem im wissenschaftlich als zulässig erachteten Erfahrungs-Begriff, der im positivistischen Verständnis auf die erwähnten empiristischen Erfahrungsrudimente numerisch faßbarer Datengrößen reduziert ist.

So verbergen sich auch auf dem weiten Feld der (außer-fachdemographischen) bevölkerungswissenschaftlichen Forschung hinter der positivistischen Verarbeitung ganzer Daten-Massen vielerlei nicht aufgedeckte sinnziel- bzw. wertabhängige Bearbeitungsansätze mit den darauf beziehbaren – ebensowenig offengelegten – normativ aufgeladenen interpretativen bzw. schlußfolgernden Ausfaltungslinien. Diesbezüglich stellen die zugrundeliegenden Datenmaterialien und ihre exakte numerische Verarbeitung nur *Scheinbeweise* für eine objektiv gültige Richtigkeit der darauf ruhenden Interpretationsaussagen bzw. Schlußfolgerungen dar. Pointiert könnte man das Ganze in einem Bild zusammenfassend so ausdrücken: Die geforderte Reichweite des Geltungsanspruchs des Positivismus gründet gerade auch auf dem Gebiet der Erforschung des menschlichen Fortpflanzungsverhaltens in erkenntnistheoretischer Hinsicht auf einer 'nicht deklarierten normativen Schmuggelware', die dieses Wissenschaftsverständnis 'unverzollt' über die Grenze seiner eigenen Erkenntnisabsperrung und so vielfach auch über die Grenze intellektueller Redlichkeit durch versteckte Hintertüren bezieht. Dieser Problematik wird meist behutsam aus dem Weg gegangen. Gerade für eine grundlagenwissenschaftliche Aufhellung der Bearbeitung unserer generativen Gegenwartsproblematik – noch dazu in bezug auf das durch große weltanschaulich-grundsatzpolitische Kontroversen belastete 'Wagnis' unseres Themenbezugs auf die Familie – aber scheint es unerläßlich, die mit einer solchen Arbeit beabsichtigte Klärungshilfe in voller Deutlichkeit zur Geltung kommen zu lassen. Jeder diplomatische Selbstschutz in Form problemverbergend nicht-eindeutiger Darstellung unserer Kritik würde zwar die gegenstandsbedingte Angriffsfläche gegen unsere Aussagen beträchtlich verringern, damit aber gleichzeitig der im Vordergrund stehenden Klärungsabsicht entgegenwirken.

Die besondere Brisanz unserer auf Zusammenhangklärung der Teilfragen ausgerichteten, also ganzheitsbezogenen Problemanalyse ergibt sich durch die schon erkennbar gewordene Auffassung, wonach hinter der Ausprägung des Nachkommenschaftsverhaltens – wenngleich weithin nur sehr indirekt – letztlich die *Vollgestalt* menschlichen Lebens steht. Die für dessen Orientierung wichtigen Entscheidungen sind aber hinsichtlich einer letzten inhaltlichen Begründbarkeit – mit Ausnahme der beiden erwähnten Kriterien gesellschaftlicher Funktionalität ('Sozialschädlichkeit') und individueller seelischer Gesundheit – *nicht* auf eine *wissenschaftliche* Problembewältigung im Sinne einer objektiv beweisbaren Sachrichtigkeit bzw. Sachunrichtigkeit abstützbar, sondern auf die vorgelagerte Prämissenebene der Sinnorientierung bzw. Wertgeltung unseres Daseins. Unsere Lebensausrichtung bzw. das ihr zugrundeliegende Daseinsverständnis wird also nicht durch positiv-wissenschaftlich als 'objektiv richtig' bzw. 'objektiv falsch' ermittelte, sondern durch sinnbezogene bzw. wertabhängige, also durch *normative* Entscheidungen grundgelegt. Damit aber wird der heute in der fachlichen wie gesellschaftspolitischen Diskussion weithin so dominierenden Auffassung von einem primär 'wissenschaftlich' begründeten Selbstverständnis von Mensch und Gesellschaft, d. h. von einer primär nach wissenschaftlichen Beweiskriterien erfolgten individuellen wie sozialen (gesellschaftlichen) Lebensausfaltung, der Boden entzogen.

Wenn unser Leben seine maßgebliche Orientierung an den Sinnzielen bzw. Wertgeltungsaspekten erhält, so trifft dies analog dazu auch für die Ausprägung des Nachkommenschaftsverhaltens zu; denn hinter ihm steht, wie wir betont haben, letztlich (wenngleich weithin nur sehr indirekt) die *Gesamtorientierung* unseres Daseins. *Die Motivierung der Weitergabe des Lebens stellt keinen daraus isolierbaren Bezirk dar.* Ganz besonders trifft dies für unser *spätindustrielles* Fortpflanzungsverhalten zu, dessen ausschlaggebende Bestimmungsgröße ja längst nicht mehr das als Zufall oder höhere Fügung in Kauf genommene beliebige Eintreten einer (weiteren) Schwangerschaft ist; vielmehr wird heute das Eintreten einer Schwangerschaft in der Regel von einer bewußt-persönlichen Verhaltensentscheidung abhängig gemacht. Kinder kommen nicht mehr als automatische Konsequenz ehelichen Zusammenlebens zur Welt. Sie werden in unseren Tagen von ihren Eltern bewußt gewollt (persönlich verantwortet) ins Leben gerufen. Die eheliche Fruchtbarkeitsmentalität als die *unmittelbare* Verursachungs- und Steuerungsgröße unseres spätindustriellen Nachkommenschaftsverhaltens ist deshalb – weil ein individuelles bzw. einzeleheliches *Entscheidungsphänomen* – in hohem Maße ein (auf den ganzen persönlichen Lebensvollzug in vielfacher Hinsicht inhaltlich bezogenes) *normatives* Problem. Dies auch insofern, als selbst die – für sich allein betrachtet – sinn- bzw. wert*neutralen* sachverhältlichen Bedingungs- und Einflußfaktoren des Fruchtbarkeitsgeschehens *erst durch ihren Bezug auf die normative Orientierung* des jeweiligen individuellen (einzelehelichen) Daseins *ihr spezifisches Gewicht erhalten.* Was etwa an ökonomischen und arbeitsmäßigen elterlichen Leistungen im Hinblick auf die dadurch für das persönliche Leben der Eltern entstehenden konsum- und bequemlichkeitsreduzierenden, freizeitbindenden und mobilitätseinschränkenden Verzichtfolgen beim Aufziehen von Kindern *zumutbar* erscheint, *das ergibt sich erst aus der Relation all dieser Faktoren zu den Sinn- und Werthorizonten des jeweiligen Lebensverständnisses.* Erst dadurch erhalten sie ihren genaueren Stellenwert, ihre verhaltensrelevante Gewichtung. Ob die infolge von (weiteren) Kindern eintretende (massive) Einschränkung vieler Annehmlichkeiten bzw. Vorteile des Lebens mit der Vorstellung von einem wünschenswerten oder doch akzeptablen Dasein in Einklang gebracht werden kann und ob demnach diese Faktoren (hinsichtlich der Bejahung mehrerer Kinder) sich *fruchtbarkeitsneutral* oder aber (in unterschiedlich möglichem Ausmaß) *fruchtbarkeitshemmend bis* *total fruchtbarkeitsverhindernd* auswirken: das entscheidet sich erst aus der Konfrontation mit der jeweiligen individuellen normativen Daseinsausrichtung. Erst dabei ergibt sich, ob bzw. in welchem Ausmaß solche mit dem Vorhandensein von Nachwuchs konkurrierenden Zielvorstellungen mehr Gewicht haben als die Bejahung eines Lebens mit Kindern.

In der überwältigenden Bevölkerungsmehrheit konkretisiert sich dabei heute diese hochgradig sinn- bzw. wertabhängige Güterabwägung (in der tatsächlichen Verhaltensentscheidung, nicht also in der zeitlich weit vorausgehenden, somit noch nicht handlungskonfrontierten Einstellungsbekundung etwa eines Brautpaares oder eines noch kinderlosen jungen Ehepaares) *ohnedies nur noch auf die Alternative zwischen einem Einzelkind und zwei Kindern.* Ein absichtlich gezeugtes *drittes* Kind ist im gesamtgesellschaftlichen Maßstab fast schon zum Ausnahmefall des ehelichen Fruchtbarkeitsverhaltens geworden. Wenn man vom größer gewordenen Anteil absichtlich kinderlos bleibender Ehepaare und von den statistisch randgelagerten Fällen eines absichtlich ins Leben gerufenen *vierten* (oder weiteren) Kindes absieht, ist also die Motivationsbreite im Regelverhalten unserer Gegenwartsgesellschaft ohnedies bereits auf die Alternativentscheidung *zwischen einem Einzelkind und einem zweiten* Kind reduziert. Wir erwähnen dies, um unsere Erörterungen von vornherein in bezug auf diese konkreten Realitäten zu sehen.

Die von uns in diesem Kapitel dargestellten Einwände bzw. Vorbehalte gegenüber einer positivistisch-humanwissenschaftlichen Forschungseinseitigkeit wurden auch in der während der vergangenen siebziger Jahre vorherrschenden *bevölkerungswissenschaftlichen Problembearbeitung des Geburtenrückganges* weithin entweder nicht erkannt oder doch nicht gebührend in Rechnung gestellt. Im Hinblick auf die einzel- bzw. teilproblemübergreifenden Bearbeitungszusammenhänge oder noch mehr im Hinblick auf das Problemganze menschlichen Fortpflanzungsverhaltens wurde (und wird weiterhin) unter der tonangebenden Perspektive des positivistischen Wissenschaftsideals den einschlägig empiristischen Forschungsansätzen eine viel zu weitreichende erkenntnismäßige Bedeutung beigemessen. Die Fragwürdigkeit des sich darin ausdrückenden unkritischen humanwissenschaftlichen Erfolgsoptimismus bzw. des darauf gegründeten naiven wissenschaftlichen Fortschrittsglaubens – mit einer Multiplikationswirkung bei *popularisierender* Wiedergabe der in solcher Sichtweise formulierten Aussagen in den Massenmedien, der Volksbildungsarbeit und in der Politik – beruht insbesondere auf der Ausklammerung der von uns reklamierten Grundlagen- und Zusammenhangklärung in Verbindung mit der versuchten hochgradigen Ausblendung der Sinn- und Wertproblematik. Dadurch entstand von den diversen thematischen Einstiegsgebieten aus, von den vielen in Angriff genommenen (vor allem einzelwissenschaftlich grundgelegten) Ansatzpunkten her, eine im Blick auf die Kernproblematik der generativen Frage *sehr insuffiziente* fachliche Problemerfassung mit dem früher schon genannten Ergebnis einer kaum mehr überschaubaren Fülle wenig bis gar nicht miteinander verbundener Einzel(Teil)-problembearbeitungen, die in ihren oftmals abweichenden bis gegensätzlichen Aussagen zu dem ebenfalls schon betonten *disparaten* Gesamtbild der bevölkerungswissenschaftlichen Forschung geführt haben.

Im Vertrauen auf das zugrundeliegende – in- und außerhalb des fachlichen Lebens tonangebende – positivistische Wissenschaftsverständnis sowie in Übereinstimmung mit der damit gegebenen Mentalität *mehr oder weniger isolierter* Bearbeitung der in der individuellen und gesellschaftlichen Lebenspraxis vordergründig als *je eigenständige* Fragestellungen in Erscheinung tretenden *einzelnen* Problemfelder des Geburtenrückganges haben dann seit den frühen siebziger Jahren Regierungsstellen verschiedener durch das Nachwuchsdefizit besonders betroffener Länder in wachsendem Maße Forschungsaufträge zur Ergründung von Ursachen und Folgewirkungen des eingetretenen generativen Wandels erteilt bzw. gefördert oder gar eigene bevölkerungswissenschaftliche Forschungseinrichtungen ins Leben gerufen. Auffallend dabei ist, daß – unsere einschlägigen Erfahrungen beziehen sich insbesondere auf Österreich und die Bundesrepublik Deutschland – die gerade auch im politischen Einflußbereich des Regierungslagers *real beachteten und in der gesellschaftlichen Diskussion hervorgehobenen* bevölkerungswissenschaftlichen Bearbeitungsansätze ganz und gar der von uns kritisierten positivistischen Forschungseinseitigkeit und der damit verbundenen inhaltlichen Ansatzbetrachtungen angehören. Wir meinen damit die *außerhalb der fachdemographischen Bevölkerungsstatistik* liegenden humanwissenschaftlichen (vor allem sozialwissenschaftlichen) Problembearbeitungszugänge zum Phänomen des Geburtenrückganges. Im Hinblick auf die in Rede stehende normativ abhängige Thematik bedeutet ja die reine Fachdemographie – zumindest in ihrem Bearbeitungskern – eine *standpunktneutrale* Ermittlung und Verarbeitung der einschlägig bevölkerungsstatistischen Fakten. Sie steht somit *außerhalb* der von uns hier behandelten kontroversen Diskussion, auch wenn des öfteren selbst dieser Bereich bis zu einem gewissen Grad (etwa durch Selektion des Datenmaterials bzw. durch isoliertes Herausstellen zweckspezifischer statistischer Relationen) zur Stützung der Glaubwürdigkeit divergierender bevölkerungswissenschaftlicher Grundauffassungen herangezogen wird. Soweit es sich aber um die *sinnzielorientierte bzw. wertgeltungsabhängige Prämissenebene* menschlicher Lebensbetrachtung als eine entscheidende humanwissenschaftliche Bearbeitungsvoraussetzung auch der generativen Frage handelt, ist bisher (also im Verlauf der hinter uns liegenden siebziger Jahre) gerade etwa in den beiden genannten Ländern auf seiten des die gesellschaftlichen Leitbildvorstellungen und die darauf bezogene politische Handlungspraxis vorrangig bestimmenden Regierungslagers *das von uns kritisierte* bevölkerungswissenschaftlich-bevölkerungspolitische Ansatzdenken einseitig zum Tragen gekommen; sei es durch Übernahme des einschlägig fachlichen Problemdenkens in die gesellschaftspolitische Betrachtungsweise, sei es durch wie immer geartete wissenschaftspolitische Förderung dieser der tragenden weltanschaulichen Zielperspektive der Regierungsparteien dieser beiden Länder adäquat erscheinenden fachlichen Bearbeitungsgrundrichtung. Insbesondere im Zusammenhang mit der heute ausgeprägten wissenschaftlichen Politikberatung (wissenschaftliche Erkenntnis als politische Entscheidungshilfe) gibt es diesbezüglich eine mitunter enge Verbindung zwischen der gesellschaftspolitischen und der forschungswissenschaftlichen Ebene. In umgekehrter Blickrichtung formuliert könnte man sagen: Wie in den *analog-anderen* wissenschaftlich bearbeiteten menschlichen (individuellen wie gesellschaftlichen) Lebensproblemen wurden auch in der fachlichen Problembearbeitung des *Geburtenrückganges* j e n e Ansatzbetrachtungen bzw. Bearbeitungsrichtungen in der gesellschaftspolitischen Perspektive des Regierungslagers dieser beiden Länder *nicht beachtet, nicht gefördert,* die mit seiner Menschenbildorientierung bzw. Gesellschaftsauffassung *nicht* übereinstimmen, während die von uns kritisierten tonangebenden Sichtweisen direkt und indirekt *favorisiert* wurden.

Bei Anwendung unserer hier vorgelegten Grundlagenanalyse ist dies aber im Grunde durchaus nicht verwunderlich, sondern zu erwarten, ja sogar als folgerichtig begründbar. Gerade durch unsere Grundlagenanalyse wird nämlich die *Wissenschaft und Politik* im Bereich der normativ abhängigen Fragestellungen menschlicher Lebenswirklichkeit *verbindende Gemeinsamkeit* unschwer erkennbar. *Beide* Bearbeitungsdimensionen (die menschenbildabhängige humanwissenschaftliche Problemaufarbeitung und das gesellschaftspolitische Handlungsdenken) haben es mit dem *Menschen* zu tun, mit seinem *Leben* (in der individuellen wie gesellschaftlichen Ausfaltungsebene). In *beiden* Bereichen erweisen sich deshalb die hier herausgearbeiteten normativen Voraussetzungen bzw. Problemimplikationen als *gleichsinnig wirksame Richtungsorientierung.* Dieselben Prämissen sind im einen Fall die *denk*richtungsbestimmenden, im anderen Fall die *handlungs*richtungbestimmenden Bearbeitungsvoraussetzungen. Daher ist es durchaus verständlich, ja geradezu eine logische Konsequenz aus derselben Prämissenvorgabe, daß die jeweilige bevölkerungswissenschaftliche Ansatzbetrachtung (die inhaltlich bestimmte Forschungsrichtung) mit der dazupassenden (auf die gesellschaftlichen Ordnungsvorstellungen bezogenen) bevölkerungspolitischen Handlungskonzeption *übereinstimmt, eine Einheit bildet.* Beide Bearbeitungsebenen ruhen auf denselben (sozial)anthropologischen Problemfundamenten auf. Insofern entspricht es nur der Forderung wertlogischer Konsistenz, daß die *außerhalb* einer 'personalen' anthropologischen Grundkonzeption zur Entfaltung gebrachten sozialwissenschaftlichen und gesellschaftspolitischen Problemausfaltungen *auch im bevölkerungswissenschaftlich/bevölkerungspolitischen* Themenbereich *keine* Affinität besitzen zu unserer in der vorliegenden Arbeit entwickelten Grundbetrachtungsweise.

Warum aber geht die von uns kritisierte, einseitig positivistische, bevölkerungswissenschaftliche Problemaufarbeitungsrichtung der von uns geforderten *Grundlagen- und Zusammenhangklärung* so konsequent aus dem Weg? Der tiefste, entscheidende Grund dafür besteht darin, daß nur dadurch Aussicht auf Erfolg besteht, unter Zuhilfenahme der Aufmerksamkeitskonzentration auf die prestigemächtige positivistische Fachwissenschaftlichkeit *das gesamte damit in Zusammenhang gebrachte* bevölkerungswissenschaftliche Aussagevolumen als Ergebnis *objektiv wissenschaftlicher Beweisführung* erscheinen zu lassen. Hier schließt sich der Kreis zum unkritisch humanwissenschaftlich-positivistischen Zuständigkeits- und Erfolgsoptimismus bzw. zu dem darauf aufruhenden naiven wissenschaftlichen Fortschrittsglauben. Nur durch den Mangel an der von uns geforderten Grundlagen- und Zusammenhangklärung, nur durch den dadurch entstehenden Mangel an strukturlogisch abgesicherter Zuordnung der *Teil*problembehandlungen zum übergeordneten Problemganzen menschlichen Fortpflanzungsverhaltens können die methodisch oft so kunstvoll gewonnenen bzw. (vor allem mathematisch) verarbeiteten empirischen Daten und die darauf ansetzenden positivistischen Forschungsstrategien *in unauffälliger, unerkannter* Weise mit den ihnen zugrundeliegenden *vor*wissenschaftlichen anthropologischen Grundkonzeptionen und den darauf basierenden weiteren menschen-bildabhängigen Sinn- und Wertausrichtungen *so verbunden werden,* daß die gesamten sich dabei ergebenden bevölkerungswissenschaftlichen Aussagen unter dem Aspekt einer objektiv gelungenen wissenschaftlichen Erkenntnisrechtfertigung erscheinen. Auf diese Art wurden und werden also auch die von uns hier näher behandelten *normativen Problemimplikationen* der bevölkerungswissenschaftlichen Ansatzbetrachtungen durch die für die Problembewältigung allein geltend gemachte positivistische Forschungs-methodik in 'streng wissenschaftlicher' Weise *mitentschieden.* Solchermaßen wollen die heute tonangebenden bevölkerungswissenschaftlichen Aussagetrends *insgesamt* als ge-sichertes Forschungswissen erscheinen.

Auf diesem Hintergrund sind unsere Anmerkungen über die Querverbindungen der be-völkerungswissenschaftlichen Forschung zum gesellschaftspolitischen Leben zu sehen. Soweit uns bekannt, ist man bislang auch der Aufdeckung dieses verborgenen, tiefliegen-den Zusammenhanges praktisch aus dem Weg gegangen. Vielerorts ist heute das Bestre-ben vorherrschend, auch die eigenen bevölkerungs*politischen* (wie zahlreiche andere gesellschaftspolitische) Anschauungen als gesicherte *forschungswissenschaftliche* Er-kenntnis erscheinen zu lassen, um sie dadurch in der Auseinandersetzung mit gegenteili-gen Auffassungen *unangreifbar* zu machen. Man versucht also, gesellschaftspolitische Auffassungsrichtungen unter die abschirmende Rechtfertigung der Wissenschaft, sozu-sagen unter eine 'wissenschaftliche Immunität', zu stellen — und sei es auch nur durch eine wissenschaftliche *Verbrämung,* durch eine wissenschaftliche *Optik.* Als ausge-prägte Beispiele wollen wir anführen, daß etwa der dialektische Materialismus ebenso als wissenschaftliches Beweissystem verstanden sein will wie die von seiten des neu-linken Denkens entwickelte Aussagewelt. Durch solche wissenschaftliche Gewandung können die damit konkurrierenden Aussagerichtungen als 'unwissenschaftliche Ideolo-gie' abgewertet werden. Mit dieser Methode kann also die Verbreitung bzw. Realisierung jeder Auffassung zum 'wissenschaftlich begründeten' Anliegen qualifiziert werden, wo-durch die ideenmäßigen Widersacher als 'wissenschaftlich widerlegt' bzw. 'unwissen-schaftlich' aus dem Feld geschlagen werden. Im Rahmen unserer Grundlagenanalyse darf dieser bedeutsame Zusammenhang nicht verschwiegen werden.

In den gesetzgebenden Körperschaften, von seiten der thematisch besonders engagierten Familienorganisationen, von der durch den Geburtensturz allmählich beunruhigten Wirtschaft und öffentlichen Meinung ist im Verlauf des zurückliegenden Jahrzehnts im-mer eindringlicher die Frage gestellt worden, was man denn staatlicherseits, also vom Standpunkt der gesellschaftsgestaltenden öffentlichen Ordnungsvorstellungen, gegen den bedrohlich gewordenen Fruchtbarkeitsschwund zu unternehmen gedenke. Auf dem dargestellten Hintergrund ist es nun im Blick auf das ganze Thema besser erklärbar, warum man auch etwa auf seiten des einflußmächtigen wie handlungsverantwortlichen Regierungslagers (in der Erfahrung des Autors besonders bezogen auf Österreich und die Bundesrepublik Deutschland) auf diese Frage mit Vorliebe und beruhigendem Unterton in der Hauptsache stets zunächst damit geantwortet hat, daß ohnehin entsprechende (weitere) Forschungsaufträge erteilt bzw. gefördert würden, und daß man solchermaßen nach Kräften bemüht sei, dem Bevölkerungsproblem auf den Leib zu rücken. Bis jetzt

– am Beginn der achtziger Jahre – wurde dann angesichts der vielfach so divergierenden bevölkerungswissenschaftlichen Aussagen meist noch lapidar dazugefügt, die bisherigen Untersuchungsergebnisse hätten noch keine wünschenswerte Klarheit gebracht; es stehe lediglich fest, daß nicht irgendeine Einzelursache, sondern ein breites Faktorengeflecht für den Gang des generativen Geschehens und damit auch für den Geburtenrückgang verantwortlich zu machen sei, wobei auch der allgemeine Wertwandel in der Gesellschaft eine entsprechende Rolle spiele. Häufig wird dann noch im Sinne eines handlungsbehindernden Umstandes dazugefügt, daß das Geburtenverhalten in den privaten Intimraum des Menschen gehöre, in den sich Gesellschaft und Staat nicht einzumischen hätten, auch nicht durch Herausstellen bzw. Bevorzugung von Leitbildern bezüglich einer gesellschaftlich wünschenswerten durchschnittlichen Kinderzahl. Es könne demnach lediglich darum gehen, *kinderfeindliche* Lebens- und Mentalitätsstrukturen als negative Voraussetzungen der allgemeinen Fruchtbarkeitsentwicklung abbauen zu helfen, positiv ausgedrückt: gesellschaftliche Rahmenbedingungen zu schaffen, die es den Ehepaaren als möglich bzw. zumutbar erscheinen ließen, ihren jeweiligen Kinderwunsch zu realisieren.

Insgesamt wird in dieser Sichtweise *die wissenschaftliche Forschung in den Mittelpunkt* der Problemlösungszuständigkeit wie der Problemlösungshoffnung gestellt, und zwar in Analogie *zu anderen* gesellschaftlichen Gegenwartsproblemen. In dieser Problemeinschätzung wird so gerade auch auf seiten des handlungskompetenten Regierungseinflusses der von uns kritisierte humanwissenschaftliche Erfolgsoptimismus auf dem Hintergrund des darauf bezogenen naiven wissenschaftlichen Fortschrittsglaubens (Wissenschaft als das zentrale Instrument der – individuellen wie gesellschaftlichen – Lebensbewältigung mit dem Ziel des größtmöglichen Glücks der größtmöglichen Zahl) in den Vordergrund des generativen Problembewältigungsbewußtseins gestellt. *In ihrem Zentrum* aber erweist sich diese Sicht einerseits als *prinzipiell irrig*, andererseits als ein Mittel ablenkender *Problemverschleierung*.

Zunächst zum prinzipiellen Irrtum. Wir haben gesehen, daß die unmittelbare Steuerungsgröße des gesellschaftsbestimmenden Fortpflanzungsverhaltens in der *ehelichen Fruchtbarkeitsmentalität* besteht. Deren Ausformung aber ruht mentalitätsmäßig auf dem basalen Voraussetzungszentrum der allgemeinen Lebensperspektive. Es ist so das *allgemeine menschliche Daseinsverständnis* die entscheidende mentalitätsrelevante Wurzelgröße, aus der (in einer sich nach oben verästelnden thematischen Ausdifferenzierung) sich auch die *fruchtbarkeitsrelevanten* Zielvorstellungen des Lebens entwickeln. Diese (vordergründig meist wenig bewußte, jedenfalls in der Regel nicht reflektierte) Vorstellung vom eigenen Lebensentwurf als die basale mentalitäsmäßige Bestimmungsgröße auch für die eheliche Fruchtbarkeitsbereitschaft ist nun aber *nicht eine Leistung wissenschaftlicher Erkenntnisrechtfertigung, sondern das Ergebnis sinnzielorientierter bzw. wertgeltungsabhängiger Richtungsbestimmung des eigenen Daseins, also eine Frage der normativ-voluntaristisch grundgelegten persönlichen Daseinsverwirklichung.* Die von niemandem bezweifelte große Bedeutung der Wissenschaft für die erkenntnismäßige Aufhellung und Durchdringung auch dieser normativ-voluntaristischen Realität (einschließlich der ihr sachverhaltlich zugrundeliegenden Bedingungen bzw. modifizierenden Einflüsse) stellt aber nur eine *kognitive Hilfsfunktion* für das einschlägige Handeln dar. Die Zielbestimmung und die danach orientierte Verwirklichungsrichtung menschlichen Lebens — innerhalb dessen das Fortpflanzungsverhalten einen konstitutiven Teilaspekt darstellt — ist also im Kern *nicht eine wissenschaftliche* Aufgabe bzw. Leistung. Insofern ist die vorherrschende, positivistisch orientierte, *szientistische Sichtweise* der Bewältigung des Nachkommenschaftsproblems (wie aller analogen Fragestellungen des sinnzielorientierten bzw. wertgeltungsabhängigen Vollzugs menschlichen Lebens) zunächst einmal vom logischen Ansatz her *in der Hauptsache irrig.*

Sodann erweist sich diese der bisher tonangebenden bevölkerungswissenschaftlichen Forschung innewohnende szientistische Sichtweise gleichzeitig als eine *programmatische Ablenkung vom Problemkern* der Nachkommenschaftsfrage. Die normativ-voluntaristische Kernrealität des generativen Verhaltens wird dabei in ein *vorwiegend wissenschaftliches* Problembewältigungsanliegen verfälscht. Dadurch wird die Aufmerksamkeit von den tatsächlichen Hauptsteuerungskräften des Nachkommenschaftsgeschehens *abgelenkt.* Die Problemlösungsbemühungen werden vom *sachrichtigen Einflußzentrum* weg auf eine *falsche, weil letztlich irrelevant-unwirksame* Ebene wissenschaftlicher Auseinandersetzung verlagert. Eine solche Verschiebung des Befassungsakzentes hat zur Folge, daß der reale Problemkern durch ein *Scheinproblem* verdeckt wird, nämlich durch jenes der vorgeblich *wissenschaftlichen* Problembewältigungspriorität. Es kommt also zu einer problemvernebelnden *Selbst- und Fremdtäuschung.* Durch die Verlagerung der Auseinandersetzung von der letztentscheidenden Kernproblematik des normativ-voluntaristisch grundgelegten menschlichen Lebensentwurfs als der fundamentalen Richtungsbestimmung auch des Fortpflanzungsverhaltens *auf die Rechtfertigungsebene humanwissenschaftlicher Forschung* wird die Wissenschaft zum *Verschleierungsinstrument* der handlungsbestimmenden Gestaltungskräfte des menschlichen Lebens gemacht. Die Zuschreibung einer so verstandenen vorrangigen Problemlösungskompetenz an die bevölkerungswissenschaftliche Forschung wird zum *problemablenkenden Alibi* für die Unterschlagung der weltanschaulich-menschenbildabhängigen Wurzeln des Nachkommenschaftsverhaltens. Der zeitgenössische Fruchtbarkeitsverfall ist in seinem mentalitätsabhängigen Verursachungsanteil *nicht ein wissenschaftlich* behebbares Problem, sondern eine Angelegenheit grundlegend veränderten menschlichen Daseinsverständnisses (Lebensentwurfs), innerhalb dessen die Fortpflanzung einen *konstitutiven* — vom übergreifenden Gesamtverständnis menschlicher Existenzdeutung *nicht isolierbaren* — Teilaspekt darstellt.

Diese Erkenntnis über das Bedeutungsverhältnis der bevölkerungswissenschaftlichen Forschung zu den mentalitätsbedingten Steuerungskräften des Nachkommenschaftsverhaltens ergibt sich erst als Ergebnis unserer hier angestellten Untersuchung über die Abhängigkeit der bevölkerungswissenschaftlichen Problemaufarbeitung vom zugrundeliegenden Wissenschaftsverständnis. Zur Lösung der dabei auftretenden vielfältigen wie tiefliegenden Schwierigkeiten gibt es nach unserer Einschätzung nur den hier sichtbar gemachten Ausweg: das Problem in seiner inhaltlichen Vollgestalt zu erfassen, ihren bedingenden Hintergrund bis an die letzten Wurzeldeterminanten aufzuhellen, die darin steckenden *vor*wissenschaftlichen Prämissen aufzudecken, die sich daraus ergebenden normativen Ableitungskonsequenzen gewissenhaft zu verfolgen sowie unter Rückgriff auf diese Basisklärung um einen möglichst umfassenden Zusammenhang auch der sich *horizontal* ausfächernden Fragestellungen samt ihrer Verzahnung mit den benachbarten Themengebieten bemüht zu sein, so daß aus all dem wenigstens annäherungsweise die Konturen der *Problemganzheit menschlichen Fortpflanzungsverhaltens* sichtbar werden, von wo aus die Teilprobleme ihren Stellenwert und eine widerspruchsfreie Einordnung in eine auf *eindeutigem* Problemverständnis beruhenden Interpretations*gesamt*richtung erhalten. Dies setzt wissenschaftstheoretisch die Überwindung des auch für die außer-naturwissenschaftlich-anthropologische Forschung weithin immer noch tonangebenden *positivistischen* Wissenschaftsverständnisses und der daraus folgenden empiristischen (nicht empirischen!) Forschungseinseitigkeit zugunsten eines darüber hinausgehenden *ganzheitsbezogenen Strukturdenkens* voraus, vor allem im Zusammenhang mit der sozialpsychologischen und sozialphilosophischen Grundlagenklärung. Als ein typisches Beispiel für diese *jeder* Bearbeitung komplexer Phänomene der zusammengesetzt-hochorganisierten menschlichen Lebenswirklichkeit *gemeinsamen* Problematik kann der Bereich des *Fortpflanzungsverhaltens* angesehen werden als der umfassende Themenhintergrund sowohl unseres aktuellen Bevölkerungsdefizits als auch der in vielen Ländern der Dritten Welt seit Jahrzehnten beängstigend anhaltenden 'Bevölkerungsexplosion'.

1.4 Verdrängung der Familienfrage aus dem bevölkerungswissenschaftlichen Problembewußtsein

Unsere Erörterung über die Abhängigkeit der bevölkerungswissenschaftlichen Problemaufarbeitung vom zugrundeliegenden Wissenschaftsverständnis hat bereits erkennen lassen, daß die auf dem dargestellten wissenschaftlichen Geltungsanspruch beruhende *einseitig positivistisch ausgerichtete* bevölkerungswissenschaftliche Forschung der vergangenen siebziger Jahre ihre tragenden Ansatzbetrachtungen in wichtigen bis entscheidenden Punkten *inhaltlich im Gegensatz zu unserer ganzheitsbezogenen sowie auf den Prämissen einer 'personalen' anthropologischen Grundkonzeption fußenden* Problemanalyse zur Entfaltung gebracht hat. Seine *volle* inhaltliche Bedeutung aber gewinnt dieser Gegensatz erst dann, wenn wir die der bisher dominierenden bevölkerungswissenschaftlichen Forschung zugrundeliegenden Ansatzbetrachtungen *auf ihr Verhältnis zur Familienfrage* hin ansehen. Dabei ergibt sich, daß die bisher tonangebenden bevölkerungswissenschaftlichen Sichtweisen der siebziger Jahre geradezu einen *inhaltlichen Schwerpunkt* darin aufweisen, daß dabei die *Familienfrage* aus dem bestimmenden Determinantenhorizont des Bevölkerungsprozesses *weithin verdrängt,* ja nicht selten *ganz* aus dem bevölkerungswissenschaftlichen Problembewußtsein *eliminiert worden ist.* Wir wenden uns nun dieser der Grundlagenbetrachtung zuzurechnenden charakteristischen Selektion des Problemverständnisses zu.

Vor allem in der *Ursachenerörterung* des Geburtenrückganges hat sich eine auffallende (und dennoch weitestgehend kritiklos übergangene) Betrachtungseinseitigkeit gezeigt, die allmählich in eine tendenziöse Deformation des Problembewußtseins übergegangen ist. Im Zuge der sich ausweitenden bevölkerungswissenschaftlichen Behandlung des immer gravierendere Ausmaße annehmenden Geburtenrückganges war schließlich eine *geradezu unabsehbar gewordene Vielzahl* möglicher Bewirkungsfaktoren des aufsehenerregenden Fruchtbarkeitsschwundes zum Gegenstand der fachlichen Überlegungen bzw. Untersuchungen gemacht worden. In der vorherrschenden bevölkerungswissenschaftlichen Forschung aber wurde bislang *der wichtigste Untersuchungsaspekt* weithin aus dem Spiel gelassen oder doch sehr vernachlässigt: Die gebündelte Konfrontation des Geflechts von möglichen Bedingungen, Einflüssen bzw. unmittelbaren Teilursachen *mit der Familienfrage der Gegenwart.* Wie früher schon angemerkt, beschränken wir unsere Problembehandlung auf die bevölkerungspolitisch allein entscheidende (und gesellschaftspolitisch allein förderungswürdige) *eheliche* Fruchtbarkeit (wobei anzumerken ist, daß wir dazu auch jene *unehelich* geborenen Kinder rechnen, die mit einer gewissen zeitlichen Verzögerung durch nachgeburtliche Eheschließung ihrer Eltern dennoch in den Status der Ehelichkeit gelangen, wie dies ja in so vielen Fällen geschieht). Da die Familie als der unmittelbare Träger des generativen Geschehens *mit dem gesamten Bedingungshintergrund bzw. Einflußgefüge von Wirtschaftsweise und Gesellschaftsordnung* (wenngleich weitgehend nur sehr indirekt) *verzahnt ist,* war es möglich, den jetzt behandelten charakteristischen Verdrängungsmechanismus in Erscheinung treten zu lassen. Man erschloß immer mehr das weite Feld aller in Betracht kommenden Mitbewirkungsfaktoren und begann, deren wechselseitige Verknüpfung zu erforschen. Dies war im Grunde sicherlich unerläßlich; denn allzu simpel waren zuvor oft die Vor-

stellungen gewesen, wovon die biologische Erneuerung einer Bevölkerung insgesamt abhängt. Es erweist sich jedoch als grundfalsch, wenn die Analyse dieser vielschichtigen
Bedingungen und Einflüsse nicht mit der *Familienfrage* einer bestimmten Zeit, einer bestimmten Gesellschaft, konkret in Verbindung gesetzt wird; wenn sich die Diskussion
über den Geburtenrückgang von der vordergründigen Verklammerung all dieser Faktoren
mit der *Familienfrage* und damit auch mit der einschlägig gesellschaftlichen Lebensgestaltungsdimension, der Familienpolitik, loslöst und sich verselbständigt in die Behandlung der *außerhalb der Familie* liegenden Hintergrundbedingungen bzw. Einflußfaktoren des generativen Prozesses. Man handelt dann hinsichtlich des Zustandekommens des Geburten- bzw. Bevölkerungsrückganges über viele — oft entfernte — Einflußgrößen, nur nicht darüber, worauf es (bei aller unbestrittenen Bedeutung jener vorgelagerten Bedingungen bzw. Einflüsse) *unmittelbar und letztentscheidend* ankommt:
über die Beschaffenheit des sozialen Systems Familie als dem direkten Träger des generativen Geschehens, als der unmittelbaren Fruchtbarkeitsinstanz der Gesellschaft. Die
erwähnte Verselbständigung der Untersuchung der *außerhalb des Familienthemas*
liegenden nichtdemographischen Bedingungs- und Einflußgrößen hat so zur grotesken
Situation geführt, daß die unmittelbare biologische Regenerationsinstanz der Bevölkerung mehr oder weniger aus dem Blick der Kausalbetrachtung geriet.

Die *Letztursache* dafür liegt allerdings nicht in einem falschen erkenntnistheoretischen
Ansatzdenken in Verbindung mit der zur wissenschaftlichen Rechtfertigung (zur besseren wissenschaftlichen Durchsetzbarkeit) verwendeten einflußmächtigen positivistischen Forschungseinseitigkeit. Hinter diesem instrumentalen Bearbeitungsmodus des
Nachkommenschaftsproblems steht als *Letztursache* das familienfeindliche Denken
der seit Mitte der sechziger Jahre das gesellschaftliche Bewußtsein immer nachdrücklicher bestimmenden Weltanschauungsbewegung der NEUEN LINKEN (in all ihren
Facetten, also in all den von dieser Denk- und Lebensbewegung ausgehenden theoretischen, gesellschaftspolitischen sowie den einzelmenschlichen und primärgruppenhaften
Lebensvollzug betreffenden Ideenausfaltungen). Im Rahmen dieser lebensganzheitlich
entfalteten Ideologie, die in ihrem inhaltlichen Zentrum und in ihrem dynamischen
Charakter am zutreffendsten als *neomarxistische Kulturrevolution* zu kennzeichnen
ist, kommt der Familienfrage geradezu eine Schlüsselbedeutung für die einschlägig tragenden (utopischen) Ideen vom neuen Menschen in einer neuen Gesellschaft zu. Die
faszinierende Wirkung dieser Ideen ist aber — das muß betont werden — nicht auf
linksintellektuelle Zirkel, umsturzfreudige radikale gesellschaftspolitische Gruppierungen (Parteiflügel) sowie auf lebensfremde Schwarmgeister beschränkt geblieben. Von
diesen Kernschichten der neulinken Geistesbewegung setzte sich das von dort aus mit
beispielloser Dynamik in Gang gebrachte einschlägig *prinzipielle Alternativdenken*
fort in die Stammbereiche traditional linker bzw. linksliberaler Gruppierungen und erfaßte schließlich *nicht nur randständige* (vor allem nennenswerte Teile der jungen)
Schichten im sogenannten 'bürgerlichen' Meinungslager, ja letztlich — wenngleich in
entsprechend abgeschwächter Weise — keine geringe Zahl von Zeitgenossen aus dem
religiös-theologisch-kirchlichen bzw. kirchennahen Leben der christl. Konfessionen
(auch dort vor allem Intellektuelle und meinungsbildend-öffentlichkeitswirksame

Professionalisten wie manchen wissenschaftlichen Theologen, Medienleute, Jugend-
funktionäre, Erwachsenenbildner, Religionslehrer usw.). Im Jahrzehnt etwa zwischen
1968 und 1978 hatte diese mit der Kraft und Begeisterung einer neuen Heilsverkündi-
gung wirkende Weltanschauungsbewegung der NEUEN LINKEN einen wahren Taumel
gesellschaftsweit mitreißender unkritisch-alternativer Innovationsbetörtheit ausgelöst,
die erst in den letzten siebziger Jahren abflaute und einer wachsenden Ernüchterung
Platz machte.

Die den grundstürzenden theoretischen Ideen folgenden *praxisbezogenen* Änderungen
in den Lebensanschauungen haben sich allerdings erst im Laufe der Zeit in die Bewußt-
seinsstrukturen, Gefühlshaltungen bzw. Lebensgewohnheiten breiterer Bevölkerungsschichten eingegraben. Als in die Tiefenschichten des Bewußtseins sehr vielen Menschen
allmählich (vor allem durch langjährige massenmediale Indoktrination) eingesicker-
tes Anschauungsgut wirkt diese Ideenwelt auch heute noch in vieler Hinsicht als Leitbildorientierung fort — zwar weithin unreflektiert, deshalb aber nicht minder nachdrücklich. Dabei lassen die mannigfaltigen Überlagerungen mit *anderen* attraktiv wirkenden
linksliberalen Strebetendenzen unserer Gegenwartsgesellschaft den *neulinken* Verursachungsanteil der eingetretenen Bewußtseinsveränderung nicht immer klar abgrenzen
(Beispiele: das aus dem Demokratiebewußtsein für das menschliche Leben vielerorts
umfassend — auch für den *nicht-öffentlichen* Bereich — abgeleitete Egalisierungspostu-
lat; das erst seit Mitte der siebziger Jahre in die gesellschaftliche Diskussion eingedrun-
gene Gedankengut des Feminismus). Außer den — auf unser engeres Thema unmittelbar bezogenen — *hochgradig relativierenden* Anschauungen über das (inzwischen in beträchtlichem Ausmaß einer subjektiven Beliebigkeit überantwortete) Ordnungsgefüge
von Ehe und Familie denke man bei diesen *praxisbezogenen* Änderungen in den Lebensanschauungen breiter Bevölkerungsschichten etwa an folgende — teils daran sich anschließende — Problemfelder: an das erzieherische Selbstverständnis bei der Heranbildung der nachwachsenden Generation ('antiautoritäre' Perspektive); an das Thema
der Frauenemanzipation auch außerhalb des Anwendungsbereichs von Ehe und Familie; an die sonstigen individualistischen Selbstverwirklichungsideen in Verbindung mit
dem ausufernden persönlichen Ungebundenheitsstreben als Zentrum des heute vorherrschenden Freiheitsverständnisses; an die damit in Verbindung stehende prinzipielle
Autoritätsablehnung samt der damit verzahnten Feindseligkeit gegen alles Institutionelle in unserem Dasein (bis hin auf die allgemeinste Ebene einer Distanzierung bis
Ablehnung von Staat und Kirche als ganzes); an die im Vorgesagten wurzelnde Lei-
stungs- und Verzichtfeindlichkeit sowie an die Flucht vor persönlicher Verantwortung zugunsten eines kollektivistischen Untertauchens in die anonyme gesellschaftliche
(staatliche) Problemlösungszuständigkeit usw. Es ist also nicht so, daß die in den späten
siebziger Jahren einsetzende *Gegenbewegung* das neulinke Gedankengut in der Breite
und Tiefe des Gesellschaftsganzen in Theorie und Praxis inzwischen mehr oder weniger zum Verschwinden gebracht hätte. In einem Bild ausgedrückt könnte man vielleicht
so sagen, daß zwar die aus dem Wasser zuvor mächtig aufragende Spitze des Eisberges
inzwischen verschwunden ist, nicht aber die unter der Wasseroberfläche — für das normale Auge nicht sichtbar — weitertreibenden Eismassen. Der inzwischen stattgefundene

'Marsch durch die Institutionen' hat eine in die neulinke Generalrichtung ganz und gar veränderte linksliberale Ideen- und Lebenslandschaft hinterlassen. Zwar ist die geschlossene theoretische Systematik neulinker Weltbetrachtung und ihre Anwendung auf eine konzeptmäßig ausgefaltete, ebenso einheitlich-geschlossene Gesellschaftspolitik an verschiedenen Stellen durch gegenteilige Erfahrungsbeweise bzw. schlüssige Argumentation aufgebrochen worden und deshalb als monolithische Doktrin überholt, ohne Überzeugungskraft. In außersystematisch-pragmatischer Anwendung vor allem auf das *privat-persönliche* Lebensverständnis (und hier wiederum insbesondere im Zusammenhang mit dem Freiheitsbegriff) aber ist die (von Extremvarianten befreite) Substanz neulinker Anschauungen über den Menschen und seine Sozialordnung in unseren spätindustriellen westlichen Wohlstandsgesellschaften nach wie vor hochgradig wirksam. Insofern ist unsere einschlägige Problemerörterung nicht nur zeitgeschichtlich-rückschauend, sondern auch gegenwartsaktuell für die begonnenen achtziger Jahre unseres Jahrhunderts.

Das Aufkommen der Weltanschauungsbewegung der NEUEN LINKEN ist jedenfalls als *Letztursache* dafür anzusehen, daß — ein kontrastreicher Gegenschlag zu den der neomarxistischen Kulturrevolution vorausgegangenen Grundlagen unseres gesellschaftlichen Bewußtseins — die Familie ganz prinzipiell und daher in allen maßgeblichen Betrachtungs- und Bearbeitungsaspekten des wissenschaftlichen und öffentlichen Lebens plötzlich massiv diffamierend abgestempelt wurde zum geradezu ausschlaggebenden *Behinderungszentrum individueller Selbstverwirklichung* wie zum konsequenzreichen *Ausgangspunkt gesellschaftsfeindlicher Gestaltungskräfte* des menschlichen Lebens (die Familie als 'Gegengesellschaft'). Dies hatte zur Folge, daß man diesem äußerst negativ charakterisierten Phänomen (nicht zuletzt auch in sozialpsychiatrischer Hinsicht als vermeintliche Ursache aller nur denkbaren Anomien, Defekte bzw. Insuffizienzen menschlicher Lebensausfaltung) auf der fachlich-wissenschaftlichen Bearbeitungsebene gleichermaßen wie auf jener der politischen Diskussion zumindest im weiten Bogen aus dem Weg zu gehen bemüht war (Ausnahmen bestätigen die Regel), so man sich nicht an der grundsätzlichen Einschätzung der Familie als eines antiquierten Relikts 'konservativ-traditionaler' bis 'restaurativ-repressiver' Lebensauffassung in irgendeiner Form selbst aktiv beteiligte. Beide Problembehandlungsdimensionen (die sozialwissenschaftliche und die politische) haben das gesellschaftliche Bewußtsein nachhaltig umgeformt. Das dadurch gesellschaftsweit verbreitete (durch einen schwer- bis unverständlichen fachsprachlichen Jargon mit seinen manipulierenden Tendenzen generell als 'wissenschaftlich' getarnte) linkskonformistische Denken hat ganz allgemein zu *familiendistanzierten bis familienfeindlichen* individual- und sozialanthropologischen Betrachtungsweisen geführt, die als maßgebliche *Letztursache* dafür verantwortlich sind, daß man im Zusammenhang mit der bevölkerungswissenschaftlichen und bevölkerungspolitischen Behandlung des Geburtenrückganges dem Familienthema in so auffallender Weise aus dem Weg zu gehen bemüht war. Eine unbefangen-realitätsorientierte Problembehandlung wäre nämlich der Glaubwürdigkeit (Brauchbarkeit) der neulinken Denkhorizonte auch im Themenbereich der Nachkommenschaftsfrage im Weg gestanden. Durch eine solche unbefangen-realitätsbezogene Aufschließung der dem Geburtenrückgang zugrundeliegenden Zentralproblematik des Nachkommenschaftsverhaltens wäre nämlich deutlich ins Bewußtsein getreten, daß es *die Familie* ist, der die Bevölkerung ihre biologische Regeneration, der die Gesellschaft ihre nachkommensmäßige Überlebenssicherung verdankt. Als Folge davon aber geriete die Familie – noch dazu in einem gesellschaftlich so wichtigen Lebensbereich – eo ipso in einen *positiven* Bedeutungsbezug, und damit indirekt auch alles, was ihrer Förderung und Sicherung dienlich ist. Dadurch würde offenbar, daß die prinzipielle Familienfeindlichkeit des neulinken Denkens und seine daraus entwickelten Präferenzen für familienersetzend-alternative Gemeinschaftsformen im Hinblick auf die bevölkerungserhaltenden Fortpflanzungsbedürfnisse zu einer *dysfunktionalen* Wirkung, nämlich zu einer Gefährdung der gesellschaftlichen Nachkommenschaftserfordernisse, führen muß – und also unbrauchbar ist.

Überdies wäre aus der Sicht neulinker Ideologie zu befürchten, daß über die Weckung eines Verständnisses für die positive Bedeutung der Familie für die biologische Überlebenssicherung der Gesellschaft auch der Blick geschärft würde für die Analogieproblematik der von einer grundsätzlich familienfeindlichen Lebensanschauung ausgehenden Behinderung *anderer* familialer Grundfunktionen (man denke an die dadurch entstehende Funktionsbehinderung der hauswirtschaftlichen, pflegerischen, erzieherischen, emotional-beheimatenden, kräfteregenerierenden usw. Leistungsfähigkeit der Familie). Auch im Zusammenhang mit der generativen Frage paßt also eine *positive* Bedeutungseinschätzung der Familie nicht in das Konzept neulinken Denkens, das gerade hinsichtlich der als wünschenswert anzusehenden Organisationsformen des menschlichen Geschlechter- und Generationenverbundes sich so nachdrücklich auf familienersetzende Alternativ-Perspektiven festgelegt hat. So hat der von dieser Weltanschauungsbewegung bewirkte Gleichklang der tonangebenden sozialwissenschaftlichen Betrachtungshorizonte mit jenen der öffentlichen Meinungsbildung und der Gesellschaftspolitik im Verlauf der zurückliegenden eineinhalb Jahrzehnte dazu geführt, daß man trotz der stets größer gewordenen Brisanz des Fruchtbarkeitsrückganges die Behandlung dieses Themas von einer Konfrontation mit der Familienfrage so weit wie möglich fernhielt. Unterstützt wurde dieses tendenziöse Problemverständnis zweifellos durch den gleichsinnig wirkenden Umstand, daß man damit – siehe dazu unsere vorangegangene Darstellung – gleichzeitig der mit der Familienfrage notwendigerweise verbundenen Sinn- und Wertproblematik aus dem Weg gehen konnte, was für die erörterte positivistische Forschungseinseitigkeit sehr wünschenswert erschien.

Auch in der vorherrschenden *bevölkerungswissenschaftlichen* Betrachtungsweise ist solchermaßen eine erkenntnisleitende Grundeinstellung und damit eine wissenschaftliche Ansatzbetrachtung zum Tragen gekommen, die dazu geführt hat, daß man bei der Erforschung des Geburtenrückganges eine systematische Bezugnahme auf das Familienthema vermieden hat. Die tonangebende wissenschaftliche Bewältigung des generativen Prozesses ist so schwerpunkthaft bis ausschließlich auf der *außerfamilialen* Problemdimension der 'Bevölkerungsentwicklung' bzw. der 'Bevölkerungspolitik' versucht worden. Geschützt ist das erkenntnistheoretisch fehlerhafte Ansatzdenken insbesondere dadurch, daß man innerhalb dieses Betrachtungsansatzes alle erdenkliche positivistische Fachwissenschaftlichkeit wirkungsvoll zum Einsatz gebracht hat. Bei einer solchen Dichte imponierender Forschungswissenschaftlichkeit, die sich ihres Prestiges in- und außerhalb des fachlichen Lebens (insbesondere auch in der Beachtung durch die Massenmedien) sicher sein kann, erscheint es aufgrund der verbreiteten unkritischen Wissenschaftsgläubigkeit geradezu als Vermessenheit, die tragenden Aussagehorizonte dieser fachlichen Aussagerichtung nicht zu akzeptieren. Durch die dominierende Vorrangstellung des zugrundeliegenden Wissenschaftsverständnisses konnten sich diese Aussagetrends auch in diesem komplexen anthropologischen Problembereich im Kerngehalt bisher als geradezu unangreifbar behaupten. Die Behandlung der generativen Frage (des Geburtenrückganges) ist dabei nur eines unter zahlreichen analogen Beispielen.

Nur auf diesem Hintergrund ist es verständlich, daß es während der siebziger Jahre über den Geburtenrückgang so viele abendfüllende Referate namhafter Demographen, Soziologen und Vertreter anderer in die Bevölkerungswissenschaft besonders hineinragender Fachgebiete sowie stundenlange Diskussionen im Kreis von Experten gab, ja zahlreiche Tagungen und eine Vielzahl fachlicher wie darauf Bezug nehmender popularisierender Veröffentlichungen, ohne daß dabei die Familie als maßgeblicher Bezugspunkt oder gar als Brennpunkt aller Detailerörterung je in den Blick gekommen wäre. Um diese nachkommenschaftsrelevante Hauptsache glaubwürdig verdrängen zu können, wurden die der Familie vorgelagerten bzw. nebengeordneten Problemaspekte unter Heranziehung immer umfangreicheren Datenmaterials mit allem erdenklichen wissenschaftlichen Aufwand behandelt. Im Hinblick auf den zentralen Aspekt der Familienfrage hat dies dazu geführt, daß man schließlich 'vor lauter Bäumen den Wald' nicht mehr sehen konnte, d. h., die Familie ist wie in einem Vexierbild in der Darstellung der *übrigen* Problemhorizonte untergegangen. Das ist etwa so, wie wenn man die Problematik eines weithin feststellbaren Defizits schulischer Bildungsvermittlung zum Anlaß einer umfassenden Untersuchung des allgemeinen Bildungsgeschehens einer Zeit machte, in das die Wirksamkeit des schulischen Aufgabenbereiches *als sein allgemeiner Bedingungs- und Einflußhintergrund* hineingestellt ist; wenn man dabei alle möglichen ökonomischen und sozialkulturellen Voraussetzungen bzw. Einflußfelder der allgemeinen Bildungsproblematik zum Gegenstand der Untersuchung machte – nur eines nicht: die Schule selbst als den unmittelbaren Träger der öffentlich-institutionalisierten Bildungsvermittlung im Sinne der zur Untersuchung eigentlich anstehenden Frage. Auch die Schule ist in ein großes wie vielschichtiges ökonomisches und sozialkulturelles Wirkgefüge eingebettet mit einem ebenfalls weitreichenden geschichtlichen und kulturvergleichenden Problemhintergrund. Dessenungeachtet wird man bei der Erforschung einer konkreten Misere schulischer Bildungsvermittlung all diese (recht unterschiedlich bedeutsamen) Faktoren bzw. Erklärungsgesichtspunkte des Problemhintergrundes (Problemumfeldes) *nur hinsichtlich ihrer Auswirkung auf den Zustand der Schule* ins Auge fassen, diesen Zustand der Institution Schule selbst aber als *Hauptgegenstand* der Untersuchung über die in Rede stehende schulische Funktionsminderung ansehen.

Hinsichtlich des Geburtenrückganges kommt dieser Stellenwert der unmittelbaren generativen Verursachungsgröße FAMILIE zu, nicht aber den ungezählten außerfamilialen Hintergrundbedingungen bzw. Einflußfeldern. Deren zweifellos sehr beträchtliche *indirekte* Bedeutung ist nur insofern von Belang, als damit das soziale System Familie auf der Voraussetzungsebene bzw. im Einflußbereich seiner Reproduktionsfunktion betroffen wird. Damit ist gemeint das (ökonomische, erzieherische, zeit- und kräftemäßige) Vermögen der Ehepaare und ihre auf diesen Voraussetzungen aufbauende Bereitschaft, Kinder ins Leben zu rufen, sie zu pflegen, ihren (außerhalb des Entlastungseffekts des Familienlastenausgleichs durch eigenes Einkommen zu deckenden) Lebensunterhalt zu bestreiten und sie zu brauchbaren Menschen zu erziehen. *Außerhalb* dieses Stellenwertes eines Bedingungs- und Einflußgefüges für die Ausgestaltung des sachverhaltsbedingten Fortpflanzungsvermögens und der mentalitätsbedingten Fortpflanzungsbereitschaft der Familie kommt in diesem Zusammenhang den ökonomischen und sozialkulturellen Rahmenbedingungen des Gesellschaftsprozesses (Makroaspekt) sowie den darin eingefangenen *außerfamilialen* individuellen Lebensbedingungen der potentiellen Kindeseltern (Mikroaspekt) *kein eigenständig-erkenntnisleitendes* Interesse zu.

Auf diese Unterscheidung kommt es hier an; denn die Verlagerung des erkenntnisleitenden Interesses vom fruchtbarkeitsrelevanten Zustand der Familie auf dessen (gesellschaftliche wie individuelle) Hintergrundbedingungen bzw. umfeldmäßige Einflußzonen hat die Diskussion über die Verursachung des Geburtenrückganges von seiner vordergründig-entscheidenden Hauptsache immer mehr abzulenken vermocht. Außerhalb der demographischen Einflußgrößen (etwa die Geschlechterproportion einer Bevölkerung, ihr Altersaufbau und ihre Familienstandsausprägung -- Anteil an Unverheirateten, Verheirateten, Verwitweten, Geschiedenen), welche die *vorgegebene, verhaltensunabhängige Ausgangskonstellation* der natürlichen Bevölkerungsbewegung bilden, ist es die (sachverhaltliche wie mentalitätsmäßige) Beschaffenheit des sozialen Systems Familie, aus welcher die *unmittelbare Verursachung* zur Weitergabe des Lebens in Gestalt der *ehelichen Fruchtbarkeitsmentalität* erwächst. Zum Unterschied davon treten die unübersehbar vielen Voraussetzungen und Einflüsse sowohl im Makrobereich des Gesellschaftsprozesses als auch im Mikrobereich der außerfamilial-individuellen Lebensumstände der potentiellen Kindeseltern nur als *Vorgegebenheiten* bzw. *Modifikationsfaktoren* des fruchtbarkeitsrelevanten Familienlebens in Erscheinung, nicht aber als *eigenständige Steuerungsgrößen* des Geburtengeschehens bzw. der darauf basierenden Bevölkerungsentwicklung. Erkenntnistheoretisch und forschungspraktisch ist diese Unterscheidung von größter Bedeutung. Erst ihre angemessene Berücksichtigung ermöglicht eine sachrichtige Erfassung des Nachkommenschaftsproblems.

Das heißt: Die eheliche Fruchtbarkeit bzw. der daraus im Aufsummierungseffekt entstehende Bevölkerungsnachwuchs ist weder eine direkte Folge, ein unmittelbarer Exponent, der vielfältigen *gesellschaftlichen Rahmenbedingungen* des generativen Prozesses noch der ebenfalls vielfältigen *außerfamilialen Lebensumstände des individuellen Daseins* der potentiellen Kindeseltern. Vielmehr ruht erst darauf die unmittelbare Verursachungsebene, die direkte Steuerungsgröße der Weitergabe des Lebens in Gestalt des ehelichen Fortpflanzungswillens, so sehr dieser auch durch die Bedingungen und Einflußfaktoren des vorgelagerten *außerfamilialen* gesellschaftlichen Makro- und des persönlichen Mikrobereichs maßgeblich beeinflußt wird. Zwischen einer solchen modifizierenden Beeinflussung und einer Totaldetermination besteht ein großer Unterschied. *Die von uns kritisierte Betrachtungsweise tut so, als ob die außerfamilialen Determinanten des Makro- und Mikrobereichs bereits selbst die Verursachungsebene (und damit die volle Steuerungsgröße) des Fortpflanzungsverhaltens darstellen.* Zur Verdeutlichung unseres Einwandes sei gesagt, daß in wirkungslogischer Hinsicht eine Gesellschaft sich nicht *als Ganzes* reproduziert. Vielmehr ist der gesamtgesellschaftliche Reproduktionseffekt, wie schon betont, nichts anderes als das aufsummierte Ergebnis der einzelehelichen Fruchtbarkeitsbereitschaft (wenn wir vom Anteil der ausnahmegelagert-randständigen *nicht*ehelichen Fortpflanzung absehen). Diese Banalität erweist sich für die Ansatzbetrachtung der bevölkerungswissenschaftlichen Forschung bzw. der darauf bezogenen bevölkerungspolitischen Diskussion im Sinne unserer wirkungslogischen Analyse als äußerst bedeutsam. Die von uns kritisierte Sichtweise des generativen Prozesses löst die direkte Ursachenebene des Bevölkerungsnachwuchses (nämlich die eheliche Fruchtbarkeitsmentalität) mehr oder weniger in das Umfeld ihrer vorgelagerten Bedingungen und ihrer nebengelagerten Einflüsse auf. Das hat folgenreiche Konsequenzen; denn nur so konnte es dazu kommen, daß die biologische Regeneration der Gesellschaft weitestgehend bis ausschließlich nur noch in der *außerfamilialen* generativen Problemrelevanz gesehen und studiert wurde.

Es ist dringend geboten, auf diese wirklichkeitsverzerrende Perspektive mit Nachdruck hinzuweisen. *Das sachrichtige Zentrum der Ursachenforschung und damit auch der Bemühungen zur Überwindung unserer spätindustriellen Bevölkerungskrise liegt ansatzlogisch in der (sachverhaltlichen wie mentalitätsmäßigen) Beschaffenheit des sozialen Systems Familie.* Die große Bedeutung und das weite Feld der ihm *vorgelagerten* ökonomischen wie sozialkulturellen gesellschaftlichen Rahmenbedingungen sowie der darin angesiedelten individuell-außerfamilialen Lebensumstände der einzelnen Ehepaare wird dabei keinesfalls angezweifelt. Diese Bedingungen bzw. Einflußgrößen aber erhalten ihren richtigen Stellenwert erst in der gebündelten Konfrontation mit Ehe und Familie als der Reproduktionsinstanz der Bevölkerung, und damit mit der Ehe- und Familienfrage unserer Zeit; handlungspolitisch ausgedrückt: mit dem darauf bezugnehmenden Sektor der allgemeinen Gesellschaftspolitik, nämlich mit der Familienpolitik. Läßt man sich aber von der seit dem Ende der sechziger Jahre tonangebenden bevölkerungswissenschaftlichen wie bevölkerungspolitischen Sichtweise bestimmen, dann lösen sich mit der einschlägigen Bedeutung der Familie auch Substanz und Zielvorstellung der *Familienpolitik* in die übergreifenden Aspekte ihres gesellschaftlichen Bedingungshintergrundes bzw. in die außerfamilialen Einflußfelder des individuellen menschlichen Lebens auf, wobei in der Sache selbst das Destillat *Bevölkerungsentwicklung* bzw. *Bevölkerungspolitik* übrigbleibt, aus dem sich der Familienbegriff weitestgehend verflüchtigt hat.

Hier liegt seither der blinde Fleck der vorherrschenden sozialwissenschaftlichen und gesellschaftspolitischen Betrachtungsweise. Durch weitgehende Abstraktion von der Familie als dem unmittelbaren Träger der (ehelichen) Fortpflanzung entstand so in der Frage des Bevölkerungsnachwuchses ein sehr verkürztes und dadurch unrichtiges Problemverständnis. Der dabei für Diagnose und Therapie des Geburtenrückganges entstandene Fehler erweist sich als eine einstellungsbedingte Fehleinschätzung der logischen Problemstruktur. Bezogen auf Österreich und die Bundesrepublik Deutschland (außerhalb derer der Autor keine diesbezüglich genaue Erfahrung besitzt) entwickelten sich in den siebziger Jahren daraus auch die vorherrschenden Betrachtungslinien (Argumentationsaspekte) in der dem Phänomen des Geburtenrückganges gegenüber an den Tag gelegten Regierungspolitik. Daher findet sich im Ansatz der vorherrschenden Bemühungen zur Überwindung des zeitgenössischen Fruchtbarkeitsverfalls nicht die *Familienpolitik*, sondern die *Bevölkerungspolitik* (deren wechselseitige Bedingtheit heute als hinreichend erkannt gelten kann). Für unsere problemlogische Analyse gilt es zu betonen: Im Anteil der *ehelichen* Fruchtbarkeit ist der natürliche (Wanderungsbewegungen außer Acht lassende) Bevölkerungsnachwuchs ein *Folgeproblem des Familienlebens*, genauer gesagt: des sich dabei ergebenden elternschaftlichen Willens zum Kind. Es ist deshalb grundfalsch, die Erforschung unseres Nachwuchsproblems auf die vorrangige bis isolierte Behandlung der Dimension 'Bevölkerungsentwicklung', also der 'Bevölkerungsfrage', und somit handlungsmäßig auf eine eigenständig begriffene 'Bevölkerungspolitik' zu beziehen. Hinsichtlich des Bewirkungsansatzes konzentriert man sich damit auf ein *Epiphänomen* des generativen Geschehens, nicht aber auf den entscheidenden Verursachungskern; die Bevölkerung entsteht (im ehelichen Nachkommenschaftsanteil) nur durch den Fruchtbarkeitswillen der Familien. *Die Rückführung der familialen Entstehungswirklichkeit menschlicher Fortpflanzung auf die außerfamilialen Bedingungen und Einflüsse bedeutet eine fundamentale Problemverfälschung.*

Überdies ist zu bedenken, daß in der Mentalität unserer westlich-demokratischen Gegenwartsgesellschaften einer *eigenständigen Bevölkerungspolitik* vielfach eine ausgeprägte Skepsis entgegengebracht wird, weil man darin einen Eingriff in die Freiheit und Würde des Menschen erblickt. In unserer *personalen* Grundbetrachtungsweise ist eine solche Skepsis durchaus begründet, soweit unter 'Bevölkerungspolitik' eine *autonome* (nichtabgeleitete) Orientierungsgröße gesellschaftlicher Einflußnahme auf das Nachkommenschaftsverhalten verstanden wird. In Österreich und Deutschland sind diese Vorbehalte bzw. Einwände wegen der vorangegangenen Belastung dieses Begriffs durch die nationalsozialistische Ideologie immer noch verstärkt wirksam. Diese Problemerfassungskategorie ist also emotional *negativ* eingefärbt. Dadurch kommen die 'bevölkerungspolitisch' begründeten Argumente und Impulse zur Anhebung unserer schwer defizitären Nachkommenschaftsleistung nicht richtig zum Tragen. Sie greifen in der breiten Öffentlichkeit nicht als ein Anliegen, mit dem man sich gerne bzw. ohne weiteres identifiziert. (Etwas anderes ist es, wenn man in diesem Zusammenhang inhaltlich ganz konkrete Konsequenzen aus einem anhaltenden Bevölkerungsschwund vor Augen stellt wie etwa die Altersversorgungsproblematik.) Ansonsten hat die 'bevölkerungspolitisch' ausgerichtete Motivierung einer auf die natürliche Selbsterhaltung der Gesellschaft abzielenden höheren Geburtenbereitschaft *keine große Wirkung*. Dieser Motivationsmangel kann dadurch abgebaut werden, daß der Geburtenrückgang als Ursache der natürlichen defizitären Bevölkerungsentwicklung wieder als das erkannt und deklariert wird, was er seinem Entstehungscharakter nach in der Hauptsache tatsächlich ist: ein Folgeproblem des Familienlebens und also der Familienfrage. Die der 'Bevölkerungspolitik' gegenüber (zum Teil rein gefühlsmäßig) bestehenden Einwände bzw. Vorbehalte fallen dann weg. Entscheidend dabei ist auch, daß sich zumindest heute kaum jemand daran erwärmen kann, seine Kinder für den 'Bevölkerungsnachwuchs', also für eine *gesamtgesellschaftliche* Interessendimension, in die Welt zu setzen. Dieser Bezugspunkt aber dominiert im Zielbild einer eigenständigen Bevölkerungspolitik. Im Begriff *Familien*politik dagegen, also in der Vorstellungswelt des gesellschaftlichen *Familien*bezugs, erscheinen die Kinder im Kontext eines *persönlichen,* als genuin 'menschlich' empfundenen Erlebnis- und Verantwortungsbezugs. Da geht es zunächst um die Beziehungsdimension zu Mutter, Vater, Geschwistern, Großeltern und weiteren Verwandten, sodann um die erlebnisgetragene, aus der persönlichen Erfahrungswelt eines jeden einzelnen abgedeckten Relation zu den sonstigen Personen im konkreten zwischenmenschlichen – vor allem primärgruppenhaften bzw. primärgruppennahen – Sozialbezug (Nachbarn, Freizeitpartner, befreundete Familien, Berufskollegen, Klassenkameraden etc.). Auf dieser *konkret-persönlichen* Bezugsebene werden Kinder auch heute nicht nur als Belastung, sondern gleichzeitig auch als Freude, Sinngebung und Lebensbereicherung erfahren bzw. begriffen. In der *abstrakt-gesellschaftlichen* Bezugsebene dagegen erscheinen sie im erlebnisdistanziert-außerpersönlichen Aspekt der *bevölkerungsmäßigen Nachwuchssicherung.* Die Verdrängung der Familie aus dem Erfassungs- bzw. Bearbeitungszentrum des generativen Problems bringt *infolge Reduktion der Betrachtungsperspektive auf den gesamtgesellschaftlichen Geschehniszusammenhang bzw. auf die gesamtgesellschaftliche Interessendimension* die Erörterung der Nachkommenschaftsfrage in einen *motivationsarmen* Kontext.

Das von uns geforderte problemlogische Umdenken bewirkt natürlich nicht nur eine Änderung in der bisher betonten *Ansatz*betrachtung selbst. Dieses Umdenken gewinnt von dort aus seine eigentliche Bedeutung erst dadurch, daß sich die geänderte Ansatzbetrachtung in den *vielen einzelnen* Problemfeldern der Nachkommenschaftsfrage *im Sinne eines gleichsinnig-konvergierenden Multiplikationseffekts* konkretisiert – in der *theoretischen* Problemaufschließung ebenso wie in der entsprechenden *lebenspraktischen* (damit auch in der gesellschaftspolitischen) Handhabung. Mit der Änderung der *Ansatz*betrachtung verbindet sich eine *umfassende interdependente Konsequenzenfülle,* zumal mit der Erfassung bzw. Bewältigung der *unmittelbaren* Nachkommenschaftsproblematik gleichzeitig auch ihre vielen *bedingenden und modifizierenden Voraussetzungen bzw. Einflußgrößen* des allgemeinen ehelich/familialen Lebens notwendigerweise mitbetroffen sind, ja von dort aus indirekt auch noch die zahllos damit verzahnten *außerfamilial-bedingenden* Variablen des ökonomischen wie sozialkulturellen Lebensumfeldes (im privat-persönlichen wie gesellschaftlichen Aspekt). Wie bei allen vergleichbaren komplexen Problemen der zusammengesetzt-hochorganisierten menschlichen Lebenswirklichkeit wird auch im Bereich der generativen Frage *mit einer Änderung der Ansatzbetrachtung eine breit ausgefächerte multidimensionale Palette der problemmitbewirkenden Faktoren im Bereich des ganzen thematischen Zusammenhanges m i t e r f a ß t.* Erst diese aufsummierte *Konvergenzwirkung* aller gleichsinnig tendierenden Konsequenzen läßt die volle Bedeutung einer solchen perspektivischen Betrachtungsänderung erkennen.

Konkret geht es hier darum, daß das Vorhandensein von Kindern eine entscheidend mitgestaltende Einflußgröße für die *ganze* ehelich/familiale Lebensdimension darstellt, wie umgekehrt diese komplette Beschaffenheit der ehelich/familialen Lebenswelt von sich aus eine entscheidende Voraussetzung für den Wunsch nach Kindern bzw. dessen Realisierung darstellt. Diese beiden Ebenen durchdringen einander im Sinne einer interdependenten Wirkkonstellation. Dadurch kommt es zu vielfältigen *Rückkoppelungs*effekten: *Auswirkungen* eines geänderten Geburtenverhaltens erweisen sich gleichzeitig als Änderungen im fruchtbarkeitsbewirkenden *Verursachungsgefüge*. Von all dem ist nicht nur die *Kern*familie betroffen, sondern (im Ausmaß gelebter Beziehungen) auch das umgebende Verwandtschaftsgefüge, also das 'soziale System Familie'. Kinder zu haben und mit ihnen das Leben zu teilen: das ist ein hochbedeutsamer Faktor für die Ausprägung der ganzen familienabhängigen Lebenswelt des Menschen. Die Fruchtbarkeitsfrage steht so (als ursächliches wie folgewirkendes Problem) mit dem ganzen familienrelevanten menschlichen Dasein in maßgeblicher Wechselwirkung. Die Ausblendung des Familienthemas aus dem Bearbeitungshorizont der generativen Frage führt daher zur Eliminierung ihrer *Kernsubstanz*. Hinsichtlich des kausalen Geschehniszusammenhanges stellt die aus der einzelehelichen Fruchtbarkeitsleistung im gesellschaftsweiten Maßstab sich aufsummierende *Bevölkerungswirkung* ein *Epiphänomen* dar.

Am Schluß dieses Kapitels sollen der Klarheit halber noch einige Erläuterungen über das Verhältnis dreier von uns verwendeter tragender Begriffe *zueinander* gemacht werden, um den behandelten Komplex zu verdeutlichen. Es könnte ansonsten der Eindruck *mangelnder Stringenz* unserer Problemaufarbeitung, der Eindruck eines *Wechsels* im Rückgriff auf die begriffliche Ansatzgröße entstehen. Zu unserem wirkungslogisch ausgerichteten Erfassungsansatz des generativen Geschehens im Zusammenhang mit der bisher untersuchten Problemrelevanz tauchen *drei* Schlüsselbegriffe auf, auf die wir je nach dem Erörterungszusammenhang aufbauen:

o *das allgemeine menschliche Daseinsverständnis*

o *die eheliche Fruchtbarkeitsmentalität*

o *das soziale System Familie*

Die Verwendung dieser drei Schlüsselbegriffe bedeutet nicht einen *Wechsel* im Bezugsfundament — auch nicht im Sinne einer Akzentverschiebung. Vielmehr entstammen alle drei Schlüsselbegriffe einem *in sich geschlossenen* Wirkgefüge des Nachkommenschaftsgeschehens, das sie gemeinschaftlich repräsentieren. Ihre abwechselnde Verwendung bedeutet deshalb nicht die inkonsequente Unschärfe eines instabilen Erklärungsansatzes oder gar eine gewisse daraus entstehende Widersprüchlichkeit. Vielmehr stellen sie das Ergebnis eines nur theoretisch möglichen *analytischen Ausgliederungsvorganges* aus einer in der Realität des menschlichen Lebensvollzugs *untrennbaren Bewirkungseinheit* dar. Diese untrennbare Bewirkungseinheit ereignet sich am *einzelnen Ehepaar*.

In ihm ist das 'allgemeine Daseinsverständnis' im Sinne der *allgemeinen Lebensperspektive* als eine *letztentscheidende Basisgröße* der mentalitätsabhängigen individuellen

Fruchtbarkeitssteuerung wirksam, und zwar als Kombinationseffekt des in der Ehe auch auf die Fruchtbarkeitszielsetzung hin geeinten geschlechtsverschiedenen Paares. Der dabei bewirkte Effekt ist die 'eheliche Fruchtbarkeitsmentalität' als die unmittelbare Verursachungsebene der (ehelichen) Fortpflanzung. Das 'allgemeine Daseinsverständnis' steht *hinter* der 'ehelichen Fruchtbarkeitsmentalität' als die letzte mentalitätsrelevante ursächliche *Wurzel*größe. In diesem Zusammenhang tritt die 'eheliche Fruchtbarkeitsmentalität' als die *unmittelbare* Steuerungsgröße der (ehelichen) Fortpflanzung in Erscheinung, das dahinterstehende 'allgemeine Daseinsverständnis' dagegen als die *mittelbare*.

Schließlich haben wir zum Ausdruck gebracht, daß es die *Familie* sei (im *engeren* Sinne die 'Kernfamilie', im *weiteren* Sinne unter Einschluß der Verwandtschaft das 'soziale System Familie'), die als *die biologische Regenerationsinstanz* einer Bevölkerung, als *der unmittelbare Träger* des generativen Geschehens jeder Gesellschaft anzusprechen sei. Damit ist, genau genommen, das *Instrument* bezeichnet, mittels dessen das Ehepaar seine Fruchtbarkeitsmentalität realisiert. Man kann jedoch in einer *abkürzenden Ausdrucksweise* unter 'der Familie' auch die *überbegriffliche Zusammenfassung sowohl der ehelichen Fruchtbarkeitsmentalität als auch ihrer Durchführungsinstrumentalität* verstehen, was nichts anderes bedeutet als der volle Sinn des *Institutionsbegriffs* von der Familie. In diesem Sinne kann man in der *Familienfrage* tatsächlich das *Zentralthema* der menschlichen Fortpflanzungsproblematik erblicken. Darin ist die nachkommenschaftsbewirkende Doppelrealität (das 'allgemeine Daseinsverständnis' bzw. die 'eheliche Fruchtbarkeitsmentalität' einerseits und der sachverhaltlich-instrumentale Bewirkungsanteil des 'sozialen Systems Familie') im vollen Sinn des Institutionsbegriffs *zusammengefaßt*. In der Familie sind so *beide* basalen Determinantenkomplexe menschlicher Fruchtbarkeitsbewirkung enthalten, der sachverhaltlich/instrumentale und der mentalitätsmäßig/motivationale. Die Verursachungsforschung des generativen Geschehens, also des Geburtenverhaltens der einzelnen Ehepaare, ist deshalb so kompliziert, weil diese beiden Determinantenkomplexe (mit einer je kaum überschaubaren Vielzahl damit zusammengefaßter Einzelfaktoren) *einander interdependent durchwirken*. Im Rahmen unseres Erklärungsansatzes hängt es somit nur vom jeweils dominierenden Bearbeitungsaspekt ab, ob wir auf das 'allgemeine Daseinsverständnis', auf die 'eheliche Fruchtbarkeitsmentalität' oder aber zusammenfassend auf die 'Beschaffenheit des sozialen Systems Familie' als fruchtbarkeitsbewirkende *Letzt*instanz rekurrieren. Im einen Fall kommt der *allgemein-anthropologische,* im anderen Fall der *institutionelle* Betrachtungsansatz zum Tragen.

In diesem Sinne stellt es also *keinen Wechsel des tragenden Erklärungsbegriffs oder gar einen inneren Widerspruch dar,* wenn wir die drei in Rede stehenden Schlüsselbegriffe

o *das allgemeine menschliche Daseinsverständnis*

o *die eheliche Fruchtbarkeitsmentalität*

o *das soziale System Familie*

je nach dem Bearbeitungszusammenhang *nebeneinander* verwenden. Vor allem ergibt sich aus dieser Dreiteilung keine inkonsequente Unschärfe der Gedankenführung, wenn wir summa summarum zum Ausdruck bringen, es sei die *Familienfrage,* die den *zentralen* Untersuchungsaspekt des (ehelichen) Fortpflanzungsgeschehens darstelle. In der mentalitätsmäßigen Beschaffenheit des Familiensystems drückt sich ja das *allgemeine Daseinsverständnis* (der potentiellen Kindeseltern und bis zu einem gewissen Grad des gesellschaftlichen Bewußtseins) aus; das allgemeine Daseinsverständnis kann somit *darin implizit mitgedacht* werden. Die Familie ist insofern nicht nur das *Instrument* der (ehelichen) Fortpflanzung, sondern gleichzeitig der *fruchtbarkeitsrelevante Kristallisationspunkt, der Brennpunkt* des einem Ehepaar zugrundeliegenden *allgemeinen persönlichen Lebensentwurfs. Beides* steckt im *Institutions*begriff vom 'sozialen System Familie'. Alle drei von uns verwendeten Schlüsselbegriffe haben also nur den Charakter theoretisch-analytisch begrifflicher Ausgliederung einer in der Realität untrennbaren Bewirkungseinheit im Vorgang der Weitergabe des Lebens. Dies wird umso besser verständlich, wenn wir wiederholend vor Augen stellen, daß die Fortpflanzung (innerhalb einer *ehelichen* Daseinsverfassung) einen *konstitutiven* Aspekt der vollmenschlichen Lebensverwirklichung darstellt.

Die Verdrängung der Familienfrage aus dem bevölkerungswissenschaftlichen Denken als Folge der das gesellschaftliche Bewußtsein (im sozialwissenschaftlichen wie im gesellschaftspolitischen Aspekt) so nachdrücklich bestimmenden *neulinken* bzw. der als ihr verlängerter Arm davon aktivierten *linksliberalen Weltanschauungsbewegung* hat so zu einer tendenziösen Deformation des generativen Problemverständnisses im Zusammenhang mit dem aktuellen Phänomen des *Geburtenrückganges* bzw. des *natürlichen Bevölkerungsrückganges* geführt. Will man diese tendenziöse Betrachtungseinseitigkeit auf den *allgemeinsten* Erklärungsnenner zurückführen, um so auch unsere vorausgegangene Grundlagenklärung als Hilfe mitheranziehen zu können, so kann man sagen, daß die in Rede stehende Veränderung des gesellschaftlichen Bewußtseins, unter deren Wirkung auch das generative Problem eine Auffassungsmetamorphose durchgemacht hat, *durch die bestimmende Wirksamkeit einer teils individualistischen, teils kollektivistischen Lebensgrundbetrachtung* zustande gekommen ist. Die heute dominierende geistige Selbstdeutung des Menschen ist durch das Paradox eines 'kollektivistischen Individualismus' bestimmt, in dessen Perspektive eine 'personale' anthropologische Grundkonzeption bis zur Unkenntlichkeit verschwunden ist und damit auch die Einschätzung der Familie als ein — jeder individuellen und sozialen (gesellschaftlichen) Entwicklung menschlichen Lebens durch geschichtliches Erfahrungswissen *vorgelagertes* — soziales Strukturprinzip. Mit dem Verlust dieser Betrachtungsweise wird die Kernproblematik des Geburtenrückganges nicht mehr als ein *Familien*problem begriffen, sondern umgedeutet in das verselbständigte Anliegen einer autonom verstandenen *Bevölkerungsentwicklung.*

1.5 Die grundlegend geänderten Voraussetzungen des Nachkommenschaftsverhaltens der Gegenwart im Bereich der äußeren Lebensumstände

Die herausgearbeitete Abhängigkeit der bevölkerungswissenschaftlichen Problemaufarbeitung einerseits vom zugrundeliegenden Wissenschaftsverständnis, andererseits von der Sinn- und Wertorientierung menschlichen Lebens hat ihren gemeinsamen systematischen Ausgangsort in der je akzeptierten anthropologischen Grundkonzeption in des Wortes allgemeiner Bedeutung — somit in der *existentiellen Selbstdeutung des Menschen* einschließlich deren Konsequenzen für die sozialen (gesellschaftlichen) Ordnungsvorstellungen. Die Verdrängung der Familienfrage aus dem bevölkerungswissenschaftlich/bevölkerungspolitischen Problembewußtsein ist dabei nichts anderes als die Konsequenz aus einer 'nicht-personalen', nämlich aus einer individualistischen oder/und kollektivistischen Grundanschauung vom menschlichen Dasein.

Menschliches Leben und damit auch der in ihm eingebettete Verhaltensbereich der Fortpflanzung hängt aber *nicht nur von dieser* inzwischen abgehandelten Dimension unserer Grundlagenklärung ab. Neben der geistigen Selbstdeutung menschlicher Existenz hängt unsere Lebensausfaltung einschließlich des in ihm eingebetteten Fortpflanzungsverhaltens *genauso von den äußeren Lebensumständen ab.* Während die Abhängigkeit von der geistigen Selbstdeutung auf dem *erkenntnismäßigen Eigenvermögen* sowie auf der darauf aufbauenden *Sinnentscheidung* bzw. auf dem damit verbundenen *Wertwillen* beruht, bilden die *sachverhaltlichen Daseinsfundamente der äußeren Lebensumstände* eine davon *abgehobene, eigenständige* Voraussetzungsebene. Es geht dabei um die *Wirtschaftsweise sowie um den wissenschaftlich-organisatorisch-technischen Entwicklungsstand* einer Zeitlage, die der Mensch als *objektiv-äußere Lebensrealität* vorfindet. *Beide* zeitgeschichtlich sich ändernden Abhängigkeitsebenen unseres Daseins (die sozial-kulturellen Lebensanschauungen und die ökonomisch-technischen Lebensbedingungen) schlagen sich im *Insgesamt des sozialen Wandels nieder,* der auch für den Verhaltensbereich der *Fortpflanzung* die sich ändernden Voraussetzungen repräsentiert. Gerade auch hinsichtlich der ökonomisch-organisatorisch-technischen Grundlagen unseres Lebens hat dieser Wandel im Verlauf unserer jüngeren Geschichte *tiefgreifende* Voraussetzungsänderungen gebracht, die auch für das Fortpflanzungsverhalten von größter Bedeutung sind. Wir meinen die kollossalen Veränderungen der äußeren Lebensumstände durch den *Prozeß der Industrialisierung.*

Es geht hier also um das ganze einschlägige *Konsequenzen-Syndrom* des bei uns inzwischen extrem weit fortgeschrittenen *Industrialisierungsprozesses,* soweit davon der Lebensbereich der Fortpflanzung berührt wird. Neben der grundlegend geänderten *Wirtschaftsweise* betrifft dies die Vielzahl kinder- bzw. familienfeindlicher Veränderungen unserer Lebensgrundlagen, die hier nur mit einigen Stichworten angedeutet werden sollen: hochgradige Verstädterung, fast könnte man sagen 'Vergroßstädterung' in Verbindung mit der ebenso hochgradigen Reduktion des naturnahen landwirtschaftlich-kleingewerblichen Erwerbszweiges; lebensqualitätsmindernde Übertechnisierung unseres ganzen Lebens, als markantes Beispiel verdeutlicht am Straßenverkehrsgeschehen: Verkehrsdichte, Verkehrsgefährdung, Lärm, Luftverschmutzung, Vertreibung der Kinder von den Verkehrsflächen; industriell erzeugte Lärmerregung und Luftverunreinigung als weitere negative Faktoren der familialen Lebensumwelt; quantitativer und qualitativer Wohnungsfehlbestand, vor allem in den siedlungsmäßigen Ballungszonen großer Städte; lebenserfahrungsdezimierendes Fehlen der Kinder und Jugendlichen in der beruflichen Betätigungswelt der Erwachsenen; vielfältig sonstige ungünstige Voraussetzungen für ein wünschenswertes Familienleben mit Kindern – insbesondere etwa hinsichtlich Wohnungsbau, Wohnungsfinanzierung, Wohnungsvergabe sowie bei der Gestaltung der Wohnumwelt (infrastrukturelle Ausstattung neuer Siedlungsgebiete; gefahrloser Auslauf für Kinder und Jugendliche; familienfreundliche Erholungs-, Gesellungs-, Spiel- und Sportmöglichkeiten für die tägliche wie für die Wochenendfreizeit); sonstige negative Voraussetzungen für die wirtschaftlichen, ökologischen, technischen und arbeitsorganisatorischen Bedürfnisse des Familienlebens im technisierten und hektischen Alltag unserer spätindustriellen Zeit; familienungünstige Faktoren der Arbeitsmarktsituation (Sogwirkung bei verstärkter Arbeitskräftenachfrage auf Mütter mit unversorgten Kindern, Pendlerdasein usw.). Insgesamt geht es hier um den Ausprägungsgrad der kinder-, jugend- bzw. familienfeindlichen wirtschaftlichen, ökologischen, technischen bzw. organisatorischen Strukturen unserer äußeren Lebensverhältnisse.

1.5.1 Entkoppelung von ehelicher Fruchtbarkeit und wirtschaftlicher Lebenssicherung der Kindeseltern

Die total veränderte äußere Lebenslage wird hinsichtlich des Nachkommenschaftsverhaltens zunächst einmal durch die *Wirtschaftsweise* des Industriezeitalters grundgelegt. Zuvor war der Familienhaushalt *gleichzeitig Erzeuger- wie Verbraucherstätte, gemeinsamer Berufs- und Lebensraum* gewesen. Dieser lebensentscheidende Grundtatbestand hat eine problemlösungsbestimmende *Verkoppelung* zwischen dem Fortpflanzungsverhalten und der wirtschaftlichen Lebenssicherung der Kindeseltern bedeutet. Dies ist der *erste* Hauptaspekt systemimmanenter Gewährleistung einer bevölkerungserhaltenden Nachkommenschaft in der *vor*industriellen Gesellschaft: *Die eheliche Fruchtbarkeit war für den Durchschnittsmenschen mit wichtigen Aspekten der davon abhängigen persönlichen Daseinssicherung verbunden.* Nachkommenschaft galt als 'Kindersegen' zunächst schon infolge der dadurch bewirkten handfesten Lebenshilfe für die Kindeseltern im Sinne wirtschaftlicher Eigenvorsorge. Schon in jungen Jahren waren Kinder billige Arbeitskräfte für den eigenen Familienbetrieb, den sie später einmal weiterführen sollten. Als solche (in der agrarisch-handwerklichen Epoche infolge der bekannten wirtschaftlichen Voraussetzungen häufig unverheiratet bleibende) Arbeitskräfte waren die Kinder im Rahmen der familieneigenen Erwerbsstätte immer ein bedeutender Faktor der ökonomischen Lebensinteressen der Kindeseltern gewesen, auch in Form vielfältiger Risikoabsicherung (Krankheit, Invalidität und sonstige Notlagen sowie insbesondere hinsichtlich der Altersversorgung). Nur ein *personenreicher* Haushalt konnte auf dem Wege eines *solidarischen Verbundes aller* die erforderliche Lebensabsicherung gewährleisten, wozu vor allem eine ausreichende Kinderzahl erforderlich war. Diese mußte geburtenmäßig umso größer sein, als in der vor- und frühindustriellen Zeit die Kindersterblichkeit einen beträchtlichen Teil der Lebendgeborenen wieder hinweggerafft hatte.

Diese lebensbedeutsame Koppelung der ehelichen Fruchtbarkeit mit der persönlichen Daseinssicherung der Kindeseltern gehört heute weitestgehend der Vergangenheit an. Kinder sind in wirtschaftlicher Hinsicht für ihre Eltern praktisch nur noch ein Kostenfaktor ohne eine ökonomische Gegenleistung. Die früher durch die eigenen Kinder gegebene wirtschaftliche und hauspflegerische Risikoabsicherung im Mehrgenerationen-Großhaushalt einschließlich der Altersversorgung ist auf das staatliche System der Sozialversicherung (in Verbindung mit den außerfamilialen Kranken- und Altenbetreuungsinstitutionen) übergegangen. Heute genießt jeder Erwerbstätige *dieselben* gesetzlich garantierten Rechtsansprüche hinsichtlich vielfältiger sozialer Risikoabsicherung und der Ruhegenußversorgung *ohne Rücksicht darauf, ob er ein Kind großgezogen hat, mehrere Kinder oder gar keines.* Es ist also zu einer völligen Entkoppelung der Fortpflanzung von dem ihr früher innewohnenden Lebensnutzen in Gestalt der mit der Zahl der Kinder ansteigenden äußeren Daseinssicherung der Kindeseltern gekommen. Diese seinerzeitige Rentabilität des 'Kindersegens' für die äußere Lebensbewältigung hat sich immer nachdrücklicher in die schließlich völlig einbahnige Belastung *alleiniger* Leistungsverpflichtung der Eltern zugunsten ihrer Kinder verkehrt. Genau genommen ist dabei ein zweifaches geschehen: Es ist nicht nur eine entscheidende *positive* Motivation zur Fortpflanzung infolge des Ausbleibens des früher damit verbunden gewesenen daseinssichernden Lebensnutzens weggefallen, sondern es ist darüber hinaus an deren Stelle eine *bewußt negative* Motivation in Gestalt einer direkten Abwehrstellung gegen die Zeugung von Nachkommenschaft getreten. Die seinerzeit nachkommenschaftsfreundliche Grundkonstellation hat sich allein schon hinsichtlich dieser wirtschaftlich-lebenssichernden Folgewirkungen buchstäblich ins Gegenteil verkehrt.

Dies findet seinen Ausdruck in einem auf den Kopf gestellten Fortpflanzungsverhalten. In der *vor*industriellen Zeit hatte in der breiten Bevölkerung mehr oder weniger *während der ganzen Fruchtbarkeitsphase* der Ehe eine Empfängnisbereitschaft bestanden. Der Normalzustand bestand darin, daß als Folge ehelichen Zusammenlebens von Mann und Frau die Kinder angenommen wurden wie sie eben kamen. Das Sexualverhalten war im großen und ganzen von einer permanenten potentiellen Fruchtbarkeitsbereitschaft begleitet worden, deren Eingrenzung durch (wie immer beschaffene) *Verhinderung* weiterer Nachkommenschaft eher nur ein *randhaft* in Erscheinung tretendes 'regulierendes Korrektiv' dargestellt hat. Heute dagegen besteht eine *totale Verhaltensumkehr.* Der Normalzustand heute ist gekennzeichnet durch eine relativ *dauerhafte* antikonzeptive Abblockung einer Empfängnismöglichkeit, eine Abblockung, die im Verlauf der jahrzehntelang anhaltenden Fruchtbarkeitsphase der Frau durchschnittlich nur ein- bis zweimal, seltener dreimal und ganz selten viermal oder noch öfter (meist kurzfristig) bewußt aufgehoben wird, um eine beabsichtigte Empfängnis herbeizuführen. Der Normalzustand des Fortpflanzungsverhaltens ist diesbezüglich buchstäblich auf den Kopf gestellt worden, einerlei, durch welche Methodik diese Fruchtbarkeitsregulierung durchgeführt wird (auch die Methode der systematischen Ausnützung der unfruchtbaren Tage im Monatszyklus der Frau gehört zu diesem total veränderten Fortpflanzungsverhalten). Früher einmal mußte man im Sexualverhalten eine bewußte Maßnahme setzen, um weitere Geburten nach Möglichkeit zu verhindern. Heute ist eine bewußte Unterbrechung der ansonsten dauerhaften Fruchtbarkeitsverhinderung nötig, damit eine Empfängnis eintreten kann.

1.5.2 Entkoppelung der naturgesetzlichen Verbindung von sexueller Betätigung und der Zeugung neuen Lebens

Damit sind wir bei der *zweiten* Unterbrechung eines in der *vor*industriellen Zeit wirksam gewesenen Bedingungszusammenhanges für eine bevölkerungserhaltende Nachkommenschaft angelangt: bei der Auflösung der naturgesetzlichen Verbindung zwischen sexueller Betätigung und der Zeugung neuen Lebens als Folge der immer umfassender gewordenen Kenntnis von Geburtenregelungsmethoden bzw. der immer umfassender gewordenen Verfügbarkeit wirksamer Geburtenregelungsmittel. Erst durch diese instrumentale Hilfe konnte der aus der *vorerörterten* Entkoppelungswirkung resultierende Rückgang der Fruchtbarkeitsbereitschaft *auch in die Tat umgesetzt werden.* Vielfach wurde und wird diese instrumentale Hilfe zur Verwirklichung der je gewünschten Fortpflanzungseinschränkung irrigerweise als deren maßgebliche 'Ursache' mißverstanden ('Pillenknick'). Soweit das veränderte Fortpflanzungsverhalten auf einer Änderung der Fruchtbarkeitsmentalität, also auf einem geänderten Willen zum Kind, beruht, bildet die in unserem Kulturraum inzwischen geradezu perfekte Kenntnis der Geburtenregelungsmethoden sowie die inzwischen allgemeine Verfügbarkeit der dazu entwickelten Geburtenregelungsmittel *nur das Instrument* zur Realisierung dieser generativen Zielsetzung. Zweifellos kommt der Entwicklung bzw. Ausbreitung dieser Durchführungshilfe in erheblichem Ausmaß eine *zusätzliche* fruchtbarkeitseinschränkende Wirkung zu, weil erst dadurch die von den einzelnen Ehepaaren beabsichtigte Nachkommenschaftseinschränkung wirksam realisiert werden kann. Im Ausmaß unzureichender Möglichkeit praktischer Durchführungsverwirklichung hatte es im Verlauf der zurückliegenden 50 Jahre einen *viel höheren* Anteil nicht erfolgreich verhinderter Schwangerschaften gegeben (es sei hier nur an die humorvoll bezeichneten 'Knaus-Kinder' erinnert). Verschärfend kommt heute dazu, daß seit der Einführung der 'Fristenlösung' bzw. einer als 'Gummiparagraph' äußerst dehnbaren 'sozialen' Indikationenlösung in verschiedenen nachwuchsgefährdeten Ländern neben einer Minimierung im Fruchtbarkeitsverhalten auf dem Wege der kontrazeptiven Empfängnisregelung *auch noch die Methode des Schwangerschaftsabbruches* in den gesellschaftlichen Bewußtseinshorizont legaler Vorgangsweise getreten ist. Zuvor war diese Methode einer gewaltsamen Beendigung bestehender Schwangerschaften allein schon wegen der strafrechtlichen Verfolgungsgefahr und der damit drohenden gesellschaftlichen Diffamierung (für die Schwangere wie für beratende und durchführende Ärzte) außerhalb eines gesellschaftsweiten Erwägungshorizontes geblieben. Die Unterbindung einer (anonymen) ziffernmäßigen Erfassung der Fruchtabtreibung im Rahmen der 'Fristenlösung' macht es in Österreich nicht möglich, das genauere Ausmaß des dadurch entstandenen zusätzlichen Geburtenausfalles verläßlich festzustellen.

Durch die Entkoppelung dieser beiden in der Wirkung *gleichgerichteten,* also einander im Effekt stützenden, elementaren Bedingungsfaktoren zur Gewährleistung einer bevölkerungserhaltenden Nachkommenschaft findet der Gegenwartsmensch unserer spätindustriellen Gesellschaften auf dem Verhaltenssektor der Fortpflanzung gegenüber früheren Zeiten *total veränderte äußere Lebensverhältnisse* vor. Die Nachkommenschaftsleistung bedeutet für die Kindeseltern einerseits keine wirtschaftliche Existenzsicherung mehr — im Gegenteil: sie hat sich in eine mit wachsender Kinderzahl ernste ökonomische Existenzbedrohung verkehrt. Andererseits ist die früher naturgesetzlichstarre Verbindung zwischen sexueller Betätigung und der Zeugung neuen Lebens zugunsten einer persönlich freien Handhabungsmöglichkeit der Kontrazeption aufgehoben worden. Diese beiden Entkoppelungswirkungen haben die sachverhaltliche Ausgangslage im Fortpflanzungsverhalten revolutioniert. Jeder Versuch einer (wie immer gearteten) direkten oder indirekten Einflußnahme auf die inzwischen eingetretene radikale Fruchtbarkeitsverminderung muß zunächst einmal auch auf diese beiden fundamentalen fortpflanzungsrelevanten Voraussetzungsänderungen in den äußeren Lebensumständen Bezug nehmen.

Dabei ist in realistischer Weise von der *prinzipiellen Unumkehrbarkeit* dieser doppelten Entkoppelungswirkung auszugehen. Weder ist es möglich, die *vorindustrielle Wirtschaftsweise* wieder aufleben zu lassen, noch ist es möglich, die in die persönliche Verantwortung eines Ehepaares fallende *Empfängnisregulierung* zugunsten der alten ungehinderten Fortpflanzungspraxis (die Kinder kommen als automatisch-zufällig sich einstellende Wirkung gelebter Sexualität zwischen Mann und Frau in der Ehe) aufzugeben. Darüber besteht keine ernsthafte Meinungsverschiedenheit zwischen den verschiedenen weltanschaulichen Meinungslagern. Die heute gegebene Möglichkeit einer *bewußt gesteuerten* ehelichen Fruchtbarkeit ('Familienplanung', 'verantwortete Elternschaft') aufzugeben, wäre im Hinblick auf die Bevölkerungsauswirkung im Gesellschaftsganzen *sozialethisch gar nicht vertretbar* (negative Auswirkung auf das 'generative Gemeinwohl' durch Übervölkerung). Beide Entkoppelungswirkungen sind als *irreversible Grundlagenveränderung* unserer äußeren Lebensverhältnisse anzusehen. Hinsichtlich der Empfängnisregulierung sagt diese *prinzipielle* Feststellung nichts aus über die strittige Methodenfrage, auf die es hier nicht ankommt. Unserer grundsätzlichen Aussage liegt dabei nicht nur die Zielvorstellung vom 'generativen Gemeinwohl' zugrunde, sondern darüber hinaus die heute unbestrittene sexualethische Maxime, wonach der Sinn ehelich gelebter Sexualität nicht nur in der Zeugung von Nachkommenschaft, sondern ebenso in der symbolmächtig zum Ausdruck kommenden Liebeseinung von Mann und Frau besteht.

Hinsichtlich der Verkehrung des früher mit Kindern für ihre Eltern verbunden gewesenen *daseinssichernden wirtschaftlichen Lebensnutzens* in die heute einseitig gegebene *ökonomische Lebensbelastung* muß betont werden, daß diese Problematik vehement bis in die Altersversorgung hineinreicht. Widmet sich nämlich die Ehefrau (der Kinder wegen) hauptberuflich dem Familienhaushalt und der Erziehung, dann fehlt ihr später der Anspruch auf eine eigene Altersversorgung. Bei geschiedenen oder in jungen Jahren verwitweten Müttern kann dies ein großes Lebensproblem bedeuten. Aber auch die *nicht geschiedene* bzw. *nicht früh verwitwete* Familienmutter, die einer größeren Kinderzahl wegen auf ein eigenes außerfamiliales Erwerbsleben verzichtet, besitzt bislang *keinen* aus ihrer Lebensarbeit resultierenden Pensionsanspruch, so daß sie wie zur Zeit des Aktivbezugs ihres Mannes *auch in der Ruhegenußphase* des Lebens zusammen mit ihm aus einer *einzigen* Erwerbsquelle lebt, während die *pensionsberechtigten* Ehefrauen (zulasten einer bevölkerungserhaltenden Fruchtbarkeit) *auch in der durchschnittlich lange dauernden* Lebensphase der Pensionszeit auf *jeweils zwei* Einkommen zurückgreifen können. Zur hinreichenden Kennzeichnung der 'ökonomischen' Lebensbelastung durch Kinder muß man sich übrigens ganz allgemein vergegenwärtigen, daß man auf dem Markt mit Geld *auch außerökonomische* Güter — vor allem Dienstleistungen und kulturelle Angebote — kaufen kann und daß in diesem Sinne die Befriedigung gerade der durch Kinder verstärkt ins Gewicht fallenden *außerökonomischen* Bedürfnisse von einem ausreichenden Einkommen abhängt (haushälterisch-pflegerisch-erzieherische Hilfen, Schulbildung, musikalische Betätigung der Kinder, ihr Anteil an Konzerten, Theater, Hausbibliothek, Urlaubsfinanzierung usw.).

1.6 Die Entbindung des Fortpflanzungsverhaltens aus dem Ethos des ehelichen Fruchtbarkeitsauftrages

Diese auf den Kopf gestellten Voraussetzungen in den äußeren Lebensumständen in Verbindung mit den vorweg behandelten Änderungen in den sozialkulturellen Lebensanschauungen haben zu einer *weiteren Entkoppelungswirkung* früher einmal miteinander verzahnt gewesener elementarer Bedingungsfaktoren zur Gewährleistung einer bevölkerungserhaltenden Nachkommenschaft geführt. Es handelt sich um die Auflösung der Verbindung zwischen dem Fortpflanzungsverhalten und dem die persönliche Interessenlage des Einzelmenschen (des einzelnen Ehepaares) überschreitenden *Ethos des ehelichen Fruchtbarkeitsauftrages.* Bis in die jüngste Zeit hatte dieses mit dem *Institutions*verständnis der Ehe untrennbar verbunden gewesene Ethos zum fraglosen Überzeugungsbestand der allgemeinen Lebenssicht des Volkes gehört. Eine bevölkerungserhaltende Nachkommenschaftsbereitschaft war ganz maßgeblich auch durch diese (nicht zuletzt *religiös* mitmotiviert gewesene) Anerkennung einer objektiven Verpflichtungsnorm in Gestalt des auf biologische Ersetzung der Gesellschaft ausgerichteten Fruchtbarkeitsauftrags der Ehe gewährleistet gewesen. Diese Koppelung wirkte dabei mit einem hohen Grad unreflektierter Selbstverständlichkeit. Es hat sich dabei um einen der zahlreichen – in der breiten Bevölkerung unbezweifelten – Lebens-'Grundwerte' gehandelt, dessen Geltung vor allem auch religiös-moralisch massiv abgesichert war.

Inzwischen ist dieses dem Eheverständnis seinerzeit konstitutiv innewohnende Fruchtbarkeitsethos weithin aufgeweicht worden oder nicht selten ganz verschwunden. Für breite Bevölkerungsschichten gehört ein solches Verpflichtungsbewußtsein nicht mehr zum ehelichen Selbstverständnis. Die erlebte Sinnbreite der ehelichen Fruchtbarkeit hat sich großenteils verengt auf die alleinige Dimension persönlicher Glückserfüllung der Kindeseltern (wobei zunächst unerörtert bleibt, wie weit es sich dabei um die *egozentrische* Eigenwunscherfüllung einer narzißtischen Kinderliebe handelt oder aber um ein im sozialethischen Sinne *geläutertes* Glücksverständnis, wie es aus einer opferbereiten Hingabe der Eltern an das Lebenswohl der Kinder hervorzugehen vermag). Angesichts der objektiven gesellschaftlichen Nachwuchsbedürfnisse reduziert sich solchermaßen der heute vorherrschende Wille zum Kind auf eine subjektive Beliebigkeit. Aus dem Kontext der heute gesamtgesellschaftlich vorherrschenden Fruchtbarkeitsmotivierung in Gestalt einer durch 'Wunschkinder' beabsichtigten *elterlichen Erlebnisbereicherung* (eine oft nur tiefenpsychologisch erhebbare Mentalität, da sie im vordergründigen Bewußtsein häufig durch außer-narzißtisch rechtfertigende Rationalisierung verdeckt ist), aus dem Kontext dieses Motivationsschwerpunktes ergibt sich, daß der heute vorherrschende 'Wille zum Kind' sich weithin auf *eigenwohlbedachtes Wunschdenken* der Kindeseltern konzentriert, allenfalls in Verbindung mit persönlichen Interessen bzw. Wünschen der engsten Verwandtschaft (hinsichtlich der mit Kindern auch für sie oft verbundenen Befriedigung einschlägig emotionaler Bedürfnisse und sonstiger Interessen; man denke etwa an den Wunsch nach generationsüberdauernder Fortsetzung einer lebensberuflichen Aufbauarbeit im Rahmen eines Familienbetriebes, damit verbundener Erbschaftsüberlegungen etc.).

Jedenfalls ist die Verzahnung der Dimension einer aus *individuellen Interessen bzw. Bedürfnissen* motivierten Fortpflanzung mit einem *überpersönlichen Aufgabenbewußtsein*
im Sinn einer objektiven Verpflichtung der Institution Ehe gegenüber den Nachwuchsbedürfnissen der Gesellschaft großenteils abhanden gekommen. Eheliches Fruchtbar-
keitsdenken heute aber erschöpft sich nicht nur weitgehend in der Vorstellung von
'Wunschkindern'; es wird darüber hinaus häufig der Eindruck erweckt, die eheliche
Fruchtbarkeit finde darin ihre human sinnvolle bzw. vertretbare *Grenze* – so, als ob die
über solche vorgeplante 'Wunschkinder' *hinausgehende* eheliche Fruchtbarkeit von
vornherein in die Grauzone der vermeidenswerten Problematik 'unerwünschter Kinder'
hineinragte (nach dem extensiv interpretierten Motto: Jedes Kind hat ein Recht, erwünscht zu sein). Dies ist ein bedeutsamer Punkt der gegenwärtigen Reflexion über
das – für die natürliche Bevölkerungserhaltung ganz und gar unzureichende – heute
vorherrschende Fruchtbarkeitsverhalten. Mittels dieses Rechtfertigungsdenkens wird
die seit langen Jahren immer mehr *egozentrisch* ausgerichtete Fruchtbarkeitsmotivierung, wird die bestehende Nachkommenschaftsdrosselung im Ausmaß eines gravierenden
Geburtendefizits *umgedeutet in eine Rücksichtnahme gegenüber dem Kindeswohl.* Der
narzißtische Motivationsschwerpunkt der seit langen Jahren gesellschaftsweit verbreiteten Verweigerung einer bevölkerungserhaltenden Nachkommenschaft wird so *als
sozialethisch erwünschte Verhaltensweise etikettiert.* Es wird so getan, als ob es die in
diesem Zusammenhang bekannte und problemlösungsbedeutsame *persönliche Nach-
reifung* der Kindeseltern nicht gäbe. Durchschnittlich ist es doch so, daß das Vorhandensein auch eines *zunächst nicht geplant gewesenen* (weiteren) neugeborenen Kindes
infolge seiner Schutz- und Liebebedürftigkeit die Kindeseltern dazu bewegt, es aus Verantwortung (wenn schon nicht aus den ganz natürlichen Umständen der elterlichen Er-
lebnisentwicklung während der Schwangerschaft) schließlich doch bewußt anzunehmen.
Die gegenteilige Verhaltensweise bedeutet eine inhumane Gefühlskälte bzw. das Fehlen
elterlicher Verantwortungsbefähigung, zumindest dann, wenn eine solche ablehnende
Einstellung gegenüber dem nicht geplant empfangenen Kinde nicht spätestens im Verlauf seines ersten Lebensjahres sich in eine liebende Annahmebereitschaft verwandelt.
Unter einigermaßen verkraftbaren Lebensumständen gerät deshalb die überwältigende
Mehrheit solcher zum Zeitpunkt der Empfängnis ungeplant sich einstellender Kinder
gar nicht in das Lebensschicksal eines nach seiner Geburt *unerwünscht bleibenden,* also
ungeliebten, weil abgelehnten Kindes. Aber genau *auf eine solche Problemverallgemeinerung* läuft der oben kritisierte Argumentationsansatz hinaus, der den Eindruck erwecken
will, die zur Zeit der Empfängnis nicht beabsichtigt, weil nicht vorgeplant ins Leben
gerufenen Kinder seien insgesamt solche 'unerwünschte' Nachkommen, die zur Vermeidung eines bedauernswerten Lebensschicksals besser ungeboren blieben. Wäre in
früheren Generationen nach dieser Devise gelebt worden, daß nämlich nur die zum
Empfängniszeitpunkt bewußt gewollten Schwangerschaften als im Lebensinteresse
dieser Kinder wünschenswert anzusehen sind: es wäre damit wohl *mehr als die Hälfte*
der Geburten unter diese heute als 'verhindernswert' deklarierte Nachwuchsquote
gefallen. Eine Beurteilung des normal-alltäglichen (also nicht eines sondergelagerten)
Sachverhalts dieser heute so in den Mittelpunkt auch des ehelichen Nachkommen-
schaftsdenkens gestellten Problematik (bei *unehelichen* Geburten ist das naturgemäß

etwas anderes) sieht keinesfalls so aus, wie es auf dem Hintergrund eines individualistisch-emanzipatorischen Daseinsverständnisses realitätsverfälschend verallgemeinert
hingestellt wird. Die vordergründig so überzeugend *kinderfreundlich* klingende Maxime
'Jedes Kind hat ein Recht, erwünscht zu sein' bzw. die Interpretation dieses verbreite-
teten Slogans offenbart eine ganz andere Fruchtbarkeitsgesinnung als dies die einschlägig problemverschleiernde Diskussionsperspektive wahrhaben will.

Auf einem solchen Interpretationshintergrund werden heute in leichtfertiger, wenn
nicht tendenziöser Problemverallgemeinerung ungeplant empfangene Kinder mancherorts sehr rasch zum legitim verstandenen Anlaß für Überlegungen einer Fruchtabtreibung im Rahmen der sie (in verschiedenen Ländern) rechtlich ermöglichenden 'Fristenlösung' oder aber im Rahmen einer Indikationenlösung, die bei einem *weitgefaßten*
Begriff 'sozialer' Indikation letztlich einen Großteil der im Empfängniszeitpunkt nicht
erwünschten Schwangerschaften so zu interpretieren vermag. Stets läßt sich dann
– wenn man will – aus einer (im Augenblick) nicht beabsichtigten Schwangerschaft
ein für die Inanspruchnahme der Abtreibung (moralisch oder gesetzlich) rechtfertigen-
der 'Konfliktfall' machen. Für ein heute oftmals bis zum Hedonismus aufgegipfeltes
individualistisches Lebensverständnis wird unter der Verstärkerwirkung einer emanzipatorischen Begründungssicht gerade eine unerwünschte Schwangerschaft zum besonderen Anlaß eines (hinsichtlich der Lösungsperspektiven allzu rasch bis zur Fruchtabtreibung reichenden) Konfliktdenkens. (Diese Begründungssicht fordert und för-
dert ja *in allen Lebenszusammenhängen* die Emanzipation = 'Befreiung' des Menschen
von außerindividuellen = 'heteronomen' Verpflichtungseinschränkungen gemäß der so
verstandenen Zielvorstellung wünschenswerter Selbstverwirklichung, was auf die Forderung nach maximaler individueller Selbstverfügungsautonomie hinausläuft.) Dabei
geht es uns hier in der davon abgehobenen Betrachtungsweise einer human-verant-
wortlichen (dem generativen Gemeinwohl verpflichteten) Verhaltensgesinnung keinesfalls um die Bezweiflung ernsthafter, d. h. aus gravierender Lebensnot entstehender
Konfliktschwangerschaften, die auch vom Standpunkt eines *ethisch fundierten* Ver-
antwortungsbewußtseins die dabei auftauchende Frage nach der Wahl des kleineren
Übels als prüfenswert erscheinen läßt. Solche schwere Konfliktfälle aber bieten für
die Rechtfertigung einer *uneingeschränkt* zu handhabenden 'Fristenlösung' oder einer
maßlos ausgeweiteten 'sozialen' Indikationenlösung oftmals nur den *Vorwand einer
Rechtfertigungsoptik;* denn sonst würde angesichts der Verteidigungswürdigkeit des
obersten Rechtsguts des Lebens die legale Möglichkeit der Fruchtabtreibung auf unge-
logen *schwerwiegende* Konfliktfälle im Rahmen einer Indikationenlösung beschränkt,
die – trotz ihrer in jeder Variante unvermeidbaren Schwächen und Mängel – die
gesetzlich zulässige Möglichkeit eines *massenhaften* Mißbrauchs leichtfertiger oder gar
ausgesprochener Bequemlichkeitsabtreibungen ausschlösse.

Jedenfalls zeigt das globale Rechtfertigungsdenken einer gesetzlich (nahezu) *uneingeschränkt* erlaubten Fruchtabtreibung den heute kämpferisch verteidigten Endpunkt
der von uns hier skizzierten individualistisch-emanzipatorischen Betrachtungsweise
menschlichen Daseins, eine Auffassungsrichtung, die die wünschenswerte, human ver-

standene, eheliche Fruchtbarkeit mit der Geburt der hier apostrophierten 'Wunschkinder' gleichsetzt. Nach diesem verbreiteten — durch gleichgerichtete Verbindung mit anderen thematischen Bezügen zu einer inhaltlich geschlossenen Emanzipationslogik der allgemeinen Lebensbetrachtung verfestigten — Verständnis eines zeitgemäß erscheinenden Nachkommenschaftsverhaltens hat somit die Weitergabe des Lebens in egozentrisch verengten individuellen Wunschvorstellungen der einzelnen Ehepaare seinen *hinreichenden* Grund. Ja mehr noch. Oft kommt es dabei zu einer entscheidend weitergehenden Einengung des legitim erscheinenden Fruchtbarkeitsverständnisses dadurch, daß eine Schwangerschaft mehr oder weniger nur noch als eine die *Frau allein* betreffende Angelegenheit verstanden wird, auf die dem Mann als potentiellem Kindesvater kaum noch ein Mitentscheidungsrecht zugestanden werden soll (am krassesten wird diese Auffassung ausgedrückt durch das bekannte Wort 'mein Bauch gehört mir'). Zusammen mit der Fristenlösung bzw. einer umfassend interpretierbaren 'sozialen' Indikationenlösung ist damit der *Gipfelpunkt der Entkoppelung* des individuellen Fortpflanzungsverhaltens aus seinen objektiven gesellschaftlichen Rahmenerfordernissen eines grundsätzlichen Lebensschutzes der Ungeborenen in Verbindung mit den auf natürliche Selbsterhaltung ausgerichteten Nachkommenschaftsbedürfnissen der Bevölkerung erreicht. So verbleibt heute ein Fortpflanzungsausmaß, das sich ergibt, wenn alle von den einzelnen Ehepaaren bzw. von den einzelnen Ehefrauen subjektiv höher eingeschätzten *sonstigen* Wunschvorstellungen vom Leben soweit berücksichtigt sind, daß diese von den dann noch verbleibenden 'Wunschkindern' nicht mehr nennenswert beeinträchtigt werden. Da Kinder heute mit Abstand die *gravierendste* Ursache für die damit verbundenen selbstverfügungseinschränkenden Opfer im Leben ihrer Eltern darstellen, ist es nach all dem Vorgesagten einsichtig, daß eine so rigorose Entkoppelung des Geburtenverhaltens *auch noch vom Ethos des* den gemeinwohlerforderlichen Nachwuchsbedürfnissen der Gesellschaft verpflichteten *ehelichen Fruchtbarkeitsauftrags* unter den Bedingungen einer individualistisch-emanzipatorischen, konsum- und bequemlichkeitsbestimmten Zeitlage zu einer schließlich bevölkerungsdezimierenden *Minimierung* der ehelichen Fruchtbarkeit führen muß, solange nicht tiefgreifende Veränderungen das heute wirksame (sachverhaltliche wie mentalitätsmäßige) Bedingungsgefüge des Nachkommenschaftsverhaltens von Grund auf umgestalten.

Es ist also das *Zusammenwirken* der behandelten *drei elementaren Entkoppelungswirkungen,* die die Voraussetzungen im Lebensbereich der Fortpflanzung heute von Grund auf so radikal verändert haben (Trennung der Fruchtbarkeit von dem ihr früher innewohnenden äußeren Lebensnutzen für die individuelle Daseinsbewältigung; Trennung der früher einmal rein naturgesetzlichen Verbindung zwischen sexueller Betätigung und der Weckung neuen Lebens; Herauslösung des ehemals mit der Institution Ehe fest verbunden gewesenen Ethos des bevölkerungssichernden Nachkommenschaftsauftrages aus dem persönlichen Lebensverständnis), ein Zusammenwirken, das unter den geschilderten Voraussetzungen unseres heutigen Lebens mit geradezu zwingender Problemlogik zu einer immer größeren *Randständigkeit* der generativen Funktion im menschlichen Leben geführt hat.

Will man dieser Situation wirksam Rechnung tragen, muß man auf alle drei geschilderten Entkoppelungsphänomene bedacht sein. Dabei haben wir schon betont, daß die beiden *ersterörterten* unter ihnen (Trennung der Fruchtbarkeit von dem ihr früher innewohnenden Lebensnutzen für die äußere Daseinssicherung der Kindeseltern sowie Trennung der früher starren Verbindung zwischen sexueller Betätigung und der daraus folgenden automatisch-zufälligen Weckung neuen Lebens) als *irreversible Grundlagenveränderung* des Fortpflanzungsverhaltens in unserer Gegenwartsgesellschaft anzusehen sind. Diese Aussage darf aber nicht mißverstanden werden. Wir meinen damit natürlich nicht, daß auch die aus diesen unvermeidbaren Voraussetzungsänderungen hervorgehenden Konsequenzen *als solche hinzunehmen wären, im Gegenteil!* Sowohl die Umkehr des früher mit der Fortpflanzung verbunden gewesenen Nutzens für die wirtschaftliche Lebensbewältigung der Kindeseltern in eine mit mehreren Kindern durchschnittlich bedrängnishaft anwachsende ökonomische Lebensbelastung als auch die Auflösung der starren Verbindung zwischen gelebter Sexualität in der Ehe und der daraus automatisch-zufälligen Weckung neuen Lebens *müssen Gegenstand der ordnenden Gestaltung der Nachkommenschaftsfrage im Sinne einer problemlösungsermöglichenden Korrektur der Folgewirkungen sein.* Nur durch eine solche gegensteuernde Korrektur ihrer Folgewirkungen sind diese beiden Entkoppelungswirkungen unter die Zielperspektive einer bevölkerungserhaltenden gesamtgesellschaftlichen Fortpflanzungsleistung zu verkraften.

Wir wollen es konkreter sagen. Die heute mögliche (und im gesamtgesellschaftlichen Ausmaß demographisch auch notwendige) *freie persönliche Handhabung der lebensplanbezogenen einzelehelichen Fruchtbarkeitssteuerung* ist nur dann vertretbar, wenn die 'Geburtenregelung' bzw. 'Familienplanung' *im Sinne einer dem generativen Gemeinwohl 'verantworteten Elternschaft'* gehandhabt wird, *bei der das Ethos des ehelichen Fruchtbarkeitsauftrages im Ausmaß einer bevölkerungserhaltenden Nachkommenschaft aufrecht bleibt.* Diese Bedingung stellt eine *unerläßliche* sozialethische Maxime dar, die Staat und Gesellschaft im Sinne der Gemeinwohlverantwortung gegenüber der ganzen jeweiligen Bevölkerung zu vertreten haben. Diesbezüglich ist die heute bevölkerungswissenschaftlich/bevölkerungspolitisch vorherrschend vertretene Auffassung *absolut irrig,* die Nachkommenschaftsfrage gehe jeweils nur die beiden Eheleute (oder gar nur die einzelne Frau) etwas an, weshalb Staat und Gesellschaft sich aus allen einschlägigen Zielbildvorgaben herauszuhalten hätten, weil dies *grundsätzlich* eine illegitime Einmischung in den privaten Intimraum des Menschen bedeute. (Diese Auffassung hatte sogar der ansonsten mit gutem Grund als ordnungspolitisch ausgerichtet geltende deutsche Bundeskanzler Helmut Schmidt im deutschen Bundestagswahlkampf 1980 als eine geradezu zentrale gesellschaftspolitische These mit aller Vehemenz und mit großem Beifall in der größtmöglichen Öffentlichkeit vertreten und die damit nicht übereinstimmende Auffassung der christdemokratischen Opposition und der Katholischen Kirche als im hohen Grade tadelnswerte Einmischung in die persönliche Intimsphäre des Bürgers wahlwerbewirksam abgelehnt.) Wenn wir vorhin so apodiktisch 'absolut irrig' gesagt haben, so mit Vorbedacht, weil es sich hier *nicht* um eine 'Standpunktauffassung', sondern um eine an der Zielvorstellung des *generativen Gemeinwohls* (also an der Zielvorstellung der natürlichen biologischen Überlebenssicherung einer Gesellschaft) orientierte sozialethische Maxime handelt, deren zwingende Richtigkeit an diesem objektiven Kriterium beweisbar ist. Die einzige davorliegende Prämisse als noch verbleibende Werturteilsabhängigkeit ist die Frage nach *Wünschbarkeit* der natürlichen biologischen Überlebenssicherung eines Staatsvolkes. Darüber aber besteht in unserer Gesellschaft ein größtmöglich zustimmender Konsens.

Im Aspekt der sich aufsummierenden Bevölkerungswirkung ist also die eheliche Fruchtbarkeit ein lebenswichtiges Gemeinwohlanliegen jeder Gesellschaft. Sie hat im Ausmaß der Bevölkerungsersetzung den Charakter einer objektiv begründeten — also von weltanschaulich-politischen Lebensauffassungsunterschieden unabhängigen — sozialethischen Sollensnorm. Zu deren Geltendmachung sind Staat und Gesellschaft nicht nur legitimiert, sondern im Interesse ihrer natürlichen (nicht auf Einwanderungshilfen aus dem Bereich anderer Staatsvölker angewiesenen) biologischen Überlebenssicherung *verpflichtet.* Die Akzeptierung der eigenverantwortlich gehandhabten einzelehelichen Empfängnisregulierung als einer irreversiblen Grundlagenveränderung im Fortpflanzungsverhalten der Gegenwart ist also nur unter der Bedingung vertretbar, daß es zu einer *Wiederverkoppelung* des Nachkommenschaftsverhaltens mit dem in der Ehe institutionalisierten Ethos eines bevölkerungserhaltenden Fruchtbarkeitsauftrages kommt. In früherer Zeit war dieser Fortpflanzungsauftrag durch die vorindustrielle 'naive eheliche Fruchtbarkeitsmentalität' mit gewährleistet: man beließ der ehelich gelebten Sexualität im großen und ganzen ihre spontan-zufällige Empfängniswirkung, woraus sich automatisch eine *hohe* eheliche Fruchtbarkeit ergeben hatte. Anstelle dieser 'naiven ehelichen Fruchtbarkeitsmentalität' muß nun zur Gewährleistung einer bevölkerungserhaltenden Fortpflanzungsleistung die eben erläuterte 'verantwortete Elternschaft' treten, die auf dem Weg persönlich bewußter Empfängnisregulierung der Zielverwirklichung des generativen Gemeinwohls Rechnung trägt. Ansonsten gerät die eheliche Fruchtbarkeit zu einer Verhaltensdimension *privater Beliebigkeit* mit der heute aus den genannten Gründen *unabänderlichen* Konsequenz eines *ganz massiven und dauerhaften Nachkommenschaftsdefizits.*

Was die zweite irreversible Grundlagenveränderung anlangt, nämlich die Trennung der Fortpflanzung vom daseinssichernden äußeren Lebensnutzen der Kindeseltern, ja dessen Verkehrung in eine mit der Anzahl der Kinder rapide anwachsende Bedrohung ihrer wirtschaftlichen Lebensbewältigung, so kann diese Grundlagenveränderung nur gemeistert werden durch eine auf die individuelle Nachkommenschaftsleistung ausreichend abgestellte *Neuorientierung der ordnungspolitisch begründeten Verteilung des Nationalprodukts.* Anderenfalls führt *allein* die mit jedem Kind so beträchtlich ansteigende *ökonomische Lebensbelastung* und die damit gegebene *soziale Deklassierung* zu einem dauerhaften bevölkerungsdezimierenden Schwund der biologischen Selbstersetzung der je heimischen Bevölkerung mit der zwingenden Folge eines — durch anhaltend große Einwanderungsquoten bewirkten — allmählichen Identitätsverlustes einer solchen Gesellschaft.

Es geht also einerseits darum, die in Rede stehende *Irreversibilität* der generativen Grundlagenveränderung zu erkennen und also auch anzuerkennen, womit Problemlösungsvorstellungen aus Denkmustern *früherer* Zeiten als untauglich ausscheiden; es geht andererseits darum, den unerläßlichen Zusammenhang zwischen dieser Grundlagenveränderung und der daraus erwachsenden *problemlösungsermöglichenden Neugestaltung* der Nachkommenschaftsfrage zu erkennen und in die Tat umzusetzen. Dabei ist zu beachten, daß das eben erörterte Entkoppelungsphänomen einzelehelich freier Gestaltung der Empfängnisregulierung nur durch eine *Wiederverkoppelung* des Fortpflanzungsverhaltens mit dem institutionalisierten Ethos des ehelichen Fruchtbarkeitsauftrages (im Ausmaß der Gewährleistung einer bevölkerungserhaltenden Geburtenzahl) zu meistern ist. In ihrer gesellschaftsweiten Aufsummierungswirkung erweist sich somit die eheliche Fruchtbarkeit als ein sozialethisch legitimiertes *gesellschaftlich/staatliches* Anliegen von höchster Bedeutung. Der heute anhaltenden Privatisierungsrechtfertigung dieses Lebensbereiches ist damit der Boden entzogen.

In diesem Zusammenhang gilt es auch zu erkennen, daß ein *unlösbar-wechselwirkender Konnex* besteht zwischen diesen beiden Problembereichen; also zwischen der sittlichen Problemrelevanz persönlicher Anerkennung des notwendigerweise opferbelasteten ehelichen Fruchtbarkeitsauftrages einerseits und der aus dem Zielpunkt sozialer Gemeinwohlgerechtigkeit ebenso sittlichen Problemrelevanz der staatlichen Ordnungspolitik für eine unter dem Kriterium der individuellen Fortpflanzungsleistung gerechten Verteilungsordnung des Nationalprodukts (das Instrument dazu ist der 'Familienlastenausgleich' in des Wortes allgemeiner Bedeutung). Dieser konstitutive, unlösbar-wechselwirkende Zusammenhang verbietet es, eine dieser beiden Problemdimensionen zum Nachteil der anderen *einseitig hervorzuheben oder gar absolut zu setzen*. Dies gilt für die gesellschaftspolitische Gestaltungsdimension ökonomischer Sozialgerechtigkeit nach dem Kriterium der einzelehelichen Fortpflanzungsleistung genauso wie für die persönliche Verpflichtung der Akzeptierung des auf biologische Selbstersetzung der eigenen Gesellschaft abzielenden ehelichen Fruchtbarkeitsauftrages. Eine Lösung unserer Nachkommenschaftsmisere ist oft auch deshalb so schwierig, weil die *eine* oder die *andere* dieser beiden Problemhälften *einseitig bis allein lösungsentscheidend* in den Vordergrund gestellt wird. Dabei kommt es häufig zu einem Fehlschluß-Argument: Weil die mitunter nicht *unbeträchtlichen* Anstrengungen zur Bewältigung einer dieser beiden Problemhälften bisher *nicht* zum Erfolg einer bevölkerungssichernden Nachkommenschaft geführt haben, wird kurzschlüssig daraus gefolgert, daß es 'jedenfalls auf *diesen* Bedingungsbereich erwiesenermaßen' nicht ankomme. Der logische Fehlschluß besteht darin, daß man nicht unterscheidet zwischen 'notwendiger' und 'hinreichender' Bedingung. Weil auch die in manchen Staaten (beispielsweise Frankreich) bisher schon *recht beachtlichen* kinderabhängigen sozialpolitisch-ökonomischen Familienleistungen nicht zur Abstoppung eines nachkommenschaftsgefährdenden Geburtenrückganges geführt haben, wird daraus der Fehlschluß gezogen, daß die Problemlösung 'erwiesenermaßen' *nicht von der ökonomischen Leistungsdimension* (Familienlastenausgleich) abhängig sein könne.

Damit hat man jenen politischen Kräften, denen an der Herstellung der *ökonomischen Sozialgerechtigkeit* gegenüber der Familie nicht (sonderlich) gelegen ist, eine billige Ausrede für ihr einschlägig unzureichendes bis fehlendes Engagement geliefert; eine billige

Ausrede, die Fortdauer dieser lebensbedeutsamen Benachteiligung der Familie zugunsten der anhaltenden massiven Privilegierung der Kinderlosen und Kinderarmen (Ein-Kind-Ehen) im wahlpolitisch so entscheidenden Verteilungsstreit über das Nationalprodukt auch im Aspekt der generativen Frage zu rechtfertigen. Dies ist ein Beispiel dafür, wie man aus Halbwahrheiten 'wissenschaftliche' Argumente im tagespolitischen Interessenstreit über die Verteilung des Nationalprodukts zur Anwendung bringt, ein Beispiel übrigens auch für die Abwälzung der *politischen* Handlungsrechtfertigung auf die vermeintlich unangreifbare *wissenschaftliche* Aussageebene. Umgekehrt hat es im Lauf der vergangenen Jahrzehnte immer wieder — besonders im christlich-kirchlichen Auffassungslager, allerdings *nicht* im Bereich der katholischen Soziallehre — Strömungen gegeben, die Fortpflanzungsproblematik *einseitig bis ausschließlich* nur als eine Frage der *sittlichen Gesinnung* der Ehepaare zu sehen. *Beide* vereinseitigenden oder gar absolut gesetzten Teil-Lösungsperspektiven sind gleichermaßen *nicht zielführend*. Die *Übergewichtung* des in beiden Problemhälften je separat steckenden legitimen Beweispotentials führt zur Verhinderung einer *ausgewogenen* Problemsicht.

Die dargestellte irreversible Grundlagenveränderung der Fortpflanzungsproblematik erfordert somit *einerseits* eine gesellschaftspolitische Neuorientierung der distributiven Sozialgerechtigkeit, und zwar als eine Forderung der Familien an die damit angesprochene soziale Ordnungsfunktion des Staates; *andererseits* die Geltendmachung der Forderung der generativen Gemeinwohlinteressen von seiten der Gesellschaft, des Staates an die Ehepaare einer Gesellschaft. Die letztgenannte Forderung an die Adresse der gesellschaftlichen Institution Ehe ist nicht nur mit der Zielvorstellung *biologischer Überlebenssicherung* der jeweiligen Bevölkerung legitimiert, sondern auch durch die darin implizierte Zielsetzung vielgestaltiger 'gesellschaftlicher Funktionalität', die einer ausreichenden Nachkommenschaft zukommt, wobei diese gesellschaftliche Funktionalität in einer 'personalen' anthropologischen Grundkonzeption letztbegründet im Dienste der *Vollverwirklichungsmöglichkeit der menschlichen Person* steht. Von einer solchen ausgeglichen-übergreifenden Einsicht in das Problemganze, wodurch beide behandelten Problemhälften *gleichrangig* eingeschätzt werden, hängt es ab, ob sodann *eine ganze Kette nachgeordneter fortpflanzungsrelevanter Einzelprobleme* des menschlichen Lebens entweder *isoliert in ihrem je partikularen* Stellenwert begriffen wird mit der Gefahr vereinseitigender bis verabsolutierender Heraushebung oder aber, ob auch diese vielen Einzelprobleme systematisch-konzeptorientiert eingeordnet werden unter die leitende Zielvorstellung des generativen Gemeinwohls. Wir meinen damit alle fortpflanzungsrelevanten Fragen in bezug auf die Bedürfnis- und Geltungsansprüche des *Individual*daseins des Mannes, der Frau, des Kindes; die fortpflanzungsrelevanten Fragen in den (Teil)Bereichen der Wirtschaft und Gesellschaft bzw. der darauf bezogenen Ideenwelt: Sozialpolitik, Arbeitsmarktordnung, Arbeitsorganisation, Bildungs- und Schulpolitik, ökologische Grundkonzeption in Raumordnung und Städteplanung, Siedlungspolitik, Bedeutungseinschätzung des technischen Fortschritts, der horizontalen und vertikalen Mobilität, der Art des Demokratieverständnisses, der Emanzipations- und Egalitätsidee, des bürgerrechtlichen Freiheitsideals, des Lebensstandards usw. In all diese Sektoren bzw. Ideenausfaltungen unseres Lebens spielt *auch die Fortpflanzungs-*

dimension mitunter bedeutsam (in verursachender wie folgenwirkender Hinsicht) hinein. Es kommt entscheidend darauf an, ob diese lebensmitgestaltenden Problemzusammenhänge aus der erkenntnisleitend-übergeordneten Sicht der *jeweiligen Einzelfrage* oder aber durch Integration dieser Einzelfragen in den übergeordneten Lebenszusammenhang unter den Zielhorizont der *Anerkennung des generativen Gemeinwohls* gestellt werden. Dies gilt auch für das aktuelle Gegenwartsproblem des Geburtenrückganges. Solange etwa die *Frauenfrage* im erörterten Sinn eines geschlechtsegalitären sowie individualistischen Emanzipationsverständnisses und der davon inhaltlich bestimmten Sinndeutung der heute anthropologisch zentralen Kategorie menschlicher 'Selbstverwirklichung' als *übergeordnete* (autonome) Zielvorstellung der Behandlung der Problematik des Geburtenrückganges zugrundegelegt wird, erhalten dieses Problem und die darauf bezogenen Lösungsperspektiven eine total andere Ausrichtung als in unserer problemganzheitlichen Sichtweise im Aspekt eines 'personalen' Menschenbildes bzw. Gesellschaftsverständnisses mit der daraus entwickelten obersten fruchtbarkeitsrelevanten Zielvorstellung vom 'generativen Gemeinwohl'. Das von uns betonte *unabsehbar große* bedingende bzw. beeinflussende Faktorengeflecht der Nachkommenschaftsproblematik bietet insgesamt eine *Vielzahl* (zumindest unterschiedlich akzentuierter) Konzept-Ansatzpunkte zur Bearbeitung des Phänomens des Geburtenrückganges mit weitreichenden Konsequenzen für alle Teilgebiete. Die herausgearbeitete *dreifache Entkoppelungswirkung* früher miteinander in gleichsinniger Wirkungsrichtung verbunden gewesener elementarer Bedingungsfaktoren zur Gewährleistung einer bevölkerungserhaltenden Nachkommenschaft hat das erforderliche Licht in die Problemfundamente der geänderten äußeren Lebensumstände gebracht. Nur von einer solchen allgemeinsten Grundlagenerfassung her läßt sich ein erkenntnisleitender Ansatz gewinnen, der einheitsstiftend und übersichtsfördernd durchgehalten werden kann. Ein wichtiges Element dabei ist auch die in diesem Kapitel behandelte Entbindung des Fortpflanzungsverhaltens aus dem institutionalisierten Ethos des ehelichen Fruchtbarkeitsauftrages.

ZWEITER ABSCHNITT

Die Weitergabe des Lebens in Abhängigkeit von der Familienfrage

2.1 Das Familiengrundverständnis

Der Grad der Bewältigungsmöglichkeit *aller* der Familie zukommenden Aufgaben hängt von der strukturell/funktionalen *Gesamtbeschaffenheit* des sozialen Systems Familie ab, deren Ausformung einerseits durch die persönlich-eigenverantwortliche Gestaltung seines *Binnenraumes* durch die jeweiligen Familienmitglieder und andererseits durch die vielfältigen ökonomischen und sozialkulturellen *Rahmenbedingungen* der umgebenden gesellschaftlichen Ordnung bewirkt wird. Die Effizienz *jeder* Familienfunktion gründet solchermaßen auf dem Zusammenspiel der je einschlägigen binnenfamilialen Eigenqualitäten mit der Summe der auf die jeweilige Familienfunktion hin relevanten gesellschaftlichen Voraussetzungen bzw. Einflüsse einer Zeitlage. Diese Abhängigkeit aller Familienfunktionen vom genannten zweifachen Determinantenkomplex gilt umso mehr für die elementaren *Grundfunktionen,* die den zeitlosen Wesenskern der Familie ausmachen und deshalb im Rahmen des geschichtlichen Wandels *nicht* an außerfamiliale Instanzen delegiert werden können. Dazu gehört die uns hier interessierende Fortpflanzung.

Beide genannten Dimensionen — der Mikrobereich der persönlich-eigenverantwortlichen Gestaltung des familialen Binnenraumes sowie der Makrobereich seiner gesellschaftlichen Rahmenbedingungen — bilden die zwei Problemhälften der die Totalität des Familienphänomens umfassenden 'Familienfrage'. Aufgrund des eben Gesagten stellt *auch die Fortpflanzung* eine solche kombiniert verursachte Wirkäußerung der strukturell/funktionalen *Gesamtbeschaffenheit* des sozialen Systems Familie dar, d. h. auch die (eheliche) Nachkommenschaftsleistung ruht auf dem *Zusammenspiel* der einschlägig persönlich-eigenverantwortlichen Gestaltung des Familienlebens mit den es umgebenden fruchtbarkeitsrelevanten Bedingungen und Einflüssen der Wirtschaftsweise und der gesellschaftlich/staatlichen Lebensordnung. Mit anderen Worten: auch die Effizienz der *Reproduktions*funktion der Familie ist nur aus dem komplexen Wirkgefüge der gesamten fruchtbarkeitsrelevanten 'Familienfrage' erklärbar. Damit ist zum Ausdruck gebracht, daß die Problematik des Geburtenrückganges nur verständlich gemacht werden kann auf dem Hintergrund der Auseinandersetzung mit der Familienfrage unserer Gegenwartskultur. Alles andere bedeutet von vornherein eine mehr oder weniger zufällige oder willkürliche *Teil*problemerfassung. Man kann also die (eheliche) Fortpflanzung nicht nur nicht aus der von der Familienthematik losgelösten 'Bevölkerungsfrage' erklären, wie wir im ersten Abschnitt gesehen haben; man kann diese Erklärung auch nicht einschränken auf eine der beiden jetzt in Rede stehenden Problemhälften — sei es auf die persönlich-eigenverantwortliche familiale Binnenproblematik, sei es auf die sie umgreifenden gesellschaftlichen Bedingungen und Einflüsse. Mit diesem Erklärungsumfeld aber ruht die Problematik des Geburtenrückganges auf einem *Kernproblem der kontroversen anthropologischen Gegenwartsdiskussion* — sowohl was die *individuelle* Lebensgestaltung anlangt als auch die Sozialordnung der *Gesellschaft.*

Eine gemeinsame Klammer über die damit angesprochene außerordentlich breite Thematik können wir in der komprimierten Problemzusammenschau des *Familiengrundverständnisses* finden. In ihm verdichtet sich die Gesamtproblematik aller wichtigen Einzelfragen bzw. Teilprobleme von Ehe und Familie. Das Familiengrundverständnis vermag so stellvertretend für die ausdifferenzierte Breite der Familienfrage einen Orientierungspunkt für die *Generallinie* der Lösungsproblematik auch der ehelichen Fortpflanzungsfrage zu liefern, die sich in ihrem gesellschaftlichen Aufsummierungseffekt auch als die Kernproblematik der *natürlichen Bevölkerungsentwicklung* thematisieren läßt. Aufgrund der von uns im ersten Abschnitt erkennbar gemachten multifaktoriell/multidimensionalen Gesamtinterdependenz aller die Familienfrage mitkonstituierenden Lebenszusammenhänge wird man zweckmäßigerweise bei jeder systematisch-grundlegenden Behandlung einer Familienfunktion diese zunächst einmal auf die zusammenfassende Orientierungsgröße des *Familiengrundverständnisses* beziehen. Auch bei der *generativen* Familienproblematik ist es so, daß der volle Bedeutungsgehalt der aufgeworfenen Fragen, ihr genaueres Verhältnis zu dem die generative Problematik *übersteigenden* thematischen Umfeld sowie die *Gewichtung* der vielen darin auftauchenden Bezugsgrößen letztlich erst erkennbar und begründbar wird aus ihrer Relation zum zugrundliegenden allgemeinen 'Bild' (Selbstverständnis) der Familie, und zwar unabhängig davon, in welch gedanklicher Bewußtseinsklarheit dieses Bild vor Augen steht. Da diese 'Familiengrundvorstellung' in ihrem inhärenten Sozialbezug gleichzeitig die Angabe der Lösungsrichtung der davon betroffenen öffentlichen Ordnungsvorstellungen mit enthält, ist mit der allgemeinen Familienvorstellung auch schon die Grundauffassung von der Gesellschaft wurzelhaft mitgegeben. Dieser Wechselbezug ist unaufhebbar. Seine Grundlagen sind in unserem ersten Abschnitt behandelt worden. So ist also auch die Problematik der (ehelichen) Fortpflanzung in ihren Rahmenkonturen verwiesen auf das jeweilige *Familiengrundverständnis.* In ihm steckt die komprimierte *Gesamt*schau der Familienfrage.

In diesem Sinne setzt jede tiefgreifende Auseinandersetzung auch mit der *generativen* Familienfunktion ein inhaltlich bestimmtes — also nicht nur formal definiertes — Selbstverständnis von Familie und der sie umgebenden gesellschaftlichen Ordnung voraus. Darin wurzeln insbesondere auch die Kriterien zur Entwicklung der erkenntnisleitenden bzw. lösungsrichtungbestimmenden *normativen Maßstäbe,* auf die — wie wir im ersten Abschnitt gesehen haben — jede Analyse familialer Problemtatbestände so maßgeblich angewiesen ist. Dies gilt umso mehr, je stärker die engere Fragestellung *von sich aus* normativ aufgeladen ist, was in hohem Maße beim Thema 'Familie und Fortpflanzung' der Fall ist. Jede eingehende Beschäftigung mit dem Nachkommenschaftsverhalten ruht problemlösungsrelevant auf diesen jeder fachwissenschaftlichen Problembearbeitung *vorgelagerten* normativen Maßstabentscheidungen, weil das (bewußt wie mitbewußt-ahnungsvoll bis unbewußt gesteuerte) Fortpflanzungsverhalten immer auf die Sinnziele menschlichen Lebens verwiesen ist und damit auf die daraus resultierenden Wertentscheidungen. So weist die Familienfrage im Aspekt der Fortpflanzung (gleichermaßen wie etwa unter jenem der Erziehung) notwendigerweise ein besonders hohes Maß an normativer Maßstababhängigkeit auf. Dies erhellt auch aus dem Zusammenhang mit unseren vorausgegangenen Erörterungen über das *allgemeine Daseinsverständnis* bzw. über den synonym gebrauchten Begriff des *persönlichen Lebensentwurfs,* womit auch noch die dem Familienthema *vorgelagerten* Steuerungsgrößen des Nachkommenschaftsverhaltens angesprochen sind.

Durch diese Anmerkung kommt im Aspekt der Nachkommenschaftsproblematik andeutungsweise zum Ausdruck, was auch für die Wurzelproblematik der *anderen* Familienfunktionen gilt: in dem jeder Bearbeitung familialer Problemtatbestände notwendigerweise zugrundeliegenden allgemeinen 'Bild' (Selbstverständnis) der Familie steckt stets auch noch eine dem Familienthema *vorgeschaltete Letztorientierung* der menschlichen Daseinsausrichtung. Damit steht unsere hier auszudrückende Grundeinsicht in Verbindung: *Familie ist kein anthropologischer Selbstzweck, sondern ein Mittel zum Zweck der Selbstverwirklichung bzw. Daseinsbewältigung des Menschen, genauer gesagt der menschlichen Person.* Die Betonung dieser Grundeinsicht bedeutet ein wichtiges Korrektiv gegen jede unangemessene *Über*betonung des Familiengedankens, gegen jede *Über*bewertung der Familienbedeutung im menschlichen Leben ('Familismus'). Jedes inhaltsbestimmte Grundverständnis der Familie leitet sich auf dem Umweg über die Definition der beiden Wurzelbegriffe PERSON und GESELLSCHAFT von dem damit konturierten 'Bild des Menschen' her, dem das Familienverständnis instrumentell verpflichtet ist. Durch die Erkenntnis dieses tiefsten Ableitungszusammenhanges wird nur in kurzgefaßt-prägnanter Weise zum Ausdruck gebracht, was wir im ersten Abschnitt als Prämissenproblematik der 'anthropologischen Grundkonzeption' sozialphilosophisch im einzelnen herausgearbeitet haben, und zwar im Zusammenhang einerseits mit der Lösung der Frage des Zuordnungsverhältnisses der individuellen und gesellschaftlichen Wesensnatur (Wirknatur) des Menschen als Basisproblem jeder sozialen Beziehungsordnung wie andererseits im Zusammenhang mit dem näheren Sinnverständnis des Freiheitsbegriffs, dessen Bedeutungsumfang über die Lösungsproblematik der sozialen Beziehungsordnung *hinausreicht.* Jetzt — bei der Behandlung des 'Familiengrundverständnisses' — wird das Ergebnis jener detaillierten sozialphilosophischen Grundlagenklärung zusammenfassend und vereinfachend in der allgemeinsten Problem-Orientierungsdimension des 'Bildes vom Menschen' zum Ausdruck gebracht.

Jede inhaltlich bestimmte Definition der Familie gründet so zunächst auf dem Sinnverständnis der menschlichen Person, deren Entfaltung sie als ihr oberstes Ziel zu gewährleisten hat. Da aber diese Entfaltung nur in sozialer Wechselwirkung möglich ist und die sozialen Relationen der Person ihre Wirkbedingungen in den übergreifenden gesellschaftlichen Strukturen finden, tritt neben die menschliche Person als *zweiter* bedingender Wurzelbegriff die *Gesellschaft.* Von der Bestimmung dieser beiden Hauptbezugsgrößen bzw. ihres Verhältnisses zueinander — womit das 'Bild vom Menschen' konturiert wird — hängt das Familiengrundverständnis maßgeblich ab. Wichtig für unsere Grundlagenerfassung ist die Einsicht: *Familie ist keine letzte Bestimmungsgröße; sie leitet ihr Selbstverständnis nicht aus sich her, sondern von der Definition der beiden Wurzelbegriffe PERSON und GESELLSCHAFT.* Das Familiengrundverständnis ist solchermaßen nichts anderes als eine in die soziale Urkonstellation des Organisations-prinzips des Geschlechter- und Generationenverbundes ausgeweitete Extrapolation des 'Bildes vom Menschen' in seinem die soziale Beziehungsordnung grundlegenden Be-ziehungsaspekt von PERSON und GESELLSCHAFT.

Die Variationsbreite des familialen Selbstverständnisses wird bestimmt durch das Spectrum der Sinnaussagen über diese beiden Wurzelbegriffe bzw. durch die Bandbreite des sich dabei ergebenden unterschiedlich gewichteten Zuordnungsverhältnisses. Diese unterschiedlichen Sinnaussagen bzw. diese unterschiedliche Gewichtung sind von größter theoretischer wie praktischer Bedeutung; denn in dieser Variabilität liegt – wie im ersten Abschnitt gezeigt – die für jede Sozialordnung entscheidende Ausgangs-bestimmung für die Entwicklung der systembildenden Perspektive entweder eines *individualistisch, kollektivistisch* oder eines *personal* orientierten Menschen- und Ge-sellschaftsverständnisses.

Während der liberalistische Individualismus den Einzelmenschen zum absoluten Maß-stab seiner Betrachtungen macht, setzt der Kollektivismus (jeglicher Schattierung) den Hebel genau entgegengesetzt an: durch die vorrangige bis alleinige Konzentration aller Bemühungen auf das *gesamtgesellschaftliche* Interesse hält er das nachrangig bis bedeutungslos eingestufte *individuelle* Glück durch die gesellschaftliche Wohlfahrt ausreichend berücksichtigt. Ein 'personales' Grundverständnis dagegen überbrückt die-sen unversöhnlichen Gegensatz durch eine ausgewogene Geltung der Sozialprinzipien *Subsidiarität* und *Solidarität*. Dadurch erfährt das prinzipiell anerkannte Individual-interesse eine entscheidende Einschränkung durch seine verpflichtende Bindung an das Gemeinwohl, das sich im Problembereich der Weitergabe des Lebens auf das *genera-tive Gemeinwohl* spezifiziert.

Bei dem durch eine ausgewogene Geltung der Sozialprinzipien *Subsidiarität* und *Solida-rität* intendierten Spannungsausgleich zwischen den konkurrierenden Geltungs- bzw. Rechtsansprüchen im weiten sozialen Feld zwischen den rivalisierenden Polen *Person* und *Gesellschaft* kommt der Familie die Bedeutung eines prototypischen Bindeglieds zu. Auch für die *außerfamilialen* sozialen Konfliktfelder liegt der Schlüssel dafür, den Antagonismus zwischen den individuellen und gesellschaftlichen Strebetendenzen des Menschen als *Synthese positiv* bewältigen zu können, modellhaft in einem personal grundgelegten *Familienverständnis* vorgezeichnet. In dieser wurzelhaften Ausgangslage der Verbindung zwischen Person und Gesellschaft liegt deshalb auch der prototypische Lösungsansatz, jede der beiden menschlichen Teilnaturen an der Erlangung eines dis-sozialen Übergewichts (im Extremfall: einer einpoligen Dominanz) zu hindern. Des-halb kommt der Familie eine so ausschlaggebende Bedeutung als keimhaft grundgeleg-tem Modell für die Lösung der individuo-sozialen Verschränkungsproblematik inner-halb der ganzen Sozialordnung zu. Die jeweilige Lösungsrichtung zum Ausgleich der dabei entstehenden Spannung drückt sich so bereits im Familiengrundverständnis aus. *Welche* Lösungsrichtung dabei zum Tragen kommt, was also Familie zur prototypischen Grundlegung eines optimalen individuo-sozialen Spannungsausgleichs und damit zu einer in dieser Wurzelproblematik harmonisch präformierten Sozialordnung tatsächlich kann oder soll, wird in jeder Zeitlage vom gesellschaftlichen Bewußtsein bestimmt, welches das jeweils gültige 'Bild' der Familie bestimmt – und das meint hier also das darin keimhaft abgebildete Sinnverständnis von den beiden Wurzelbegriffen PERSON und GESELLSCHAFT sowie ihr Verhältnis zueinander. Dies ist auch für die Lösung der *Fortpflanzungs*problematik bzw. für die natürliche Bevölkerungsentwicklung bedeutsam und kann richtunghaft bereits am Familiengrundverständnis abgelesen werden.

2.1.1 Die politischen Familienkonzepte

Die verschiedenen *politischen* Familienkonzepte bedeuten im Grunde nichts anderes als die konkrete Anwendung dieses elementarsten Familiengrundverständnisses *im Bereich der öffentlichen Ordnungsvorstellungen.* Der liberalistische Individualismus und der (neo)marxistische Sozialismus bilden als zumindest theoretische Antipoden die beiden *Endpunkte* im Spectrum philosophisch-weltanschaulicher Grundpositionen hinsichtlich unterschiedlicher Gewichtung im erörterten Zuordnungsverhältnis der individuellen und gesellschaftlichen Strebetendenzen des Menschen im Bereich seiner familienabhängigen Lebenswelt. Das dabei zur Geltung kommende *Freiheitsverständnis* ist hinsichtlich seiner Bedeutung für die soziale Beziehungsordnung in dem in Rede stehenden Zuordnungsverhältnis der individuellen und gesellschaftlichen Strebetendenzen *bereits enthalten.* Beide genannten Ideenrichtungen ebenso wie die genau in der Mitte zwischen ihnen liegende 'personale' anthropologische Grundkonzeption treten aber in der gesellschaftlichen Realität praktisch nie 'lupenrein' in Erscheinung. Sie weisen vielmehr ein breites Feld unterschiedlicher Schattierungen auf, die soweit gehen, daß es vielfach deutlich zu *Überlappungen* unter diesen drei systembildenden Perspektiven vom menschlichen Leben kommt, was sich analog in den sozialwissenschaftlichen und gesellschaftspolitischen Zielperspektiven niederschlägt. Die hier in Rede stehende anthropologische Wurzelproblematik der individuo-sozialen Verschränkung und des dabei zur Geltung kommenden Freiheitsverständnisses drückt sich in der Familienfrage (komprimiert im Familiengrundverständnis) genauso aus wie in den übrigen sozial relevanten Fragestellungen vom menschlichen Leben.

In der unverfälschten Sichtweise des liberalistischen Individualismus erscheint Familie auch heute noch als 'Privatsache'; denn durch die Berücksichtigung des Individualwohles müssen in seiner Sicht eo ipso auch die Interessen von Familie und Gesellschaft mit wahrgenommen sein. Eine eigene Familienpolitik ist ihm daher eher suspekt unter dem Gesichtspunkt einer *Behinderung* der uneingeschränkten individuellen Entfaltungsmöglichkeit des Menschen. Für die Grundanschauungen der verschiedenen Schattierungen des (neo)marxistischen Sozialismus, der seit der zweiten Hälfte der sechziger Jahre unseres Jahrhunderts zur gestaltungsstärksten gesellschaftlichen Ideenrichtung im freien Europa geworden ist (in der parteipolitischen Ausprägung mehrheitlich in der stark gemäßigten Variante 'sozialdemokratischer' Programmatik), bedeutet Familie in der unverfälschten Sicht des tragenden Ideenursprungs eine störende Behinderung der wünschenswerten Unterordnung des Individuums unter die (vorrangige bis totale) gesellschaftliche Verfügbarkeit. Je nach Konzeptschattierung zieht dies die Forderung nach einer mehr oder weniger großen Bedeutungsminderung bzw. Wirkeinschränkung der familialen Lebensbindungen des Menschen nach sich bei gleichzeitiger (ebenso unterschiedlich starker wie inhaltlich modifizierter) Forderung nach neuen (alternativen) Familienmodellen, die das Individuum aus seinen Primärgruppenbindungen soweit wie möglich freisetzen sollen, und zwar — das ist der entscheidende Unterschied zum liberalistischen Individualismus — zugunsten der Unterordnung unter die überbetonten *gesellschaftlichen* Interessen.

Die vor allem seit den späten siebziger Jahren in verschiedenen europäischen Ländern in der öffentlichen Diskussion zunehmend stärker artikulierten *Gegenbehauptungen* stellen entweder ein wahlwerbeorientiertes Lippenbekenntnis dar oder aber sie sind ein Ausdruck dafür, daß die ideenmäßigen Bezugsgrundlagen nicht mehr (schwerpunkthaft) im liberalistischen Individualismus bzw. im (neo)marxistischen Sozialismus liegen. Zweifellos trifft sowohl das eine wie das andere zu. Mit Bezug auf die zweitgenannte Erklärungsvariante hängt dies damit zusammen, daß auch die in ihrer tradierten Ausgangsprogrammatik 'sozialistischen' Parteien in zahlreichen Ländern zumindest in der wahlpolitischen Optik unorthodoxe 'Volksparteien' zu werden sich bemüht haben, in denen in Gestalt verschiedener Ideenflügel die angestammte sozialistische Kernprogrammatik ebenso wie 'revisionistische' — also mäßigende bis gegensteuernde — liberale Reformauffassungen vertreten sind. Eine analoge Ideenvermischung gibt es auch in den bürgerlichen (christ-demokratischen wie liberalen) Parteien. In den meisten Fällen ist die gewünschte Ausweitung des Wählerpotentials die entscheidende Triebfeder für eine möglichst breite Ideenplattform, die programmoptisch nach außen betont wird, während das politische Realverhalten in den Handlungsphasen zwischen den Wahlkämpfen schwerpunkthaft nach wie vor am Kerngehalt der überkommenen (individualistischen, kollektivistischen bzw. personalen) anthropologischen Grundkonzeption und an dem ihr entsprechenden gesellschaftlichen Zielbild orientiert bleibt. Dies gilt auch für die so vielschichtige Familienfrage im Rahmen der allgemeinen Gesellschaftspolitik. Bei unserer Erörterung geht es klarheitshalber um die Herausarbeitung der *systembildenden Ideenkerne* in Zuordnung zu den anthropologischen Grundkonzeptionen. Die in der gesellschaftlichen Realität (aus welchem Grund immer) erfolgte Ideenvermischung ist sodann eine von Fall zu Fall konkret zu prüfende weitere Frage.

Da Familie ihr Selbstverständnis nicht *aus sich* gewinnen kann, sondern nur vom jeweiligen Sinngehalt der Wurzelbegriffe Person und Gesellschaft (einschließlich des dabei zum Tragen kommenden Sinnverständnisses des Freiheitsbegriffs), ist jede systematische Analyse familialer Problemtatbestände auf die Offenlegung dieses Herleitungszusammenhanges angewiesen; denn nur dadurch wird, wie wir gesehen haben, die Entwicklung der lösungsrichtungentscheidenden *normativen Maßstäbe* voll einsichtig bzw. mit Beziehung auf die explizierten Prämissen sauber begründbar. Ohne hinreichende Klärung dieser Maßstababhängigkeit hängt somit auch die Bearbeitung der ehelichen Fortpflanzungsproblematik in der Luft. Dabei muß betont werden: *Eine Analyse familialer Problemfelder, welche diesen Zusammenhang nicht erkennt bzw. nicht aufdeckt, gründet deshalb nicht weniger in ihm.* Für die Tatsache des in Rede stehenden hintergründigen Bedingungszusammenhanges ist es unerheblich, ob er in Wissenschaft und Politik bekannt bzw. bewußt ist und – wenn ja – aus welchen Absichten oder Einstellungen er allenfalls verschwiegen oder bagatellisiert wird. Häufig wird er nur intuitiv erfaßt ('geschaut', gefühlt), ohne in die vollbewußte Klarheit begrifflicher Reflexion zu gelangen. In diesem Fall bleibt er der gedanklichen Ausfaltung familienwissenschaftlicher bzw. familienpolitischer Analysen nur teilbewußt bis diffus-verschwommen zugrundegelegt, kommt also nicht hinreichend in den Blick. Erst seine *vollbewußte* Erfassung macht die wünschenswerte Klarheit und dadurch die volle Offenlegung dieses Herleitungszusammenhanges möglich. Deshalb haben wir uns bemüht, die ganzen Grundlagen dieser Herleitungsproblematik im ersten Abschnitt so genau herauszuarbeiten. Dies ist umso wichtiger, als in den inhaltlich darauf fußenden familialen *Einzel*problemerörterungen diese Problembasis fast nie angemessen in Rechnung gestellt wird. Entweder wird sie nicht erkannt, verdrängt oder aber bewußt verschwiegen. Dies gilt auch für den Praxisbezug *gesellschaftspolitischer* Problemerörterung einschließlich des Zusammenhanges mit unserem *generativen* Gegenwartsproblem. Deshalb ist es so wichtig, das in den meisten familienwissenschaftlich/familienpolitischen Problembearbeitungen verborgen gehaltene Familiengrundverständnis auch im Zusammenhang mit der Nachkommenschaftsfrage deutlich zu machen, weil nur daraus die realen Hintergründe (die verursachenden Determinantenkomplexe) für das heute so hochgradig geänderte Fortpflanzungsverhalten ersichtlich werden können. Diese ganze Problemklärung verfolgt dabei keinesfalls einen *theoretischen Selbstzweck,* sondern sie ist von größter Bedeutung für die Beurteilung und Handhabung der *Lebenspraxis* – auch im Bereich der für das Leben jedes einzelnen so wirksamen *Gesellschaftspolitik,* in unserem engeren Fragebezug: im Bereich der fruchtbarkeitsrelevanten *Familienpolitik.* Für alle theoretischen wie praktischen Bearbeitungsbezüge des Geburtenrückganges als Familienproblem ist zunächst einmal – das sollte hier speziell im Zusammenhang mit der Gesellschaftspolitik zum Ausdruck kommen – das *Familiengrundverständnis* die für die einzelproblemübergreifende Ansatzbetrachtung (Interpretationsrichtung)entscheidende Bezugsgröße, weil sich *bereits darin* die Summe der bedeutsamen Voraussetzungsklärungen komprimiert niederschlägt.

2.1.2 Der soziologistische Relativismus

Das Familiengrundverständnis bringt solchermaßen weit mehr zum Ausdruck als nur die bisher behandelte Lösungsrichtung bei der Bewältigung der sozialstrukturellen Ausgangsproblematik der *individuo-sozialen Doppelnatur* des Menschen in Verbindung mit dem *Freiheitsverständnis.* Aus dieser Wurzellagenentscheidung folgert die Lösungsrichtung für eine Fülle von *Teil*problemen auch im Bereich der *fruchtbarkeitsrelevanten*

Familienfrage, deren wichtigste wir hier in den weiteren Kapiteln dieses Abschnitts behandeln. Zunächst aber gilt es noch, deren zusammenfassenden Niederschlag im Bereich des Familiengrundverständnisses in einigen bedeutsamen Punkten kenntlich zu machen.

Ein wichtiges Element des Familiengrundverständnisses bezieht sich auf die Unterscheidung zwischen dem zeitlos gültigen Wesenskern der Familie in Gestalt des darin zum Ausdruck kommenden *allgemeinen sozialen Basisprinzips* einerseits und der dem geschichtlichen Wandel unterworfenen *äußeren Zeitgestalt* von Ehe und Familie andererseits; also auf das Verhältnis des mit der Familie gegebenen unwandelbaren universellen Organisationsprinzips des menschlichen Geschlechter- und Generationenverbundes zur geschichtlich veränderlichen, durch den sozialen Wandel stets modifizierten, äußeren Erscheinungsweise der konkreten familienabhängigen Lebenswelt des Menschen.

Bis weit in unser Industriezeitalter herein war eine vom gesellschaftlichen Denken abgehobene *unhistorisch-statische* Familienvorstellung tonangebend gewesen, welche die Abhängigkeit der Familie von Wirtschaftsweise und Gesellschaftsordnung zumindest drastisch unterschätzt, mitunter völlig ignoriert hatte. Durch Verabsolutierung der Familienverfassung der agrarisch-handwerklichen Epoche war dabei jene damalige zeitbedingte Ausprägung der äußeren Familiengestalt *gleichgesetzt* worden mit dem ihr zugrundeliegenden allgemeinen sozialen Formprinzip Familie. Man hatte also irrigerweise auch die Dimension seiner damaligen äußeren Erscheinungsweise als *Konstante* im sozialen Wandel angesehen, sie in die Vorstellung einer festgefügten Natureinrichtung einbezogen, als Manifestation überzeitlicher Schöpfungsordnung verstanden, an der sich nichts ändert, nicht ändern darf.

Mit fortschreitender Industrialisierung aber wurde die Abhängigkeit der Familie von der ökonomischen und sozialkulturellen Gesamtentwicklung der Geselischaft immer offenkundiger. Daraus entstand die humanwissenschaftlich bedeutsame Einsicht von dem in Rede stehenden Unterscheidungserfordernis. Diese Betrachtungsweise über das Wandelbare und Unwandelbare an der Familie ist aber insbesondere in den Sozialwissenschaften nicht zu einer systematischen Entfaltung gekommen, weil sie in deren vorherrschendem Denken nicht sehr lange angehalten hat (in unserem engeren Kulturraum war dies vor allem die für die Familienproblematik aufgeschlossene Zeit nach dem Zweiten Weltkrieg bis in die Mitte der sechziger Jahre, wobei eine grundlegende Bedeutung der damaligen 'klassischen' Phase der Familiensoziologie zugekommen ist — wir denken an die Begründer und Ausgestalter jener Auffassungsgrundrichtung in der Soziologie wie Rene KÖNIG, Helmut SCHELSKY, Gerhard WURZBACHER, Dieter CLAESSENS und andere). Mit dem Einsetzen der früher apostrophierten neomarxistischen Kulturrevolution der NEUEN LINKEN Mitte der sechziger Jahre unseres Jahrhunderts kam dann der soziologistische Gegenschlag gegen die unhistorisch-statische Familienvorstellung vergangener Tage zur Geltung. Diese Betrachtungsweise hat in den Sozialwissenschaften und in der Politik seither zur Ausbildung einer der vorangegangenen *unhistorischen* Auffassung diametral entgegenstehenden *Antithese* geführt: Familie erscheint danach überhaupt nicht mehr als Manifestation eines in seinen letzten Grundlagen der gesellschaftlichen Verfügbarkeit entzogenen sozialen Basisprinzips, sondern nur noch als ein Epiphänomen des Gesellschaftsprozesses. Das Verständnis vom Wesen der Familie reduziert sich solchermaßen auf den wirtschaftlichen und gesellschaftlichen Bedingungszusammenhang bei der Ausprägung ihrer jeweiligen äußeren Zeitgestalt, vor allem im Zusammenhang mit den strittigen Fragen der sich von den familialen Tatbeständen her ergebenden aktuellen Gegenwartsprobleme. Das Verständnis des Familienproblems wird dabei nicht nur weitestgehend von jedem *prinzipiellen* Hintergrund abstrahiert, sondern – im Zusammenhang damit – in ausschließlich gesellschaftliche Funktionalität verengt; das heißt, Familie erscheint dann weithin bis ausschließlich nur noch unter dem Gesichtspunkt eines Leistungsaustausches mit der Gesellschaft.

In dieser Verengung des Problemverständnisses gerät die Familie in die Einschätzung völliger gesellschaftlicher Machbarkeit, d. h. in die Einschätzung einer Angelegenheit *beliebiger* gesellschaftlicher Veränderbarkeit bzw. Ersetzbarkeit. Das in unserem Kulturraum seit eineinhalb Jahrzehnten sozialwissenschaftlich und gesellschaftspolitisch tonangebende Familiengrundverständnis sieht das Phänomen Familie *ganz und gar* unter dieser Perspektive gesellschaftlicher Machbarkeit, Veränderbarkeit, Ersetzbarkeit. Alle Fragen von Ehe und Familie werden nach dieser Auffassung ohne Aussparung einer der gesellschaftlichen Verfügung entzogenen letzten, prinzipiellen Problembasis *einschränkungslos* der Ebene politischer Übereinkunft zugeordnet. Dadurch hat sich seither die Lebensordnung von Ehe und Familie immer mehr nicht nur in individuelle, sondern auch in gesellschaftliche *Beliebigkeit* aufzulösen begonnen.

Familie verliert durch diese totale soziologistische Relativierung den Rechtfertigungsanspruch auf den ihr nach einem *personalen* Menschenverständnis stets als legitim zugestandenen Raum *vorgesellschaftlicher Eigenbedeutung,* deren Anerkennung aber keinesfalls etwas zu tun haben muß mit einer gesellschafts*feindlichen* Sichtweise, wie dies seither immer wieder in den tonangebenden sozialwissenschaftlichen und gesellschaftspolitischen Betrachtungsweisen (ausdrücklich oder versteckt) zur Grundlage einer antifamilialen Betrachtungsweise gemacht worden ist. Gesellschafts*feindlich* erscheint dieser Anspruch erst dann, wenn man der Familie diesen Eigenraum der Sinngebung und Entfaltung streitig macht zugunsten einer Einengung des Familienbegriffs auf den Bereich *allein gesellschaftlicher* Relevanz; wenn also der Anteil *vor*gesellschaftlicher Eigenbedeutung der Familie *als Gegensatz* zu den gesellschaftlichen Interessen interpretiert, die Familie sozusagen zu ihrem natürlichen Gegenspieler oder gar Feind gestempelt wird. Daß die Rechtfertigung eines vorgesellschaftlichen Eigenbedeutungsanteils der Familie in unserer *personalen* anthropologischen Grundkonzeption mit der Auffassung von der Familie als einem *außergesellschaftlichen Selbstzweck* nicht das mindeste zu tun hat, sei nur zur Vermeidung gröbster Mißverständnisse am Rande erwähnt.

Erst durch die vorerwähnte Sichtweise gesellschaftlich überzogener Ansprüche, die in allen totalitären Gesellschaftsideologien kulminieren (im Faschismus ebenso wie in den zum Totalitarismus tendierenden Varianten des Sozialismus), wird die Familie zum *Kontrahenten* der Gesellschaft hochstilisiert, wird sie vom positiv bewerteten sozialen

Basiselement der Gesellschaft zum mißtrauisch beobachteten Konkurrenten, ja mitunter zur bekämpften 'Gegengesellschaft'. Diese seit langen Jahren sozialwissenschaftlich, massenmedial und gesellschaftspolitisch so sehr favorisierte Betrachtungsweise hat im Laufe der Zeit in mancherlei Zusammenhängen auch Eingang gefunden in gleichgerichtete *behördliche* Mentalitätsstrukturen. Auch im Bereich der allgemeinen staatlichen Verwaltung, der Gerichte, der Schulbehörden usw. hat sich im Verlauf der siebziger Jahre nicht selten ein argumentativ bzw. rechtfertigend darauf bezogenes familienfeindliches Denken eingestellt, das dann gewöhnlich mit 'modernen wissenschaftlichen Erkenntnissen' begründet wird. Die Auswirkung einer verstärkten Verunsicherung der öffentlichen Meinung in Familienfragen liegt auf der Hand. Am stärksten haben sich solche familiendistanzierte bis familienfeindliche behördliche Denk- bzw. Verhaltensweisen zweifellos im Bereich der Kindererziehung niedergeschlagen, wo unter generalisierender Verdächtigung elterlichen Eigennutzes bzw. elterlichen Machtmißbrauches der Staat und seine behördlichen Instanzen (einschließlich der Schule) zu einer gesellschaftlichen Gegensteuerung gegen das Ersterziehungsrecht der Eltern vielerorts mobilisiert worden sind. Inzwischen sind ja über den 'langen Marsch durch die Institutionen' viele Träger und Sympathisanten der neulinken Ideenwelt (heute vielfach in einer sich 'linksliberal' gebenden Variante) in den diversen Behördensektoren bis in leitende Funktionen hinein wirksam.

Das hier in Rede stehende veränderte *Familiengrundverständnis* hat viel zu tun mit der ehelichen Fortpflanzungsproblematik. Eine früher im *Spitzenbereich* öffentlicher Wertschätzung favorisierte gesellschaftliche Institution wie die Familie wird durch das vielerorts so gewandelte Grundverständnis *in allen ihren Funktionen* beeinträchtig, geschwächt, geschädigt. Durch die Umkehrung der einstmals in Staat und Gesellschaft mentalitätsmäßig wie handlungspolitisch allenthalben so hoch geachteten, geschützten und geförderten Institution in eine so total relativierte, negativ verdächtigte, ja vielfach offen diffamierte und bekämpfte, als überflüssig, ja als in vielfacher Weise für ein wünschenswertes Leben des Menschen so nachteilig qualifizierte Einrichtung mußte es im Verlauf der zurückliegenden eineinhalb Jahrzehnte im gesellschaftsweiten Maßstab *gerade mit Notwendigkeit* zu einer Reduzierung ihrer *gesamten* Funktionstüchtigkeit, ihres Lebenswillens, ihrer Befähigung zu Stabilität und Dauer kommen. Eine inzwischen so geschwächte, krankgejammerte, von der massenmedial gesteuerten öffentlichen Meinung und dadurch von der plebiszitär abhängigen Gesellschaftspolitik so relativierte und handlungspolitisch nach wie vor arg vernachlässigte Institution (die seit den späten siebziger Jahren zunehmenden *gegenteiligen Lippenbekenntnisse* stehen weithin in schroffem Gegensatz zum politischen Realverhalten der gesellschaftsbestimmenden Kräfte) hat zwangsläufig und in nicht unerheblichem Maße ihre Funktionstüchtigkeit, ihre problembewältigende Lebensfähigkeit eingebüßt. Da die Fortpflanzung (in Verbindung mit der damit automatisch gekoppelten Unterhalts-, Pflege- und Erziehungsleistung) die opferreichste, die am meisten kräfteverzehrende familiale Grundaufgabe darstellt, gewinnt gerade auch für sie dieser ganze bedingende Hintergrund eine so große Bedeutung. Es ist also nicht nur nicht verwunderlich, sondern es stellt im Gegenteil eine geradezu zwingende Konsequenz dar, daß diese Veränderungen im allgemeinen Familiengrund-

verständnis im Verein mit der Schwächung *aller übrigen* Familienfunktionen insbesondere auch die *Fortpflanzungsleistung* arg in Mitleidenschaft gezogen haben. Nur ein un-
gebrochenes Selbstbewußtsein der Institution Familie, nur ihre mentalitätsmäßige wie
handlungspolitische (vor allem auch rechtspolitische) Hochschätzung bzw. Förderung
durch Gesellschaft und Staat vermögen ihre strukturell/funktionale Gesamtbeschaffenheit so zu gewährleisten, daß sie auch die ihr zukommende Nachkommenschaftsaufgabe
ausreichend (bevölkerungserhaltend) wahrzunehmen vermag. Das gewandelte Familiengrundverständnis im beschriebenen Sinne stellt zwangsläufig die Basis *auch für den inzwischen gesamtgesellschaftlich eingetretenen Fruchtbarkeitssturz dar.*

Hinsichtlich des Familiengrundverständnisses wird man deshalb gerade auch im Blick
auf die *generative* Gegenwartsproblematik nicht umhin können, all das, was man in
Bausch und Bogen verächtlich als 'bürgerliche' Familie, was man in Bausch und Bogen
verächtlich als 'konservativ-traditional' bis 'repressiv' der 'progressiven Alternative'
einer 'antikapitalistisch-sozialistischen' Menschen- und Gesellschaftsauffassung pauschal
entgegengestellt hat, im Zusammenhang mit unserer Grundlagenerfassung dahin zu prüfen, was nun wirklich der einzelmenschlich wie gesellschaftlich funktionalen Lebensordnung Familie *zuträglich oder abträglich* ist. Unter den vielen divergierenden Auffassungsrichtungen der sozialwissenschaftlichen und gesellschaftspolitischen Familiendiskussion unserer jüngeren Vergangenheit geht es zunächst einmal darum klarzustel-
len, was man unter Familie *überhaupt* verstehen will. Dies ist heute vielerorts absolut
unklar. Man wird gerade auch im Hinblick auf die *generative* Familienfunktion in der
sozialwissenschaftlichen wie in der darauf bezogenen gesellschaftspolitischen Familiendiskussion verbindlich darüber ins klare kommen müssen, ob unter Familie so wie in
unserer ganzen Geschichte auch in Hinkunft wieder *eindeutig und ausschließlich* die
einschlägige Einrichtung *mit rechtsverbindlichem Institutionscharakter* zu verstehen ist
oder aber ob wie in den vergangenen 15 Jahren dieser rechtsverbindliche Institutionscharakter weiterhin in Frage gestellt oder gar verneint werden kann, was derzeit vielerorts immer noch geschieht; teilweise dadurch, daß der verbindlich institutionalisierten
Form als angeblich 'bürgerlicher' Auffassungsvariante verschiedene nicht oder nur sehr
lose institutionalisierte 'fortschrittliche' Alternativ-Varianten gegenübergestellt werden.

Diese nicht oder nur sehr lose institutionalisierten Alternativ-Varianten haben mit der
rechtsverbindlich institutionalisierten Familie oft nur noch den (unverbindlichen, weil
jederzeit durch einen Federstrich — oder auch noch ohne diesen — aufhebbaren) *Haus-
halts-Tatbestand* gemein. Solange im Familiengrundverständnis einer Gesellschaft nicht
einmal diese elementarsten Ausgangsfragen geklärt sind, gibt es keine vernünftige Dis-
kussionsbasis, weil die Subsummierung von Nicht-Ehen und Nicht-Familien unter den
solchermaßen unterschiedslos verwendeten 'Familien'-Begriff die (beabsichtigte oder
unbeabsichtigte) sprachlogische Verwirrung perfekt macht. Für eine solche Verwirrung
reicht auch die heute so verbreitete unentschiedene Konturenlosigkeit einer linksliberalistischen laissez-faire-Mentalität, die neben der 'bürgerlichen Normalfamilie'
(so die bagatellisierende Bezeichnung für die rechtsverbindliche Institution Ehe und
Familie) auch alle anderen oder zumindest gewisse 'alternative' unverbindliche Haus-

haltsgruppierungen als 'Familie' bezeichnen und sie ihr in den diversen Rechtsbereichen (Steuerrecht, Wohnungsrecht, Familienbeihilfenrecht, Kindschaftsrecht usw.) gleichstellen möchte.

Diese aus der prinzipiellen neulinken Familienkritik erwachsene und in ein linksliberales Fehlverständnis vermeintlich 'humaner' Toleranzschuldigkeit ausgeweitete Gegenwartsmentalität bezieht sich dabei in besonderem Maße auf das seit langen Jahren unablässig kolportierte, von den meisten Massenmedien und vom vielgestaltigen Soziologismus bis zur Bewußtlosigkeit eingehämmerte Klischeebild von 'der isolierten bürgerlichen Kleinfamilie'. Unsere normale Gegenwartsfamilie wurde dabei in maßloser Übertreibung und Generalisierung der damit angesprochenen Zeitproblematik als ein prinzipiell lebensuntaugliches, krankmachend-ich-süchtiges, weil von den Erfordernissen und Nöten der Gesellschaft abgewendetes privatistisches Rückzugsgebilde sozialer Isolation propagandistisch verunstaltet. Auch diese zentrale These der prinzipiellen Familienkritik hat sich im Laufe langer Jahre im Bewußtsein bzw. Tiefenbewußtsein breiter Bevölkerungsschichten nicht unerheblich festgesetzt, weil insbesondere die hauptberuflich in Heim und Familie verwurzelten 'Nur-Hausfrauen' und deren von ihnen zu Hause (also ohne Inanspruchnahme von Familienersatzeinrichtungen wie Ganztagsschulen, Internaten, Ferienheimen usw.) voll betreute Schulkinder seither in dieser Lebensform von der öffentlichen Meinungsbildung, vom vorherrschenden gesellschaftlichen Bewußtsein als diesbezüglich prinzipiell benachteiligt, weil in einem nicht-normalen Zustand lebend, kritisiert wie bemitleidet werden, auch wenn sie in Wirklichkeit keinesfalls zurückgezogen bzw. sozial isoliert leben. Die seit der Mitte der sechziger Jahre anschwellende Indoktrination mit der familienpolitisch so zentralen undifferenzierten These von 'der isolierten bürgerlichen Kleinfamilie' hat dem gesellschaftlichen Bewußtsein diese generalisierende Auffassung immer mehr künstlich eingepflanzt, sie zu einem unreflektierten Bestandteil der öffentlichen Überzeugung gemacht. Dies hatte zur Folge, daß die so charakterisierten Hausfrauen und ihre primär im familialen Lebensmilieu außerschulisch betreuten Schulkinder schließlich auch selbst immer mehr von einem Unbehagen vermeintlich prinzipiell sozialer Isolierung bzw. der damit grundgelegten gesellschaftlichen Rückständigkeit befallen wurden, von einem verschämten Unbehagen, ja von peinlichen Minderwertigkeitsgefühlen über eine im öffentlichen Bewußtsein so unzeitgemäße Lebensweise. Das Ergebnis war eine verstärkte 'Familienflucht' von Frauen und heranwachsenden Kindern. Wer will schon in einer von der öffentlichen Meinung so bemitleideten, ja vielfältig diffamierten Lebenswelt verharren! Selbst bei zahllosen Männern aus solchen Familien wurde ein diesbezüglich verschämtes Unbehagen gesellschaftlicher Rückständigkeit geweckt, das dann als Verstärkerwirkung der einschlägigen öffentlichen Meinung die Hausflucht ihrer Frauen und heranwachsenden Kinder noch verstärkte. Unabhängig von den *tatsächlichen* kommunikativen und den sonstigen einschlägigen familialen Lebensqualitäten im Alltag wurde die in vielerlei Zusammenhängen unablässig eingehämmerte pauschal-undifferenzierte Tatsachenbehauptung von 'der sozial isolierten bürgerlichen Kleinfamilie' schließlich immer mehr im Bewußtsein der Menschen internalisiert, d. h. sie haben diese so intensiv verbreitete öffentliche Überzeugung von einem öden bis individuell und gesellschaftlich schädlichen Zustand eines

Lebens in 'der isolierten bürgerlichen Kleinfamilie' immer mehr selbst zu glauben angefangen, diese Auffassung immer mehr sich selbst eingeredet.

Unter Rückbezug auf diese zentrale These der öffentlichen Meinungsbildung und der
damit korrespondierenden Gesellschaftspolitik wurde nicht nur der Angriff auf den
institutionellen Charakter der Familie maßgeblich motiviert, sondern auch die fortschreitende Aushöhlung ihres unveräußerlichen Kernfunktionsbestandes begründet
(nicht zuletzt die Aushöhlung des pflegerisch-erzieherischen Aufgabenkreises). Durch
den gesellschaftlichen Prestigeverlust und durch die hochgradige Selbstwert-Verun-
sicherung der Familienmitglieder als Träger ihrer Gemeinschaftsidee in Verbindung mit
der zunehmenden Entleerung von den auch heute noch zeitangemessenen Familienkern-
funktionen ergab sich allmählich ein strukturell-funktionaler Gesamtzustand der Familie, der als Folge des interdependenten Konnexes aller mitkonstituierenden Faktoren *auch für den Fortpflanzungsbereich* ein (sachverhaltliches wie mentalitätsmäßiges)
Bedingungsgefüge entstehen ließ, das die Nachkommenschaftsleistung immer stärker
absinken ließ. Es geht ja beim ehelichen Fortpflanzungsverhalten keinesfalls *allein*, ja
auch nicht *ausschlaggebend* um den in der überwiegenden bevölkerungswissenschaftlichen Forschung bisher so sehr in den Mittelpunkt der Fruchtbarkeitserklärung gestellten elterlichen 'Kinderwunsch'; es geht beim Nachkommenschaftsverhalten *weit mehr*
um die (sachverhaltlichen wie mentalitätsmäßigen) *Realisierungsbedingungen* dieses
'Kinderwunsches'. Der gebündelte Niederschlag davon zeigt sich *in der (sachverhaltlichen wie mentalitätsmäßigen) Gesamtbeschaffenheit des sozialen Systems Familie.*

Zwar wird als Folge davon auch schon der Ausprägungsgrad des spontan-unmittelbaren
'Kinderwunsches' einsichtigerweise mitbestimmt. Wie bei der Verwirklichung *anderer*
Zielvorstellungen im menschlichen Leben aber kommt auch im Bereich des Nachkommenschaftsverhaltens den *Realisierungsbedingungen* letztlich die *größere* Bedeutung
zu als der spontan entwickelten Zielvorstellung selbst. Wir wissen nämlich aus vielen
Motivationserhebungen, daß der am Beginn der Ehe vorhandene 'Kinderwunsch' gesamtgesellschaftlich auch heute noch ein etwa bevölkerungserhaltendes Ausmaß besitzt. Allein entscheidend aber ist sein *Realisierungsausmaß,* das hochgradig darunter
liegt. Das kommt allein von den in Rede stehenden *Realisierungsbedingungen,* die sich
gebündelt im fruchtbarkeitsrelevanten Gesamtzustand des sozialen Systems Familie
niederschlagen. Was nützt ein zur natürlichen Bevölkerungserhaltung *ausreichender*
'Kinderwunsch' auf seiten der potentiellen Kindeseltern, wenn die seiner Realisierung
entgegenstehenden Schwierigkeiten (also die Gegenmotivationen) dazu führen, daß
dieser Kinderwunsch nur *bruchstückhaft* in die Tat umgesetzt wird? Die Summe der
diesbezüglichen Schwierigkeiten läßt sich in hohem Maße bereits am komprimierten In-
dikator des *Familiengrundverständnisses* ablesen, da dieses — vergleichbar einem Bau-
plan, nach dem die Errichtung eines Gebäudes erfolgt — implizit auch die Zielvorstellungen enthält, nach denen sowohl im primärgruppenhaften *Mikro*raum der Familie
selbst als auch im umgebenden *Makro*bereich der gesellschaftlichen Ordnung die (sachverhaltliche wie mentalitätsmäßige) familienabhängige Lebenswelt des Menschen aufgebaut wird.

Zur Vermeidung des Eindruckes einer blickbeengten Betrachtungseinseitigkeit *unserer-seits* bei der Behandlung der für die Ausbildung des Familiengrundverständnisses so bedeutsamen These von 'der sozial isolierten bürgerlichen Kleinfamilie' wollen wir ausdrücklich betonen, daß es wie in den übrigen Lebensbereichen *auch im Rahmen der Lebenswelt von Ehe und Familie* seit Jahrzehnten tatsächlich solche für eine ausgeglichene Sozialordnung nicht wünschenswerte *privatistische Distanzierungstendenzen* gegenüber den übergreifenden sozialen Strukturen bis hin zur Gesamtgesellschaft gibt. Das ist eine unbestreitbare Tatsache, wobei im Ausmaß solcher privatistischer Distanzierungstendenzen vom öffentlichen Raum eine gleich große soziale Isolierung die zwangsläufige Folge ist. Diese seit Jahrzehnten im Lebensstil unserer Gegenwartsgesellschaft bei vielen Menschen beobachtbaren privatistischen Rückzugstendenzen vom öffentlichen Raum wurden aber seit dem Einsetzen der neulinken Denkbewegung nicht nur verallgemeinernd und dem tatsächlichen Ausprägungsgrad nach übertreibend *künstlich hochgespielt;* sie wurden daneben vor allem einseitig bis ausschließlich *auf die Familie* bezogen und dabei als *zwingende Konsequenz der strukturimmanenten Eigentümlichkeit des sozialen Systems Familie* interpretiert. Uns geht es hier nur um die Zurückweisung der Übertreibungen in Verbindung mit dem falschen Erklärungsansatz, keinesfalls aber um den Versuch einer Bestreitung oder Verharmlosung des in Rede stehenden Phänomens selbst.

Solche Tendenzen mit ihren zwangsläufig dazugehörigen sozialen Isolierungsfolgen bestehen nämlich *bei allen* Primärgruppen und sie betreffen genauso das Individualverhalten vieler alleinstehender (also nicht in einer Ehe- oder Familiengruppe lebender) Menschen. Es handelt sich somit keinesfalls um ein ausschließliches *Familien*problem. Sodann liegt vor allem die Entstehung dieses Phänomens *nicht* in den systemimmanenten Struktureigentümlichkeiten der sozialen Gruppe von Ehe und Familie begründet. Im Bereich des Familienlebens fällt diese Erscheinung nur am deutlichsten auf, weil einerseits die Mehrzahl der Menschen in einer Ehe bzw. Familie lebt und weil andererseits diese bedeutendste aller Primärgruppen das am dichtesten gelebte soziale Beziehungsnetz aufweist, bei dem sich auch das in Rede stehende Zeitphänomen zwangsläufig am deutlichsten niederschlägt (die übrigen Primärgruppen sind ja *weit lockerer* organisiert).

Die privatistischen Rückzugstendenzen vieler Menschen vom öffentlichen Raum sind aber keinesfalls die Folge eines *systemimmanenten sozialen Defekts der Familie* — wie die tonangebende sozialwissenschaftliche und die darauf bezogene gesellschaftspolitische Auffassung seit eineinhalb Jahrzehnten in größter Eindringlichkeit unablässig behauptet. Vielmehr handelt es sich dabei um die Auswirkung sozialstruktureller und mentalitätsmäßiger Entwicklungseigentümlichkeiten *unserer Gegenwartsgesellschaft.* Es geht uns hier also neben der Richtigstellung der generalisierenden Übertreibungen vor allem um die Zurückweisung dieser von der prinzipiellen Familienkritik aufrechterhaltenen Verursachungserklärung, die das gesellschaftliche Bewußtsein hinsichtlich der familienabhängigen Lebenswelt des Menschen so folgenschwer irregeführt hat. Mit dieser sozialwissenschaftlich und gesellschaftspolitisch so zentralen These von 'der sozial isolierten bürgerlichen Kleinfamilie' hat die familienfeindliche Sichtweise der neulinken Weltanschauungsbewegung und die sich (unter Ausklammerung von *extremen* Standpunkten) als deren verlängerter Arm gerade in jüngster Zeit tendenzgleich anschließende — gesellschaftlich heute weit verbreitete — *linksliberalistische* Betrachtungsweise einen *fundamentalen Argumentationsansatz* zur Zurückdrängung bzw. Bekämpfung des sozialen Basisprinzips FAMILIE, d. h. zur Zurückdrängung bzw. Bekämpfung der familialen Lebensbindungen des Menschen geschaffen. Dieser fundamentale Argumentationsansatz ist zu einem Zentrum der familienfeindlichen sozialwissenschaftlichen und gesellschaftspolitischen Sichtweise unseres öffentlichen Bewußtseins geworden und hat das *Familiengrundverständnis* auf das nachhaltigste mitgeprägt.

Die tatsächlichen Ursachen der einzelmenschlich wie gesellschaftlich schädlichen privatistischen Rückzugstendenzen vieler Menschen heute vom öffentlichen Raum liegen also keinesfalls in der sozialstrukturellen Eigenart der Familie begründet. *Vielmehr stellt dieses Phänomen in der Hauptsache eine Reaktion des persönlichen Lebens auf die Verfassung unserer Gegenwartsgesellschaft dar, eine Reaktion auf deren strukturelle wie mentalitätsmäßige Entwicklungseigentümlichkeiten.* Familiale Abkapselungstendenzen vom öffentlichen Raum rechtfertigen somit in keiner Weise die Konsequenz einer Zurückdrängung bzw. Bekämpfung der Familie als soziales Basisprinzip. Aber genau das ist geschehen. Damit wird ein soziales Krankheitssymptom falsch therapiert. Vorhandene dissozial übersteigerte Privatisierungstendenzen auch der Familie im gesellschaftlichen Maßstab können nur durch eine Änderung der ihnen zugrundeliegenden gesellschaftlichen Ursachen überwunden werden, deren Folgeerscheinungen sie sind. Zum besseren Verständnis seien hier stichwortartig einige solche bedeutsame Ursachen angedeutet:

a) die Abwehr bzw. Resignation erzeugende unübersichtliche Anonymität der weithin durch unpersönliche Mechanismen wirkenden Massengesellschaft und ihre Konformitätszwänge;

b) die individualistisch übersteigerte Mentalität unserer konsum- und bequemlichkeitsorientierten Gesellschaft mit der Folge einer starken Vernachlässigung der Gemeinwohlinteressen, was sich in egozentrischen Tendenzen *auch des familialen* Lebensstils niederschlägt. (Die durch Dominanz individualistischer Interessen geprägte Realverfassung unseres politischen Systems ist infolge seiner durch plebiszitäre Machtvergabe entstandenen Anfälligkeit für gemeinwohlgefährdenden Egoismus seit langen Jahren in dieser Hinsicht sehr zutreffend als 'Gefälligkeitsdemokratie' charakterisiert worden.)

c) Die Erfahrungen des Machtmißbrauchs totalitärer Gesellschaftssysteme im Umgang mit Freiheit und Würde des Menschen rufen Abwehrkräfte auch schon gegen totalitäre *Tendenzen* der Gesellschaftspolitik auf den Plan. Im Faschismus ebenso wie im Kommunismus (also im gesellschaftspolitischen Rechts- wie Linksextremismus) hat sich der private Rückzug auf die primärgruppenhaften Lebensräume (allen voran auf jenen der Familie) immer wieder als der wirksamste Schutz gegen gesellschaftlich-staatliche Übergriffe erwiesen. Die Gegenwartslage unserer Gesellschaft ist als Folge dieser Erfahrungen gekennzeichnet durch eine Abwehrstellung gegen die zunehmende Kollektivisierung (Freiheitsberaubung) des Menschen, wobei der Familie als der weitaus bedeutendsten Primärgruppe eine Schlüsselstellung zukommt. In diesem Zusammenhang sind die wiederholten Mentalitätsvergleiche mit dem angelsächsischen Raum und damit die aus diesem Vergleich stammende negative Bewertung unseres Familienlebens wegen seiner Tendenzen einer privatistischen Distanzierung zur Gesellschaft sehr problematisch, weil der angelsächsische Raum aus einem ganz anderen geschichtlichen Erfahrungshintergrund der Gesellschaftsentwicklung lebt.

d) In dieses Problemfeld gehört auch der verbreitete resignative Rückzug vieler Zeitgenossen von aktiver Beteiligung an der Politik als Folge tiefgehender Enttäuschung über den gegen das Gemeinwohldenken verstoßenden Machtmißbrauch gruppenpolitisch organisierter Partikularinteressen im europäischen Parlamentarismus, der sich solchermaßen mancherorts sozialethisch nahezu ad absurdum geführt und sich insofern nur sehr bedingt als moralische Alternative zu vorangegangenen totalitären politischen Systemen bewährt hat.

Alle diese hier (sehr unvollständig) angedeuteten gesellschaftlichen Bedingungen bewirken bzw. verstärken dissozial übersteigerte Privatisierungs- und damit gesellschaftliche Isolierungstendenzen *auch im familialen* Lebensstil unseres Kulturraumes. Die an sich *legitime* Ausbildung einer bergenden familialen Schutzzone wird deshalb nicht selten *überbetont* und der individualistische Rückzug von den Gemeinwohlinteressen auch auf dem Sektor des Familienlebens mitgemacht. Aus Platzgründen muß es bei diesen kurzen Andeutungen bleiben. Jedenfalls handelt es sich dabei keinesfalls um ein ausschließliches *Familien*problem. Wichtig war hier nur die Andeutung unserer Problemsicht, durch die die gesellschaftswissenschaftliche und die gesellschaftspolitische Diskussion über das während der letzten 15 Jahre vor allem in der Soziologie überstrapazierte Phänomen des 'Familismus' in der Variante privatistischer Rückzugs- bzw. sozialer Isolierungstendenzen der Familie eine ganz andere Richtung erhält: *Man kann die Familie nicht verantwortlich machen für ihre aus gesamtgesellschaftlicher Verursachung resultierenden Schwächen.*

2.2 Das Institutionslisierungsproblem der Familie

Unter den wichtigen Teilproblemen der zeitgenössischen Familienfrage, die einen großen Einfluß auf das Fruchtbarkeitsgeschehen ausüben, sei das schon bei der Erörterung
des Familiengrundverständnisses angesprochene *Institutionalisierungsproblem* seiner
Grundlagenbedeutung wegen an der Spitze behandelt. Geht es dabei doch um die seit
der zweiten Hälfte der sechziger Jahre in Sozialwissenschaft, öffentlicher Meinungsbildung und Gesellschaftspolitik in verschiedensten Zusammenhängen nachdrücklich
in Zweifel gezogenen *elementarsten* Grundlagen des Familienlebens mit einer nicht
überschätzbaren Auswirkung auf die Befähigung und Bereitschaft zur Weitergabe des
Lebens. Wo die Notwendigkeit bzw. Rechtfertigung des institutionellen Charakters
von Ehe und Familie angezweifelt oder gar bestritten wird, wo sich die rechtsverbindliche Institution Ehe und Familie mehr oder weniger in die private Beliebigkeit irgendeiner Haushaltsform aufzulösen beginnt: da fehlt die *allgemeinste* Voraussetzung für
die verläßliche Erfüllbarkeit *aller* Familienfunktionen — vorweg jener, in verantwortlicher Weise Kinder in die Welt zu setzen (noch dazu in einem *bevölkerungserhaltenden*
Ausmaß). Diese Problematik gilt in verringertem Maße auch für jene beiden verbreiteten Varianten der öffentlichen Institutionalisierungsdikussion, die entweder a) die
rechtsverbindliche Institutionalisierung von Ehe und Familie durchaus nicht prinzipiell ablehnt, sie aber in die Grauzone einer derart problematischen Verdünnung hat
gelangen lassen, daß damit ein Großteil des lebenspraktischen institutionellen Schutzes
und Haltes weggefallen ist (dazu gehört auch die Möglichkeit einer *leichtfertigen* Ehescheidung); oder die b) neben der überkommenen rechtsverbindlichen ('bürgerlichen')
Form von Ehe und Familie 'fortschrittliche Alternativen' nicht legalisierter Haushalts-
gemeinschaften ebenfalls als 'Familie' oder doch als ihr rechtlich und im gesellschaftlichen Bewußtsein mehr oder weniger gleichgestellte Personengemeinschaften (wohlwollend) akzeptiert wissen will.

Das Zentrum der zeitgenössischen Institutionalisierungsdikussion um Ehe und Familie
läßt sich in der Problemwurzel auf eine *falsch gestellte Alternative* bei der Lösung des
Spannungsverhältnisses zwischen den antagonistischen Gegenpolen PERSON — INSTI-
TUTION zurückführen; auf eine falsch gestellte Alternative, die durch eine prinzipielle Kampfansage bzw. durch den Versuch einer (weitestgehenden) Eliminierung des Institutionellen vermeintlich zugunsten der *Freiheit der Person* entschieden werden soll.
In Wirklichkeit ist dies aber gar nicht möglich, weil die menschliche Person ohne die entlastende und ordnende Hilfe der *Institution* nicht lebensfähig ist. Doch davon wissen
die öffentliche Meinungsbildung, das gegenwärtig tonangebende gesellschaftliche Bewußtsein und die ihr entsprechenden öffentlichen Ordnungsvorstellungen der plebiszitär abhängigen Tagespolitik so gut wie nichts.

Auf diesen Hintergrund bezieht sich eine der großen Fragen um Diagnose und Prognose
von Ehe und Familie in der fortgeschrittenen Industriegesellschaft, nämlich auf eine
solche falsch gestellte Alternative zwischen *Person* (als Synonym für die ganze individuelle Daseinsweise des Menschen) und *Institution* (als Repräsentanz für die sozialen
Ordnungsregulative). Es geht dabei um den in Sozialwissenschaft, öffentlicher Meinung

und Gesellschaftspolitik immer größer gewordenen Konflikt zwischen dem Selbstverständnis von Ehe und Familie einerseits als *persönlicher Beziehungsgestalt von Mann und Frau bzw. zwischen Eltern und Kindern,* andererseits als einer vom öffentlichen Bewußtsein moralisch gestützten sowie von Staat und Kirche rechtlich privilegierten und durch mehr oder minder wirksame Sanktionen dem Grundsatz nach geschützten *gesellschaftlichen Institution.* (Die staatlichen Privilegien und Sanktionen beziehen sich dabei bekanntlich nicht auf die *unauflösliche* Monogamie, sondern auf einen inhaltlich *weiter gefaßten* Institutionsbegriff von Ehe und Familie, der auch die durch Scheidung zustandekommende 'sukzessive Polygamie' einschließt.) Das Verhältnis dieser beiden Dimensionen wurde im Verlauf unserer jüngeren Kulturgeschichte (in einer breiteren Öffentlichkeit beginnend nach dem Ersten Weltkrieg) immer häufiger als unstimmig empfunden, wodurch ein zunehmendes Spannungsverhältnis, ja ein zunehmendes Unbehagen entstand. Insbesondere auch daraus erwuchs schließlich eine solche Dynamik zur Entwicklung *alternativer* Ideen und Modelle gegenüber der tradierter Form der Ehe- und Familieninstitution. Diese alternativen Ideen und Modelle haben in unserem Kulturraum des freien Europa mit dem Einsetzen der Weltanschauungsbewegung der NEUEN LINKEN seit Mitte der sechziger Jahre einen ungeahnt großen Auftrieb erhalten. Sie beziehen sich einerseits auf die Vorstellung einer wünschenswerten bzw. notwendigen Ausweitung der einzelehelichen *Klein*haushalte auf (wie immer geartete) *Groß*haushalte, andererseits auf die Überwindung des Charakters von Ehe und Familie als einer durch (staatliche und kirchliche) Gesetzesnormen (und darauf bezogene öffentliche Leitbilder) festgelegten *gesellschaftlichen Institution.*

Die beiden genannten Zielvorstellungen durchdringen einander; denn nach der Strategie des neulinken Kampfes gegen die Familie führt die 'Überwindung' der einzelehelichen *Klein*haushalte zugunsten der propagierten *Groß*haushalte automatisch zum Aufbrechen des *Institutions*charakters der 'bürgerlichen Kleinfamilie', weil deren Basis in Gestalt der Mann, Frau und Kinder zu einer gestaltbildenden sozialen Einheit zusammenbindenden *Kernfamilie* sich dabei mehr oder weniger in das familienunspezifische Kollektiv des Großhaushalts auflösen soll. Mit der Auflösung der Kernfamilie aber ist das *ganze* soziale System Familie nicht mehr existent.

Längst haben die durch viele Jahre hindurch andauernden vielgestaltigen Großhaushaltsexperimente gezeigt, daß in dieser Idee *für die breiten Bevölkerungsschichten* zumindest unseres Kulturraumes kein lebenspraktisch nachvollziehbarer Entwicklungstrend einer Neuorganisation des Familienlebens gesehen werden kann. Die mit der Umstellung auf (im einzelnen wie immer beschaffene) *Groß*haushalte verbundene Änderung der ganzen Lebensform betrifft nur die Bedürfnisse bzw. Wünsche sondergelagerter kleiner Personengruppen, wenn man davon absieht, daß es sich in bestimmten Problemkonstellationen um eher *kurzfristige Übergangslösungen* zur Bewältigung spezieller Lebensumstände handelt (z. B. Zusammenschluß mehrerer Studentenehen zu einem funktionsspezialisierten bzw. rhythmisch funktionsabwechselnden Kooperationsverband innerhalb eines solchen Großhaushalts bis zur Beendigung der Berufsausbildung seiner Mitglieder). Als Modell für einen möglichen gesellschaftlichen Massentrend aber haben sich die einschlägigen Experimente als nicht praktikabel bzw. als mit den seelisch-geistigen Grundbedürfnissen breitester Bevölkerungsschichten nicht im Einklang stehend erwiesen. Auch für das noch am ehesten aussichtsreich erschienene Leitbild des (in der Lebenspraxis dort seit mehreren Jahrzehnten praktizierten) israelischen Kibbuz fehlen (selbst im ländlichen Bereich bzw. auf dem agrarischen Erwerbssektor) in unserem Kulturraum ganz offensichtlich die sozialkulturellen bzw. sozialgeschichtlichen Voraussetzungen für eine auch nur analoge Übertragung.

Der empirische Beleg für die mit den seelisch-geistigen Grundbedürfnissen fast aller Menschen zumindest unseres Kulturkreises *nicht vereinbare* Umstellung vom einzelehelichen Kleinhaushalt auf den Zusammenschluß einer wie immer zusammengesetzten Großgruppe (seien es verheiratete oder/und unverheiratete Paare mit oder ohne dazugehörende 'Singles') zu einem ökonomisch wie wohnungsmäßig integrierten kollektiven Lebensverbund auf der Basis eines Großhaushalts ist sozusagen vor den Augen der Öffentlichkeit erbracht worden. Trotz massiver Unterstützung der einschlägigen Experimente durch die ihnen übergeordneten tonangebenden Leitbildtrends in Sozialwissenschaft, öffentlicher Meinungsbildung und Gesellschaftspolitik, die die Großhaushalte (Kommunen) durch lange Jahre hindurch als *die* problemlösende Zukunftshoffnung gefeiert haben, trotz alledem haben die vielgestaltigen Experimente *nicht einmal zum Ansatz* eines solchen gesellschaftlichen Trends geführt. Dies ist in unserem Zusammenhang deshalb bedeutsam, weil — wie angedeutet — die neulinke Zentralidee mit der Großhaushalt-Alternative den *institutionellen Charakter* der Familie aufbrechen wollte.

Die Stoßrichtung der neulinken Geistesbewegung zielte mit der Auflösung der sozialpsychologisch und haushaltsmäßig geeinten Kernfamilie auf die Aushöhlung bis Zerschlagung des *institutionellen Charakters* von Ehe und Familie. Maßgeblich begründet wurde dieses Innovationskonzept durch die im letzten Kapitel behandelte — bis tief in 'bürgerliche' Meinungsschichten, ja bis in den christlich-kirchlich-theologischen Raum hinein mitunter mächtig ausstrahlende Zentralthese, daß Ehe und Familie als haushaltsgebundene Kleingruppe einzelehelicher bzw. kernfamilialer Gemeinschaft so gut wie keine Zukunft mehr hätten; handle es sich dabei doch um eine aus geschichtlich überholtem Daseinsverständnis abgeleitete Lebensform, die in der Industriekultur in eine hoffnungslose soziale Isolation führe und die auch sonst in vielerlei Hinsicht den Entwicklungstrends eines zukunftgerichteten Bildes vom Menschen und seiner Sozialordnung entgegenstehe. Nur ein rückwärts gerichtetes 'konservativ-traditionales' Denken könne 'der isolierten Kleinfamilie' bzw. der ihr zugrundeliegenden haushaltsgebundenen Ehe noch einen Reiz bzw. eine positive Einschätzung abgewinnen. In dieser durch maßlose Überzeichnung der Tatsachenlage gekennzeichneten Betrachtungsweise über die Zukunftschancen der auf einen eigenen Haushalt bezogenen Ehe bzw. Kernfamilie wurden die damit assoziierten Zusammenhangvorstellungen über das allgemeine Lebensverständnis immer häufiger mit dem globalen Feindbild einer 'kapitalistischen' (als abstrakten Gegensatz zur 'sozialistischen') Gesellschaft in eins gesetzt. Im Jahrzehnt etwa von 1968 bis 1978 hatte sich unter dem gewaltigen Druck der (wie gesagt: weit bis ins 'bürgerliche' Meinungslager hineinreichenden) linkskonformistischen Gesellschaftsdiskussion kaum noch eine sozialwissenschaftliche (zumal etwa eine soziologische oder politologische) Stimme eindeutig ('im Klartext') gegen diesen mächtig entfachten Leitbildtrend auszusprechen getraut. Handelte es sich dabei doch um eine das ganze menschliche Leben erfassende, mitreißend gefeierte, kulturrevolutionäre Weltanschauungsbewegung. Gegen diesen Sturmwind schien kein Kraut gewachsen, so daß etwa in der von den Massentrends (Massenmedien) plebiszitär abhängigen *Gesellschaftspolitik* auch viele Mandatare bzw. Funktionäre 'bürgerlicher' Parteien in ihrem Öffentlichkeitsverhalten zumindest eine deutliche Sympathie für wesentliche Aussagelinien dieser äußerst dynamisch entfalteten Weltanschauungsbewegung erkennen ließen, ja nicht selten sogar bemüht waren, mitunter maßvolle sozialdemokratische Positionen um des erhofften politischen Erfolges wegen 'links zu überholen'. Bei den Jungmannschaften bzw. Studentenfraktionen des nicht-sozialistischen Lagers dauern solche kulturrevolutionäre Tendenzen teilweise heute noch an. Man muß sich die Leitlinien der (ganze Bibliotheken umfassenden) sozialwissenschaftlichen, massenmedialen und gesellschaftspolitischen Aussagen jener langen Jahre in Erinnerung rufen, um sicher zu gehen, daß unsere Darstellung keine Übertreibungen enthält. Diese Beschreibung ist deshalb wichtig, um verständlich zu machen, weshalb dieses Gedankengut allmählich in das Bewußtsein bzw. Tiefenbewußtsein breiter Bevölkerungsschichten einsickern konnte und in einer 'verdünnten' linksliberalen Grundrichtung zur (unreflektierten, ja oft unbewußten) Lebensorientierung sehr vieler Menschen gerade im Zusammenhang mit den Fragen um Ehe und Familie heute geworden ist.

Die in Rede stehenden Großhaushalt-Experimente und die sie begleitende allgemeine Innovationseuphorie waren also nicht nur getragen von der Überzeugung und der Zukunftshoffnung der in diesen Experimenten (vorübergehend) zusammengeschlossenen Menschen sowie von 'linken' Exponenten sozialwissenschaftlicher bzw. politischer Konzepte, sondern — im Aufsummierungseffekt ungleich wirkungsvoller — auch vom breiten Strom der durch die öffentliche Meinung beeinflußten Sympathisanten, von einer öffentlichen Meinung, in der sich die skizzierten sozialwissenschaftlichen Denkansätze und die davon inspirierten gesellschaftspolitischen Programme massiv niedergeschlagen hatten. In dieser Gesamtrichtung eines forciert 'progressiven' Daseinsverständnisses wurde der einzelehelichen bzw. kernfamilialen Haushaltsbindung immer generalisierender eine 'privatistische' (soll heißen: öffentlichkeitsscheue bis gesellschaftsfeindliche) Lebensperspektive unterstellt.

Umso gewichtiger muß die empirische Beweiskraft der Befunde aus den Großhaushalt-Experimenten und der in ihnen angelegten Konzeptorientierung gewertet werden. Sie haben gezeigt, daß die wohnungs- bzw. haushaltsgebundene Paargemeinschaft von Mann und Frau nicht ein Relikt aus einer geschichtlich überholten (agrarisch-handwerklichen bzw. bürgerlichen) Epoche darstellt, sondern daß diese Wurzel menschlicher Sozialordnung trotz des umfassenden, ja des teilweise radikalen gesellschaftlichen Wandels, der zwangsläufig auch die Lebensordnung von Ehe und Familie erfassen mußte, in aller Regel dem Lebensgrundgefühl, der sozialpsychologischen Bedürfnislage *auch der spätindustriellen Gegenwart* entspricht. Die wohnungs- bzw. haushaltsbezogene Gemeinschaft eines Ehepaares bringt vielmehr jene Lebenseinheit zum Ausdruck, als die die eheliche Dyade Mann-Frau durch den Gang der uns bekannten Menschheitsgeschichte stets begriffen worden ist. Auch im israelischen Kibbuz und in der russischen Kolchose hat diese Lebenseinheit ihren Charakter als unüberwindbares, einheitstiftendes soziales Wurzelgebilde bewahrt. Unter 'normalen' (d. h. nicht ausnahmegelagerten) sozialkulturellen, historischen und politischen Bedingungen einer Gesellschaft zielt die einheitstiftende Wirkung dieses die geschlechtliche Differenzierung (Halbierung) des Menschen überwindenden sozialen Basisprinzips Ehe immer auf eine *zumindest im Kernansatz* der Lebensgestaltung von Mann und Frau ermöglichende *wohnungsmäßig-ökonomische Eigenständigkeit,* die je nach den wechselnden sozialkulturellen Voraussetzungen der Gesellschaft *recht unterschiedlich groß* sein kann.

Diese Problematik ist als Hintergrundthema nach wie vor von erheblicher Bedeutung, weil die 'Überwindung der isolierten bürgerlichen Kleinfamilie' immer noch als ein besonderes Anliegen der notwendigen Modernisierung unserer Gegenwartsgesellschaft im Raum steht. Das einschlägige Unbehagen in einem heute verbreiteten Lebensgrundgefühl weist dabei einen unmittelbaren Zusammenhang auf mit den Bestrebungen zur Überwindung oder doch zur massiven Reduzierung des *institutionellen Charakters* von Ehe und Familie. Da die Großhaushalt-Bewegung keinerlei gesellschaftlichen Entwicklungstrend hervorbringen konnte, hat sich die Hauptrichtung der Institutionalisierungsdiskussion wieder der *haushaltsgebundenen* Einzelehe bzw. Kernfamilie zugewendet. Nach wie vor erfreuen sich dabei Alternativ-Ideen zur 'Institution' Ehe und Familie großer Beliebtheit in der sozialwissenschaftlichen, massenmedialen und gesellschaftspolitischen Familiendiskussion. Soll die Ehe bzw. die Zweigenerationen-Kernfamilie der Industriekultur nach wie vor den Charakter einer *gesellschaftlich verbindlichen Institution* behalten oder ist dieser Wesenszug nicht schon in erheblichem Maße der vom sozialen Wandel bewirkten Neuorientierung des Lebens zum Opfer gefallen, so daß man heute die Ehe sinnvollerweise nur noch als eine von den institutionellen Fesseln befreite *persönliche Lebensgemeinschaft* von Mann und Frau ansehen sollte, als eine soziale Gruppe wie viele andere auch, die nicht mit einem solchen Bleigewicht rechtsverbindlicher Regulierung belastet, durch ein solches institutionelles Korsett eingezwängt sind? Wozu allein schon die einschlägig verdächtigen feierlichen und steifen Riten des Eheabschlusses? Wozu die überkommenen, zwar vergleichsweise in mancherlei Hinsicht schon beträchtlich aufgelockerten, aber insgesamt für die individuelle Mobilität und Freizügigkeit immer noch stark hinderlichen, gesellschaftlich verbindlichen, rechtlichen Normierungen mit ihren vielseitigen Bindungs- bzw. Verpflichtungskonsequenzen? Wozu dieser förmliche Charakter einer Institution, deren Alter an ein antikes Denkmal erinnert und deren unbequem-unbewegliche Form eher an eine behördliche Einrichtung denn an einen Lebensvorgang gemahnt? Ehe soll doch eine sympathisch anmutende, vom Leben dynamisch durchpulste persönliche Beziehungsgestalt von Mann und Frau sein, unkonventionell, beweglich, anpassungsfähig an die Bedürfnisse der Zeit und die individuellen Einzelumstände, nicht aber eine Institution der Gesellschaft, des Staates. Schließlich geht es dabei doch um das je einmalige, unverwechselbare Leben eines ganz bestimmten Mannes mit einer ganz bestimmten Frau, in das man ihnen von außen möglichst nicht hineinreden sollte. Ehe soll doch vor allem von Liebe bestimmt und vom Gefühl getragen sein, nicht aber von starren gesellschaftlich-staatlichen bzw. religiös-kirchlichen Normen, die dem einzelnen vorschreiben, was er in dieser intimsten aller Lebensgemeinschaften an Rechten erwirbt und an Pflichten auf sich lädt, so wie in alter Zeit, in der man dem damals unmündigen Bürger von Staat und Kirche allenthalben vorschreiben wollte, was er zu tun und zu lassen habe. In einer aufgeklärt-freiheitlichen Epoche sollten doch gerade auch in diesem privatesten, persönlichsten Lebensbezirk Mann und Frau selbst bestimmen und vereinbaren können, unter welchen Voraussetzungen und in welcher Art und Weise sie ihre Gemeinsamkeit gestalten wollen.

So etwa läßt sich ein heute weit verbreitetes Lebensgefühl artikulieren, vor allem in der jungen Generation. Mit dem Begriff der 'Institution' Ehe verbinden sich viele *negative* Gefühle und Vorstellungen des Altmodischen, also des zeitlich Überholten, des Rückständigen. Einschlägige Diskussionen werden nicht selten durch Illustrationen verdeutlicht, in denen ein steifes Familienstandbild aus dem 19. oder dem Beginn unseres Jahrhunderts mehr aussagt als der begleitende Text. Zumindest zwischen den Zeilen und in der Auswahl solcher Bilder wird die ganze Ablehnung deutlich, die sich gegen die vom Begriff der 'Institution' Ehe und Familie ausgelösten Assoziationen wendet.

Hier zeigt sich ein doppelter Irrtum. Einmal wird der *institutionelle* Charakter von Ehe und Familie verwechselt bzw. gleichgesetzt mit ihrer vor- bzw. frühindustriellen *äußeren Zeitgestalt*, ihrer äußeren Form also, die *stets* dem sozialen Wandel unterworfen war, aber als Folge des rasanten Industrialisierungsprozesses — wie andere soziale Einrichtungen auch — in neuerer Zeit *ganz gewaltige* Veränderungen durchmachen mußte, die die zeitbedingten Modifikationen früherer Jahrhunderte in den Schatten stellen, so daß vielen Zeitgenossen die gegenwärtige Ehe- und Familiengestalt als etwas geradezu grundsätzlich Neues erscheint. Die Verteidigung des institutionellen Charakters von Ehe und Familie meint aber etwas ganz anderes als die Forderung nach Beibehaltung ihrer äußeren Erscheinungsweise, die Forderung nach einer Konstanz, die es nicht gibt, nicht geben kann. *Die äußere Zeitgestalt von Ehe und Familie hat sich immer schon mit der Gesamtkultur jeder Epoche mitgeändert.* Die Anerkennung von Ehe und Familie als Institution hat deshalb nichts zu tun mit einer konservativ-restaurativen Einstellung, die ihre vor- oder frühindustrielle Form in unseren Tagen aufrechterhalten bzw. wiedereinführen möchte. *Das ist ein großes, ein folgenschweres Mißverständnis.* Auch im nächsten und übernächsten Jahrhundert muß die äußere Zeitgestalt von Ehe und Familie zwangsläufig anders aussehen als heute. Das hat mit dem Bestehenbleiben ihres institutionellen Charakters nichts zu tun. Dieser bezieht sich auf die *unter der Oberfläche der äußeren Zeitgestalt* wirksame *prinzipielle* Ebene, die allem sozialen Wandel *vorgelagert* ist und ihn deshalb überdauert. Es geht dabei vor allem um die Anerkennung von Ehe und Familie in ihrem *überindividuellen, über-primärgruppenhaften* Bedeutungsanteil als gesellschaftsgrundlegendes soziales Strukturprinzip, als basales anthropologisches Organisationsprinzip *jeder* Zeitlage, *jeder* Kultur. Die Verteidigung des *institutionellen* Charakters von Ehe und Familie stellt deshalb keinerlei Widerspruch dar zur Anerkennung des auch diesen Lebensbereich einschließenden sozialen Wandels. Ehe und Familie waren *zu jeder* Zeit eine gesellschaftliche Institution, weil es sich dabei um die Regelung eines lebensbedeutsamen Problemfeldes der zwischenmenschlichen Daseinsordnung handelt. Auch alle sonstigen lebensbedeutsamen Gebilde der zwischenmenschlichen Beziehungsordnung sind institutionalisiert, unbeschadet dessen, welche individuell-private Eigenbedeutung ihnen daneben zukommt. Je gemeinwohlbedeutsamer diese Problemfelder sind, desto eindeutiger und umfangreicher fallen die institutionellen Regulative aus.

Der *zweite* Irrtum, der der heute so weit verbreiteten Aversion gegen den *institutionellen* Teilcharakter, vor allem der Ehe, zugrundeliegt, besteht darin, daß *überzogene* institutionalistische Tendenzen vergangener Eheverständnisse *mit dem Wesen des Institutionellen* gleichgesetzt werden. Wenn der institutionelle Charakter beispielsweise der Schule, der politischen Gemeinde, ja überhaupt des Staates zu Lasten der in ihnen obwaltenden sozialen Lebensvorgänge auf die Spitze getrieben wird, so läßt sich auch in diesen Bereichen aus einer institutionalistischen *Übertreibung* kein taugliches Argument gegen den Wert ihrer Institutionalisierung *an sich* ableiten. Genauso ist es bei Ehe und Familie. Die im Leben praktizierte Überziehung bzw. die damit korrespondierende theoretische Überzeichnung des formal-institutionellen Charakters von Ehe und Familie zu Lasten der sozialen Lebensvorgänge in ihnen rechtfertigen zwar alle vernünftigen Anstrengungen zum Abbau der institutionalistischen Übertreibung bzw. Überinterpretation, nicht aber die Infragestellung des institutionellen Charakters selbst.

Welches Gewicht dem Charakter von Ehe und Familie als *Institution* im Verhältnis zur *persönlich gelebten Beziehungsgestalt* einerseits von Mann und Frau, andererseits zwischen Eltern und Kindern (wenn man vom Verwandtschaftssystem absieht) zukommt, ergibt sich aus der jeweiligen Perspektive, die das Zuordnungsverhältnis von PERSON (als Synonym für die individuelle Daseinsweise des Menschen) und INSTITUTION (als Repräsentanz für die gesellschaftlichen Ordnungsregulative) bestimmt. In der Sichtweise der anthropologischen Grundkonzeption eines *personalen* Menschenverständnisses handelt es sich dabei um ein *antagonistisches* Beziehungsgefüge, das weder in einer Über- bzw. Unterordnung noch im Verhältnis eines feindlichen Gegensatzes gesehen werden darf, sondern das auf die Zielvorstellung eines *labilen Gleichgewichtes* zu beziehen ist. Es ist deshalb ein prinzipiell falscher Ansatz, wenn der *institutionelle* Teilcharakter von Ehe und Familie als eine feindliche Gegenposition zum Selbstverständnis einer *persönlichen Lebensgemeinschaft* aufgefaßt wird. *Ohne die institutionellen Ordnungsvorgaben würden Ehe und Familie gar nicht bestehen können.* Es ist hier nicht der Platz, diese Problematik in ihre Begründungsfundamente hinein zu vertiefen. Das institutionelle Rahmengefüge wirkt sich gerade auch in diesem grundlegendsten sozialen Beziehungsfeld als unverzichtbare Ordnungs- und Entlastungshilfe des Menschen aus.

Immer dann, wenn das Selbstverständnis von Ehe und Familie aus dem Gleichgewicht von INSTITUTION und PERSON herausgerät, beginnen sich Störungstendenzen einzustellen, die in ausgeprägtem Maße *destruktive* Folgen für das Individuum ebenso wie für die Sozialordnung haben. Gewinnt das Selbstverständnis der *Institution* die Oberhand, zeigen sich auch im Ehe- und Familiengefüge alle jene *negativen* Auswirkungen, wie wir sie bei einem solchen Zustand institutionellen Übergewichts über die legitimen individuellen Lebensbedürfnisse des Menschen *auch in allen übrigen* Problembereichen kennen. Ein formalistischer Legalismus, ja ein moralischer Rigorismus mit den daraus hervorgehenden inhumanen Konsequenzen dominiert über anteilnehmende Mitmenschlichkeit eines persönlichen Beziehungsverhältnisses von Mann und Frau, von Eltern und Kindern bzw. zwischen den Verwandten. Nicht partnerschaftliche Begegnung ereignet sich, sondern institutionalistische Positions- und Rollenträger begegnen einander, wobei die moralische Legitimierung sich auf die darauf gesetzlich festgelegten Rechtsnormen bzw. auf erstarrte Traditionen konzentriert. Eine solche *institutionalistische Überinterpretation* von Ehe und Familie war in der vorindustriellen Epoche unter der übergeordneten Leitbildwirkung eines das ganze Leben vorrangig bestimmenden *objektivistischen* Denkens weit verbreitet. Das Zentrum dieser Mentalität hat sich häufig *mit einem überzogenen Denken in juristischen Kategorien* verschwistert. Das Selbstverständnis von Ehe und Familie erwuchs dann vielfach aus einem überbewerteten rechtlichen Vertragsdenken. Das persönliche, mitmenschliche, partnerschaftliche Beziehungsverhältnis der davon erfaßten Menschen kam dabei viel zu kurz, ja es geriet oft ganz unter die Räder. Die Folge davon mußte ein Zerrbild von Ehe und Familie sein, dem die Dimension einer auf Liebe gegründeten persönlichen Lebensgemeinschaft fehlte. Ein solches Zerrbild, hinter dem sich normalerweise viel menschliches Leid verbirgt, hat Ehe und Familie seit alten Tagen zum Gegenstand der verspottenden Abwertung, des höhnischen Witzes — auch der literarischen Persiflage — gemacht und dadurch deren institutionellen Teilcharakter mit einer schweren Hypothek grundlegenden Mißverständnisses belastet, an der wir heute alle zu tragen haben. Der daraus resultierende, weitverbreitete Irrtum einer Identifizierung des institutionellen Rahmencharakters von Ehe und Familie mit den Zerrformen solch institutionalistischer *Über*interpretation belastet gerade heute eine unbefangene Diskussion über das Institutionalisierungserfordernis dieses lebenswichtigen sozialen Beziehungsfeldes.

Es sind somit letztliche nicht nur die im ersten Abschnitt behandelten *individualistischen* und *kollektivistischen* Leitbildtrends der Gegenwart, die den institutionellen Rahmencharakter von Ehe und Familie ungebührlich zurückdrängen oder gar abschaffen wollen; es ist dabei als kontrastierende Mitursache auch noch diese historische Hypothek mit im Spiel. Die Folgen der davon ausgehenden Leitbildtrends sind einerseits die Ausbreitung persönlicher Beliebigkeit, ja individueller Willkür, andererseits apersonal-kollektivistischer Zwänge, beides in unserem Zusammenhang bezogen auf die Lebensordnung Ehe und Familie. Schon nach dem Ersten Weltkrieg stellten sich im Gefolge des damals sich überstürzenden sozialen Wandels erstmals solche gesellschaftliche Entwicklungstendenzen ein, deren ausgeprägteste Variante unter dem Motto der 'freien Liebe' die institutionellen Rahmenbedingungen vor allem der Ehe mehr oder weniger zu Fall bringen und aus dieser Institution eine durch die gesellschaftliche Kultur nicht mehr oder doch nur noch ganz peripher rechtlich und darauf bezogen leitbildmäßig geregelte Lebensgemeinschaft von Mann und Frau machen wollte. Diese Mentalitätsausprägung auf dem Hintergrund der skizzierten Entwicklungsumstände hat dann ab der zweiten Hälfte der sechziger Jahre einen ungeheuren Aufschwung erfahren, wobei der zündende Funke bzw. das ideenmäßige Zentrum einerseits in der äußerst populär gemachten und wissenschaftlich verbrämten *Emanzipations*ideologie und andererseits in der ebenso zu charakterisierenden, inhaltlich mit ihr verschwisterten *Egalitäts*ideologie zu erblicken ist. Diese beiden Ideenrichtungen haben auch die Fortentwicklung des *Ehe- und Familienrechts* entscheidend beeinflußt, das seither ebenfalls stark diesen Leitbildtrends verpflichtet ist und sich im Ausmaß von deren Wirksamkeit *gegen den institutionellen Rahmencharakter* von Ehe und Familie auswirkt.

Als Folge mächtiger und langjähriger Indoktrination durch dieses weithin utopische Daseinsverständnis sind wir so weit gekommen, daß viele junge Menschen gar nicht mehr heiraten wollen. Es ist dies das Ergebnis einer immer heftigeren Ablehnung des institutionellen Rahmencharakters von Ehe und Familie in Verbindung mit einer allgemeinen Demontage des sittlichen Verpflichtungsbewußtseins, so daß schließlich jede sozialethische Bindung — gerade im Anwendungsbereich von Ehe und Familie — als *Hindernis zur Selbstverwirklichung*, ja als ein entscheidender Faktor der *Fremdbestimmung* mißdeutet wurde. Deshalb wollen heute viele junge Leute mit einem gegengeschlechtlichen Beziehungspartner nur noch eine nichtlegalisiert-unverbindliche Lebensgemeinschaft eingehen, dem institutionellen Verpflichtungsrahmen einer Eheschließung aber verzichtfeindlich oder risikoängstlich aus dem Weg gehen. Daß dabei nicht nur die gesellschaftliche Ordnung in einem entscheidenden Knotenpunkt ihrer institutionellen Regulierungen unter die Räder kommt, sondern überdies in aller Regel kein dauerhaftes einzelmenschliches wie paarweises bzw. primärgruppenhaftes Lebensglück daraus erwachsen kann, liegt als geschichtsmächtige Lebenserfahrung für jeden realitätsorientierten Menschen auf der Hand.

Genau aber dieser — einer 'personalen' anthropologischen Grundkonzeption verpflichteten — Grundbetrachtungsweise widerstreiten die seit eineinhalb Jahrzehnten gesellschaftlich tonangebenden Leitbilder in der sozialwissenschaftlichen und öffentlichen Diskussion. Die Folge davon ist ein Grundverständnis von Ehe und Familie, das sich vom verpflichtenden institutionellen Rahmencharakter immer weiter entfernt hat. Dadurch ist eine lebenstüchtige strukturell/funktionale Gesamtbeschaffenheit des sozialen Systems Familie *in jeder Hinsicht* immer stärker in Mitgleidenschaft gezogen worden. Ganz besonders sind mit dieser Verunsicherung bzw. mit dieser massiven Reduzierung seines institutionellen Halts die Voraussetzungen *auch für die Fortpflanzungsaufgabe* ausgehöhlt, in Frage gestellt worden. Nur ein allseits funktionstüchtiges, von einem gesunden Selbstwertvertrauen getragenes Familienleben *im Rahmen einer institutionellen Verbindlichkeit* bietet die Voraussetzung für die sachverhaltliche Ermöglichung und die mentalitätsmäßige Bereitschaft für eine bevölkerungserhaltende Nachkommenschaftsleistung. Es bedeutet deshalb eine fundamentale Sachunkenntnis bzw. eine Vogel-Strauß-Mentalität, den allgemeinen Niedergang der institutionellen Rahmengarantie des Familienlebens durch die in Rede stehenden rechtspolitischen und leitbildmäßigen Entwicklungstrends der Gesellschaft herbeizuführen bzw. zu tolerieren, zu bagatellisieren, und andererseits zu erwarten, daß die Ehepaare trotzdem ihren 'Kinderwunsch' in einem bevölkerungserhaltenden Ausmaß realisieren.

Wenn man diese konstitutive Schwäche von Ehe und Familie heute im Bereich der Institutionalisierungsproblematik in Verbindung mit all den übrigen funktionsbeeinträchtigenden Benachteiligungen, Aushöhlungs- bzw. Unterwanderungswirkungen unserer Gegenwartsgesellschaft im Auge hat, dann darf man *gerade im Hinblick auf die Fortpflanzungsaufgabe der Familie* einen volkstümlichen Trivialvergleich zur Kennzeichnung der Situation heranziehen. Von einer solchen Familie neben allen übrigen Leistungen insbesondere auch noch eine bevölkerungserhaltende Nachkommenschaft zu erwarten, das mutet so ähnlich an wie eine gute Milchleistungserwartung gegenüber der berühmten Kuh, der man weder ein ausreichendes Futter noch sonstige für eine gute Milchproduktion unerläßliche Lebensbedingungen zugesteht. Die Entfaltung einerseits eines bevölkerungsmäßig ausreichenden elterlichen 'Kinderwunsches' wie andererseits vor allem seiner *Realisierungsmöglichkeit* hängen in ausschlaggebender Weise von 'gesunden' Lebensbedingungen des sozialen Systems Familie ab, d. h. von einer strukturell/funktionalen Gesamtbeschaffenheit, die im Verbund mit allen übrigen fruchtbarkeitsrelevanten Lebensumständen der Familie die Hervorbringung einer bevölkerungserhaltenden Nachkommenschaft möglich macht bzw. sie im Hinblick auf deren Konsequenzen für das gesamte Leben von Eltern und Kindern unter dem Gesichtspunkt eines lebenswerten Daseins als verkraftbar erscheinen läßt. Dazu gehört als Basisvoraussetzung eine für Eltern und Kinder lebensabsichernde verläßliche institutionelle Rahmengarantie, ohne die Elternschaft wie Kindschaft ein unvertretbar hohes Risiko bedeuten.

Auch die Lösung dieser Institutionalisierungsproblematik hängt entscheidend von dem von uns herausgearbeiteten Hintergrundzusammenhang ab. Nur ein 'personales' Menschenbild ermöglicht jenes labile Gleichgewicht zwischen PERSON und INSTITUTION, das sowohl den *legitimen individuellen* Daseinsinteressen als auch den über die Institution gewährleisteten *gesellschaftlichen Ordnungsregulativen* gerecht zu werden imstande ist und solchermaßen in einer 'humanen' (d. h. dem Menschen in seiner Gesamtheit gerechtwerdenden) Weise auch das Spannungsverhältnis zwischen dem Selbstverständnis von Ehe und Familie einerseits als einer *persönlichen Lebensgemeinschaft,* andererseits als einer *gesellschaftlichen Institution* positiv als *Synthese* zu bewältigen vermag. Nur durch eine solche *Synthese* wird weder das persönliche Leben des einzelnen durch die Institution vergewaltigt noch dem gesellschaftlichen Ordnungsanspruch individualistisch zuwidergehandelt. In unserem Problemerörterungszusammenhang besteht die Konsequenz daraus in der Unterstreichung des unverzichtbaren institutionellen Rahmencharakters von Ehe und Familie in Abhebung von den bestimmenden *individualistischen* Leitbildtrends samt ihren rechtspolitischen Entsprechungslinien unserer Gegenwartskultur. Nur unter gesellschaftlich verläßlich gesicherten institutionellen Rahmenvoraussetzungen von Ehe und Familie kann erwartet werden, daß die Ehepaare sich in die Lage versetzt sehen, einen bevölkerungserhaltenden 'Kinderwunsch' ohne unvertretbar großes Risiko für sich selbst wie für die Kinder auch zu realisieren. In diesem Zusammenhang gilt es vor allem den *jungen* Menschen glaubhaft vor Augen zu führen, daß das persönliche Wohl des einzelnen auch im Bereich der Lebensordnung Ehe und Familie nur in Übereinstimmung mit den grundlegenden Ordnungsregulativen der Gesellschaft möglich ist; daß also Ehe und Familie als *persönliche Lebensgemeinschaft* nur glücken können, wenn ihre dauerhaften Rahmenbedingungen auf die objektiven Erfordernisse einer *gesellschaftlichen Institution* gegründet sind. Dies macht programmatisch wie lebenspraktisch eine Absage gleichermaßen an alle individualistischen Emanzipations- wie an alle kollektivistischen Egalitätsideologien notwendig.

2.3   Der Familienhaushalt

Der Leser mag sich wundern, das *Haushalts*thema unter den fruchtbarkeitsrelevant bedeutsamen Teilproblemen der zeitgenössischen Familienfrage zu finden. Wir meinen
damit *nicht* die später separat zu behandelnde *ökonomische Lebenssicherung* der Familie, sondern den Haushalt als die arbeitsmäßig-pflegerisch-organisatorische Basis der
gesamten Lebensvorgänge der Familie unter Einschluß ihrer haushaltsabhängigen *Außenbeziehungen.* Dieser Haushalt hat − für viele wahrscheinlich zunächst überraschender-
weise − sehr viel mit der Fortpflanzungsproblematik zu tun, hier konkret mit dem Geburtenrückgang unserer Zeit. Ganz allgemein ist dies auf dem Hintergrund unserer bisherigen Darstellung bereits aus der eben gemachten Aussage erkennbar, wonach der
Haushalt als arbeitsmäßig-pflegerisch-organisatorische Basis die einschlägig *zusammenfassende äußere Klammer für das ganze* ehelich/familiale Leben darstellt. Wir haben
hinreichend deutlich gemacht, daß wie bei allen übrigen Familienfunktionen *auch die
Erfüllung der Fortpflanzungsaufgabe* auf dem Bedingungshintergrund des *Zusammenspiels aller Teilbereiche* des sozialen Systems Familie aufruht. Unbeschadet aller möglichen theoretischen Einwände gegen eine solche 'organizistische' Modell-Betrach-
tungsweise kann erfahrungsgestützt die Funktionsproblematik der Familie mit einem
biologischen Organismus verglichen werden: ist eine einzige wichtige Teilfunktion stark
behindert oder fällt sie gar aus, so wirkt sich dies über die damit gegebene Beeinträchtigung des familialen Gesamtzustandes auch ungünstig für die Erfüllbarkeit *der übrigen*
Teilfunktionen aus. Solchermaßen haben wir die Fortpflanzung als eine *kombiniert bedingte* Wirkäußerung des sozialen Systems Familie bezeichnet. Normalerweise muß
also auch über die Beeinträchtigung *der Haushaltsfunktion* die Fortpflanzungsleistung
eine Behinderung erfahren, eben weil diese Haushaltsfunktion eine wichtige Rahmenbedingung *sämtlicher* übrigen Familienfunktionen darstellt.

Unter Außerachtlassung einer solchen systemrelevanten Zusammenhangbetrachtung
bzw. als Folge von ideologischen Verdrängungstendenzen wird allerdings dem Familienhaushalt eine solche Bedeutungseinschätzung im gesellschaftlichen Bewußtsein längst
nicht mehr zuteil. Dies hängt zunächst ganz allgemein mit der Entwicklung der familienrelevanten Lebensumstände *als Folge des fortschreitenden Industrialisierungsprozesses*
zusammen. Durch die bekannte zunehmende Funktionsausgliederung aus dem Lebensraum der Familie hatte sich immer mehr der Eindruck verbreitet, der Haushalt stelle
in der fortgeschrittenen Industriekultur nur noch ein *bedeutungsarmes Anhängsel* im
Leben der nicht-bäuerlichen Familie dar. In Wirklichkeit aber ist der Haushalt auch in
der nicht-bäuerlichen Familie unserer Tage in aller Regel die schon bezeichnete arbeitsmäßig-pflegerisch-organisatorische Basis des ganzen Familienlebens *geblieben.* Eine Betonung dieser Tatsache ist deshalb angebracht, weil der Haushalt in der jüngsten Vergangenheit als Ausfluß der schon hinlänglich gekennzeichneten neulink inspirierten
Familiendiskussion im gesellschaftlichen Ansehen schließlich ganz unter die Räder
gekommen ist. Im Zuge der theoretisierenden Veränderungsbegeisterung des neulinken
Denkens ist nämlich der Familienhaushalt in den tonangebenden Leitbildtrends unserer
Gegenwartsgesellschaft von der bagatellisierenden Nichtbeachtung in eine *ausdrücklich
negative* Einschätzung geraten. Dies rührt einerseits vom *sozialromantisch bis utopi-*

schen Gesamtcharakter dieser Ideenrichtung her, für deren unrealistisch hochfliegende Zielvorstellungen von der wünschenswerten Selbstverwirklichung des Menschen die handfest-nüchterne Realität des alltäglichen Haushaltsgeschehens von vornherein als umgehenswerte Banalität erscheinen mußte. Andererseits ist *gerade der Haushalt* im spezifischen Ideenzusammenhang des Emanzipationsdenkens und im Hinblick auf die darauf abgestellte prinzipielle Familienkritik — besonders was die Frau betrifft — zum Zentrum einer *selbstbefreiungshinderlichen* Angelegenheit erklärt worden. Zur Bewertungsbasis des Uninteressant-Banalen kommt so die betont negative Qualifikation einer störenden Einschränkung wünschenswerter Lebensentfaltung des Menschen durch eine als unproduktiv-lästig-beschwerlich empfundene Dienstleistungsverrichtungsebene unseres Alltags dazu, die man entweder den Domestiken oder den maschinellen Apparaturen überlassen sollte. In diesem Sinne ist der früher im öffentlichen wie privaten Bewußtsein hochgeschätzte Familienhaushalt zur trivialen Enge der Befriedigung banaler Alltagsbedürfnisse abgewertet worden. Auf diesem in der öffentlichen Meinungsbildung leitbildbestimmenden Ideenhintergrund, für den in der Hauptsache nur das (von primärgruppenhaften Lebensbindungen soweit wie möglich befreite) intellektuelle berufliche Karrierestreben von wirklichem Interesse ist, war der Haushalt längst zum Stiefkind der sozialwissenschaftlichen, massenmedialen und politischen Familiendiskussion geworden. Durch all diese Entwicklungsumstände ist der Familienhaushalt im öffentlichen wie im privaten Bewußtsein schließlich *ganz* außerhalb jeder positiven Einschätzung zu liegen gekommen.

Für eine 'personale' Betrachtungsweise des Menschen besitzt der Familienhaushalt auch noch eine meist unbeachtete Bedeutung. Während ansonsten (in ökonomischer wie sozialkultureller Hinsicht) die *gesellschaftlichen* Problembezüge es sind, die heute ganz im Vordergrund des öffentlichen Interesses stehen, kommt mit dem klein-überschaubaren Familienhaushalt angesichts der sich in ihm ereignenden lebensnotwendigen Basisleistungen für das Leben des einzelnen *die antagonistische Gegenseite der persönlichen* Zuständigkeit und Verantwortung für die Gestaltung des eigenen Daseins hinreichend in den Blick. Dem Familienhaushalt kommt diesbezüglich eine *personaufwertende, den persönlichen Freiheitsraum absichernde* Bedeutung zu, weil die auf seine Wirkebene bezogene Ansatzbetrachtung unseres alltäglichen Daseins die *gesellschaftlich überzogene*, also *kollektivistische* Sichtweise menschlichen Lebens mit ihrem einseitigen Determinismus *überwiegender bis ausschließlicher* Erklärung *aus den ökonomischen und sozialen 'Strukturen' bzw. 'Systemen'* zugunsten einer die Eigenleistung und Eigenverantwortung des einzelnen Menschen ausreichend in Rechnung stellenden Auffassung *überwinden hilft*. Die Gestaltung des Familienhaushalts kann unschwer als Ausdruck *persönlicher* Planungs- und Handlungsverantwortung in einem Bereich lebenswichtiger Versorgungsleistung einsichtig gemacht werden. Diesbezüglich kommt dem Haushaltsgeschehen eine konstitutive Bedeutung zu für die *antikollektivistische Verfassung des Familienlebens*.

Das hängt mit der Fortpflanzungsproblematik insofern zusammen, als nur eine durch persönliches Engagement, durch persönliche Eigenverantwortlichkeit gekennzeichnete — somit betont antikollektivistische — Familienmentalität jenes Eigenwertbewußtsein und dadurch jene lebenskräftige Eigendynamik des Familienlebens aufzubauen in der Lage ist, was als Vorbedingung gerade auch für die Entwicklung einer ausreichenden (bevölkerungserhaltenden) Freude am Kind ('Kinderwunsch') sowie für die lebenspraktischen Voraussetzungen zu seiner Realisierung anzusehen ist. Eine *kollektivistisch* orientierte Lebenseinstellung bringt durch ihre mentalitätsimmanente Geringschätzung, durch ihre daraus hervorgehende Vernachlässigung der ganz auf eine *persönlich-eigenverantwortliche* Leistung hinzielenden Gestaltung des Familienhaushalts sowohl mentalitätsmäßig als auch handlungspraktisch *keine* ausreichenden Voraussetzungen für eine bevölkerungserhaltende Fruchtbarkeitsbereitschaft mit sich. Diese und die im folgenden noch zu beschreibenden familienbezogenen Wirkzusammenhänge des Haushaltsgeschehens auf die Ausbildung der Fruchtbarkeitsmentalität bzw. auf ihre Realisierungsvoraussetzungen sind zwar *indirekter Art*, deshalb aber nicht weniger bedeutsam. Soweit wir ersehen können, sind sie in der bisher tonangebenden bevölkerungswissenschaftlichen Forschung im Zusammenhang mit dem Geburtenrückgang völlig außer Acht gelassen worden. Auch an diesem Beispiel zeigt sich die subtile Vielschichtigkeit der fruchtbarkeitsrelevanten Bedingungen und Zusammenhänge des Familienlebens.

Abgesehen von solchen *indirekten* Zusammenhängen gilt es, auf die *vordergründig-unmittelbaren* Auswirkungen des Familienhaushalts auf die Lebensgestaltung der in ihm erfaßten Menschen hinzuweisen. Ohne Haushaltsbezogenheit hängt die Gemeinschaft der Familienmitglieder untereinander weitgehend in der Luft. Was ist ein gemeinsames Leben ohne gemeinsame Mahlzeiten, ohne gemeinsam unter einem Dach erfolgende Nächtigung, ohne im Familienraum erlebte Feste und Feiern, ohne wohnsitzbezogene gemeinsame Freizeitaktivität in Spiel, Unterhaltung, kräfteregenerierender Ruhe wie praktischer Gestaltung des häuslichen Alltags? All diese gemeinschaftsbedingenden, gemeinsamkeitsstiftenden Lebensvorgänge setzen aber in vielerlei Hinsicht einen funktionierenden Haushalt voraus. Neben diesen leicht einsehbaren lebens- bzw. gemeinschaftsermöglichenden Haushaltswirkungen ist der Familienhaushalt aber auch noch für die *Erziehung der nachwachsenden Generation* von großer Bedeutung, was heute weithin übersehen wird. Im elterlichen Haushalt übt diese nachwachsende Generation ab frühester Kindheit ihr haushälterisches Verhalten ein: Aufräumen, Umgang mit Geld, Vermittlung von Sauberkeits- und Ordnungsregeln, sparsamer und schonender Umgang mit Sachgütern, Einübung von Konsumstilen usw. Was hat dieses erzieherische Anliegen mit der Fortpflanzungsproblematik zu tun? Nur eine durch ihren Haushalt *lebenskräftig* gemachte Familiengemeinschaft besitzt die Voraussetzung zur Entwicklung der schon angedeuteten Eigendynamik des Familienlebens und des damit einhergehenden schwierigkeitsbewältigenden Selbstbewußtseins, Eigenschaften, ohne die ganz besonders die Bereitschaft und die dazu lebenspraktischen Realisierungsbedingungen für eine bevölkerungserhaltende Nachwuchsleistung (als die schon angesprochene *opferreichste, die meisten Lebenskräfte eines Ehepaares verzehrende* Familienaufgabe) fehlen.Was speziell die eben genannte *erzieherische* Bedeutung für die nachwachsende Generation anlangt: Nur durch eine *angemessene Einübung* der jungen Generation in einen *familientragenden* haushälterischen Lebensstil, in eine solche haushälterische *Lebensgesinnung*, wird im Regelfall die erfahrungsgegründete wie zielbildgeleitete

Grundlage für ein dereinst wieder *lebenskräftiges* Familienleben dieser nachwachsenden Generation gelegt, mit dem für diese jungen Menschen dann, wenn sie später selbst heiraten, *dieselben* Voraussetzungen für Bereitschaft und Realisierungsmöglichkeit einer bevölkerungserhaltenden Nachkommenschaft gegeben sein werden. Fehlt hingegen — was heute immer zahlreicher der Fall ist — das verständnisprägende elterliche Modell des ein funktionierendes Familienleben ermöglichenden Haushalts, dann wird damit der jungen Generation das Fehlen dieser bedeutsamen Voraussetzung für die Möglichkeit einer später selbst einmal zu erbringenden bevölkerungserhaltenden Fruchtbarkeitsleistung *bereits vom Elternhaus mit auf den Lebensweg gegeben.* So hängt von einem funktionierenden Haushalt direkt wie indirekt, gegenwärtig wie zukünftig, über ein dadurch ermöglichtes *lebenskräftiges* — also nicht nur dahinvegetierendes — Familienleben insbesondere auch eine wichtige (mentalitätsmäßige wie sachverhaltliche) Voraussetzung für die Bereitschaft und Realisierbarkeit einer ausreichenden ehelichen Fruchtbarkeit ab.

Insgesamt geht es uns hier vor allem um die Unterstreichung der Zentralthese, daß der Haushalt die arbeitsmäßig-pflegerisch-organisatorische Basisleistung *für alle übrigen* Familienfunktionen darstellt, von deren Zusammenspiel gerade auch die Fortpflanzungsleistung abhängig ist. Im Haushalt realisiert sich der Zweckmäßigkeitsgrad der Einkommensverwendung, die familiengemeinschaftsermöglichende Wohnungsgestaltung. In ihm bilden bzw. manifestieren sich wichtige Verhaltensweisen, vor allem die Konsumgewohnheiten und die Spargesinnung. In ihm übt sich in einem besonders wichtigen Bereich *persönliche* Verantwortung für die eigene Lebensgestaltung und für jene der anderen Familienmitglieder ein. In ihm schlägt sich durch planerische und tätige Sorge in hohem Maße die gelebte Familiengesinnung in der Realisierung des Familienalltags nieder. Der Haushalt prägt so maßgeblich die ganze Art des Familienlebens.

Aus dieser umfassenden Sicht wird verständlich, weshalb die bei vielen fachlichen Untersuchungen feststellbare *Reduktion* des Haushaltsverständnisses auf nur wenige Faktoren (etwa auf die Einkommenslage, die soziale Schichtzugehörigkeit, die Wohnsituation und einiges andere mehr) ein *sehr verkürztes* Verständnis von der Bedeutung des Haushalts zum Ausdruck bringt, wobei man sich vergegenwärtigen muß, daß er sich laufend den sich ändernden Lebensbedingungen (vor allem dem 'Lebenszyklus' der Familie) anzupassen hat. Da die Haushaltsführung solchermaßen eine *grundlegende* Bedeutung für die ganze Familienkultur (die binnenfamiliale wie ihre Außenbeziehungen betreffend) aufweist und uns praktisch durch das ganze Leben als gestalterische Aufgabe begleitet, ist sie nicht nur für die Hausfrau, sondern für *alle* Mitglieder des Familienhaushalts von großer Bedeutung. Es ist deshalb richtig und wichtig, daß nicht nur die jungen *Mädchen,* sondern auch die jungen *Burschen* in das Haushaltsgeschehen und in die ihm zugrundeliegende Haushaltsgesinnung einbezogen werden und daß sich *auch die Ehemänner* im Rahmen der je sinnvollen Umstände des Einzelfalles in der haushälterischen Wirksamkeit und Verantwortlichkeit persönlich engagieren.

2.3.1 Die Haushaltsproblematik als Kernansatz der zeitgenössichen Familienfrage

Daß unsere Gegenwartsgesellschaft die Bedeutung der häuslichen Versorgungsleistungen nicht einmal im Zusammenhang mit der Kinderbetreuung als werteschaffende Leistung ansieht und so dem haushälterischen Wirkbereich keine öffentliche Anerkennung zollt, stellt eine lebensbedeutsame Fehleinschätzung dar, deren Hintergrundausleuchtung uns mitten in die Kernproblematik der zeitgenössischen Familienfrage hineinführt. Dieses Ignorieren der haushälterischen Leistungen hat dazu geführt, daß sich seit langem immer weniger Menschen finden, die sich im Dienste eines attraktiven (oder doch eines einigermaßen funktionierenden) Familienlebens diesem Aufgabenkreis freiwillig bzw. in ausreichendem Maße zur Verfügung stellen. Die abschätzige Distanzierung gegenüber dem haushälterischen Funktionskreis der Familie, ja die dagegen weithin entfachte private wie öffentliche Diffamierung ist eine Folge radikaler Veränderungen in den dahinterstehenden Wertvorstellungen der Gesellschaft – getragen durch die einschlägige massenmediale öffentliche Meinungsbildung und die ihr entsprechende gesellschaftspolitische Programmatik, welche beide von den seit Mitte der sechziger Jahre tonangebenden sozialwissenschaftlichen Denkperspektiven inspiriert worden sind. Durch die hinter dieser Geringschätzung des haushälterischen Geschehens stehende radikale Veränderung der gesellschaftlichen Wertvorstellungen ist über das allgemeine Leben in Ehe und Familie *insbesondere auch die Fruchtbarkeitsdimension* in einem nicht überschätzbaren Ausmaß negativ betroffen. Deshalb besitzt die Haushaltsproblematik einen so bedeutsamen Stellenwert unter den fruchtbarkeitsrelevanten Teilproblemen unserer zeitgenössischen Familienfrage.

Wenn wir aus den familienbehindernden, ja familiengefährdenden Lebensumständen und den ihnen so maßgeblich innewohnenden negativen Auswirkungen auf das defizitäre Geburtenverhalten herauskommen wollen, müssen wir zunächst einmal die hauswirtschaftlichen wie die mit ihnen verzahnten familienpflegerischen und familienerzieherischen Leistungen *aus ihrer gesellschaftlichen Geringschätzung herausheben.* Ja, es muß erst einmal die seit eineinhalb Jahrzehnten systematisch entfachte *öffentliche Diffamierung* zum Verstummen kommen, wonach die umfassende haushälterische Wirksamkeit in Heim und Familie (selbst bei Vorhandensein mehrerer pflege- und erziehungsbedürftiger Kinder) in höchst tatsachenwidriger Weise mit den Symbolen 'Staubwedel und Kochtopf' als eine insgesamt langweilige und niveaulose Tätigkeit abqualifiziert wird, als eine Beschäftigung ohne berufliches Ansehen, die der Selbstverwirklichung eines Menschen (im Zentrum ist dies meist die Familienmutter) im Wege stehe. Mit der Indoktrination einer solchen Haushaltsfeindlichkeit müssen die öffentliche Meinungsbildung und die Gesellschaftspolitik (auch in vielfältigen Rechtskonsequenzen) endlich Schluß machen, soll die Haushaltsflucht nicht weiterhin gesellschaftsweit anhalten, weil letztlich niemand (auch keine Familienmutter mit pflege- und erziehungsbedürftigen Kindern) in einer öffentlich so geächteten Rolle als Aschenputtel der Nation dastehen will. Wie wir gesehen haben, gibt es aber ohne funktionierenden Haushalt kein gedeihliches Familienleben. Ohne funktionierenden Haushalt hängen vor allem die heimschaffenden Kräfte der Familienmutter in der Luft. Ohne funktionierenden Haushalt reduziert sich das Zuhause auf leere Wände, auf tote Wohnungsgegenstände. Es besteht dann die Gefahr, daß sich das Familienleben während der Arbeitswoche zu einer 'Wohngarage' reduziert, zum 'Auftanken' von Schlaf und Essen.

Vollends deutlich aber wird das Problem erst bei einer weitergehenden Analyse des strukturlogischen Zusammenhanges. Dabei zeigt es sich, daß der Haushalt eine enge Verbindung aufweist zu einem *Kernansatz* unserer zeitgenössischen Familienfrage, von dessen unterschiedlicher Einschätzung die kontroversen Lösungsperspektiven in der Familiendiskussion der Gegenwart *einen maßgeblichen Ausgang nehmen.* Nur die klare Aufdeckung dieses Zusammenhangs läßt den folgenreichen *Wurzelcharakter* des Haushalts auch im Zusammenhang mit der Nachkommenschaftsfrage ganz begreifen.

In der tonangebenden gesellschaftswissenschaftlichen Literatur der jüngeren Vergangenheit sowie in der darauf bezogenen vorherrschenden Sprache bzw. Denkweise der Massenmedien und der Politik wird *für den Regelfall des Alltags* die tagsüber erforderliche pflegerisch-erzieherische Betreuung *auch der kleinen* Kinder nicht mehr im Klartext auf die Zentralgestalt der das haushälterische Geschehen primär handhabenden *Familienmutter* bezogen, sondern vielmehr auf die problemverwischend-neutrale Ablenkungsfigur irgendeiner 'Pflegeperson'. Dadurch wird die Familienmutter in ihrer Eigenschaft als Familienhausfrau *sogar in diesem innersten Kern* ihres häuslichen Wirkens leitbildmäßig in Frage gestellt. Die gesellschaftliche Abwertung des gesamten häuslichen Funktionskreises wird so in diesem heute weitverbreiteten Problembewußtsein *am tiefstmöglichen Ansatzpunkt* begründet. Wenn für den Regelfall des Alltags zu Hause *nicht einmal mehr für die Betreuung der kleinen Kinder* die Mutter als Familienhausfrau im grundsätzlichen Problemlösungshorizont stehen darf; wenn sie bereits in diesem *Kernstück* unersetzlichen Wirkens leitbildmäßig verdrängt wird durch die neutrale Kategorie einer 'Pflegeperson' (dies kann genauso eine Großmutter, ein Großvater, eine Nachbarin, eine auswärtige 'Tagesmutter', eine Krippenschwester, der rollentauschende 'Hausmann' usw. sein), dann gilt dies umso mehr für die rundherum sich anschließenden Wirkfelder des innerfamilialen haushälterischen Geschehens, denen mit zunehmender Entfernung von der existentiell absichernden Umsorgungsmitte hausfraulichen Daseins eine stets weniger Not-wendige Bedeutung zukommt. Es geht hier darum, daß die Familienhausfrau als diese binnenfamiliale Zentralfigur (das 'Herz' der Familie) *im allgemeinen Denkansatz* abgeschafft werden soll.

Die Ursache dafür liegt im Versuch einer totalen Funktionseinebnung des Lebensentwurfs von Mann und Frau *auch innerhalb von Ehe und Familie.* In dieser obersten anthropologischen Zielsetzung liegt *die entscheidende Letztursache* für die gesellschaftsprägenden Bemühungen, über eine kollektive Bewußtseinsänderung das Haushaltsgeschehen massiv abzuwerten. Man will damit der Frau ihr Interesse, ihre Freude am Wirkbereich des Häuslichen so nachhaltig verderben, daß sie als Folge des stets größer gewordenen Diffamierungsdrucks sich der Haushaltsflucht immer zahlreicher anschließt. Das Ziel ist ihre *möglichst umfassende* Herauslösung aus dem Lebensbereich der Familienmutter, der Familienhausfrau. Um dieses Ziel eines funktionseingeebneten Beziehungsverhältnisses von Mann und Frau (auch innerhalb von Ehe und Familie) leichter erreichen zu können, wird als verharmlosender Deckmantel der auf ein solches Sinnverständnis umfunktionierte zugkräftige Begriff der 'Partnerschaft' ins Spiel gebracht (demnach liegt eine 'partnerschaftliche' Beziehung nur dort vor, wo es zu einer solchen funktionsnivellierenden Gleichsetzung von Mann und Frau gekommen ist).

Über diesen erlebnismäßig äußerst positiv besetzten Begriff der 'Partnerschaft' will man die geschlechtsgeprägte polare Wesensverschiedenheit von Mann und Frau auch in der Gestaltung von Ehe und Familie zum Verschwinden bringen, weil man die natürlichen Folgen aus dieser Verschiedenheit als *soziales Unrecht* interpretiert. Deshalb mußte zum Begriff der 'Hausfrau' das versöhnende Gegenstück des 'Hausmannes' erfunden werden. Lebensgefühl und Aufgabenbewußtsein der 'Hausfrau' sollen im Sinne der verordneten egalitären Zwangsbeglückung im öffentlichen Bewußtsein durch systematische Diskreditierung ganz und gar *negativ* besetzt werden, um das dahinterstehende 'Unrecht mangelnder Gleichbehandlung' aus der Welt zu schaffen. (Wer kennt nicht das zur Erreichung dieses Ziels ausgebildete und in Theorie und Praxis laufend verwendete Abschreckungsvokabular?)

Um die Verdeutlichung dieses *prinzipiellen Ansatzes* geht es uns hier, wobei damit *keinesfalls* eine generelle Verteidigung der auf lange Dauer oder gar auf Lebzeit *hauptberuflich* (im Sinne von *alleinberuflich*) tätigen Familienhausfrau verbunden ist (Wahlfreiheit). Auch soll das Erfordernis einer *möglichst effektvollen* Mitbeteiligung des Ehemannes an der Kindererziehung und — je nach den wünschenswerten Umständen — auf dem weiten Feld haushälterischen Wirkens *auch von unserer Sichtweise unterstrichen werden.* Es geht hier nur um die Anerkennung der auf den Normalfall des Alltags bezogenen geschichtsmächtigen Erfahrung, daß die Ehefrau und Kindesmutter grundsätzlich eine bessere Eignung als ihr Mann dafür besitzt, die mit dem Zentrum des täglichen Haushaltsgeschehens eng verwobene pflegerisch-erzieherisch-menschenumsorgende Basisleistung der Familie bei der Gestaltung ihres Innenverhältnisses zu erbringen. Zumindest kommt ihr im Rahmen dieses Eignungsvorranges *in planerisch-konzeptiver* bzw. *in koordinativer* Hinsicht eine natürliche Erstzuständigkeit zu. Diesbezüglich unterscheidet sich die Frau *geschlechtstypisch und wesensergänzend* vom Manne und Familienvater. Wer diese auf der Zweigeschlechtlichkeit des Menschen beruhende Erfahrungstatsache und die ihr innewohnenden Fundamentalkonsequenzen leugnet oder aber — durch verharmlosende Rückführung *allein* auf ein angelerntes Rollenverhalten, das beliebig verändert werden könne — durch bewußtseinsverändernde 'alternative' Gesellschaftspolitik aus den Angeln heben will, dem ist es überhaupt nicht möglich, das Phänomen Ehe und Familie von seinen Wurzeln her zu begreifen. Er kann demnach auch keine positive Familienpolitik betreiben (nämlich eine Politik *für* Ehe und Familie), sondern er benützt diese Nomenklatur nur zur publikumswirksamen Bezeichnung einer Lebensanschauung, die sich in Wirklichkeit *gegen* Ehe und Familie richtet.

Um die Aufdeckung dieses Grundlagenzusammenhanges im Klartext kommt man nicht herum, wenn man der hier behandelten Haushaltsfeindlichkeit in einem erklärenden Ansatz *an den Quellgründen* auf die Spur kommen will. Hinsichtlich des mentalitätsabhängigen Verursachungsanteils dieser Entwicklung liegt *hier* der zentrale Ansatz für die Erklärung der heute so untergewichtigen Einschätzung des Familienhaushalts. Die 'totale' Emanzipation der Frau im Sinne der genannten vollen Funktionseinebnung mit dem Mann *auch in Ehe und Familie* und das diesem Richtziel entsprechende extensiv interpretierte Egalitätsverständnis lösen aber Ehe und Familie *in ihrer gestaltbildend-wesensimmanenten Eigendynamik und damit in ihrer Substanz* auf. Das muß man vor Augen haben, um zu wissen, wohin eine am Egalitätsprinzip orientierte Familienpolitik führt. Nach wie vor haben die imperativ gesetzten emanzipationsideologischen Leitbilder dieser Vorstellungsrichtung die Oberhand in der öffentlichen Diskussion.

Wichtig ist die Erkenntnis, daß die seit vielen Jahrzehnten als Folge der Entwicklungsumstände der spätindustriellen Gesellschaft sich verstärkende *Randständigkeit* des Haushalts *gleichzeitig zu einer (seinerzeit unbeabsichtigten) Schwächung des Familienlebens geführt hat.* Diese durch die weithin unreflektierte Lebenspraxis allmählich entstandene Situation hat ab Mitte der sechziger Jahre durch den Einbruch der neomarxistischen Kulturrevolution eine *dramatische Zuspitzung* erfahren. Aus dem *bis dahin primär umständebedingt entstandenen* Gewichtsverlust des Haushalts wurde als Ausfluß der neulinken Weltanschauung in der öffentlichen wie sozialwissenschaftlichen Diskussion eine *ideenmäßig bewußte* Geringschätzung, ja eine *konzeptorientierte* Disqualifizierung des familienhaushälterischen Geschehens. *Die Einstufung des Haushalts als niveaulose subalterne Dienstleistungsverrichtungsebene ist dabei ein Bestandteil der übergreifenden negativen Sichtweise, das soziale System Familie insgesamt als traditionalistisches Behinderungszentrum wünschenswerter persönlicher Selbstverwirklichung des Menschen (insbesondere der Frau und der Kinder) aufzufassen.* Die doktrinäre Abwertung des *Haushalts* leitet sich aus der übergeordneten programmatischen Abwertung der *Familie* her. Der unmittelbarste Beweis dafür liegt in dem wenig beachteten Widerspruch, dieselben haushälterisch-hauspflegerischen Tätigkeiten *dann* aus diffamierender Abwertung auszuklammern, wenn sie nicht als *familieninterne* Leistung, sondern als *außerfamiliale* Erwerbstätigkeit verrichtet werden. Niemand verbindet die Küchenverrichtung in einem Hotel oder in einer Werkkantine mit dem für den Familienhaushalt abwertend gebrauchten Symbol des Kochlöffels; niemand bringt die raumpflegerischen Tätigkeiten im Beherbergungsgewerbe mit dem dem Familienhaushalt abwertend zugeordneten Symbol des Staubwedels in Verbindung; niemand bezieht sich auf das verächtlich gemeinte Kürzel '3 K', wenn es sich um eine erwerbsberufliche Kinderbetreuung außer Haus handelt (Krippenschwester, Kindergärtnerin, Krankenschwester, Erzieherin usw.). Ausgerechnet im *familieninternen* Bereich sollen dieselben Tätigkeiten eine erniedrigende, der menschlichen Selbstverwirklichung entgegenstehende Wirksamkeit darstellen! Man erkennt daraus, daß sich die Abwertung des *familienhaushälterischen* Geschehens aus der Abwertung der *Institution Familie* herleitet.

Da aber Familie und Haushalt zusammengehören, die funktionierende Familie einen funktionierenden Haushalt voraussetzt, trifft man mit der Vernachlässigung bzw. mit der Diffamierung ihres Haushalts die Familie selbst. Wer könnte sagen, er wolle einem Haus nicht schaden, dessen Fundament er ramponiert? Mit der Durchlöcherung des Fundaments wird auch das daraufstehende Haus einsturzgefährdet. Es bedeutet deshalb eine Verschleierung der Realität, wenn dieselben Ideenträger bzw. gesellschaftspolitischen Konzeptverfechter, die eine Aushöhlung gelebter Solidargemeinschaft in Ehe und

Familie nicht nur hinsichtlich *Betreuung und Erziehung der Kinder,* sondern *auch im Bereich der allgemeinen haushälterischen Grundlegung* zumindest ungehindert zulassen, wenn nicht gar programmatisch fördern, wenn dieselben Ideenträger seit einiger Zeit sich gleichzeitig in zustimmenden allgemein-theoretischen Deklamationen zugunsten Anerkennung bzw. Wertschätzung der Familie ergehen. Entweder liegt hier eine der Selbstberuhigung dienende Verdrängung dieses handfesten Zusammenhanges vor; oder aber es handelt sich um eine geschickte propagandistische Doppelzüngigkeit, die ihre wahren Zielsetzungen mit gegenteiligen Absichtserklärungen tarnt. Jedenfalls steht fest, daß die Verwirklichung der Familiengemeinschaft nur über die arbeitsmäßig-pflegerisch-organisatorische Basis ihres Haushalts möglich ist. Wer also den Haushalt vernachlässigt, vernachlässigt das darauf ruhende Familienleben; wer die Haushalts-ebene in Mißkredit bringt, greift die Familie selbst an. Nach wie vor dominieren in unserer Gesellschaft jene ökonomischen und sozialkulturellen (vor allem auch die rechts-politischen) Rahmenbedingungen sowie die ihnen entsprechenden leitbildmäßigen Steuerungstendenzen bei der Bildung des öffentlichen Bewußtseins, die die heute grassie-rende Haushaltsfeindlichkeit und damit eine familienschädigende Haushaltsflucht begünstigen.

Die in der öffentlichen und sozialwissenschaftlichen Diskussion inzwischen weithin zum festen Bestandteil von Lippenbekenntnissen gewordenen, positiv formulierten Stereotypien über die Bedeutung der Familie stellen zwar sicherlich einen bemerkenswerten Fortschritt gegenüber der vorangegangenen offen-programmatischen Familienfeindlich-keit dar; andererseits darf die dadurch entstandene – oftmals beabsichtigte – *Narkoti-sierung* des erwachten Widerstandswillens gegen die familienfeindliche Gesellschafts-entwicklung nicht übersehen werden. Diese Narkotisierungswirkung kann gefährlicher sein als die zur Herausforderung zwingende *offene familienfeindliche Programmatik.* Eine solche Problematik ergibt sich insbesondere hinsichtlich der in Rede stehenden Doppelgesichtigkeit: die Bedeutung der Familie einerseits theoretisch lautstark anzu-erkennen, die das tatsächliche Familienleben, den gelebten Familienzusammenhang in eine relative Unwirksamkeit drängende Realpolitik aber gerade auch auf dem Sektor des Haushalts unvermindert fortzusetzen. Mit der Untergrabung eines funktionstüchtigen Haushalts trifft man die Familie als Lebensgemeinschaft weit mehr ins Herz als durch die Verbreitung nur einer *familienfeindlichen Programmatik.* Ist also die *Lebenstüchtig-keit* der Familie unser Anliegen, dann kommt der Schwächung ihres Haushalts ein we-sentlich größeres Gewicht zu als theoretischen familienfeindlichen Parolen. Wem es um die soziale Wirklichkeit von Ehe und Familie (und nicht nur um die darauf bezogene fachliche und politische Auseinandersetzung) geht, für den ist mit allgemeintheoreti-scher Zustimmung zur Bedeutung der Familie noch nichts Entscheidendes gewonnen. Viel wichtiger ist da beispielsweise die Gretchenfrage: Wie hältst Du's mit dem eine funktionierende Lebensgemeinschaft erst ermöglichenden leistungsfähigen Familien-haushalt? Die Prestigeabwertung des Haushalts geschieht hauptsächlich in Gestalt seiner Diskriminierung *als vorrangiges Wirkfeld der Familienmutter in ihrer Eigenschaft als Familienhausfrau* – unabhängig davon, ob es sich dabei um eine (vorübergehende) alleinberufliche oder um die neben einer Erwerbsarbeit einhergehende Tätigkeit han-delt. Der Familienhaushalt ist seit Mitte der sechziger Jahre vom neulinken Denken zum widerwärtigen Zentrum rückständigen fraulichen Wirkens gestempelt worden, zum Angelpunkt eines hochgespielten Ärgernisses weiblichen Daseinsverständnisses, als das entscheidendste Hemmnis wünschenswerter Selbstverwirklichung der Frau. Die Dynamik der dahinterstehenden Protestbewegung ist am Beginn der achtziger Jahre immer noch von kämpferischer Entschlossenheit (man kann dazu eine Fülle von neueren Belegen in Theorie und Praxis anführen). Nach wie vor figuriert in dieser öffentlichkeitswirksamen Ideenrichtung die Haushaltsverwurzelung der Frau als eine Art Geschlechtsrollen-Schande.

Die daraus entspringende propagandistische Aktivität läßt sich erst an jenem Punkt des angestrebten meinungsbildenden und gesellschaftspolitischen Erfolgs beruhigen, an dem das öffentlich anerkannte Leitbild und die daraus abgeleiteten rechtspolitischen Konsequenzen praktisch eine *total funktionsnivellierte Gleichsetzung von Mann und Frau mit mathematisch genauer Halbierung aller familienhaushälterischen Wirksamkeit* anerkannt haben. Es geht dabei um eine *grundsätzliche* Ablehnung von Begriff und Realität der *Familienhausfrau* als der die haushaltsgebundenen bzw. haushaltsnahen innerfamilialen Lebensvorgänge vorrangig gewährleistenden und handhabenden Zentralgestalt; denn das mit den pflegerisch-erzieherisch-menschenumsorgend-heimschaffenden Leistungen beim Aufbau des familialen Binnenraumes *untrennbar verbundene* haushälterische Basiswirken erweist sich für den Regelfall des Alltags nach wie vor als unverwechselbare Domäne der Frau — unabhängig von ihrer daneben bestehenden außerfamilialen Wirksamkeit (Ausnahmen bestätigen auch hier die Regel).

Um die Anerkennung dieser durch die Generationenkette weitergegebenen Lebenserfahrung geht es hier, um die Erfahrung einer aus dem Ergänzungsbedürfnis geschlechtsbedingter Wesensunterschiede von Mann und Frau herrührenden Arbeitsteilung, die aber nur in jenem Ausmaß verteidigenswert ist, als sie sich unter Bedachtnahme auf alle einschlägigen Faktoren als eine *anthropologische Ordnungsvorgabe* erweist. Es ist aber nicht notwendig, das einschlägige Phänomen mit einer solchen letzten theoretischen Position abzustützen; das auf umfassend historischer und interkultureller Erfahrung begründete und auch heute noch im Volk ungebrochen fortdauernde einschlägige *Lebenswissen* ist empirischer Beweis genug. Solche im Lebensvollzug allen sozialen Wandel bisher überdauernde Basiselemente menschlicher Daseinsgestaltung können nicht durch Ideen, sondern allein durch den Fortgang des Lebens im gesamtgesellschaftlichen Maßstab als notwendig bestätigt oder widerlegt werden.

Neben den langjährigen kommunistischen Massenexperimenten insbesondere in der Sowjetunion und in China haben auch die gleichgerichteten westlichen kulturrevolutionären Bemühungen der letzten eineinhalb Jahrzehnte keinen Anhaltspunkt für die Möglichkeit einer prinzipiellen Umgestaltung der in Rede stehenden Basiselemente menschlichen Daseinsverständnisses zutage gefördert. Allen gegenteiligen Bemühungen zum Trotz ist gerade im Hinblick auf die Gestaltung einer funktionierenden Ehe und Familie die aus bipolarer Zuordnung verstandene Wesensergänzung von Mann und Frau (eindringlich erkennbar auch in ihrer elterlichen Qualitätsdifferenz als Vater und Mutter) prinzipiell aufrecht geblieben. An dieses bislang ungebrochene Lebenswissen im Zusammenhang mit der Haushaltsproblematik gilt es wieder anzuknüpfen durch die positiv-zustimmende Verwendung des Begriffs der 'Familienhausfrau'.

2.4 Die Frauenfrage

Durch Verzahnung der Problematik des Familienhaushalts mit der darin eingebundenen Wirksamkeit der Familienhausfrau ist nicht nur ein nahtloser Übergang zu unserem neuen Kapitel gegeben; es ist darin auch schon der *Kern* unserer gegenwärtigen Frauenfrage in ihrer (angesichts des hohen Eheschließungsanteils der Frauen *gesamtgesellschaftlich bestimmenden*) Relation zum Familienthema sichtbar geworden. Während im Bereich der *sachverhaltlichen* Determinanten des Familienlebens die (äußerst mangelhafte) *wirtschaftliche Lebenssicherung* die heute unbestreitbar *größte* Fruchtbarkeitsbehinderung darstellt (auch etwa die Wohnungssorge und die Befriedigung vieler anderer − selbst *bildungs- und erholungsmäßiger* − Lebensbedürfnisse der Familie erweisen sich in ihrer Finanzierungsabhängigkeit im Kern als ein Folgeproblem der *wirtschaftlichen* Familienabsicherung), konzentriert sich in der nunmehr behandelten familienrelevanten Frauenfrage *das gravierende Zentrum* der *mentalitätsabhängigen* Fruchtbarkeitsbehinderung unserer Zeit. Der *gemeinsame Nenner* der dabei zur Geltung kommenden Problematik läßt sich im nachstehend genannten zweifachen Bewirkungsursprung zusammenfassen: einerseits im *individualistisch-emanzipatorischen* menschlichen Selbstverständnis weiblicher Provenienz, andererseits im kollektivistisch grundgelegten *egalitätsideologischen* Sinnverständnis der Frau, das über die lebensumfassend angewendete und intensiv interpretierte *Gleichheitsidee* auch die geschlechtsgeprägten Wesensunterschiede von Mann und Frau (innerhalb und außerhalb von Ehe und Familie) bis zur Unkenntlichkeit einzuebnen versucht. Diese zweifache Ideengrundrichtung erzeugt im Leben der Frau einen seit dem Einsetzen der neulinken Weltanschauungsbewegung *gesellschaftsweit und lebensbestimmend* aufgeschaukelten Widerstreit zwischen der alles überragenden Zielvorstellung individueller 'Selbstverwirklichung' und ihrem Gegenpol der 'Fremdbestimmung'. Dieses für die anthropologische Zielbildausrichtung unserer Gegenwartsgesellschaft *zentrale* Begriffspaar hat im Bereich der Frauenfrage seinen *nachhaltigsten,* die Lebensführung der Frau hochgradig bestimmenden Niederschlag in der Auseinandersetzung mit ihrem Rollenbild in Ehe und Familie gefunden.

In diesem Ideenhintergrund des *individualistisch-emanzipatorischen* wie des *kollektivistisch-egalitätsideologischen* menschlichen Selbstverständnisses liegt das Bedeutungszentrum der Frauenfrage unserer Gegenwartsgesellschaft mit ihren massiven fruchtbarkeitsbehindernden Implikationen. Dieses 'heiße Eisen' der auf der sozialwissenschaftlichen, massenmedialen und politischen Ebene so kontrovers geführten menschenbildabhängigen Diskussion kann man auf den *abgeleiteten Erkenntnisebenen praxisnaher* Problemerörterung *nicht überzeugend* in den Griff bekommen. Ohne Grundlagenklärung führt dies nur zu einer wenig beweiskräftigen und dadurch unnützen *Wiederholung* konträrer Standpunkte in der Beurteilung der einschlägig lebenspraktischen Alltagsprobleme. Nur eine Ausrichtung der zur Geltung gebrachten Lösungsperspektive *auf die Problemfundamente* und die darauf gestützte *Zusammenhangklärung* im weitverzweigten Netz einander wechselseitig bedingender Teilprobleme kann in diesem bestimmenden Zentrum der Frauenfrage eine argumentativ überzeugende, weil im vielschichtig damit erfaßten Problemzusammenhang *widerspruchsfrei durchhaltbare* Beurteilung liefern. Ansonsten ist auch die Zuordnung der Frauenfrage zur Problematik unseres Nachkommenschaftsdefizits von vornherein in das unauflösbar scheinende Gegeneinander kontroverser Einzelargumente verstrickt. Wir aber wollen hier einen *gesicherten* Zugang zur Lösung der Fruchtbarkeitsrelevanz der Frauenfrage ermöglichen.

Die in der bislang tonangebenden bevölkerungswissenschaftlichen Forschung erfolgten Diskussionseinblendungen über die Frauenfrage bauen *nicht* auf einer solchen Grundlagenabsicherung auf; vielmehr werden fast immer die zeitbedingten Auffassungseinseitigkeiten emanzipatorisch-egalitätsideologischen Denkens *auch auf dem Sektor der Frauenfrage* als mehr oder weniger fraglos akzeptierte bis der Tendenz nach ausdrücklich unterstützte Postulate anthropologischer Zielbildorientierung der fachwissenschaftlichen Problembearbeitung *auch des Geburtenrückganges* zugrundegelegt. Man geht dabei der Mühe und dem Anfeindungsrisiko einer Erkenntnisrechtfertigung aus dem Weg. Ist doch die in Rede stehende Problematik einerseits enorm schwierig wie andererseits in der einseitig positivistischen humanwissenschaftlichen Forschung weithin tabuisiert. Meist geht man einer angemessenen Erkenntnisrechtfertigung der auf den unausgeklärten Problemimplikationen aufruhenden eigenen Ausgangsbetrachtungen schlicht aus dem Weg. Ohne nähere Untersuchung der tief liegenden Ursachen und der verästelt-weitreichenden Auswirkungen der zugrundegelegten Leitbilder, ohne kritische Prüfung ihrer Verträglichkeit im übergreifenden Lebenszusammenhang vom Standpunkt eines humanen Daseinsverständnisses, wird auch im Problembereich unseres anhaltend hohen Fruchtbarkeitsdefizits meist lakonisch davon ausgegangen, daß die Situation unserer Gegenwartsgesellschaft durch einen Wertwandel gekennzeichnet sei, der sich auch hinsichtlich des generativen Verhaltens insbesondere in einer veränderten Rollenbild-Problematik der Frau innerhalb und außerhalb von Ehe und Familie ausdrücke. Manchmal wird diese Globalfeststellung noch mit dem absichernden Zusatz versehen, daß es diesbezüglich aussichtslos wäre, 'das Rad der Zeit zurückzudrehen'.

Diese global-unkritisch übernommene denkerische Ausgangslage aber ist eines Forschungsansatzes eigentlich unwürdig; bedeutet diese nur so im Vorbeigehen einleitend (oder am Schluß) gemachte Positionsangabe doch nichts anderes als eine *umfassende Anerkennung der normativen Kraft des Faktischen in bezug auf das heute vorherrschende gesellschaftliche Bewußtsein.* Es wird nämlich dabei in aller Regel gar kein *Erklärungsversuch* für diese komplexe wie abgeleitete verhaltensstiftende Mentalitätslage unternommen. Im Gegenteil. Durch diese nicht hinterfragte globale Ausgangsanerkennung wird *gerade auch in der bevölkerungswissenschaftlichen Forschung* die Tür zu jeglichem Erklärungsansatz zugeschlagen, die aufhellende Ermittlung der verursachenden Faktoren sowie die Bewußtmachung der vielschichtig-weitreichenden Folgewirkungen dieser für die generative Frage so entscheidenden Problematik kommentarlos abgeblockt. Mit einer solchen Vorgangsweise geht man den klärungsbedürftigen Wurzelproblemen der fruchtbarkeitsrelevanten Frauenfrage auseinandersetzungsvermeidend aus dem Weg. Man scheut die Aufdeckung der der fachwissenschaftlichen Auseinandersetzung *vorgelagerten menschenbildbestimmenden Prämissen*, weil man mit diesen in der tonangebenden positivistischen Forschungseinseitigkeit einerseits nichts anzufangen weiß und andererseits durch deren Anerkennung auch noch gezwungen würde, ein Bekenntnis für oder wider wertbestimmte Prämissen des menschlichen Daseinsverständnisses abzulegen, was man ja in diesem Forschungsverständnis auch im Bereich der einschlägig *humanwissenschaftlichen* Thematik so ängstlich meidet (siehe dazu unsere Ausführungen im ersten Abschnitt). Dadurch aber wird das substantiell Fragwürdige, Klärungsbzw. Begründungsbedürftige dieses Forschungsansatzes ausgeblendet; ausgeblendet durch die erwähnte wurzelproblemausklammernde wie auseinandersetzungsvermeidende Anerkennung der normativen Kraft des Faktischen im Bereich des seit langen Jahren tonangebenden gesellschaftlichen Bewußtseins. Abgesehen davon, daß die in Rede stehende normativ-menschenbildbestimmende Problematik immerhin durch die Kriterien *seelischer Gesundheit* und *gesellschaftlicher Funktionalität* zwei bedeutungsschwere Zugänge auch vom Standpunkt *objektiver* wissenschaftlicher Kriterien ermöglicht, kann die *Frauenfrage* als entscheidendes Teilproblem des Fruchtbarkeitsgeschehens ohne Klärung der anthropologischen Zielbildproblematik nicht mit Aussicht auf einen wissenschaftlichen Durchdringungserfolg angegangen werden. Gerade auch hier versperrt sich eine positivistisch verengte Themenbehandlung (absichtlich oder unabsichtlich, bewußt oder unbewußt) den Zugang zu den entscheidendsten Erklärungskomponenten der Fruchtbarkeitsrelevanz der Frauenfrage. Mit der Beschränkung auf die hier behandelte Trivialfeststellung, es liege ein gesellschaftlicher Wertwandel in Gestalt einer veränderten Rollenbild-Problematik vor (eine Feststellung, die niemand bestreitet), wird nicht ein Denkansatz *begründet,* sondern vielmehr ein solcher *verhindert.* In unserer folgenden Darstellung lassen sich aus Gründen der zusammenhangstiftenden Verständlichkeit einige Betrachtungsüberschneidungen und die sich dabei ergebenden (Teil)-Wiederholungen von Elementen der bisherigen Abhandlung nicht immer vermeiden.

2.4.1 Individuelle Selbstverwirklichung als zentrale anthropologische Leitidee unserer Gegenwartsgesellschaft

Die fortschreitende Individualisierung der modernen Kultur hat nicht nur die Ehe in eine immer größere Gegenspannung zur Familie gebracht, sondern schließlich auch noch das Individuum in ein ausgeprägt konfliktorientiertes Verhältnis zur Ehe. Diese (alle soziale Verbindlichkeit betreffende) Gesamtentwicklung basiert auf dem stets sich ausweitenden Wunsch des Menschen nach Emanzipierung aus den sozialethischen Verpflichtungen seiner überindividuellen Lebensformen. Umfassende Leitidee ist das autonome Individuum maximaler Selbstverfügung.

Die mangelnde Attraktivität der Familie in der öffentlichen Meinungsbildung der jüngeren Vergangenheit resultiert zu einem nicht geringen Teil aus der Einschätzung, man habe es dabei mit einem vielgestaltigen Hindernis menschlicher Selbstverwirklichung zu tun. Mit dem Begriff Familie verbinden viele Zeitgenossen die negativ getönte Vorstellung einer persönlich beengten Lebensentfaltung, einer störenden Behinderung wünschenswerter Ungebundenheit und Selbstverfügbarkeit. Außer dem Privatleben betrifft dies das fast zu einem gesellschaftsweiten Zwang gewordene beruflich-soziale

Aufstiegsdenken. Ihm wird sehr häufig alle verfügbare Lebenskraft zugewendet, so daß nicht zuletzt die *aus den Lebensbindungen von Ehe und Familie* erwachsenden Einschränkungen individueller Selbstverfügbarkeit und Ungebundenheit als Behinderung des beruflich-gesellschaftlichen Karrierestrebens empfunden bzw. beklagt werden. Als Massenerscheinung ergab sich dies vor allem infolge euphorischer Ausuferung der Idee einer Bildungsgesellschaft im einengenden Sinnverständnis einer durch Zertifikate des höheren und hohen Schulwesens staatlich bescheinigten Vermehrung von Wissen und Fertigkeiten. Darin wird dann im breiten Durchschnitt weit weniger ein lebenssinnsteigernder Gewinn an kultureller Substanz sowie eine Orientierungshilfe zur Klärung geistiger Standortfragen bzw. zur Verwirklichung des eigenen Lebensentwurfs erblickt als eine Chancenvermehrung zur Erhöhung von Einkommen, Sozialprestige und dem damit verbundenen Zuwachs an gesellschaftlichem Einflußvermögen (das kennzeichnende Motto dieser Bildungsmentalität lautet 'Wissen ist Macht'). Unter diesen Voraussetzungen der allgemeinen Zeitlage empfindet man die Familie heute im Hinblick auf das Privatleben ebenso wie mit Beziehung auf das beruflich-gesellschaftliche Karrieredenken vielerorts als eine Art Gegenspielerin der Interessen eines modernen Lebensverständnisses.

Eine solche negativ getönte Abwehrstellung findet sich durchaus *nicht einseitig bei Frauen* als Folge der bekannten Konfliktlage zwischen ihrem Aufgabenbereich einerseits in Heim und Familie und andererseits ihren außerhäuslichen Interessen (vor allem auf dem Sektor ihrer erwerbsberuflichen Arbeit). Eine solche – zumindest unterschwellige – Abwehrhaltung durchzieht auch das Denken und Fühlen vieler Männer. Vorrangig geht es in beiden Fällen *um die Kinder* als Konkurrenten eines utilitaristischen Glückstrebens ihrer Eltern. Es ist jedoch nicht zu übersehen, daß in jüngerer Zeit *auch schon die Eheführung allein* immer mehr in diese Optik einer störenden Einengung persönlicher Freizügigkeit und Ungebundenheit, eines ärgerniserregenden Verzichts auf diverse Lieblingspläne und Wunschziele des Lebens geraten ist. Ehe und Familie erscheinen deshalb heute vielerorts weit mehr als *Blockierungszentrum* individueller Entfaltungs- bzw. Selbstverfügungsmöglichkeit und damit als eine wesentliche Ursache unerfüllter Daseinshoffnungen des Menschen denn als ein *Bewährungsfeld kreativer Entfaltung* mit der Chance zu vollmenschlicher Ausreifung und Lebenserfüllung.

Diese immer ausgeprägter gewordene Abwertung von Ehe und Familie erfordert eine Überprüfung der sie stützenden Argumente. Bewirken die ehelichen, elternschaftlichen und kindschaftlichen Lebensbindungen mit ihren unbestrittenermaßen vielfältigen Einschränkungen und Verzichtleistungen als Folge wechselseitiger Lebenshilfe der in solcher Gemeinschaft totaler Solidarität vereinten Menschen in der Gesamtrechnung des Lebens wirklich eine prinzipielle und vermeidbare Benachteiligung des Einzelmenschen hinsichtlich seines Strebens nach optimaler Selbstentfaltung? Diese Frage in der Sicht einer aufsummierenden Lebensrechnung erweist sich bei näherem Hinsehen als abhängig von der Bestimmung des Ziels, auf das hin menschliches Leben sich verwirklichen soll. Die Berufung auf die inhaltlich nicht näher bestimmte Forderung nach 'Selbstverwirklichung' schafft nämlich noch kein geklärtes Postulat, sondern bedeutet zunächst nur das Geltendmachen eines rein formalen Begriffs. Sinnvoll kann dieser erst dann verwendet werden, wenn ein Ziel vor Augen steht, auf das hin menschliches Leben seine Verwirklichung anstrebt. Nur unter Bezugnahme auf ein solches Lebensziel kann dann bestimmt werden, was der 'Selbstverwirklichung' einer Person nützt oder schadet, in welchem Ausmaß sich ein Mensch zur Entfaltung seiner selbst bringt oder auch nicht. Ohne Angabe dieses unsere Daseinsausfaltung orientierenden Zieles bedeutet der so häufig als Imperativ verwendete Begriff 'Selbstverwirklichung' keine Maßstaborientierung, sondern eine undefinierte 'Leerformel'. Man kann damit die verschiedensten inhaltlichen Aspekte in Verbindung bringen, auch ganz konträre Auffassungen, die alle in diesem Wort einen gemeinsamen sprachlichen Nenner besitzen. Diese inhaltliche Vieldeutigkeit aber wird insofern ignoriert, als in der seit langen Jahren weithin tonangebenden sozialwissenschaftlichen und gesellschaftspolitischen Diskussionsrichtung sowie in der maßgeblich davon bestimmten öffentlichen Meinungsbildung der psychologisch äußerst wirksame Begriff 'Selbstverwirklichung' (ohne Klärung des sinngebenden Gesamtzusammenhanges) einzig und allein für eine ganz bestimmte Bedeutung in Beschlag genommen und in massiver Weise als Argument gegen die familialen Lebensbindungen des Menschen ins Treffen geführt wird.

Es wird dabei der Eindruck erweckt, dieses heute so dominierend in den Bewußtseinsvordergrund gerückte Sinnverständnis von 'Selbstverwirklichung' entspreche der einzig legitimen Betrachtungsweise, die sich geradezu von selbst anbiete und gegen die man vernünftigerweise nichts einwenden könne; gehe es dabei doch um nichts anderes als um einen moralisch wie grundrechtlich untermauerten Anspruch des Menschen auf freie Entfaltung seiner selbst. Bei dieser Handhabungspraxis setzt nun unsere zusammenhangklärende, hintergrundausleuchtende Begriffskritik an. *Das heute vorherrschende, zumindest der Wirkung nach weithin gegen die Gemeinwohlinteressen von Ehe und Familie sich auswirkende Sinnverständnis von 'Selbstverwirklichung' bedeutet keinesfalls eine Konsequenz aus der Anerkennung des menschlichen Grundrechts auf angemessene persönliche Selbstentfaltung; vielmehr wird damit die grundwertabhängige Perspektive eines ganz bestimmten Menschenbildes zur Geltung gebracht, nämlich die eines liberalistischen Individualismus bzw. eines – mit ihm in mancherlei Hinsicht verbündeten – apersonalen Kollektivismus.* Also nicht die Ausrichtung am selbstverständlichen Freiheitsrecht des Menschen auf angemessene persönliche Entfaltung, sondern die Zielbildorientierung an ganz bestimmten anthropologischen Konzeptionen ist der Maßstabhintergrund, von dem aus gesehen die selbstverfügungseinschränkenden Sozialbindungen von Ehe und Familie als ein prinzipielles Hindernis menschlicher Selbstverwirklichung erscheinen.

Die auch für die Problematik der *Selbstverwirklichungsdiskussion* denkrichtungsbestimmend bzw. lösungsrichtungentscheidend vorgeschalteten anthropologischen Grundkonzeptionen eines individualistischen, kollektivistischen bzw. eines 'personal' orientierten Menschenbildes (samt den dazwischenliegenden bzw. einander überlagernden Mischvarianten) sowie die dazugehörende sozialphilosophische Grundlagenklärung haben wir im ersten Abschnitt dargestellt. Wichtig ist in diesem Zusammenhang die Erinnerung, daß in der zeitgenössisch dominierenden *individualistischen* oder/und *kollektivistischen* Betrachtungsweise Ehe und Familie *auch in ihrem essentiellen Bestandskern* in Frage gestellt werden. Dies ist eine Folge davon, daß ihre wandelbare äußere Zeitgestalt mit der ihr zugrundeliegenden Ebene eines zeitlos gültigen sozialen Basisprinzips *in eins gesetzt* wird, wodurch Ehe und Familie *auch auf dieser prinzipiellen Ebene* der individuellen wie gesellschaftlichen Beliebigkeit ausgesetzt werden.

Maßgeblich zu diesem Irrtum hat die *unüberschaubar große* Variabilität in der dem sozialen Wandel unterworfenen zeitabhängigen Ausprägung ihrer äußeren Erscheinungsform beigetragen. Eine solche unüberschaubar große Variabilität ergibt sich durch ihre Abhängigkeit a) von den unterschiedlichen gesellschaftlichen Systemen derselben Zeitlage (globale Differenzierung); b) von der geschichtlichen Entwicklung ein und derselben Gesellschaft (historische Differenzierung) und c) von den sozialen Subkulturen und Sozialschichten in ein und derselben Gesellschaft zur gleichen Zeit (innergesellschaftliche Differenzierung). Unter dem Eindruck der sich daraus ergebenden riesigen Mannigfaltigkeit ihrer äußeren Erscheinungsweise entstand der heute weithin fortdauernde Irrtum, man habe es beim Phänomen Ehe und Familie mit einer *in seiner Totalität* vom sozialen Wandel abhängigen Erscheinung zu tun. Ehe und Familie gelten in dieser Anschauung *insgesamt* nur noch als eine *Variable* verschiedenster übergeordneter Determinanten. Durch diese ungeschiedene Einbeziehung ihres zeitlosen Wesenskerns in die Abhängigkeit vom sozialen Wandel sind Ehe und Familie in eine *totale Relativierung* geraten. Wo sie nicht durch ehe- und familienüberwindende 'Alternativen' prinzipiell in Frage gestellt oder abgelehnt worden sind, bewirkte diese totale Relativierung eine lebensbedrohliche Aushöhlung ihrer strukturell/funktionalen Kernsubstanz. Im Verlauf der vergangenen eineinhalb Jahrzehnte hatte dies in der öffentlichen Diskussion unseres Kulturkreises dazu geführt, daß mehr oder weniger alle Elemente *auch des Grundgefüges* von Ehe und Familie als *beliebig veränderlich bzw. ersetzbar* betrachtet wurden, vor allem im Sinne gesellschaftlicher Rollenzuschreibung. Im Zentrum betrifft dies die *nivellierende Gleichsetzung* oder gar den (für den Normalfall des Lebens, nicht also für randgelagerte Sonderprobleme gedachten) *Tausch* der männlichen und weiblichen Wirkkomponenten auf allen Sektoren nicht nur des gesellschaftlichen, sondern auch des ehelich/familialen Lebens; somit auch die nivellierende Gleichsetzung bzw. die Behauptung von der prinzipiellen Ersetzbarkeit (Tauschbarkeit) der väterlichen und mütterlichen Erziehungsqualität bei der Betreuung der nachwachsenden Generation. Dies hatte zu Auflösungserscheinungen in der doppelgeschlechtlich geprägten Dyade des aus Vater und Mutter bestehenden Elternpaares durch die gerade von wissenschaftlicher Seite aufgestellte Behauptung des Erfordernisses nur einer geschlechtsneutralen 'Dauerbezugsperson' schon für das kleine Kind geführt.

In der erfahrungsgeleiteten Betrachtungsweise eines 'personalen' menschlichen Selbstverständnisses erweist sich jedoch die Familie in ihrer Kernsubstanz als Manifestation eines universellen und transepochal gültigen sozialen Basisprinzips, so daß dieser ihr zeitloser Wesenskern — der menschliches und damit auch gesellschaftliches Leben erst möglich macht — eine 'anthropologische Konstante' im sozialen Wandel darstellt, die genauso wenig in die persönlich-private wie in die gesellschaftliche Beliebigkeit gestellt ist. Da die Ehefrau und Familienmutter darin ein konstituierendes Wurzelelement darstellt, bedeutet dies für unseren engeren Zusammenhang hier, daß *auch der grundsätz-*

liche Stellenwert der Frau, d. h. ihre Richtungswirksamkeit, in diesem zeitlosen Wesens-
fundament von Ehe und Familie eine solche anthropologische Konstante *jeder* lebenswerten menschlichen Daseinsordnung darstellt, eine naturale Vorgegebenheit, die solchermaßen jeglicher gesellschaftlicher Rollenzuschreibung *vorgeordnet* ist. Dieser
grundsätzliche Stellenwert manifestiert sich insbesondere in einer mütterlich-väter-
lichen Aufgabenteilung im Kerngebiet des generativen Funktionskreises sowie in der
davon mitabhängigen schwerpunkthaften Zuordnung von Mann und Frau beim Aufbau
und der Gestaltung des Innen- und Außenverhältnisses der Familie. In diesem ihrem
Grundgefüge ist also (für den uns hier allein interessierenden Normalfall) auch die
Richtungsposition der Frau und Mutter in Relation zum Mann und Vater sowie zu den
Kindern innerhalb von Ehe und Familie nicht beliebig veränderlich bzw. ersetzbar.

Ansonsten – das muß ergänzenderweise betont werden – erstreckt sich der die menschliche Geschichte begleitende soziale Wandel *unbestrittenermaßen* auf die *Gesamtheit* der
sozialkulturellen Erscheinungsformen, also auch auf jene des mit jeder Kulturausfor-
mung stets sich mitwandelnden Gefüges der in der Familie realisierten Geschlechter-
und Generationenverbindung. Nur muß man dabei die von uns betonte Unterscheidung
zwischen der äußeren Zeitgestalt und des ihr vorgeschalteten zeitlosen Wesenskerns von
Ehe und Familie berücksichtigen.

Da die wandelbare äußere Zeitgestalt nicht ohne weiteres von den Elementen des ihr
unwandelbar zugrundeliegenden sozialen Basisprinzips im einzelnen deutlich unter-
scheidbar ist, kann man so gut wie sicher annehmen, daß die Innovationsimpulse des
sozialen Wandels (der gesellschaftlichen Veränderung) auch hinsichtlich Ehe und Familie – wie hinsichtlich anderer einschlägig vergleichbarer sozialkultureller Erscheinungsformen – immer schon *bis in das Prinzipielle* hineingereicht haben. Die Ehe und
Familie betreffenden Zielsetzungen des sozialen Wandels (der gesellschaftlichen Verän-
derungshorizonte) haben so zweifellos *nicht nur in der Gegenwart* die Hoffnung auf
eine *grundsätzliche Überwindung* der in der Ehe- und Familienordnung (religiös-moralisch wie rechtlich-staatlich) verankerten selbstverfügungseinschränkenden Verpflich-
tungsregulative hervorgebracht, die ja zum harten Kern der Ordnungsforderungen des
menschlichen Lebens seit jeher gehören. In diesem Zusammenhang muß die bedeutungsschwere Tatsache mit in den Blick genommen werden, daß in der individuellen
Lebensgeschichte ebenso wie im gesellschaftlichen Prozeß immer wieder durch – mitunter eruptiv – aufbrechende schwere Konflikte die jeweilige Geschlechter- und Gene-
rationenordnung in Frage gestellt wird. Mit der aus dem Zusammenleben der Geschlechter und Generationen erwachsenden Konfliktdynamik ist unter dem emotional getön-
ten Motto vom 'Kampf der Geschlechter bzw. Generationen' eines der zentralen Themen menschlichen Lebensschicksals im Gang durch die Geschichte markiert. Solchermaßen haben die diesem Problembereich entstammenden Veränderungsziele zweifellos *auch in früheren Zeiten schon* Impulse des sozialen Wandels hervorgebracht, die
von der visionären Hoffnung einer *grundsätzliche Überwindung* dieses Konfliktpoten-
tials getragen waren. Als eine seiner zentralen Problemwurzeln läßt sich die aus der geschlechtlichen wie generationsmäßigen Differenzierung des Menschen erfließende *soziale
Ungleichheit* erkennen, deren ökonomisch wie sozialkulturell relevante Konfliktkonse-

quenzen sich insbesondere als ein Problem der Verteilung von Aufgabenzuständigkeit bzw. Verfügungsgewalt erweisen. Infolge der dabei entstehenden Erlebnisse *sozialen Unrechts* führte dies u. a. zur Lösungsvariante eines radikalen Egalitätsprinzips, das die ganze Problematik einfach dadurch aus der Welt zu schaffen sucht, daß jegliche soziale Ungleichheit mit sozialem Unrecht gleichgesetzt wird. In konsequenter Ausfaltung dieses Ansatzes kam es im Rahmen der neulinken Weltanschauungsbewegung der vergangenen eineinhalb Jahrzehnte unseres Kulturkreises gerade im Lebensbereich von Ehe und Familie zum Versuch einer Aufhebung der 'sozialen Ungleichheit' an der anthropologischen Wurzel der geschlechtlichen und generationsmäßigen Differenzierung, am deutlichsten artikuliert im Programm 'totaler Emanzipation' von Frau und Kind im Sinne geschlechts- und generationsegalisierter Lebens- und Gesellschaftsentwürfe. Damit aber wird das Familienprinzip an der Wurzel aufgelöst, das als eine 'coincidentia oppositorum' den lebensbewältigungsorientierten Zusammenfall der aus der geschlechtlichen wie generationsmäßigen Verschiedenheit erwachsenden polaren Gegensätze institutionalisiert. Diese geschlechtlichen wie generationsmäßigen polaren Gegensätze werden in einem 'personal' orientierten Strukturbild der Familie als Elemente einer *antagonistischen* Kräftedynamik begriffen, deren Ziel die *einheitsstiftende Lebensbewältigung* im Rahmen des sozialen Systems Familie ist. Das Selbstverständnis der Frau auf dem Hintergrund eines *individualistisch-emanzipatorischen sowie eines egalitätsideologischen* Menschenbildes aber funktioniert dieses positive Verständnis einer antagonistischen Dynamik der Geschlechter-Polarität (auch im Lebensbereich von Ehe und Familie) in eine allein selbstbehauptungsorientierte Konfliktproblematik um, deren Lösungsperspektive in einen kämpferischen Separatismus ausmündet. Der Wirkung nach hat man dies nicht unzutreffend als Übertragung der Klassenkampf-Mentalität auf die Lebensweise der Geschlechter bezeichnet. Solchermaßen wird die anthropologische Vorgegebenheit der Zweigeschlechtlichkeit nicht als die (innerhalb und außerhalb von Ehe und Familie bestehende) Bedingung zu *kooperativer* Weltbewältigung in Form hälftenhafter Ergänzung von Mann und Frau begriffen, sondern als Ausgangspunkt eines Machtkampfes. Dieser Vorstellung entspricht das einschlägig *prinzipielle* Konfliktdenken der neulinken Weltanschauungsbewegung (die daneben auch noch das Eltern-Kind-Verhältnis in diese prinzipielle Konfliktschau einbezieht). Die Lösungsperspektive dieser Auffassungsrichtung zielt deshalb auf eine möglichst umfassende Einebnung der geschlechtsmäßigen Wesensunterschiede (Wirkunterschiede) mit der sich daraus ergebenden Egalisierung des Lebensentwurfs von Mann und Frau *auch in Ehe und Familie.* Die aus der Geschlechtsdifferenzierung des Menschen erfließende soziale Ungleichheit wird so vom prinzipiellen Ansatz her als *soziales Unrecht* interpretiert.

Neben der radikal-kämpferischen Variante *marxistischer* Programmatik in Form 'totaler Emanzipation' stellt der in der zweiten Hälfte der siebziger Jahre in unserem Kulturkreis zunehmend in den Vordergrund getretene 'Feminismus' nur eine vor allem durch kulturelle Sublimierung der kämpferischen 'Selbstbefreiungs'-Aggressionen gemäßigte Abwandlung davon dar, die in den nun begonnenen achtziger Jahren eine *salonfähigere* Variante eines extrem individualistischen weiblichen Selbstverständnisses darstellt. Im öffentlichen Bewußtsein heute wird ja das Postulat 'totaler' Emanzipation schon recht skeptisch beurteilt. Man darf sich jedoch nicht täuschen lassen: Auch der 'Feminismus' ist von der Vorstellung maximalen individuellen Selbstverfügungsstrebens der Frau getragen mit dem Ziel einer möglichst bindungsarmen bis bindungslosen 'Autonomie' gegenüber Mann, Kind und Gesellschaft (daher die Bezeichnung 'autonome' Frauengruppen).

In Abhebung von einem individualistisch bzw. kollektivistisch inspirierten menschlichen Selbstverständnis und den darauf gegründeten egalitätsideologischen Auffassungen ist eine 'personal' orientierte anthropologische Grundkonzeption an die *Familie als soziales Basisprinzip* als an einen *wesensmäßigen* Bedingungsgrund unseres Daseins gebunden. In umgekehrter Blickrichtung formuliert: Die Familie als fundamentales Gestaltungsprinzip menschlichen Lebens setzt ein 'personales' Menschenverständnis mit seiner Absage an eine Zielbildorientierung individuellen oder gesellschaftlichen Autonomiedenkens und auf ein darauf abgestütztes Egalitätsdenken voraus. Die *jeder fachwissenschaftlichen Beschäftigung vorgeschalteten* anthropologischen Grundkonzeptionen ergeben gerade im Familienphänomen äußerst bedeutsame strukturell/funktionale Konsequenzen; sie stellen insbesondere auch die bestimmende Ausgangslage für die *familienrelevante Frauenfrage* mit nicht überschätzbaren Implikationen für die generative Problematik dar. Nur über die Klärung dieser Problembasis kann man die Frauenfrage in einen gesicherten Erkenntniszusammenhang zum Geburtenrückgang bringen. Da die individualistisch wie kollektivistisch (und damit auch die emanzipatorisch und egalitätsideologisch) inspirierten menschlichen Daseinsentwürfe dem sozialen Basisprinzip Familie nicht gerecht werden können (weil sie diese anthropologische Ordnungsvorgabe menschlichen Lebens in individuelle bzw. gesellschaftliche Beliebigkeit auflösen), *sind diese beiden anthropologischen Grundkonzeptionen auch nicht in der Lage, die mit dem Familienthema untrennbar verbundene Frauenfrage in einen Lösungsansatz zu bringen, der für eine bevölkerungserhaltende Nachkommenschaftsleistung der Familie eine Voraussetzung darstellt.* Der springende Punkt dabei ist das familienfeindliche und deshalb eo ipso auch nachkommenschaftsfeindliche Sinnverständnis des heute zu einer lebensrichtungbestimmenden anthropologischen Grundkategorie erhobenen Begriffs der 'Selbstverwirklichung'.

Die Orientierungsabhängigkeit von diesem springenden Punkt gilt gleichermaßen für die Problemebene des sozialwissenschaftlichen Denkens wie für jene der gesellschaftspolitischen Diskussion und des privat-persönlichen Lebensvollzugs, womit wir — wie schon im ersten Abschnitt — die *Denk- und Lebenseinheit* der generativen Problematik unterstreichen. Die (außerhalb der Fachdemographie liegende) bevölkerungs*wissenschaftliche* Behandlung des Geburtenrückganges ruht auf *denselben* erkenntnisleitenden bzw. lösungsrichtungbestimmenden Prämissen des Menschenbildes bzw. Gesellschaftsverständnisses auf wie die darauf bezogene bevölkerungs*politische* Diskussion und jene der einschlägig *individualanthropologischen* Problemerörterungen innerhalb und außerhalb des Familienthemas im Rahmen des praktischen Lebensvollzugs. Dies gilt auch für das jetzt behandelte generative Teilproblem der Frauenfrage. Der übergreifend-systematische Ort der engeren 'Selbstverwirklichungs'- bzw. 'Fremdbestimmungs'-Diskussion ist dabei das *Freiheitsverständnis*, dessen Prämissen (innerhalb der Problematik der sozialen Beziehungsordnung) gleichermaßen in den erörterten anthropologischen Grundkonzeptionen vorgezeichnet sind.

Während in *formaler* Hinsicht der heute lebensrichtungbestimmende Begriff 'Selbstverwirklichung' für *jede* Betrachtungsweise ein und dieselbe Bedeutung besitzt, weil darunter das für *jeden* Lebensentwurf gleichermaßen gültige Recht auf *eigenbestimmte* (statt von anderen Menschen oder von der Gesellschaft *fremdbestimmte*) Zielbildausrichtung zum Ausdruck kommt, ist *in inhaltlicher Hinsicht* mit diesem formalen Begriff noch gar nichts gewonnen. Der im *formalen* Begriff steckende Imperativ drückt keine anthropologische Zielorientierung aus, sondern stellt eine unbestrittene Selbstverständlichkeit dar. Folglich ist mit dem inhaltlich nicht präzisierten Bekenntnis zu dieser (in der wissenschaftlichen wie politischen Diskussion populär gemachten) Forderung an sich überhaupt nichts Menschenbild- bzw. Gesellschaftsbildrelevantes ausgesagt. Durch den schlagworthaften Charakter dieses Bekenntnisses mit seiner Suggestivwirkung einer als 'modern', als 'fortschrittlich' charakterisierten emanzipatorischen Denkweise wird nur der Blick getrübt für die Vielfalt der inhaltlich möglichen Divergenzen, ja Unvereinbarkeiten, die sich mit einem nicht präzisierten Gebrauch dieser heute so zentralen anthropologischen Kategorie — gerade auch im Zusammenhang mit der Frauenfrage — verbinden lassen. In irreführender Weise wird das heute als tragendes Argument gegen die familialen Lebensbindungen des Menschen (insbesondere der Frau) unreflektiert in Beschlag genommene Sinnverständnis des Begriffs 'Selbstverwirklichung' mit dem heute vorherrschenden Bedeutungsbewußtsein des noch allgemeineren Begriffs 'Selbstbestimmung' in eins gesetzt und damit die *volle Gegenbegrifflichkeit* zur gleichermaßen attraktiv gemachten Vokabel 'Fremdbestimmung' hergestellt. Dabei wird der Eindruck erzeugt, daß diese als selbstverständlich herausgestellte Auffassung nichts anderes bedeute als die Geltendmachung des moralisch wie verfassungsmäßig untermauerten Anspruchs auf ein unbezweifelbares menschliches Grundrecht, negativ formuliert: auf ein Recht zur Abwehr freiheitsentziehender *Fremdbestimmung*.

2.4.2 Soziale Verwiesenheit des Menschen contra emanzipatorisches Freiheitspathos

Der dabei zum Ausdruck kommende grundlegende Irrtum, der das Freiheitsverständnis *eines extrem liberalistischen Individualismus* (mit allen darin liegenden Konsequenzen einer Fundierungshilfe für den apersonalen Kollektivismus) als einzig legitime Variante eines freiheitsbezogenen Humanismus erscheinen lassen möchte, ist im Grunde unschwer aus der Lebenspraxis aufzudecken. Da es in der Realität des Lebens keine Form sozialer Beziehung *ohne Abhängigkeit* gibt, ja nicht geben kann, weil jede dabei entstehende (sachliche oder persönliche) Verbindung notwendigerweise wechselseitige Abhängigkeiten mit sich bringt, hängt es wie beim Begriff der *Selbstverwirklichung* auch beim noch allgemeineren Basisbegriff *Selbstbestimmung* ganz von dessen konkretem Sinnverständnis ab, welche Art und welches Ausmaß von sozialer Bindung mit welcher Begründung damit als freiheitseinschränkend (freiheitsentziehend) empfundene *Fremdbestimmung* abgelehnt wird. Das ganze menschliche Leben stellt infolge seiner notwendigen und vielgestaltigen sozialen Verflochtenheit einen nur theoretisch aufspaltbaren Komplex einerseits von Elementen distanzierender *Eigenwertbehauptung* und andererseits von solchen der aus den sozialen Verbindungen wechselseitig entstehenden *Bindungsabhängigkeit* dar. Da menschliches Leben von seinem ersten bis zum letzten Tag von dieser Tatsache maßgeblich bestimmt ist, in der Form, daß es stets auf Ergänzungsleistungen *anderer* angewiesen ist (als Schutz, Hilfe, Unterstützung, emotionale Zuwendung, Verständnisbereitschaft, Rücksichtnahme, Kooperation), muß die Geltendmachung der eigenwertbetonenden, unabhängigkeitsgerichteten Forderungen des Individuums vermittels der in den Begriffen *Selbstbestimmung* und *Selbstverwirklichung* steckenden Ansprüche bei einer angemessenen Berücksichtigung dieser Grundtatsache ihre Grenze finden.

Selbstbestimmung und Selbstverwirklichung erfahren *die Grenze ihrer Legitimierbarkeit* in diesem unabwendbaren Faktum der sozialen Bedürftigkeit des Menschen und der daraus sachnotwendig folgenden vielgestaltigen (wechselseitigen) Abhängigkeit bei der Bewältigung seines Lebens. Es entspricht deshalb einem grundlegenden Mißverständnis, die soziale Abhängigkeit *dem Grundsatz nach* als eine Konkurrenzgröße von *Selbstbestimmung* und *Selbstverwirklichung* zu verstehen, so, als ob damit der Eigenwert des personalen Selbstandes prinzipiell geschmälert (oder gar in Frage gestellt) würde. Das Grundrecht auf *Selbstbestimmung* des eigenen Lebensentwurfs (gegenüber mitmenschlicher bzw. gesellschaftlicher *Fremdbestimmtheit*) und dessen Realisierung durch *Selbstverwirklichung* stellt *keine Alternative* zu sozialer Abhängigkeit dar. Die in der konstitutiven Ergänzungs- bzw. Hilfsbedürftigkeit des Menschen gründende und je nach den konkreten Umständen seines Lebens unterschiedlich große *Abhängigkeit* kann sinnvollerweise nicht als eine Form ablehnungswürdiger *Fremdbestimmung* aufgefaßt werden. Die Idee der eigenwertbetonenden Selbstverwirklichung und die hier gekennzeichnete soziale Abhängigkeit stellen vielmehr dem Grundsatz nach *notwendige Verschränkungsgrößen* dar. Die im Gegensatz-Begriffspaar *Selbstbestimmung : Fremdbestimmung* sich diesbezüglich ausdrückende Problematik ist lediglich eine Frage der Proportionen, eine Frage des Maßes im Zuordnungsverhältnis dieser beiden antagonistischen Größen. W i e dieses Zuordnungsverhältnis im Einzelfall aussieht, wird in der Realität des Lebens neben den vorgegebenen äußeren Umständen durch die jeweilige Akzentuierung im Insgesamt der anthropologischen Zielbildausrichtung bestimmt, die – wie schon einmal gesagt – nur ganz selten der *idealtypischen* Ausprägung von Individualismus, Kollektivismus oder einer personalen Sichtweise des Menschen nahekommt, vielmehr fast immer irgendeine Zwischenform darstellt, oftmals mit kombinatorischen Überlagerungseffekten aus *mehreren* dieser anthropologischen Grundgestalten. So sehr die aus diesem Insgesamt der Zielbildorientierung entstehende unübersehbare Fülle stufenlos ineinander übergehender Nuancierungen im Zuordnungsverhältnis der beiden in Rede stehenden antagonistischen Tendenzen *eigenwertbehauptender Selbstverwirklichung* und *sozialer Abhängigkeit* sich *im Wurzelansatz* als *normative* Richtungsbestimmtheit *vor*wissenschaftlichen Charakters erkennen lassen, also in diesem Ansatz nicht als *sachlich richtig* oder *falsch* beweisbar sind, kann doch *nach den Wirkungs-kriterien seelischer Gesundheit* und *gesellschaftlicher Funktionalität* eine *ausgeprägte oder gar extreme* individualistische bzw. kollektivistische Zielorientierung mit ihrer im ersten Abschnitt behandelten monistischen Reduktion bzw. mit der dabei entstehenden antinomischen Spaltung des Menschen in seine individuelle und gesellschaftliche Wesens-natur unschwer als ein *grundsätzlicher Irrtum bzw. folgenschwerer Mangel* einsichtig gemacht werden; als eine Problemsicht, die jeder lebenswerten Variante des Mensch-seins bzw. jeder halbwegs *ausgewogenen* Betrachtungsweise des Menschen und seiner Sozialordnung zuwiderläuft.

Die aus seiner Sozialbedürftigkeit unvermeidbar und wechselseitig entstehende mit-menschliche und gesellschaftliche Verwiesenheit des Individuums kann also sinnvoller-weise dem Grundsatz nach *nicht* als eine negative, ablehnungswürdige Tatsache quali-fiziert werden. Tut man es dennoch (und dies geschieht in der Gegenwart durch die vor-herrschenden Tendenzen eines liberalistischen Individualismus, insbesondere auf dem Hintergrund der Emanzipationsprogrammatik bzw. ihrer Extremvariante in Gestalt der Selbstbefreiungsideologie, im Grunde recht häufig), dann charakterisiert man damit die soziale Grundbefindlichkeit des Menschen *prinzipiell* als negativ, als ablehnungswürdig. Ob die in diesem Fall in den Vordergrund gestellten *alternativ-utopischen* Zielbilder mit ihrer Forderung nach einem von all diesen wechselseitigen sozialen Bindungsabhängig-keiten *von Grund auf 'befreiten'* menschlichen Leben einen Sinn haben, muß von den Sinnbedürfnissen der je eigenen Daseinsperspektive beurteilt werden. Sicherlich bringt uns aber eine solche utopische Zielbildorientierung weder auf der *erkenntnismäßigen* Ebene sozialer Problemerfassung noch auf jener der *praktischen Daseinsbewältigung* einen Schritt weiter. Dessenungeachtet ist für viele Zeitgenossen eine derartige Fixie-rung auf irreale Utopien *ein großes Bedürfnis* (mehr noch für die *theoretische* Existenz-deutung als die dazu korrespondierende *Lebenspraxis*); eine Zielbildorientierung, die sich bei *hohen* Ausprägungsgraden unschwer als Flucht vor der oft harten Lebenswirk-lichkeit erkennen läßt, als ein Ausweichen in den Realitätsersatz eines phantasie-vollen gedanklichen Konstrukts. Zum Unterschied davon sind wir in unserer Betrach-tungsweise bemüht, in der Einschätzung der Lebenswirklichkeit *auf dem Boden eines klaren Realitätssinnes* zu bleiben. Wir wissen sehr wohl, daß wir dadurch auf die Teil-nahme an den heute teilweise immer noch so begehrten, weil faszinierend wirkenden Ausgriffen in die Gedankenwelt kühner Innovationsexperimente verzichten müssen, die in unserem Kulturraum seit langen Jahren in der sozialwissenschaftlichen Diskussion ebenso wie in der damit verschränkten gesellschaftspolitischen Debatte immer mehr tonangebend geworden sind, deren spekulative Sensationen aber weder in den gewissen-haft (auch kulturvergleichend) ermittelten Befunden der empirischen Feldforschung noch auf dem Hintergrund der (wissenschaftlich reflektierten) einschlägigen mensch-heitsgeschichtlichen Erfahrungsansätze einen auch nur geringfügigen Wahrscheinlich-keitsgrad von Verwirklichungsmöglichkeit für sich in Anspruch nehmen können. Auf dieser unserer Basis eines *erfahrungsgeleiteten* Denkens und im Sinnhorizont bzw. in der Wertschau des skizzierten *personalen* Menschenbildes kann die erörterte soziale Grundbefindlichkeit des Menschen in Gestalt wechselseitiger Bindungsabhängigkeit (als Erfordernis von Schutz, Hilfe, Unterstützung, emotionaler Zuwendung, Verständnisbereitschaft, Rücksichtnahme, Kooperation) *nicht* als Minderung des persönlichen Eigenwertes des Menschen angesehen werden. Keine noch so umfangreiche soziale Abhängigkeit, so sie sich aus den Lebensumständen als *erforderlich* und damit als *legitim* erweist, kann den Eigenwert, nämlich die Würde des Menschen *auf dieser prinzipiellen Ebene* auch nur im geringsten antasten.

Die Betonung dieser Tatsache ist notwendig und von großer praktischer Bedeutung, weil die soziale Hilfsbedürftigkeit und die sich daraus ergebende Abhängigkeit je nach den konkreten Umständen des Einzelfalles recht unterschiedlich groß sein kann. Eine aus den Lebensverhältnissen unverschuldet sich ergebende *Disproportion* der eigenen sozialen Bedürftigkeit im Verhältnis zu den kompensativ dazu selbst erbrachten Leistungen im Dienste der Beziehungspartner müßte ansonsten zu großen Unterschieden im prinzipiellen Eigenwert des Menschen führen. Schuldlos *in hohem Grad* hilfsbedürftig gewordene Menschen – sei die Ursache ökonomischer, seelisch-geistiger, lebensalterspezifischer, gesundheitlicher oder sonstiger Natur –, also finanziell Unterbemittelte, Einsam-Verlassene, seelisch-geistig Defekte oder in Not Geratene, Kranke, Invalide, Kinder, alte Menschen usw. hätten ansonsten durch diese Disproportion einen ganz erheblichen Verlust im Wert ihrer Person zu beklagen; sie wären dadurch nur noch Menschen *zweiter, ditter oder noch geringerer Güte.* Menschenwürde bzw. der durch sie begründete personale Selbstand würden dadurch als Folge unverschuldeter äußerer Lebensumstände und die dadurch (temporär) entstehende *unterschiedlich große* soziale Abhängigkeit in *verschiedenem* Maße zugeteilt sein. Nur unter dieser Voraussetzung einer realen Einbuße substantiellen Eigenwertes könnte die aus individualistischem Denken hervorgehende Konsequenz gerechtfertigt werden, im Tatbestand der aus sozialer Bedürftigkeit folgenden sozialen Abhängigkeit *grundsätzlich* eine Qualität eigenwertvermindernder *Fremd*bestimmung zu erblicken. All die aus der konstitutiven sozialen Bedürftigkeit des Menschen sich ergebende *legitime* Verwiesenheit auf den Mitmenschen bzw. auf gesellschaftliche Koordinations- und Kooperationshilfe kann aber nie und nimmer zu dem führen, was man mit gutem Grund als ablehnungswürdige Freiheitseinschränkung im Sinne (partieller) Verwehrung selbstbestimmter Daseinsausrichtung, was man also mit gutem Grund als *Fremdbestimmung* kennzeichnen kann. *Das sind zwei grundlegend verschiedene Sachverhalte.* Ein an den Rollstuhl gefesselter Invalide, eine zur Wahrnehmung ihrer Familienpflichten der Abschirmung äußerer Gefahren und der finanziellen Unterhaltssorge von seiten ihres Mannes bedürfende Frau, ein hilfloses Kind, ein alter Mensch als 'Pflegefall' usw.: sie alle sind dem Grundsatz nach im Besitz *desselben* Eigenwertes nach dem Maß der Menschenwürde wie jene, die umständehalber keine solchen besonderen Formen bzw. keine so hohen Grade von sozialer Abhängigkeit aufweisen. Von *Fremdbestimmtheit* kann man sinnvollerweise immer nur dann sprechen, wenn in einer durch die Umstände *nicht* erforderlichen Art und Weise eine real vorhandene Fähigkeit und Bereitschaft zur *Selbstbestimmung* der eigenen Daseinsorientierung und damit zur schrittweisen *Realisierung seiner selbst* durch den Willen anderer eingeschränkt oder gar aufgehoben wird. In all diesen Fällen handelt es sich dann tatsächlich um eine *illegitime,* weil die Menschenwürde beeinträchtigende Abhängigkeit; in all diesen Fällen haben wir es tatsächlich mit einer einschränkungslos abzulehnenden *Fremdbestimmung* zu tun.

Wir haben diese allgemeinen Grundlagen des Zusammenhanges zwischen dem Streben nach Selbstbestimmung bzw. Selbstverwirklichung auf der einen und der sozialen Verwiesenheit menschlichen Lebens auf der anderen Seite deshalb herausgestellt, weil sie in besonderer Weise auch Gültigkeit haben für die sozialen Relationen in Ehe und Familie. Insbesondere geht es hier um die freiheitsrelevante Deutung der Lebenssituation der von ihren Eltern zunächst ganz und gar abhängigen *Kinder* (siehe dazu das nächste Kapitel über die Erziehungsproblematik im Elternhaus) sowie um die freiheitsrelevante Deutung der Lebenssituation der finanziell und lebensschutzmäßig von ihrem Ehemann (vorübergehend) hochgradig abhängigen *hauptberuflichen Familienmutter*. Die Problematik der hochgradigen sozialen Verwiesenheit der (zeitweilig) hauptberuflich in Heim und Familie wirkenden Familienhausfrau mit pflege- und erziehungsbedürftigen Kindern stellt ja den harten Kern der familienrelevanten *Frauenfrage* unserer Gegenwartsgesellschaft dar. Diese oftmals randvoll hauptberufliche Wirksamkeit, wie wir sie im Zusammenhang mit der Problematik des Familienhaushalts dargestellt haben, bewirkt die in Rede stehende Kehrseite (vorübergehender) hochgradiger sozialer Abhängigkeit dieser Frauen vom Ehemann bzw. Kindesvater.

Nach einer aus emanzipatorisch-egalitätsideologischer Perspektive erwachsenden, heute weitverbreiteten Problemsicht sowohl des sozialwissenschaftlichen als auch des gesellschaftspolitischen Denkens und der davon inspirierten öffentlichen Meinung handelt es sich dabei grundsätzlich um eine Situation *stark eigenwertmindernder Fremdbestimmtheit* auf seiten dieser Frau infolge ihrer finanziellen und der sonstigen lebensschutzbedingten Abhängigkeit gegenüber ihrem Manne. Diese aus der Ursache einer lebensordnungsbedingten Arbeitsteilung (temporär) sich ergebende hochgradige soziale Abhängigkeit der Familienmutter (bei einem umständebedingten Rollentausch eines hauptberuflich hauswirtschaftenden, pflegerisch und erzieherisch in der Familie tätigen Mannes und Vaters würde diese – geschlechtsspezifisch etwas modifizierte – soziale Verwiesenheit im Kern den Mann ebenso betreffen wie die Frau) läßt sich aber dem Grundsatz nach wirklich nur in einer *emanzipatorisch-egalitätsideologischen* Betrachtungsweise als Faktor selbstwertmindernder Fremdbestimmtheit interpretieren. Solche negative Qualifikation der in den Lebensumständen liegenden *ungleich großen* Verwiesenheit (Abhängigkeit) der sozialen Beziehungspartner konzentriert sich in der heute weithin vorherrschenden Denkweise ganz besonders auf das Bindungsgefüge im familialen Kooperationsverbund. Neben dem Maßstab geschlechtsegalisierender Einebnung der aufgabenspezifischen Wirkweise und der in der Mentalität unserer Konsumgesellschaft erfolgten Übertreibung des dem eigenen Gelderwerb gesellschaftsweit zugeschriebenen Sozialprestiges kommt bei der hauptberuflichen Familienmutter auch noch die im Zusammenhang mit der Haushaltsfrage beschriebene geschlechtsrollenbezogene Diffamierung der pflegerisch-hauswirtschaftlichen Tätigkeit hinzu. Als Folge solcher Problemsicht, die die aus der geschlechtlichen Differenzierung des Menschen sachnotwendig hervorgehende *Ungleichheit* der sozialen Grundbefindlichkeit auf seiten der Frau *als ein Unrecht* interpretiert, ergeben sich in der hier erörterten Problematik die gegen das Gemeinschaftsbewußtsein der Familie gerichteten individualistischen Emanzipationsbestrebungen der Frau. Letztlich hat dies *für alle* Familienmitglieder eine die wechselseitige Bindungsabhängigkeit ihres Solidarverbundes diskreditierende

Gemeinschaftsflucht zur Folge, weil, wie wir gesehen haben, die Hausflucht der Familienmutter die Aushöhlung *des ganzen* Familienlebens zur Folge hat.

Die Klärung des Zusammenhanges zwischen der Idee von Selbstbestimmung bzw. Selbstverwirklichung und der sozialen Bindungsabhängigkeit des Menschen erfährt sodann auch noch von einem anderen grundlegenden Faktum eine entscheidende Begründungssicht. Das Grundrecht auf *Selbstbestimmung* bzw. der daraus folgende Anspruch auf *Selbstverwirklichung* schafft die prinzipiell gleiche Berechtigung *für alle* Mitglieder einer Gesellschaft. Daraus ergibt sich, daß die inhaltliche Reichweite des Geltungsanspruchs der aus diesen Begriffen abgeleiteten Forderungen *durch die soziale Beziehungsordnung* bestimmt werden muß, näherhin durch das sie grundlegende Kriterium der *Sozialgerechtigkeit*. Aus dem Anspruch der Sozialgerechtigkeit folgt nämlich, daß die mit Berufung auf *Selbstbestimmung* bzw. *Selbstverwirklichung* erhobenen Forderungen einer Person (Gruppe) nicht dazu führen dürfen, daß dadurch dieselben Ansprüche *anderer* Personen (Gruppen) ohne hinreichenden Grund eingeschränkt oder gar aufgehoben werden. Dies betrifft auch die Relation zum Ehepartner, der Eltern zu den Kindern und der Kinder zu den Eltern. Aus dem für alle Menschen *prinzipiell gleichen* Recht auf Selbstbestimmung ihres Lebensentwurfs, also auf Verwirklichung ihrer selbst, folgt als logische Konsequenz das Erfordernis einer *Einschränkung* des daraus *insgesamt* ableitbaren Potentials individueller Selbstverfügungs- bzw. Nützlichkeitsforderungen, einer Einschränkung auf das Ausmaß der durch die Sozialgerechtigkeit bestimmten Voraussetzungen zur Realisierung des *Gemeinwohls*. Wird diesem Einschränkungserfordernis keine Rechnung getragen, besteht also die Gesamtheit der Mitglieder einer Gesellschaft auf der Geltendmachung der aus der Selbstbestimmungs- bzw. Selbstverwirklichungsidee insgesamt ableitbaren individuellen Geltungs- und Ungebundenheitsansprüche, dann entsteht daraus anstelle des *Gemeinwohls* (als des Optimums von Wohlergehen *aller* Individuen) der Zustand der *sozialen Anarchie aller gegen alle*. Nur die gemeinwohlorientierte Einschränkung des individuellen Nutzenstrebens sichert allen Gliedern einer Gesellschaft das *prinzipiell gleiche* Recht auf Selbstbestimmung bzw. Selbstverwirklichung. Alle aus dieser Idee resultierenden individuellen Ansprüche haben sich deshalb dem gemeinwohlverpflichteten Einschränkungserfordernis der *Verhältnismäßigkeit* zu unterwerfen, soll daraus nicht gröbliches soziales Unrecht und im Extremfall Anarchie anstelle einer gesellschaftlichen Beziehungsordnung hervorgehen. *Legitimität* bzw. *Illegitimität* eigenwertbetonender, ungebundenheitsgerichteter Ansprüche des Individuums aus dem Zielpunkt von Selbstbestimmung bzw. Selbstverwirklichung bestimmen sich also an diesem Reduktionserfordernis der (Sozialgerechtigkeit erst ermöglichenden) Verhältnismäßigkeit.

Mit der Einsicht in all diese Sachverhalte bricht die argumentative Tragfähigkeit der unproportionierten Forderungsmentalität jeder auf individuelle Ungebundenheits- bzw. Selbstverfügungsmaximierung ausgerichteten Variante des liberalistischen Individualismus bzw. des in mancherlei Hinsicht darauf gründenden apersonalen Kollektivismus wie ein Kartenhaus in sich zusammen. Mit dieser Einsicht bricht insbesondere auch die argumentative Tragfähigkeit der in unserem Kulturraum immer gesellschaftsmächtiger, in inhaltlicher Hinsicht schließlich umfassend gewordenen Emanzipations- bzw. Selbstbefreiungsideologie in sich zusammen. Trotz der weit ausholenden, intellektuell äußerst anspruchsvollen theoretischen Untermauerung erweisen sich die aus dieser inzwischen geradezu monumentalen 'Theorielandschaft' abgeleiteten Emanzipationsentwürfe bzw. die darin steckenden (oft grundstürzenden) Innovationsziele der menschlichen Daseinsordnung als Ergebnis einer in hohem Grade *illusionären* Lebensschau. Auf der Basis von *Sozialgerechtigkeit* bzw. *Gemeinwohl* sind diese unproportionierten Programme utopischer individueller Ungebundenheits- bzw. Eigennutzansprüche (in Verbindung mit ihrem paradox funktionalen Umschlag in die gesellschaftliche Betrachtungsweise eines apersonalen Kollektivismus) in der Lebenspraxis deshalb ganz und gar unbrauchbar. Sie verkennen die mit der Menschenwürde dem Grundsatz nach voll vereinbare soziale Verwiesenheit des Menschen in Form der erörterten *legitimen* Abhängigkeit, und sie mißachten die im Gemeinwohl verankerte Sozialgerechtigkeit als eine Forderung der (*überzogene* individuelle und gesellschaftliche Geltungsansprüche in die Schranken weisenden) *Verhältnismäßigkeit.* Nach diesem Grundsatz der Verhältnismäßigkeit kann kein Individuum (keine Gruppe) seine (ihre) Selbstverwirklichungsforderungen *auf Kosten anderer, also in ungebührlichem Ausmaß,* erheben, wie andererseits der Gesellschaft bzw. dem Staat es nach einer 'personalen' Sichtweise verwehrt ist, *übersteigerte* Geltungsansprüche auf Kosten des durch die Menschenwürde gewährleisteten personalen Selbstandes seiner einzelnen Mitglieder bzw. gegen deren legitim daraus abgeleitete soziale Bedürfnisse durchzusetzen.

Mit dieser zusammenhangklärenden, hintergrundausleuchtenden Analyse der einschlägig bedeutsamen Problemtatbestände ist nunmehr die Lösungsperspektive voll im Blick, mit der das Spannungsverhältnis zwischen Selbstverwirklichung und Fremdbestimmung *auch in der Lebensordnung Ehe und Familie* bewältigt werden kann. Unsere Problemanalyse bezieht sich ausschließlich auf die psychologische *Normallage.* Es darf heute als allgemein unbestrittene Grundeinsicht gelten, daß *außerhalb* dieser *Normallage* gerade Ehe und Familie in erhöhtem Maße die Gefahr in sich bergen, die von uns als *legitim* bezeichneten sozialen Abhängigkeitsformen der einzelnen Beziehungspartner untereinander *unproportioniert zu übersteigern,* also *innerhalb des sozialen Systems Familie* den erörterten *Grundsatz der Verhältnismäßigkeit* zu verletzen. Eine solche Gefahr ist im allgemeinen umso größer, je *dichter* das zwischenmenschliche Bindungsverhältnis innerhalb einer Kommunität ist, weil mit dieser Dichte die Möglichkeiten zur Grundlegung *illegitimer* Abhängigkeitsverhältnisse zunehmen. Diese Erfahrungstatsache bezieht sich *auch auf die anderen* primärgruppenhaften Sozialbeziehungen. Zufolge der hervorragenden Bedeutung von Ehe und Familie kommt diese Tatsache aber im Sozialsystem Familie am augenscheinlichsten zur Geltung. In unkritischer Übersteigerung bzw. Verallgemeinerung der sich *außerhalb* der psychologischen Normallage ergebenden sozialpsychologischen Befunde ist im Laufe der zurückliegenden eineinhalb Jahrzehnte eine positive Grundlagensicht zum Teil ganz erheblich verstellt worden, so daß gerade im Zusammenhang mit der Diskussion über Selbstverwirklichung und Fremdbestimmung die Familie weithin nur noch in den *insuffizienten* Formen der sozialpsychiatrischen Erfahrungswelt in den Blick kam.

*   *   *

Wir haben diese Rahmen- und Zusammenhangerörterung hier deshalb bei der Abhandlung der *Frauenfrage* placiert, weil diese in bezug auf unsere Thematik 'Der Geburtenrückgang als Familienproblem' erst auf diesem Gesamthintergrund richtig erkennbar wird. Die dargestellte Grundlagenklärung betrifft daneben genauso die Selbstverwirklichungsperspektive des *Mannes und Kindes* (innerhalb und außerhalb der Familienordnung). Hier aber geht es um die Frauenfrage als das *Zentrum der mentalitätsabhängigen Nachkommenschaftsproblematik* unserer Gegenwartsgesellschaft. Aus dem Erörterungszusammenhang ist erkennbar geworden, daß die Frauenfrage auch in diesem Konnex *nicht isoliert für sich allein* behandelt werden kann (als ein 'autonomes' Problem). Dies gilt für die generative Problematik genauso wir für *jeden anderen* komplexen Lebenszusammenhang, in dem die Frau eine nennenswerte Rolle spielt. Von *keinem* dieser Lebensprobleme ist die Frauenfrage als ein *eigenständiges* Gebilde ablösbar und auf der Basis einer unabhängigen Eigengesetzlichkeit zu lösen. Dies gilt analog genauso für die 'Männerfrage' und 'Kinderfrage' bzw. für jeden sonstigen *Teil*aspekt eines komplexen Lebensproblems. Daß der Frau im Zusammenhang mit dem generativen Problemkreis des menschlichen Lebens eine *spezifische, tragende* Bedeutung zukommt, die weit über die biologischen Sachverhalte von Schwangerschaft und Geburt hinaus sie vom Mitwirkungsbeitrag des Mannes und Kindesvaters *qualitativ grundlegend* unterscheidet, diese erfahrungsgeschichtliche Banalität muß heute nicht nur ernsthaft betont, sondern häufig genug gegen die mächtigen egalitätsideologischen Einebnungsversuche des gesamten Lebensentwurfs von Mann und Frau durch präzise Detailbegründungen verteidigt werden. Diese Erfahrungstatsache von der spezifischen, tragenden Rolle der Frau im Funktionskreis der Weitergabe des Lebens gilt natürlich auch für den von uns herausgearbeiteten *Verschränkungszusammenhang* des Nachwuchsproblems mit seinem systematisch-teilproblemübergreifenden Ort des *Familienlebens*. Der Frauenfrage kommt auch in diesem Verschränkungszusammenhang *sachnotwendig* (also nicht als Ausfluß einer korrigierbaren ideologischen Betrachtungseinseitigkeit) die in Rede stehende spezifische, tragende Bedeutung zu. Im nicht sondergelagerten Normalfall des Lebens ist die geschlechtsspezifische Kernfunktion (das Rollenfundament) der Frau und Kindesmutter mit der einschlägigen Kernfunktion ihres Ehemannes und Kindesvaters *nicht austauschbar*. Für einen *alleinerziehenden* Elternteil gilt genauso wie für manch andere *sondergelagerte* Situation eine *atypische Ausnahmeproblematik* im gesamten elterlichen Lebenszusammenhang mit dem Kind. Es sind aber nicht diese *atypischen* Situationen, von denen her sich die Problemlösungssicht des *normalen Regelfalles* begründen läßt, so sehr dies auch im Zusammenhang mit der geschlechtsspezifischen Elternbeziehung zum Kind im Rahmen einer egalitätsideologischen Betrachtungsweise der Frauenfrage heute immer wieder versucht wird.

Für das Zusammenhangverständnis wichtig ist immer wieder die Betonung des Rückkoppelungserfordernisses jedes generativen *Teil*problems an das Familienthema als das teilproblemübergreifende Kristallisationszentrum der Nachkommenschaftsfrage. Angesichts ihrer besonders großen Bedeutung gilt dies umso mehr für die Frauenfrage. Diese muß also (nicht nur im Fruchtbarkeitsaspekt) stets an das Familienthema rückgekoppelt werden, das dann auch seinerseits — wie wir im ersten Abschnitt gesehen haben — sowohl im *gesellschaftlichen* als auch im *Individual*aspekt auf die ihm vorgelagerten bzw. auf die ihn rahmenbedingenden *außerfamilialen* Faktoren verwiesen ist (und zwar ebenso in der *sachverhaltlich-äußeren* wie in der *mentalitätsmäßigen* Bedingungsdimension). Deshalb ist ja der Versuch einer kompletten Auslotung der Bewirkungsproblematik der Fortpflanzung letztlich nicht nur ein *uferlos großes*, sondern hinsichtlich der multifaktoriell-multidimensionalen Gesamtinterdependenz auch noch ein *so außerordentlich schwieriges* Unterfangen. Bei genauer Betrachtung der Problemlage (siehe dazu unsere Grundlagenklärung im *ersten* Abschnitt über die Forschungsproblematik komplexer humanwissenschaftlicher Fragestellungen) muß denn auch von vornherein jeder Versuch als aussichtslos erscheinen, zu einer objektiv nachweisbaren *genaueren Gewichtsbestimmung* der unübersehbar vielen Einzelfaktoren zu gelangen, wie es das vorrangige Ziel eines einseitig positivistischen Forschungsverständnisses ist. Wichtiger als alle (letztlich nur sehr begrenzt mögliche) exakte Detail- und Kleindetailbestimmung ist also auch im Zusammenhang mit der Frauenfrage die Herausarbeitung der *komplexen Problemstruktur,* d. h. also die Herausarbeitung des mit der Frauenfrage gegebenen genaueren Verschränkungszusammenhanges im näheren und weiteren Problemumfeld. Gerade an dieser Stelle scheint es nützlich, die weitverschachtelt-komplizierte Struktur der generativen Problematik unter besonderer Berücksichtigung der Familienfrage als ihres logisch ordnenden Brennpunktes noch einmal in den Blick zu bringen. Dies schützt vor jeder *kurzsichtigen Überbewertung oder Unterbewertung* der generativen *Teil*probleme und macht eine *proportionierte* problemerfassende Überschau durch ein ausreichendes Zusammenhangverständnis erst möglich.

Wir haben gesehen, daß in der Betrachtungsweise von *Individualismus* und *Kollektivismus* Ehe und Familie zu einem bedeutungsarmen privatistischen Anhangsgebilde des menschlichen Daseins verharmlost werden. Die familialen Lebensbindungen erscheinen dabei *grundsätzlich* als eine negative Behinderungsgröße. Angesichts der großen Bedeutung der Frauenfrage führt ihre Behandlung *in einer solchen Sichtweise* zwangsläufig zur Konsequenz massiver Aufweichungs- bis Auflösungstendenzen im Leben von Ehe und Familie (in der unreflektierten Alltagspraxis ebenso wie im Bereich der sie gleichlaufend begünstigenden öffentlichen Ordnungsvorstellungen — besonders wirksam im Bereich der Rechtsnormen und dabei wiederum am unmittelbarsten im engeren Ehe- und Familienrecht). In den seit der zweiten Hälfte der sechziger Jahre verfestigten emanzipatorisch-egalitätsideologischen Leitbildern sind die Bindungs- und Hingabeerfordernisse des Individuums an die Gemeinwohlinteressen von Ehe und Familie ganz allgemein in krasser Weise in den Hintergrund gedrängt worden. Von ausschlaggebender Bedeutung *auch für die Entwicklung des Nachkommenschaftsgeschehens* aber ist diese Ideenrichtung speziell im Zusammenhang mit der *Frauenfrage* geworden. Es bedeutet keine Einwendung gegen diese Aussage, wenn wir verständnisfördernd gleichzeitig darauf hinweisen, daß auch die Entwicklung der Frauenfrage *rückgekoppelt* ist in den Einfluß zahlreicher sachverhaltlicher wie ideenmäßiger gesellschaftlicher Rahmenbedingungen.

Ausschlaggebend für die in Rede stehenden massiven Aufweichungs- bzw. Auflösungstendenzen im Leben von Ehe und Familie ist die *Aushöhlung der Solidaritätssubstanz* selbst in dieser Urgestalt menschlicher Gemeinschaft zugunsten einer immer extremeren

Betonung des individuellen Interessenvorranges. Dies betrifft dem Grundsatz nach das Leben des Ehemannes und Kindesvaters genauso wie jenes des Kindes und Jugendlichen. Im Leben der Frau aber schlägt *dieselbe* Tendenz zu Lasten der Familiengemeinschaft *unvergleichlich stärker* zu Buche, eben deshalb, weil die geschlechtsspezifische Eigenart und das ihr entsprechende handlungsbezogene Rollenfundament sie *unvergleichlich stärker* zur unmittelbaren Trägerin des ehelich/familialen Innenraumes einschließlich der sich darin entwickelnden Fruchtbarkeitsbereitschaft macht (vergleiche dazu unsere Darstellung über die Familienhausfrau). Ob man dies als günstig oder ungünstig, als gerecht oder ungerecht ansieht, ist eine *nachrangige* Frage gegenüber der sich in diesem Sachverhalt niederschlagenden Faktizität einer im Problemkern *gesellschafts- und zeitunabhängigen biologisch-naturalen Vorgegebenheit,* einer so verstandenen 'anthropologischen Konstante'. Diese menschheitsgeschichtliche Erfahrungstatsache ist für die im nächsten Kapitel behandelte *erzieherische* Familienproblematik von *nicht geringerer* Bedeutung. Was den ganz allgemein betonten individuellen Interessenvorrang anlangt, so liegt in dieser Idee heute auf *allen* Lebensgebieten (also nicht nur in den sozialen Beziehungen innerhalb von Ehe und Familie) eine werbewirksame Attraktivität, mit der man eine begehrenswert gemachte Grundqualität des 'modernen' Lebensverständnisses anspricht.

Dieser im vorherrschenden Lebensgefühl unserer Zeit stark favorisierte individuelle Interessenvorrang schafft eine denkbar ungünstige Ausgangslage für die Anerkennung der gerade in Ehe und Familie infolge ihres besonders gelagerten Gemeinschaftscharakters in vergleichsweise *hohem* Maße erforderlichen *Einschränkung* des individuellen Ungebundenheits- und Nutzenstrebens. Als Folge des plebiszitären Charakters unserer konsumorientierten 'Gefälligkeitsdemokratie' wird diese leitbildmächtige Mentalitätsausformung über die Verstärkerwirkung der (auf breiten Verkaufs- bzw. Zustimmungserfolg angewiesenen oder erpichten) Massenmedien und durch die gleichgerichteten (wahlpolitisch motivierten) Präferenzen der Träger der politischen Macht zum Inspirationszentrum der öffentlichen Ordnungsvorstellungen einer vorrangig interessenpolitisch organisierten Gesellschaft. Die *massivsten* Auswirkungen auf die Familie und damit auf die durch sie unmittelbar gesteuerte Nachkommenschaftsleistung ergeben sich solchermaßen im Zusammenhang mit der *Frauenfrage.*

Die eben angesprochenen *wahlpolitisch motivierten* Präferenzen in den mit der Frauenfrage zusammenhängenden öffentlichen Ordnungsvorstellungen müssen wir noch etwas verdeutlichen. Wieviele wahlpolitische Erfolgshoffnungen werden auf dem Feuer billiger Wahlpropaganda gerade im Hinblick auf eine emanzipatorisch-egalitätsideologische Behandlung der *Frauenfrage* seit langem genährt! Daß mit solch individualistisch-utilitaristischer Erwartungssteigerung bzw. Schützenhilfe gegenüber einer breiten weiblichen Öffentlichkeit den Gemeinwohlinteressen der Familie im allgemeinen und ihrer Fruchtbarkeitsbereitschaft im besonderen massiv entgegengearbeitet wird, steht auf einem anderen Blatt. Als Folge der im tagespolitischen Wettlauf um die Wählergunst verbreiteten grundsatzpolitischen Kurzsichtigkeit bleiben die *negativen Begleitkonsequenzen* einer solchen leichtfertigen Sympathiewerbung in aller Regel unbeachtet: man deckt die familienfeindlichen wie fruchtbarkeitshemmenden Begleitkonsequenzen einer solchen Lebensschau nicht auf, man spricht nicht darüber, man verdrängt sie zur Vermeidung eines schlechten Gewissens aus dem Bewußtsein oder man verharmlost sie dort, wo eine komplette Verdrängung nicht mehr möglich ist.

Entscheidend für ein solch wahlpolitisch motiviertes Öffentlichkeitsverhalten bei der Behandlung der *Frauenfrage* ist die bekannte Tatsache, daß die Frauen mehr als 50 % der Wählerschaft ausmachen. Während die Mehrzahl der Frauen dem allgemeinen politischen Geschehen kein allzu großes Interesse entgegenbringt, bietet die Frauenfrage kompensativ dazu die Möglichkeit, das riesige weibliche Wählerpotential in diesem persönlich-erlebnisfundierten Interessengebiet verstärkt anzusprechen. Angesichts eines solchen Potentials an plebiszitärer Machtvergabe ist in unserer durch die öffentliche Meinungsbildung leicht manipulierbaren Massengesellschaft die Versuchung in der Tagespolitik groß, auf dem Hintergrund der in unserer westlichen Welt heute so verbreiteten Lebensphilosophie eines sozialethisch unbekümmerten Strebens nach individueller Nutzenmaximierung *auch auf dem Gebiet der Frauenfrage* einen möglichst großen Wählergewinn dadurch anzustreben, daß man einem solchen individualistischen Nutzen- und Geltungsstreben animierend oder doch höchst aufgeschlossen entgegenkommt. Auf der Strecke bleibt dabei das Gemeinwohldenken im Bereich der Lebensordnung Ehe und Familie — in unserem engeren Zusammenhang die auf seiten der Frau entwickelte Fruchtbarkeitsbereitschaft. Diese vorherrschende Grundrichtung in der Behandlung der Frauenfrage in der allgemeinen Gesellschaftspolitik führt so zwangsläufig zu einer massiven Verstärkung der mentalitätsmäßigen fruchtbarkeitsbehindernden gesellschaftlichen Rahmenbedingungen.

Voll zum Tragen gekommen sind diese Einflüsse einsichtigerweise erst auf dem Hintergrund des Wirksamwerdens der neulinken Weltanschauungsbewegung ab Mitte der sechziger Jahre, jener gesellschaftsmächtig gewordenen Geistesströmung, die sich in der zweiten Hälfte der siebziger Jahre vielfach in eine *ausgeprägt linksliberalistische* Ideenrichtung (in Verbindung mit einem überzogenen Rationalismus) abzuflachen begonnen hat und als solche nunmehr das Lebensgefühl der achtziger Jahre maßgeblich bestimmt. Die Folgen davon sind die nach wie vor *familiendistanzierten bis familienfeindlichen* Leitbilder des individuellen wie gesellschaftlichen menschlichen Lebensentwurfs — nicht zuletzt auch im Konnex mit der von uns hier behandelten Frauenfrage. Die Widersprüchlichkeit des eben skizzierten wahlpolitisch motivierten Öffentlichkeitsverhaltens im Wirkbereich der gesellschaftlichen Machtträger gegenüber den seit den späten siebziger Jahren allgemein wieder in Mode gekommenen *verbalen familienfreundlichen Deklamationen* bei der Konturierung der gesellschaftspolitischen Programmatik gehört in das Kapitel der inneren Wahrhaftigkeit bzw. der wertlogischen Konsistenz der Tagespolitik gegenüber dem Wählervolk.

Als Folge dieser allgemeinen Bedingungskonstellation ergeben sich jene vorherrschenden Mentalitätsstrukturen, die gerade auch hinsichtlich der *Frauenfrage* schon im Denkansatz den Gemeinwohlerfordernissen von Ehe und Familie in hohem Maße *nicht* gerecht werden können und die von dem dadurch mitausgeformten gesellschaftlichen Bewußtsein aus *meist in mittelbar-indirekter* Weise die einstellungsbegründete Fruchtbarkeitsdrosselung in hohem Maße mitzuverantworten haben. Auf dem Hintergrund dieser (sicherlich weithin unbewußt wirkenden) Mentalitätsausstrahlung gelten im allgemeinen gesellschaftlichen Bewußtsein Ehe und Familie seit eineinhalb Jahrzehnten *gerade im Zusammenhang mit der emanzipatorisch-egalitätsideologischen Sichtweise der Frauenfrage* vielfach als 'alter Hut', weil die Realisierung eines solchen Leitbildes vom Leben der Frau an den Gemeinwohlerfordernissen von Ehe und Familie eine so hochgradige Behinderung erfährt. Die sich dagegenstellenden 'altmodischen' Verantwortungshorizonte vor allem des gemeinwohlbegründeten bevölkerungserhaltenden ehelichen Fruchtbarkeitsauftrags machen zunächst einmal und in hohem Maße gerade eine solche Perspektive *vom Leben der Frau* im gesellschaftlichen Maßstab *unmöglich.* Eine bevölkerungserhaltende eheliche Fruchtbarkeit ist geradezu ein *Ausschließungsgrund* für diese populär gemachte Sichtweise der Frauenfrage.

Daher sind denn auch in der apostrophierten 'Gefälligkeitsdemokratie' (als Gegenbegriff zu einer von Sachverstand und Grundwertüberzeugung getragenen 'Gesinnungsdemokratie') die mit Ehe, Familie, Fortpflanzung und Kindererziehung zusammenhängenden öffentlichen Ordnungsvorstellungen stark nach den emanzipatorisch-egalitätsorientierten Horizonten der einschlägig geweckten weiblichen Massenerwartungen einer hochgradigen Bindungs(Verpflichtungs)erleichterung ausgerichtet worden. Das hängt in der Praxis der Gesellschaftsgestaltung natürlich damit zusammen, daß Politik heute weit mehr eine Angelegenheit der mit billigen Methoden um Wählerstimmen buhlenden *Massenwerbung* als ein *verantwortungsbestimmtes Aufgabengebiet* zur Lösung von öffentlichen Problemen nach den Kriterien *Sachgerechtigkeit* und *Wertüberzeugung* aufgefaßt wird. In diesem Zusammenhang kann die politische Realverfassung unseres gesellschaftlichen Systems hinsichtlich entscheidender Züge ihres sozialen Ethos in pointierter Schärfe auf großen Strecken etwa wie folgt charakterisiert werden: *Eine überspitzt interessenpolitisch ausgerichtete, durch individuellen Interessenvorrang ebenso wie durch fortschreitende Tendenzen eines freiheitsentziehend-apersonalen Kollektivismus gekennzeichnete, in selbstgefälliger Rechtfertigung stereotyp als 'demokratisch' sich etikettierende PARTEIENOLIGARCHIE, deren ordnungspolitische Uninteressiertheit bzw. Unentschlossenheit das Gemeinwohl durch immer weitergehende Zugeständnisse an das individualistische Nutzen- und Bequemlichkeitsdenken im Interesse der Machterhaltung der herrschenden Funktionärsschichten immer mehr gefährdet, und zwar in Gestalt ausufernder Gesinnungslosigkeit bzw. Wertblindheit einer um ihrer plebiszitären Gefügigkeit dazu verleiteten Massengesellschaft.*

Eine solche Konturierung des hintergründigen Erklärungsumfeldes scheint geboten, um die hier abgehandelte *fruchtbarkeitsrelevante Frauenfrage* unserer Tage im gesellschaftsweiten politischen Handlungsbezug voll verständlich zu machen. Insgesamt ist es bei hinreichender Kenntnis der komplexen Voraussetzungen *allein im Bereich der (individuellen wie gesellschaftlichen) Mentalitätslage* gar nicht verwunderlich, daß die in unserem Kulturraum seit Mitte der sechziger Jahre andauernde *hochgradige Verunsicherung* der nachkommenschaftsbewirkenden Lebensordnung Ehe und Familie zu einem solchen Fruchtbarkeitsverfall geführt hat. Diese Entwicklung ist im Bereich der Mentalitätsbedingtheit allein schon durch die gesellschaftliche Handhabungsrichtung der

Frauenfrage *maßgeblich mitbegründet.* Deshalb war es notwendig, dieses Teilproblem der Nachkommenschaftsproblematik so gründlich zu erfassen, womit gleichzeitig die Überschneidung mit *anderen* generativen Teilproblemen verdeutlicht werden konnte. Eine so tiefdringende Problemerfassung ist auch deshalb angezeigt, weil sie in der bislang vorherrschenden, einseitig-positivistisch betriebenen, bevölkerungswissenschaftlichen Forschung weithin tabuisiert worden ist; einerseits deshalb, weil es sich dabei in vielem um die Problematik *vorwissenschaftlich-normativer* Zielbildorientierung menschlichen Lebens handelt und andererseits, weil die von uns geltend gemachte *gemeinwohlrelevante* Lösungsperspektive eines 'personalen' Menschenbildes bzw. Gesellschaftsverständnisses *gerade auch in der so populär gemachten Frauenfrage* der seit langen Jahren im gesellschaftlichen Bewußtsein vorrangig verfestigten *gegenteiligen* Zielbildorientierung *heftig widerstreitet.* Es geht also auch darum, die *unaufgedeckten, verschwiegenen bzw. verdrängten* Problemimplikationen ans Tageslicht zu bringen.

2.5 Die erzieherische Aufgabe der Familie

Auch im Zusammenhang mit der Fortpflanzungsproblematik verstehen wir die *erzieherische* Wirksamkeit der Familie inhaltlich im weitestmöglichen Sinn als Summe der (sachverhaltlichen wie mentalitätsmäßigen) persongestaltenden, menschenbildenden Einwirkungen auf die Kinder und Jugendlichen durch das soziale System Familie (zu dem nicht nur die Kernfamilie gehört); also alles, was sich im Lebensraum der Familie in den Teilbereichen der 'intentionalen' wie der 'funktionalen' Menschenausformung an der nachwachsenden Generation ereignet. Dem seit vielen Jahren anstelle des 'Erziehungs'-Begriffs in Theorie und Praxis meist verwendeten Fachausdruck 'Sozialisation' gehen wir deshalb aus dem Weg, weil im Zentrum seiner Verwendungspraxis eine inhaltlich verborgene Hinwendung zum Bild des Menschen als eines 'totalen Gesellschaftswesens' steckt. Die Gesellschaft erfährt dabei eine selbstzweckhafte Bedeutungsüberbewertung insofern, als sie nicht mehr als *Mittel zum Zweck* der Vollverwirklichung der menschlichen Person begriffen wird. Der in unserer Sicht einer 'personalen' anthropologischen Grundkonzeption *positiv* zu wertende Begriffsinhalt von 'Sozialisation' deckt sich im wesentlichen mit der altbewährten Begrifflichkeit von der 'funktionalen' und der 'sozialen' Erziehung innerhalb jeder Gruppe bzw. jedes sozialen Milieus (also auch durch die Familie), wobei diese gruppen- bzw. milieuspezifischen menschenbildenden Einflüsse durchaus *auch den Rückkoppelungseffekt* der jeweils *übergreifenden* sozialen Gebilde bis hinauf auf die Ebene der Gesamtgesellschaft mit einzuschließen vermögen. Durch die Vermeidung des 'Sozialisations'-Begriffs entsteht also *auch beim inhaltlich weitestmöglichen* Verständnis der erzieherischen Wirksamkeit der Familie kein Mangel an begrifflicher Abdeckung der damit angezielten Sachverhalte. Nähere Erläuterungen zu dieser begriffskritischen Ausgangsanmerkung müssen aus Platzgründen unterbleiben.

Was aber hat der erzieherische Funktionskreis der Familie mit deren Fortpflanzungsbereitschaft, mit deren Fortpflanzungsbefähigung zu tun? Wir antworten darauf: sehr viel — wenngleich weithin wieder nur in *indirekter,* deshalb aber in nicht weniger wirksamer Weise. Ein zentrales Ausgangsproblem ergibt sich durch die beschriebenen *kollektivistischen* Tendenzen des seit der zweiten Hälfte der sechziger Jahre bei uns in der öffentlichen Meinungsbildung leitbildmäßig vorherrschenden Menschen- und Gesellschaftsverständnisses. Dadurch werden, wie wir gesehen haben, Ehe und Familie *auch in ihrer zentralen Wesensmitte* unter die gesellschaftliche Verfügung gestellt, das will vor allem besagen: unter die Vorherrschaft der *Gesellschaftspolitik.* Durch diese totale Relativierung verliert die Familie nicht nur ihren Rechtfertigungsanspruch auf den ihr nach einem 'personalen' Menschenverständnis stets als legitim zugestandenen Raum eines *vorgesellschaftlichen Eigenbedeutungsanteils;* es verlieren damit im besonderen auch die Eltern ihr der gesellschaftspolitischen Eingriffsebene *vorgeordnetes Ersterziehungsrecht* gegenüber ihren Kindern. Der klassische Beleg für diese Betrachtungsweise findet sich in dem 1975 erschienenen Zweiten deutschen Familienbericht, der diese Auffassung auf eine Formel gebracht hat, nach der auch heute noch alles kollektivistisch orientierte gesellschafts- bzw. erziehungspolitische Denken — oft mehr der Praxis als der reflektierten Theorie nach — ausgerichtet ist: 'Erziehung der Kinder ist eine gesamtgesellschaftliche Aufgabe besonderer Art und Bedeutung. Die Wahrnehmung dieser Aufgabe überträgt unsere Gesellschaft Familien und außerfamilialen pädagogischen Einrichtungen' (S. 120). Wo das elterliche Erziehungswirken solchermaßen *grundsätzlich* der gesellschaftlichen (das heißt auch der gesellschaftspolitischen) Legitimierung bedarf, zieht dies angesichts der beschriebenen kollektivistischen Gegenwartstendenzen eine Fülle von familiendistanzierten bis familienfeindlichen Konsequenzen nach sich — und dies nicht nur zum Nachteil des Lebensglücks der Kinder selbst, sondern ebenso zur ärgerniserregenden Erschwernis bis zur resignativen Hilflosigkeit des im positiven Normalfall auf die individuellen Lebensinteressen ihrer Kinder ausgerichteten erzieherischen Tuns und Lassens der Eltern. Für sie wird dadurch ihre Lebensgemeinschaft mit den Kindern nicht nur in hohem Grade konfliktbelastet, sondern erzieherisch auch relativ unwirksam, weil die Breite des erzieherischen Wirkens der Familie sehr eingeengt und die elterliche Autorität systematisch untergraben wird. Die *zu jeder* Zeit schwierige und mühsame Aufgabe des elterlichen Erziehungsgeschäfts hat unter solch negativen gesamtgesellschaftlichen Voraussetzungen in den zurückliegenden einhalb Jahrzehnten die Zumutbarkeitsgrenze bzw. die auch bei gutem Willen verkraftbare elterliche Belastungsgrenze sehr häufig überschritten. Diese Überschreitung kann richtiggehend als eine Massenerscheinung gekennzeichnet werden.

Durch die angedeutete Sichtweise *überzogener* Kompetenzansprüche in Erziehungsfragen *durch die Gesellschaft* wurde nicht nur die Familie im allgemeinen, sondern es wurden damit auch die Kindeseltern im besonderen zu *Kontrahenten der Gesellschaft* hochstilisiert. Zum Unterschied von der vorangegangenen Einschätzung der Kindeseltern als von Gesellschaft und Staat in ihrem Ersterziehungsrecht *zu respektierende* sowie programmatisch wie lebenspraktisch *zu unterstützende Basisgaranten* für die Heranbildung einer lebenstüchtigen nachwachsenden Generation wurden sie seit dem Einsetzen der neulinken Weltanschauungsbewegung zunehmend zu mißtrauisch beobachteten Konkurrenten, ja häufig genug zu diffamierten, bekämpften Gegenspielern von Gesellschaft und Staat gestempelt. Ausgeprägte Tendenzen einer solch konfliktorientierten Grundbetrachtungsweise durchziehen seither unsere gesellschafts- bzw. erziehungspolitische Diskussion in bezug auf das Verhältnis des menschenbildenden Ersterziehungsauftrags des Elternhauses in Konkurrenz zu den im Auftrag der Gesellschaft bzw. nach deren Leitnormen wirkenden *außerfamilialen* Erziehungseinrichtungen (Schule, Kindergarten, Krippe, Hort, Internat, Lehrwerkstätte etc.). Diese — in der theoretischen Zielformulierung wie in der darauf bezogenen Alltagspraxis — seither anhaltenden Tendenzen bei der Bildung der öffentlichen Meinung, des gesellschaftlichen Bewußtseins, laufen auf eine *massive Eingrenzung* bis auf eine *prinzipielle Bekämpfung* des erzieherischen Primats des Elternhauses hinaus, auf Mißtrauen und Verdächtigung gegenüber dem erzieherischen Wirken der Familie, der man ja von diesen gesellschaftsbestimmenden Zeiteinflüssen her möglichst prinzipiell und möglichst verallgemeinernd (also nicht nur für die gesellschaftliche Randschichtenproblematik) alle nur denkbaren Unzulänglichkeiten und Defekte, alles nur denkbare Versagen zum Schaden einer als wünschenswert postulierten 'emanzipatorischen' bzw. 'antiautoritären' Erziehung der nachwachsenden Generation angelastet hat.

Das Familiengrundverständnis ist dadurch *auch im Bereich der erzieherischen* Problem-dimension im gesamtgesellschaftlichen Ausmaß irritiert, ja erschüttert worden. Die pro-grammatische wie die davon beeinflußte unreflektiert-lebenspraktische Abwertung der erzieherischen Bedeutung und Wirksamkeit des Elternhauses hat das Familienleben im allgemeinen und das Eltern-Kind-Verhältnis im besonderen schwerstens in Mitleiden-schaft gezogen. Dadurch war der radikale gesellschaftliche Prestigeverlust der Familie maßgeblich *mitbegründet* worden. Die öffentliche Bagatellisierung bis Diffamierung der Lebensausformung der Kinder und Jugendlichen *durch die Eltern* führte nach einer etappenweisen Zurückdrängung ihres Ansehens und ihres Einflusses soweit, daß schließ-lich auch noch die *letzte Bastion* lebensgrundlegender Erziehungsbedeutung der Familie ernsthaft in Frage gestellt und in nicht unerheblichem Ausmaß in der Lebenspraxis Schritt für Schritt preisgegeben worden ist. Wir meinen den von fachkundiger Seite ebenso wie im gesellschaftlichen Bewußtsein, den in Theorie und Praxis bis dahin rigoros verteidigten *familialen Schonraum der frühesten Kindheit des Vor-Kindergartenalters* (0 bis 3 Jahre). Mit der Infragestellung auch noch dieser für den Normalfall im Interesse des Lebensglücks des Kindes und damit im Interesse einer seelisch gesunden Gesell-schaft von morgen absolut wünschenswerten Geborgenheit und erzieherischen Grund-legung des Kleinstkindes im Schoße der Familie hat die Aushöhlung ihrer menschenbil-denden Aufgabe den Gipfelpunkt erreicht (systematisch geforderter und geförderter Ausbau der nicht mehr als kleineres Übel für individuelle Notfälle angesehenen Kinder-krippe; systematisch betriebene 'Tagesmütter'-Idee als unbedenklich propagierte Ersatz-betreuung des Kleinstkindes tagsüber außerhalb seiner elterlichen Familie und diverse andere gleichgerichtete erziehungspolitische Tendenzen zur 'Entlastung' der Familie).

Diese sozialwissenschaftlich argumentativ unterstützte und gesellschaftspolitisch mächtig entfaltete Perspektive einer *altersunangemessenen* bzw. einer dem zeitlichen Ausmaß nach *unproportioniert großen* Herauslösung des Kindes aus dem Elternhaus läuft auf eine zunehmende *Vergesellschaftung* von Pflege und Erziehung der jungen Generation hinaus und entleert das erlebbare Sinnpotential der Familie in bedrohlicher Weise. Der Tenor der einschlägig orientierten, gesellschaftlich tonangebenden 'Sozialisations'-Diskussion der siebziger Jahre mündet zumindest de facto in das Konzept einer autono-men staatlichen 'Kinderpolitik', die etwas ganz anderes ist als die das Elternhaus bestim-mend in den Mittelpunkt der erzieherischen Konzeption stellenden 'Familienpolitik'.

Nach dieser Problemschau sind die Kinder immer mehr aus der früheren Erstzuständig-keit ihrer Eltern in die Obhut der Gesellschaft, des Staates geraten. Eine solche Ände-rung der Sichtweise ist in aller Öffentlichkeit immer wieder auch dadurch unterstützt worden, daß das beklagenswerte Vorhandensein elterlicher Pflichtvergessenheit zum Anlaß unbegründeter Aufschaukelung eines *allgemeinen* Mißtrauens gegen die Erzie-hungsrechte der Eltern benützt wurde. Diese mitunter extrem familienfeindlichen Auf-fassungen und Programme wurden in unserer jüngsten Vergangenheit in Sozialwissen-schaft, in den Massenmedien und in der gesellschaftspolitischen Programmdiskussion vielerorts als die allein zukunftverheißende Perspektive der Kindererziehung und Ge-sellschaftsentwicklung (ausdrücklich oder unterschwellig) propagiert.

Angesichts dessen konnte eine fundamentale Verunsicherung der Kindeseltern, konnte die massive Störung eines leistungsbefähigenden positiven elterlichen Selbstwertgefühls nicht ausbleiben, ganz besonders natürlich auf seiten der Kindesmutter. Die einschlägig entscheidenden Sachverhalte haben wir insbesondere in den beiden vorangegangenen Kapiteln schon erläutert (Familienhaushalt, Frauenfrage). Der familialen Eigendynamik und Kreativität sowie der darauf bezogenen kindbetonten Familiengesinnung wurden dadurch die aufbauenden, die entscheidenden Impulse geraubt, ja es wurde ihnen schließlich einfach der Boden unter den Füßen entzogen. Wer kann in einem so abwertenden bis diffamierenden gesellschaftlichen Klima noch den Schwung und den Mut zu einer kinderfreudigen elterlichen Lebenseinstellung bewahren? *Im Unterschied zu dem seit der unmittelbaren Nachkriegszeit ab 1945 durch das fachliche Leben argumentativ gestärkten und in der öffentlichen Meinungsbildung auf breiter Front auch atmosphärisch unterstützten gesellschaftlichen Familienbewußtsein im freien Europa entspricht die ab Mitte der sechziger Jahre bei uns einsetzende Gegenbewegung zumindest einer Zustimmung, häufig aber einer Ermunterung oder gar einer Aufforderung zum Rückzug auf die Position eines erzieherischen Minimalismus des Elternhauses.*

Wenn man – wie wir hier – Erziehung im Zentrum auffaßt *als Hilfe zur Selbstfindung und Daseinsbewältigung durch persönliches Beispiel im Lebensvollzug*, dann wird daraus unschwer verständlich, daß eine so weitgehende 'Entlastung' des Elternhauses von dieser seiner zentralen menschenbildenden Aufgabe zugunsten einer immer umfassenderen erzieherischen Wirksamkeit der gesellschaftlichen Ersatzeinrichtungen und die zunehmende Bewertung elterlicher Erziehung nach Kriterien fachlich-professioneller Pädagogik, daß eine solche Entwicklung zur allmählichen Aushöhlung der *erzieherischen Aufgabenmitte* der Familie und damit zu deren weiterer Funktions- und Sinnentleerung führen mußte. Damit aber wird sowohl *indirekt* über eine allgemeine Schwächung des Familienlebens als auch *direkt* über die Bedeutungsentwertung bis Diffamierung der menschenformenden Kraft des Elternhauses die Nachkommenschaftsbereitschaft der potentiellen Kindeseltern nachdrücklich geschwächt. Auch wenn man von der Extremproblematik einer Herausverlagerung der *frühen* Kindheit aus der die Problemfundamente der Persönlichkeit nachhaltig prägenden Geborgenheit des Elternhauses absieht, wurde zumindest ab dem *Einsetzen der Pflichtschulzeit* der erzieherische Einfluß der Familie massiv zurückgedrängt. Selbst dort, wo keine bewußte (programmatische) familienfeindliche Einstellung zum Tragen kam, schien in der tonangebenden erziehungspolitischen Konzeption der zurückliegenden eineinhalb Jahrzehnte die ungeschriebene Maxime vorzuherrschen: nur soviel Familie als unbedingt nötig. Von seiner früher *erstrangigen* erzieherischen Bedeutungseinschätzung war das Elternhaus auch in den *nicht extremen* öffentlichen Mentalitätsausprägungen oft genug auf den Stellenwert eines notwendigen Übels degradiert worden, weshalb sein Einfluß zurückgedrängt werden sollte. Den *harten Kern* neulinken Denkens wollen wir hier gar nicht berücksichtigen, der gerade in der *Erziehungskraft* des Elternhauses ein großes Unglück erblickt, weil dadurch die 'repressiven' Gefühls- und Denkstrukturen des Menschen in der Generationenkette weitergegeben würden. Nach dieser Problemsicht sollte die erzieherische Wirksamkeit der Familie durch die familienauflösenden Kommunen an der

Wurzel ausgerottet werden. Immerhin hat diese radikale Sichtweise etwa in der Zeit von 1968 bis 1975 in der sozialwissenschaftlichen und gesellschaftspolitischen Diskussion viel Beachtung und Unterstützung gefunden, was man heute kaum noch wahrhaben will.

Bei all dem muß man bedenken, daß eine massive Einschränkung der menschenbildenden Wirksamkeit des Elternhauses nicht nur die absichtliche (intentionale), sondern insgesamt noch viel stärker die nicht-absichtliche = 'funktionale' erzieherische Prägekraft der Familie betrifft. Der erzieherische Einfluß des Elternhauses ist ja nicht allein, ja nicht einmal vorrangig, unter dem Aspekt *direkter* pädagogischer Elterneinwirkungen auf das Kind, auf den Jugendlichen zu sehen. Angesichts unserer Definition von Erziehung als Hilfe zu Selbstfindung und Daseinsbewältigung *durch persönliches Beispiel im Lebensvollzug* kommt als erzieherischer Wirkraum der Familie ihre *Gesamtverfassung* in den Blick. Die Erziehungskraft des Elternhauses steigt und fällt nicht nur mit Qualität und Ausmaß seiner *direkt-absichtlichen* Erziehungsbemühungen, sondern mehr noch mit der erzieherisch relevanten Beschaffenheit des gesamten sozialen Systems Familie.

Als diesbezüglich besonders bedeutsame Faktoren seien als Beispiele genannt: Qualität der Eltern-Ehe, insbesondere ihr affektives Klima; Vorhandensein von Geschwistern sowie ihr Verhältnis zueinander; Art des verwandtschaftlichen Lebensverbundes, insbesondere durch Einbeziehung der Großeltern in den Kommunikationsraum der Kernfamilie; Gestaltung des Familienlebens unter dem Gesichtspunkt einer lebendigen, attraktiven Gemeinschaft, also unter dem Gesichtspunkt ihres seelisch-geistig-musisch-handwerklichen Anregungspotentials und Erlebnisniveaus; damit im Zusammenhang stehend Art und Grad der Ausprägung der *Familiengesinnung* als des Insgesamt der gemeinschaftbildenden und gemeinschafterhaltenden Gruppensolidarität in Verbindung mit dem sittlichen Anspruchsniveau der ihre Mitglieder auch auf *außerfamiliale* Zielverwirklichung einigenden sonstigen Handlungsmotive; dabei spielt vor allem auch das Ausmaß der Offenheit der Familie gegenüber den sie umgreifenden sozialen Strukturen, von der Nachbarschaft angefangen bis zur Gesamtgesellschaft, und damit die Ausweitung der familialen Gruppensolidarität auf (tätige) Anteilnahme an den allgemeinen Sorgen und Nöten der Zeit eine erhebliche Rolle.

Für die Möglichkeit einer umfassenden erzieherischen Wirksamkeit des Elternhauses gehören außerhalb solcher schwerpunkthaft der familialen *Innen*verfassung zuzurechnenden Faktoren natürlich auch entsprechende materielle wie immaterielle Voraussetzungen der *gesellschaftlichen Rahmenbedingungen,* die sich mit den privat-familialen Eigenkräften zu einer interdependenten Konstellation verbinden. Von der durch die genannten und zahllose andere Faktoren bewirkten realen *Gesamtverfassung* der Familie hängt *außerhalb des Sektors 'intentionaler' Elternpädagogik* die ganze Breite und Vielschichtigkeit des Lebensvollzugs im Familiensystem als der 'funktionalen' familialen Erziehungswirksamkeit ab.

Damit kommt die Abhängigkeit der *erzieherischen* Wirkebene der Familie von den *übrigen* Bereichen des Familienlebens und von dessen *Rückkoppelung an die gesellschaftlichen Verhältnisse* in den Blick. Was die vor allem *mentalitätsmäßigen* gesellschaftlichen Rahmenbedingungen der zurückliegenden eineinhalb Jahrzehnte anlangt, haben wir zur Genüge herausgearbeitet, wie sehr dabei die Familie in Theorie und Praxis keinesfalls als ein auch im *vor*gesellschaftlichen Bedeutungsanteil *eigenständig-sinntragendes soziales Basissystem* samt der ihm im positiven Regelfall innewohnenden lebensaufbauenden Gesinnungswerte angesehen bzw. gefördert wurde, im Gegenteil. Durch die Vorenthaltung dieses vorgesellschaftlichen Eigenbedeutungsanteils der Familie zugunsten ihrer einseitigen (alleinigen) Dienstbarkeit an der Gesellschaft wurden gerade auch ihre Bedeutung und Entfaltungsmöglichkeit *im erzieherischen Aspekt* stark eingeengt. Diese Sichtweise verkennt, daß eine ausreichende familiale Selbstfindung und Eigenwertpflege eine *Voraussetzung* darstellt für eine zufriedenstellende Wahrnehmung ihrer unbestreitbar großen *gesellschaftlichen* Leistungserfordernisse. In unserem jetzigen Zusammenhang heißt dies: eine Voraussetzung für die Erziehung der Kinder zu brauchbaren Mitgliedern der Gesellschaft (soziale Gesinnung, Leistungs-motivation, Ordnungsbewußtsein etc.). Die Ausprägung einer so verstandenen binnen-familialen Lebenskultur ist aber durch lange Jahre hindurch immer wieder als 'Familis-mus', d. h. als ablehnungswürdige *ideologische Übersteigerung* des Familiengedankens nachhaltig diskreditiert worden. Damit wurde auch dem *erzieherischen* Leistungsvermö-gen der Familie die tragende Voraussetzung entzogen – der 'funktionalen' Prägewirk-samkeit gegenüber dem Kind und Jugendlichen ebenso wie der 'intentionalen' Eltern-pädagogik.

Die Folge all der skizzierten Tendenzen war die in Rede stehende bagatellisierende bis diffamierende Abwertung der Eltern wie des ganzen familialen Erziehungsraumes zu-gunsten einer hochgradigen erzieherischen Überschätzung der *außerfamilialen* Erzie-hungseinrichtungen. Die auf dieser Einstellung beruhende bildungspolitische Euphorie der sechziger und siebziger Jahre hat dem Elternhaus nur noch eine *erzieherische Rand-stellung* zugebilligt. Paradoxerweise ist diese *Unterbewertung* des erzieherischen Lei-stungsvermögens der Eltern und des sie umgebenden familialen Wirkraumes gleich-zeitig gepaart worden mit einer bildungspolitisch ebenso unrealistischen *Überschät-zung* der einsichts- und leistungsbedingten Mitwirkungsmöglichkeiten der Elternschaft bei der Durchführung der seither ununterbrochen in Gang befindlichen Schulreformen bzw. Schulexperimente. Dadurch sind die Schulkinder ebenso wie ihre Eltern seit zwei Jahrzehnten einer starken Überforderung ausgesetzt (siehe das nicht abreißende Lamen-to in der öffentlichen Diskussion über die bei den Schülern in der Schule selbst sowie in der weiteren Wirkfolge im Elternhaus ausgelösten Lern- und Lebensprobleme). Die Zeit der Zeugnisverteilung etwa wird bei uns seit langem fast zu einem gesellschaft-lichen Alptraum (Angst auf seiten von Kindern und Eltern, Dessertions-, ja Selbstmord-gefahr bei vielen Kindern und Jugendlichen). Die für Eltern und Kinder entstandene schulbedingte Dauerüberforderung hat ihr häusliches Zusammenleben einer zusätzli-chen, nämlich einer schulspezifischen Belastung ausgesetzt. Dadurch haben sich die ohnedies großen Erziehungsprobleme im Familienraum noch erheblich verstärkt. Die Kindheit, vor allem aber die Jugendzeit im Elternhaus, wie das darin entfaltete eltern-schaftliche Wirken erfahren so beide eine beschwernishafte bis konfliktgeladene Trü-bung.

Wir arbeiten dies hier deshalb heraus, weil diese Trübung, diese Belastung der *erzieherisch relevanten* Lebensgemeinschaft von Eltern und Kindern (Jugendlichen) im gesamtgesellschaftlichen Aufsummierungsmaß *ein weiteres Verursachungselement der Fruchtbarkeitsdrosselung darstellt.* Sehen nämlich Nachbarn, Freunde, Verwandte (und andere Personen des häuslichen Verkehrskreises) angesichts der bei ihnen noch bevorstehenden oder noch nicht abgeschlossenen ehelichen Fruchtbarkeitsphase in gehäuftem Maße, wie mühsam und konfliktbeladen auch diesbezüglich die Wahrnehmung der elterlichen Erziehungsaufgabe ist, so erhält die Ausprägung ihrer eigenen Fruchtbarkeitsmentalität dadurch im statistischen Maßstab (bewußt oder unbewußt) keine Ermunterung, sondern neben allen sonstigen Gegenmotivationen auch noch diesen skeptischen bis abschreckenden Dämpfer. Dasselbe ergibt sich im gesellschaftlichen Maßstab *für die Kinder* aus einem problembelasteten Zusammenleben mit ihren Eltern, dann nämlich, wenn sie später einmal selbst als junge Erwachsene heiraten. Ein einschlägig ungünstiges Erlebnismodell der elterlichen Herkunftsfamilie bzw. dessen eindrucksmäßige Verstärkung durch zahlreiche weitere ungünstige Modellerlebnisse in anderen Familien im Kontaktkreis der Kinder und Jugendlichen vermögen — immer verstanden als *statistisch* relevante Aussage — im Bereich des allgemeinen Motivationshintergrundes keinen günstigen Einfluß auf die Fruchtbarkeitsbereitschaft *auch der nachwachsenden* Generation auszuüben. Die dadurch ausgelöste warnende bis abschreckende Wirkung auf die Fruchtbarkeitsbereitschaft (also sowohl bei der *erwachsenen* wie bei der *nachwachsenden* Generation) gehört seit langem zur alltäglichen Lebenserfahrung: 'Ein solches Leben tu ich mir und meinen Kindern (später einmal) nicht an. *Ein einziges* Kind ist genug für die erzieherischen Sorgen, Mühen und Probleme des Elternhauses von heute. Es ist dies besser für das Leben der Eltern, Kinder und Verwandten.'

Wo das erzieherische Wirken im Rahmen der Familie unter den skizzierten Zeitumständen als große seelische Belastung, ja oft als Qual erlebt werden mußte (die Eltern als entrechtete, pauschal verdächtigte und öffentlich gescholtene Prügelknaben einer familienfeindlichen Gesellschaft), muß sich dies in der beschriebenen Art geradezu zwangsläufig *negativ* auf den weiteren Gang der Fruchtbarkeitsmotivierung einer solchen Gesellschaft auswirken. Hinsichtlich der aus dem Zusammenleben von Eltern und Kindern sich ergebenden erzieherischen Belastung muß man sich den gesamtgesellschaftlichen Aufsummierungseffekt vor Augen stellen, der sich durch die vielgestaltige *negative* Dauerbeeinflussung der Kinder und Jugendlichen gegen ihre Eltern (analog zur Herabsetzung der übrigen tradierten Autoritätsmächte) im Lauf der langen Jahre ergeben hat. Wir meinen die stark verallgemeinernde Unterstellung einer ablehnungswürdigen 'autoritären' elterlichen Gesinnung, die permanente öffentliche Verdächtigung elterlichen 'Machtmißbrauches' gegenüber der jungen Generation; wir meinen die stark verallgemeinernde Behauptung eines *elterlichen Egoismus* als angeblich zentrale Triebfeder väterlichen und mütterlichen Verhaltens ihren Kindern gegenüber in den diversen Lebenslagen und Problemdimensionen.

Trotz dieser pauschalen Unterstellungen, Verdächtigungen und Angriffe, trotz des damit bewirkten massiven erzieherischen Autoritäts- und Einflußverlustes aber wurden die Eltern von ihren Verpflichtungen und Bürden keinesfalls entlastet (nach dem Grundsatz: wo keine Rechte, da auch keine Pflichten) – im Gegenteil. In einem wesentlich stärkeren Ausmaß als früher wurden sie von derselben Ideenrichtung gleichzeitig in nachhaltiger Weise für alles und jedes moralisch verantwortlich bzw. rechtlich haftbar erklärt.

Auf der einen Seite also haben die gesellschaftsweite Verdächtigung und Diffamierung ihres Denkens, Wirkens und Planens eine rigorose (leitbildmäßige wie gesetzliche) Einschränkung ihrer Rechte, einen radikalen Verlust ihres Einflusses bewirkt. Auf der anderen Seite aber sollten sich dieselben Eltern mehr denn je abrackern für die Kinder, deren durch den gesellschaftlichen Einfluß *oftmals aufwendigen* Lebensaufwand möglichst widerspruchslos bezahlen, für deren *maximale* Lebenschancen in jeglicher Hinsicht bemüht sein, für jedes Fehlverhalten der Kinder (bis ins junge Erwachsenenalter hinein) in Begleitung öffentlicher Schelten moralisch wie rechtlich umfassend zur Verantwortung gezogen werden. Trotz alledem war die Elternschaft gut genug dafür, in dieser für sie so enorm schwierigen Zeit die ganzen Lebenssorgen und Schulkrisen der durch die emanzipatorisch-antiautoritäre Lebensphilosophie in hohem Grade in Unordnung, ja nicht selten in Verzweiflung gestürzten nachwachsenden Generation in persönlicher Verantwortung und Mühe aufzufangen und die Kinder für einen positiven Lebenssinn (soweit dies noch möglich war) zu motivieren. Dies gilt insbesondere für die Bewältigung der so schwierigen Lebenslage in *Pubertät und Adoleszenz* mit der allein schon entwicklungsgesetzlich auftretenden Neigung zu Kritik und Auflehnung gegen die (stets auch fehlerhaft) vorgefundene Lebensordnung jeder Zeit und Gesellschaft. Erschwerend kommt dazu, daß in dieser gesellschaftlichen Mentalitätslage die Kinder selbst (auch die herangewachsenen) aus jeder angemessenen sozialethischen Verpflichtung *ihren Eltern gegenüber* entbunden worden sind; daß Ehrfurcht, Dankesgesinnung, eine sich in mitmenschlicher Verbundenheit ausdrückende Anhänglichkeit und liebesentgegnende Hilfsbereitschaft der jungen Generation ihren Müttern und Vätern (wie ihren Lehrern) gegenüber als erzieherisch schädliche und überhaupt verachtenswerte Elemente emanzipationsfeindlicher Hörigkeit, Fremdbestimmung bzw. elterlicher Herrschaftsanmaßung verunglimpft, bekämpft und weithin ausgerottet worden sind. Auch die jungen Menschen ihrerseits haben durch diese 'antiautoritäre' Erziehungsphilosophie schweren Schaden erlitten, weil sie durch die propagierte bindungsfeindliche, ja bindungszerstörende Abkapselungsautonomie weithin der blicköffnenden Belehrung, des wegweisenden Rates, der erlebnisbegleitenden Entlastung, also in vielerlei Hinsicht der schwierigkeitsbewältigenden elterlichen Hilfe verlustig gegangen sind.

Diese Gesamtentwicklung hatte schließlich ein Meer von persönlichem Leid, von Verirrung und Verwirrung bei Kindern und Jugendlichen einerseits, bei vielen (in ihren Erziehungszielen und Erziehungsmethoden völlig verunsicherten) Eltern andererseits zur Folge. Aufgrund dieser gesellschaftlichen Gesamtumstände waren und sind daneben aber auch die Lehrer, Erzieher, Familienberater, Familientherapeuten, Sozialarbeiter (beispielsweise auch als Betreuer suchtgiftkranker und strafentlassener Jugendlicher) usw. Zeuge dieser sich zunächst *im Zentrum der Familienerziehung* niederschlagenden Problematik. Durch diese Zeiteinflüsse ist das Elternhaus tausendfach in eine Stätte zwischenmenschlichen Elends verwandelt worden. *Die von all diesen Erscheinungen auf die eheliche Fruchtbarkeit ausgehenden Drosselungsimpulse sind nach unserer Kenntnis*

in der bisherigen bevölkerungswissenschaftlichen Forschung zur Problematik des Gebur-
tenrückganges in keiner wie immer angemessenen Weise in Rechnung gestellt worden.

Wie viele Heranwachsende sind seit den späteren sechziger Jahren aus dem Elternhaus
ausgerissen, sind zum großen Schmerz ihrer Familien davongelaufen, weil die ihnen in
Sozialwissenschaft, Massenmedien und Gesellschaftspolitik tagtäglich mit großer Eindringlichkeit vor Augen gestellten Leitbilder jene unrealistischen 'emanzipatorischen,
antiautoritären' Wünsche, Hoffnungen und Lebensziele geweckt haben, die sich auch
mit einem *bescheidenen* Ordnungsrahmen, mit maßvoll angelegten Erziehungszielen
durchaus verständnisvoller Elternhäuser bei bestem Willen nicht mehr in Einklang bringen ließen! Damit deuten wir aber nur die *marginalen Grenzzonen* dieser familienerzieherischen Schwierigkeiten an, die dann nur noch durch den gelegentlichen Aus-
bruch in die offene Anarchie, in den vielgestaltigen Terror oder in den so tragischen
Selbstmord von Kindern und Jugendlichen eine letzte Steigerung erfahren konnten.
Diese langjährig in so großem Maße täglich erfahrbaren Realitäten von der 'Front des
Lebens' im Bereich der familialen Erziehungsproblematik sprechen eine deutlichere
Sprache als die oft statistisch-abstrakten und deshalb die hier angedeutete *persönlich-
existentielle* Problematik akademisierend glättenden wissenschaftlichen und politischen
Globalberichte für Regierungsstellen und die Öffentlichkeit es vermögen. Eine solche
Verdeutlichung der *persönlich-existentiellen* Erfahrungsrelevanz ist auch für eine *wissenschaftliche* Problemanalyse des Geburtenrückganges unerläßlich, weil das Fruchtbarkeitsverhalten ein Phänomen des *ganzheitlichen menschlichen Lebensvollzugs* ist, dessen Ausrichtung durch diese persönlich-existentielle Erfahrungsdimension (unbeschadet
ihrer Erfaßbarkeit durch die fachseparierenden akademischen Fragestellungen bzw.
durch die darauf bezogenen aspektologisch ausdifferenzierten Untersuchungsmetho-
den) hochgradig bestimmt wird.

Zur besseren Verständlichkeit des Zusammenhanges seien an dieser Stelle einige Anmerkungen eingeflochten über die *allgemeine,* also die familien*übergreifende* Einfluß-
richtung der neulink orientierten Pädagogik. Daraus werden nämlich ihre spezifischen
Auswirkungen auf die Erziehungslage im Elternhaus (hier der Nachkommenschafts-
relation wegen) besser begreifbar. Es geht vor allem um die doktrinär vertretene Bil-
dungseuphorie im Aspekt der *Verschulung unserer Gesellschaft.* Nach dieser Auffassungsrichtung ist *nur die Schule* in der Lage, den jungen Menschen in ein lebensbewäl-
tigendes Erwachsenendasein zu bringen. So wurde die schulische Curriculum-Forschung
zum Ei des Kolumbus bei der Bewältigung der Bildungsproblematik in der Sicht dieser
seit Mitte der sechziger Jahre immer beherrschender auftretenden neuen Pädagogik.
Die ganze Breite der Lebenseinführung des jungen Menschen soll in die schulischen
Lehrpläne Eingang finden. Dieses allgewaltige *Verschulungsziel* des Lebens wird begleitet bzw. abgesichert durch ein tiefgehendes *Mißtrauen* gegenüber allen anderen
erzieherisch-bildungsmäßigen Zugängen zum Leben, insbesondere gegenüber der menschenbildenden Wirksamkeit der Familie. Die in Rede stehende Verschulungseuphorie
begreift bereits die *Vorschulzeit* des Kindes in ihr Programm ein und begleitet es dann
durch die weitere Kindheit und Jugend. Die Ganztagsschule entspricht dem *Ideal* dieser

Vorstellungsrichtung, die in ihre curriculare Verschulungskonzeption der Gesellschaft daneben auch die Erwachsenenbildung und den Universitätsbereich mit einbezieht: das *ganze* Leben soll *schulisch* gelernt werden. Die Schule selbst wurde dabei immer mehr als staatliche Organisation zur Verteilung von *Chancengleichheit* im Leben des Menschen verstanden, als ein vorrangig durch Mitbestimmungsregelung ihres Verfügungspotentials charakterisierter Emanziptationshelfer zu einem neulinken (marxistischen) Lebensverständnis. Zur Erreichung dieses Ziels soll die (hochgradig politisch begriffene) Verschulung die bisherigen außerschulischen Erziehungsinstanzen möglichst weitgehend ersetzen bzw. ablösen.

Begleitet ist diese Verschulung der Gesellschaft durch eine massive Einbindung der pädagogischen Vorstellungen neulinken Denkens *in die Sozialwissenschaften.* Diese neue Pädagogik stellt im Kern geradezu ein Anleitungssystem zur Herbeiführung einer kollektivistischen Gesellschaft dar. Kinder und Eltern, Schüler und Lehrer, Heranwachsende und Erzieher werden dabei immer mehr dazu angehalten, sich selber nur noch als egalitäre und daher austauschbare, allein soziologisch und ökonomisch relevante Elemente der Gesellschaft zu verstehen. Um diese neue Lebens- und Gesellschaftssicht durchzusetzen, soll den Kindern und Jugendlichen ein permanent wirksames, tiefsitzendes Mißtrauen gegenüber den damit nicht übereinstimmenden Erziehungszielen und Erziehungsmächten des Lebens eingeimpft werden. Dies ging am besten über die Ingangsetzung eines Interessen-Dauerkonflikts. Den konkurrierenden Erziehungsmächten, den konkurrierenden Bildungsträgern wurde in allen abweichenden Ansichten ein gegenüber der nachwachsenden Generation *schädliches* Interessenverhalten unterstellt und so eine systematische 'Erziehung zum Ungehorsam' begründet.

Am fundamentalsten hat man mit dieser neulinken Pädagogik natürlich den menschenbildenden Wirkraum der Familie getroffen. Durch ein solches Erziehungs- bzw. Bildungsverständnis, durch eine darauf abgestellte gesellschaftspolitische Konzeption von Erziehung bzw. Bildung wird die menschenformende Bedeutung der Familie in die geschilderte wirkungsarme bis wirkungslose Randständigkeit gedrängt. Das Elternhaus verliert dadurch jegliches gesellschaftliche Ansehen, ja es gerät zunehmend unter den dargestellten öffentlichen Diffamierungsdruck der prinzipiellen Familienkritik. *Dies alles hat einsichtigerweise tiefgehende Konsequenzen für die Nachkommenschaftsproblematik.* Wo den Eltern ihre natürliche Freude am Kind solchermaßen vergällt wird (wie umgekehrt den Kindern ihre Freude am Elternhaus), wo ein positiver Lebenszusammenhang zwischen den Generationen so unterminiert wird, wo ein systematisch aufgeschaukelter Interessenkonflikt ein wechselseitig anteilnehmendes Familienleben verdrängt, wo die Elternschaft einerseits zu einem entrechteten Ausbeutungsinstitut, andererseits zu einem global verdächtigten bis offen diffamierten Sündenbock einer emanzipationswütigen Gesellschaft verunstaltet wird: da darf man sich nicht wundern, daß – in Verbindung mit allen übrigen fruchtbarkeitsdrosselnden Zeitfaktoren – die Nachkommenschaftsbereitschaft drastisch unter das Ersetzungsniveau der Bevölkerung absinkt.

Im Problembereich der im Familienleben *bildungsbezogen* sich ergebenden Fruchtbarkeitsdrosselung ist sodann auch noch hinzuweisen auf die vielfältige *bildungsmäßige*

Benachteiligung der *kinderreichen* Familie, was — wie etwa die Wohnungsfrage und andere finanzierungsabhängige Probleme — auch in die Fragestellung der *wirtschaftlichen Lebenssicherung* der Familie gehört, also zum Thema ihrer wirtschaftlich bedingten *sozialen Deklassierung.* Unbestrittenermaßen sinken nämlich *auch die Bildungschancen* eines Kindes mit steigender Geschwisterzahl. 'Die Chancen eines Einzelkindes und eines Kindes aus einer Zweikinderfamilie, eine weiterführende Schule besuchen zu können, sind doppelt so groß wie bei Kindern aus größeren Familien' (Dritter deutscher Familienbericht, 1979, S. 90). Auch dieser Tatbestand der mit steigender Kinderzahl zunehmenden bildungsmäßigen Benachteiligung stellt ein nicht unwichtiges Element für die *erzieherische Gesamtsituation* der Familie dar. Wollen kinderreiche Eltern ihren Kindern eine (begabungsmäßig begründete) *höhere* Bildung angedeihen lassen (auch an die musische Seite ist dabei zu denken), so können sie das bei einem — auf die Gesamtbevölkerung bezogen — *durchschnittlichen* Einkommen nur um den Preis einer drastischen Einengung der finanziellen Beweglichkeit des Lebens aller ihrer Familienmitglieder tun. Schon bei drei Kindern mit einer in deren Erziehungsinteresse nicht oder doch nur stark eingeschränkt erwerbstätigen Mutter führt dies zu einem rapiden Abstieg des Lebenszuschnitts der ganzen elterlichen Familie, oft genug bis auf die *Armutsgrenze.* Ansonsten bleiben die Kinder (unter der Voraussetzung ausreichender Begabung und Lernmotivation) *bildungsmäßig und damit in ihren einschlägigen Lebenschancen benachteiligt,* was für gute Eltern eine große seelische Belastung bedeutet. Um auch diesem Problemdruck entgehen zu können, ist in diesem Zusammenhang seit langem folgende verbreitete elterliche Fruchtbarkeitseinstellung ein offenes Geheimnis: 'Einem *einzigen* Kind können wir (noch dazu bei dem dann in der Regel vorhandenen *zweifachen* Elterneinkommen) eine *maximale* bildungsmäßige bzw. berufsvorbereitende Hilfe angedeihen lassen, ganz so, wie es ja der gesellschaftliche Meinungsdruck mit seinem Imperativ von den dem Kind zu gewährenden *maximalen* Lebenschancen von uns Eltern fordert. Schon mit *zwei* Kindern wird dies wesentlich schwieriger für Eltern wie für Kinder. Ab *drei* Kindern wird die Situation (durchschnittlich) unzumutbar. Also lassen wir es im anratenswerten Sinne unserer einschlägigen Zeitlage bei einem einzigen Kind bewenden.'

Auch diese spezifisch bildungsmäßig/berufsvorbereitende Benachteiligung der kinderreichen Familie (mit einem einzigen Erwerbseinkommen) muß sich gesamtgesellschaftlich *fruchtbarkeitshemmend auswirken.* Es gilt nämlich analog das zuvor Gesagte: Erfahren Nachbarn, Freunde, Verwandte und andere Personen des häuslichen Verkehrskreises angesichts der bei ihnen noch bevorstehenden oder noch nicht abgeschlossenen Fruchtbarkeitsphase in gehäuftem Maße auch noch diese spezielle nachteilige Situation kinderreicher Familie im Bildungsbereich (die Kindeseltern ihrerseits müssen in diesen Fällen *ihr eigenes* Kulturbudget auf ein Minimum kürzen), so erhält dadurch im statistischen Maßstab die Ausprägung ihrer Fruchtbarkeitsmentalität (bewußt oder unbewußt) zusätzliche Warnungs-, zusätzliche Abschreckungssignale. Dasselbe gilt für die *Kinder* aus solchen auch noch auf dem *bildungsmäßigen* Sektor geplagten Familien, dann nämlich, wenn diese Kinder später einmal selbst heiraten. In vielen Fällen lautet auch diesbezüglich die aus der Alltagserfahrung bekannte Konsequenz: 'Ein solches Problem tue ich mir und meinen Kindern (später einmal) nicht an'. Gerade in einer

'Bildungsgesellschaft' kommt dieser Problemvariante für die Ausgestaltung der Fruchtbarkeitsmentalität keine geringe Bedeutung zu, weil ja die Eltern durch die gesellschaftlichen Leitbilder und die Orientierung des elterlichen Sorgerechts zu möglichst umfangreichen bildungsmäßigen Anstrengungen für ihre Kinder verhalten werden.

Die systematische Zurückdrängung des erzieherischen Einflusses des Elternhauses zugunsten euphorischer Erwartungen in die Leistungen des außerfamilialen Bildungswesens hat der Familie *auch auf diesem Sektor* im gesellschaftlichen Bewußtsein bzw. in der erziehungspolitischen Realität ein Aschenputteldasein beschert. Den Eltern wurde dabei stark verallgemeinernd mangelnde Erziehungsfähigkeit, mangelnde Bildungsmotivierung der Kinder und mangelnde Befähigung, ein angemessenes Bildungsziel ihrer Kinder zu erkennen, unterstellt. Erst in jüngster Zeit wird nun der gegenteilige Ruf nach *erzieherischer Aufwertung* der Eltern, nach ihrer Aufwertung zu aktiven Partnern der Lehrer, Berufsbildner, Bildungsplaner und der Schulorganisation da und dort wieder vernehmbar. In den zurückliegenden eineinhalb Jahrzehnten aber sind die Eltern durch die dargestellten Zeiteinflüsse in hohem Grade (bis zur Resignation) verunsichert und entmachtet worden.

Wir wollen die von der neulinken Weltanschauung geschaffene Problemsituation der Familienerziehung noch durch ein letztes Beispiel beleuchten. Was etwa in der Bundesrepublik Deutschland schon vor zahlreichen Jahren verwirklicht worden ist, wird in Österreich unter dem Drängen gleichgerichteter emanzipatorischer Frauengruppen auch am Beginn der achtziger Jahre (nicht zuletzt im Zusammenwirken mit dem Staatssekretariat für Frauenfragen im Bundeskanzleramt bzw. unter seiner inspirierenden und koordinierenden Federführung) immer noch in aller Öffentlichkeit heftig gefordert: die *grundsätzliche* Ausweitung der gesetzlichen Anspruchsberechtigung für bezahlten Karenzurlaub aus Anlaß einer Geburt *auch für den Kindesvater.* Dadurch soll die rechtpolitische Leitbildorientierung an der gerade für die frühe Kindheit und im Zusammenhang damit für die ganze Familienerziehung so bedeutsamen *engen Mutter-Kind-Gemeinschaft* in einem weiteren wichtigen Element aufgebrochen werden zugunsten einer 'totalen' Emanzipation der Frau. Wie zahlreiche andere verwandte Angelegenheiten gehört auch diese gleichermaßen in das Kapitel der *Frauenfrage* wie in jenes der *Familienerziehung.* Durch diese für die *ganze* neulinke Konzeption der Familienfrage so bezeichnende Forderung soll die spezifisch zweigeschlechtliche Familienerziehung in Gestalt der einander ergänzenden, *aber je unauswechselbaren* mütterlichen und väterlichen Komponente bereits in der für die Fundierung des menschlichen Lebens so entscheidenden Zeit der frühesten Kindheit des Vor-Kindergartenalters (0 bis 3 Jahre) aus den Angeln gehoben werden. Es handelt sich dabei nur um einen konkreten Anwendungsfall der allgemeinen egalitätsideologischen Auffassung, wonach *in allen* Problembereichen (mit Ausnahme des rein biologischen Vorgangs von Schwangerschaft und Geburt) die bipolare Wesensverschiedenheit von Mann und Frau (innerhalb und außerhalb von Ehe und Familie) als ein allein gesellschaftlich anerzogenes Rollenverhalten verharmlost wird.

Selbst also in diesem wohl empfindlichsten, folgenreichsten Punkt der Familienerziehung wird der beliebigen Auswechselbarkeit von Mutter und Vater das Wort geredet. Ist dann einmal der dem Grundsatz nach (nicht also für begründete Ausnahmefälle) gesetzlich ausgeweitete Anspruch auf bezahlten Karenzurlaub durchgesetzt, dann hat diese Auffassungsrichtung 'totaler' Frauenemanzipation die legistische Voraussetzung dafür geschaffen, die Realisierung dieser Zielvorstellung *im praktischen Alltag konkret* zu betreiben. Wird doch von dieser Seite seit vielen Jahren sogar die im gesellschaftlichen Bewußtsein interessant gemachte *Umkehr* des einschlägigen geschlechtlichen Rollenverhaltens propagiert oder aber ein *alternierender Wechsel* in der tagsüber erfolgten Kleinstkinderbetreuung zwischen Vater und Mutter verlangt, wobei insbesondere an eine Abwechslung im Rhythmus von *Halbjahren* gedacht wird. In der Bundesrepublik Deutschland war seinerzeit auch noch versucht worden, diesen alternierenden Wechsel bereits vom Gesetz her *allgemein verpflichtend* vorzuschreiben, um so das vorschwebende Ziel einer gesellschaftsweiten Ausmerzung auch dieser 'Ungleichbehandlung' der Frau rigoros durchsetzen zu können. Die nicht selten auch heute noch favorisierte Vorstellungsvariante einer *Umkehr* des einschlägigen geschlechtlichen Rollenverhaltens (wonach also der 'Hausmann' das Kleinkind daheim tagsüber betreut und in diesem Zusammenhang federführend für den Haushalt zuständig ist) wird damit begründet, daß dies — etwa für die Dauer einer Generation — nur einen kleinen gerechten Ausgleichseffekt angesichts der bisherigen jahrhundertelangen gesellschaftlichen Übung darstellen würde.

Durch das hier abschließend angeführte Beispiel von der Forderung nach *genereller* Ausweitung eines bezahlten Karenzurlaubes für die Väter anläßlich der Geburt eines Kindes wird deutlich, wie weit die in der öffentlichen Meinungsbildung propagierte Geschlechterneutralisierung auch im Zusammenhang mit der *erzieherischen* Aufgabe der Familie schon gediehen ist. Durch diese Tendenzen droht nicht nur die *familiale Eigendynamik im allgemeinen* weiter geschwächt zu werden, nämlich durch die weitere Einebnung des Lebensentwurfs von Mann und Frau; es wird damit gleichzeitig auch die *genuin familienerzieherische* Wirksamkeit im Zentrum des unvertauschbaren Rollensegments von Vater und Mutter an ihrem Entfaltungsursprung ernsthaft behindert. Durch die solchermaßen herbeigeführte Nicht-Eindeutigkeit des männlichen und weiblichen Wirkanteils beim Aufbau der ehelich/familialen Lebenswelt wird so die *familienerzieherische* Grundlegung der nachwachsenden Generation ausgehöhlt. Die Welt des Kindes ebenso wie die Welt der Eltern wird dadurch ihrer familienhaften Kernsubstanz beraubt. Da dies alles in der Hauptsache durch das *erwerbsberufliche Karrierestreben* einer einseitig emanzipatorisch orientierten weiblichen Lebensphilosophie motiviert ist, liegt der Zusammenhang mit der Fruchtbarkeitsdrosselung umso deutlicher auf der Hand. Für eine solche Daseinsperspektive der Frau sind nämlich *sogar unter der Voraussetzung weitgehend geglückter Funktionseinebnung der Geschlechter in Ehe und Familie* mehrere Kinder ein störendes Hindernis für ihr vorrangig einer erwerbsberuflichen Karriere verpflichtetes Lebensziel. Darüber hinaus kommt es *in indirekter Weise* zu einer im gesamtgesellschaftlichen Maßstab massiven Fruchtbarkeitsdrosselung dadurch, daß infolge der angedeuteten Zusammenhangwirkungen ein *lebenskräftiges, attraktives* Familienleben gar nicht entstehen kann und dadurch in vielfacher Hinsicht *die allgemeinen Vorbedingungen* für die Entwicklung einer bevölkerungserhaltenden ehelichen Fruchtbarkeitsmentalität fehlen. Unter solchen Umständen der ehelich/familialen Lebensausrichtung kann eine *kinderfreundliche* Lebensperspektive weder bei der Frau noch beim Mann zur Entfaltung kommen.

So haben wir gesehen, daß auch im *Erziehungsbereich* der Familienproblematik seit eineinhalb Jahrzehnten zahlreiche forciert fruchtbarkeitsbehindernde Implikationen wirksam sind. Es handelt sich dabei einerseits um die bagatellisierenden bis offen familienfeindlichen Tendenzen zur Herbeiführung oder Verstärkung einer drastischen erzieherischen Bedeutungsminderung bzw. Wirkeinschränkung des ganzen sozialen Systems Familie, insbesondere natürlich des Elternhauses; andererseits geht es um die aus den familienfeindlichen Lebensperspektiven entstandene *Konfliktbelastung* des familialen Erziehungsmilieus. Ganz allgemein müssen wir auch für das Verhältnis des *erzieherischen* zum *generativen* Funktionskreis die in anderen Zusammenhängen schon betonte Abhängigkeitsverschachtelung zum *Problemganzen* menschlichen Fortpflanzungsverhaltens wieder betonen. Das heißt konkret: die Abhängigkeit der *erzieherischen* Familienproblematik zunächst *von den übrigen* Problemdimensionen des Familienlebens. Darüber hinaus geht es um die Effekte der Rückkoppelung des gesamten Familienlebens an die übergreifenden (sachverhaltlichen wie mentalitätsmäßigen) ökonomischen und sozialen Strukturen bis hinauf auf die gesamtgesellschaftliche Ebene. Daß gerade die *mentalitätsmäßigen gesellschaftlichen Rahmenbedingungen* während der letzten eineinhalb Jahrzehnte das Familienleben im allgemeinen und *seine erzieherischen Implikationen im besonderen auf das nachdrücklichste* geschwächt, geschädigt haben, muß auch im Zusammenhang mit deren Auswirkungen auf die Nachkommenschaftsfrage betont werden. Von diesen mentalitätsmäßigen gesellschaftlichen Rahmenbedingungen ist über eine massive Schwächung des allgemeinen Familienlebens, vor allem des Familienzusammenhangs, *eine substantielle Benachteiligung der familienerzieherischen Wirksamkeit und des erzieherischen Selbstwertgefühls der Eltern* Hand in Hand gegangen. Dahinter steht ganz maßgeblich die so lange Jahre anhaltende *prinzipielle gesellschaftliche Familienkritik.* Diese pauschale, auf das *ganze vor*gesellschaftliche Eigenbedeutungsbewußtsein und Wirkpotential der Familie gemünzte massive Dauerkritik hat auch eine Absage bedeutet für die gesellschafts*offene* Familie mit ihrer so wertvollen sozialerzieherischen Leistung. Auch die gesellschafts*offene* Familie mit starkem Eigenleben und einer dadurch prädestinierten *kinderorientierten* Lebensweise war seither durch die allein schon atmosphärisch so negativ wirkende — vor allem in der soziologischen und politologischen Denkperspektive entfachte — 'Familismus'-Kritik einer forcierten öffentlichen Animosität ausgesetzt (im Sinne von unzeitgemäß-traditionalistisch, fortschrittshemmend, den gesellschaftlichen Trends entgegenstehend, mit ideologisch überzogenen Geltungsansprüchen). *Positiv* schien in dieser die öffentliche Meinung überwiegend gestaltenden Sichtweise die Familie nur noch als 'Sozialisationsagentur' der Gesellschaft. Über diesen Dienstleistungscharakter hinaus war sie *suspekt:* ihr ganzes *vor*gesellschaftliches Eigenbedeutungsbewußtsein, ihr ganzes *vor*gesellschaftliches Wirkpotential war bis in die jüngste Zeit von dieser vorherrschenden Ideenrichtung einer heftig bekämpften 'Familienideologie' zugerechnet worden.

Mit dieser einschüchternden 'Familismus'-Kritik wurde letztlich das *ganze* 'personal'-orientierte Menschen- bzw. Lebensverständnis verworfen, was gerade für die *erzieheri-*

sche Bezugsproblematik des Familienlebens von so großer und vielfältiger Bedeutung ist. Aus diesem übergeordneten Zusammenhang der Bekämpfung eines 'personalen' Menschenbildes wird es verständlich, daß dessen sozialphilosophische Maxime 'Die Familie ist *vor* der Gesellschaft' (d. h. die Familie ist der Gesellschaft rangplatzmäßig *vorgeordnet) auch im erzieherischen* Anwendungsbereich umgekehrt wurde in die heute noch weithin gültige Gegenauffassung' 'Die Familie rechtfertigt ihre Existenz nur im Rahmen ihrer Dienstbarkeit an der Gesellschaft'. Hier sind wir wieder bei den überzogenen Geltungsansprüchen der Gesellschaft zu Lasten einer familienfreundlichen Daseinsordnung des Menschen. Für die Einschätzung der *erzieherischen* Aufgaben der Familie wirkt sich dies ganz besonders nachhaltig aus, wobei sich der erziehungs*wissenschaftliche,* der individuell-erziehungs*praktische* und der gesellschaftlich-erziehungs*politische* Aspekt *gleichgerichtet verschränken.* Auch hier haben wir die *innere Einheit* des Familienverständnisses im Denken und Leben, in Theorie und Praxis, in Wissenschaft und Politik, im persönlichen und gesellschaftlichen Leben zu sehen. *Die diesbezüglich entscheidende normative Identität von Denken und Leben, der sich dabei ergebende Gleichklang der Sinn- und Wertimplikationen menschlichen Lebens in Sozialwissenschaft, Gesellschaftspolitik und persönlichem Lebensvollzug tritt wohl nirgends deutlicher und nachhaltiger in Erscheinung als im erzieherischen und generativen Aspekt der Familienfrage.* Deshalb wirkte die neulinke Weltanschauung gerade auch im *familienerzieherischen* Zusammenhang so grundstürzend: hatte doch zuvor in unserer europäischen Kulturgeschichte das Elternhaus immer schon als *das entscheidende* persönlichkeitsbildende und damit kulturtradierende Wirkzentrum für die nachwachsende Generation unbestritten gegolten. Dies verträgt sich durchaus mit einer gesellschafts*freundlichen* Betrachtungsweise, ja sie ist nach der Sichtweise einer 'personalen' anthropologischen Grundkonzeption für eine solche geradezu konstitutiv. Nicht aber verträgt sich dies mit einem *individualistischen* wie mit einem *kollektivistischen* Selbstverständnis des Menschen und den daraus hervorgehenden öffentlichen Ordnungsvorstellungen.

Zusammenfassend ist die in der bisherigen bevölkerungswissenschaftlichen Forschung nicht oder doch nicht nennenwert beachtete *hochgradige Verschränkungswirkung* zwischen der *erzieherischen* und der *generativen* Dimension des Familienlebens festzuhalten. Neben dem *Verursachungs*aspekt des Fortpflanzungsverhaltens betrifft dies auch dessen *Folgewirkungen,* weil die Erziehungslage in der Familie *gerade auch durch die Kinderzahl* ganz wesentlich mitbestimmt wird. Durch das gesellschaftsweit immer stärkere Überwiegen der *Einzelkinder* hat sich die Erziehungssituation im Elternhaus gravierend verändert, und zwar in Richtung einer maßgeblichen Verdünnung, einer hochgradigen Verarmung seines erzieherischen Potentials. Auch an dieser Stelle ist der Rückkoppelungseffekt der *Auswirkungen* des Geburtenrückganges auf die *Verursachungs*seite zu betonen. Im *kinderarmen* Haushalt (Einzelkind) fehlen die Impulse zu einem kinderorientierten Familienleben und damit wichtige Antriebskräfte und generationsverbindende Modellerlebnisse zur Entwicklung einer *bevölkerungserhaltenden* Fruchtbarkeitsmentalität.

2.6 Die wirtschaftliche Lebenssicherung der Familie

Zum Unterschied von den *bisher behandelten* fruchtbarkeitsrelevanten Problemdimensionen der Familienfrage ist der generative Bezug zur *wirtschaftlichen Lebenssicherung der Familie* ohne verborgene Tiefen, also vergleichsweise einfach. Wir meinen damit nicht den Schwierigkeitsgrad der darauf im einzelnen bezogenen wirtschaftswissenschaftlichen Problembearbeitungen — sei es in Relation zum *Einzelhaushalt* oder zu den *volkswirtschaftlichen* Aspekten; wir meinen vielmehr die Einsicht in den *allgemeinen Zusammenhang* zwischen der ökonomischen Lebenssicherung des Menschen und den wirtschaftlichen Folgen seines Fortpflanzungsverhaltens — volkstümlich gesagt: ein ausreichendes Wissen über die vielschichtige Tatsache 'Kinder kosten Geld'. Dieses Teil-problem der Nachkommenschaftsfrage (konkret: des aktuellen Geburtenrückganges) ist auch weit besser *unmittelbar faßbar und beweisbar* als die meisten der bisher behandelten Aspekte der Familienfrage; denn einerseits ist die Abhängigkeit der Fortpflanzungsbereitschaft von der Dimension wirtschaftlicher Existenzsicherung *problemlos zu begreifen* und andererseits ist die Behandlung dieses Themas insofern dankbar, als es ganz und gar *numerisch faßbar* in Erscheinung tritt und infolge dieser leicht möglichen Objektivierbarkeit methodisch viel komplikationsloser und beweissicherer zu bewältigen ist als der Zusammenhang des generativen Geschehens mit den *seelisch-geistigen* bzw. *psychosozialen* Problemrelationen.

Die Abhängigkeit der generativen Problematik von der wirtschaftlichen Lebenssicherung der Familie ist *auch für den kleinen Mann auf der Straße* leicht einsehbar, zumindest soweit eine gewisse persönliche Lebenserfahrung damit gegeben ist, was in aller Regel der Fall ist (wenn nicht mit *eigenen* Kindern, so durch Erfahrungen aus der elterlichen Abstammungsfamilie oder mit Familien aus der Nachbarschaft und dem Bekanntenkreis). Im wesentlichen liegt also die einschlägige Grundproblematik mehr oder weniger für jedermann auf der Hand. Auch die *ungefähre Gewichtung* dieser Abhängigkeitsbeziehung ist aus der alltäglichen Lebenspraxis verhältnismäßig gut bekannt, selbst wenn dies nicht mit genauen rechnerischen Meß- und Vergleichsangaben belegt werden kann (im gut geführten Haushalt weiß allerdings vor allem die Familienhausfrau bis in die *Details* dieser Belastung genau Bescheid). Es handelt sich schlicht um die allgemeine Lebenserfahrung, in welchem Ausmaß die ökonomisch abhängigen Dimensionen des Familienlebens mit jedem (weiteren) Kind *zusätzlich* belastet werden. Dieses allgemeine Lebenswissen ist somit auf keine prinzipielle wissenschaftliche Beweisabsicherung, auf keine grundlagenwissenschaftliche Erkenntnisrechtfertigung angewiesen, auch wenn es zur genauen Begründung einschlägig familienpolitischer (bevölkerungspolitischer) Forderungen wichtig ist, sie mit möglichst exakten Daten ökonomischer Bedarfsfeststellung im Vergleich zu den schon bestehenden (direkten und indirekten) wirtschaftlichen Leistungen zugunsten der Familie (im Rahmen der jeweiligen Wirtschafts- und Gesellschaftsordnung einer Bevölkerung) untermauern zu können. Hinsichtlich der ungefähren ökonomischen Belastungsfolgen pro Kind und Haushalt aber besteht im Volksganzen keinerlei Zweifel, somit auch nicht über die heute eminente Bedeutung der speziell durch den 'Familienlastenausgleich' zu bewerkstelligenden wirtschaftlichen Lebensabsicherung der Familie zur Ermöglichung einer bevölkerungserhaltenden Nachkommenschaftsleistung. Die Bedeutung der *fachlichen* Bearbeitung liegt also nicht in einer wissenschaftlichen Beweisabsicherung des *grundlegenden* Problemzusammenhanges, sondern in vielerlei Abklärung von Teil-, Sonder- und Strukturproblemen nebst präziser Datengewinnung und ihrer statistischen Verarbeitung (also die genaue hauswirtschaftliche Bedarfsfeststellung, die Untersuchung der Alleinerhalterproblematik, der Situation der unvollständigen Familien, die konzeptorientierte Abstimmung der auf den verschiedensten Gebieten angesiedelten *Einzelmaßnahmen* auf das wirtschaftliche und rechtliche Gesamtsystem einschließlich der volkswirtschaftlichen Bezüge usw.).

Obgleich diese Problemdimension der Abhängigkeit der Fruchtbarkeitsbereitschaft von der wirtschaftlichen Existenzsicherung der Familie *im Bereich der sachverhaltlich-äußeren Lebensumstände* (zum Unterschied von den *seelisch-geistigen* Faktoren der Nachkommenschaftssteuerung) als die *entscheidenste* Determinante des Fortpflanzungsverhaltens in unserer Gegenwartsgesellschaft angesehen werden muß, brauchen wir uns mit Bezug auf das eben Gesagte *nicht auf eine tiefgehende* Analyse dieser Problematik einlassen, zumal wir es hier mit einer *zusammenhangklärenden Grundlagenerfassung*, nicht aber mit einer *numerisch exakten Teilproblembehandlung* des Geburtenrückganges zu tun haben. Zur Unterstreichung der großen Bedeutung der wirtschaftlichen Lebenssicherung der Familie für die zumutbare Ermöglichung einer bevölkerungserhaltenden Nachkommenschaft sei noch betont, daß eine hinreichende Ausstattung mit ökonomischen Existenzmitteln eine unerläßliche (direkte oder indirekte) Voraussetzung für eine angemessene Erfüllbarkeit *nahezu aller* Familienfunktionen darstellt. Die wirtschaftliche Fundierung der Familie ist also nicht nur für die *physische Überlebenssicherung* ihrer Mitglieder, sondern in vielfacher Hinsicht *auch für die Ermöglichung der kulturellen* Familienaufgaben unerläßlich. Dies umso mehr, als mit fortschreitender Industrialisierung immer größere *außerökonomische* Lebensbereiche in eine marktrelevante *Finanzierungsabhängigkeit* geraten sind (Schule, Berufsausbildung, kulturelles Leben einschließlich aktiver musischer Betätigung, Urlaubsgestaltung, Lieblingsbeschäftigungen in der Freizeit unter Einschluß des Sports usw.). Insgesamt liegt dabei ein Gleichklang mit der früher behandelten Problematik des *Haushalts* vor. So wie wir den *Haushalt* als die arbeitsmäßig-organisatorisch-ökonomische Basis bzw. Klammer *für das ganze* Familienleben charakterisiert haben, bedeutet auch dessen *ökonomisches Substrat allein*, nämlich die Ausstattung der Familie mit wirtschaftlichen Existenzmitteln, die lebensermöglichende Grundlage für die zufriedenstellende Erfüllbarkeit *praktisch aller* Familienfunktionen.

Über diese vielfältige Problematik besteht eine große wirtschaftswissenschaftliche wie praxisnah-familienpolitische Literatur, wozu auch die umfangreichen Datensammlungen sowohl über die *ökonomische Bedarfslage* der Familie als auch über die ihr im Rahmen der Gesellschaftsordnung *tatsächlich zukommenden* (direkten und indirekten) finanziellen Leistungen gehören. Diese vielfältigen Problembearbeitungen und die ihnen zugrundeliegenden empirischen Datenkenntnisse haben ihren Niederschlag auch in verschiedenen 'Familienberichten' für Regierungen und Parlamente gefunden. Sodann hat die organisierte Familienbewegung seit ihrem Bestehen (also seit den frühen fünfziger Jahren) die Auseinandersetzung mit der *wirtschaftlichen Lebenssicherung der Familie* immer als eines ihrer Kernanliegen betrachtet, so daß diese Problematik auch im Schrifttum der Familienorganisationen seit bald dreißig Jahren in Theorie und Praxis behandelt wird. Darüber hinaus liefern in allen Ländern insbesondere die Statistischen Ämter laufend umfangreiches einschlägiges Zahlenmaterial und darauf bezogene Behandlungen von Einzelfragen (Teilgebieten) der Problematik des Familienhaushalts. Diese bisherige Problemaufarbeitung der Finanzierungsabhängigkeit des Familienlebens findet eine vielfältige Anwendbarkeit *auf die generative Fragestellung,* weil ja mit jedem weiteren Kind eine *beträchtlich zunehmende* ökonomische Belastung seiner elterlichen Familie eintritt. Es handelt sich dabei schlicht um die *Pro-Kopf-Relevanz* der je Haushalt zur Verfügung stehenden wirtschaftlichen Bedarfsdeckungsmittel − selbstredend modifiziert durch den jeweiligen 'Ersparnisfaktor' eines für eine Personengemeinschaft bestehenden *gemeinsamen* Haushalts.

Die *Grundlagenbearbeitung* unseres jetzt behandelten Teilgebiets der generativen Frage findet sich im Kapitel 1.5 (Die grundlegend geänderten Voraussetzungen des Nachkommenschaftsverhaltens der Gegenwart im Bereich der äußeren Lebensumstände) und im Kapitel 1.6 (Die Entbindung des Fortpflanzungsverhaltens aus dem Ethos des ehelichen Fruchtbarkeitsauftrags). Auch haben wir infolge der wechselseitigen Verschränkung der Materie an zahlreichen anderen Stellen auf die *ökonomische* Problematik des Familienlebens immer wieder Bezug genommen. Je stärker die Beeinflussung der Kinderzahl einer Ehe ins Gewicht fiel einerseits durch Entwicklungsstand und Verbreitung der antikonzeptionellen Methoden und Mittel, andererseits durch die gesellschaftsweite Ausformung der Idee von der 'verantworteten Elternschaft', *desto nachdrücklicher wirkte sich* (auf dem Hintergrund unserer fortschreitenden Industriegesellschaft) *die Abhängigkeit der ehelichen Fruchtbarkeitsbereitschaft von der ökonomischen Lebenssicherung der Familie aus.* Bis in die frühindustrielle Zeit hinein waren breite Bevölkerungsschichten (infolge Fehlens einer wirksamen Antikonzeption) genötigt oder (infolge des damals weithin vorherrschenden Fruchtbarkeitsethos) auch gewillt, ihren Kinderreichtum mit persönlicher Selbstlosigkeit, Dürftigkeit, ja Armut und Not zu bewältigen. In unserer jüngeren Vergangenheit (nach dem Zweiten Weltkrieg) aber wurde die Antikonzeption immer wirksamer entwickelt und verbreitet, wurde die Idee von der 'verantworteten Elternschaft' allmählich gesellschaftsweit wirksam (für den katholischen Bevölkerungsanteil insbesondere ab dem − 1965 beendeten − Zweiten Vatikanischen Konzil), und auch die verzichtfeindliche wie bequemlichkeitsorientierte Lebenseinstellung unserer 'Konsumgesellschaft' ist immer mehr bestimmend in den Vordergrund getreten. In dieser veränderten Bedingungslage waren immer weniger Ehepaare genötigt bzw. gewillt, persönliche Selbstlosigkeit, Dürftigkeit, ja Armut und Not als Konsequenz von Kinderreichtum zu akzeptieren. Immer mehr wurde vom einzelnen im voraus genau kalkuliert, was ihn ein Kind in der Lebensrechnung kostet, welches Ausmaß *auch an ökonomisch relevantem* Verzicht *jedes weitere* Kind im ganzen Lebensgang mit sich bringt. Immer mehr wurde es geradezu als eine *Voraussetzung* für die Zumutbarkeit einer weiteren freiwilligen Schwangerschaft angesehen, daß dadurch *auch die ökonomisch abhängigen* Vorstellungen vom Leben nicht allzu sehr eingeschränkt werden müssen. In dieser sich zuspitzenden Gesamtsituation ist der Hoffnung auf einen *erheblichen Ausbau des allgemeinen Familienlastenausgleichs* eine immer größere Bedeutung für eine bevölkerungserhaltende Nachkommenschaftsleistung zugekommen. Dies umso mehr, als – wie teilweise schon angedeutet – die Entwicklung der allgemeinen Lebensumstände auch die *Kinderkosten* immer mehr in die Höhe getrieben haben (zunehmende Verstädterung; steigender Wohlstand, an dem auch die Kinder teilnehmen; länger dauernde Schul- bzw. Berufsvorbereitungszeit; ansteigende Lebenshaltungskosten auch für die Kinder und Jugendlichen durch die Praktiken einer sparsamkeitsfeindlichen 'Wegwerfgesellschaft' usw.).

Trotz dieser Verschärfung der wirtschaftlichen Familienerhaltungsprobleme aber ist die Hoffnung auf einen sukzessiven weiteren Ausbau des allgemeinen Familienlastenausgleichs seit Beginn der siebziger Jahre unerfüllt geblieben. Die hoffnungsvollen, stetig kleinen Fortschritte der fünfziger und sechziger Jahre vor allem in puncto Kindergeld (Familienbeihilfe) und steuerlicher Kinderermäßigung sind in den siebziger Jahren etwa in Österreich und der Bundesrepublik Deutschland zunächst in eine Stagnation geraten und dann in einen unverkennbaren Rückschritt übergegangen. Anstelle eines weiteren Ausbaus des allgemeinen Familienlastenausgleichs haben sich die Akzente auch der *wirtschaftlichen* Familienpolitik parallel zu der in den vorangegangenen Kapiteln erörterten mentalitätsmäßigen Zeitausformung stark verändert.

Dazu muß man wissen, daß die bis dahin über die Grenzen der politischen Parteien und religiösen Konfessionen hinweg *in ihren Grundzügen* gesamtgesellschaftlich weithin anerkannte familienpolitische Globalkonzeption – auf der Basis der einschlägig fachlichen Grundlageneinsichten vor allem von den aufblühenden *Familienorganisationen* im freien Europa zur Geltung gebracht – in ihren Fundamenten auf einem *personalen*, also nicht-individualistischen wie nicht-kollektivistischen Menschen- und Gesellschaftsbild gegründet war (wie dies ja in einer *familienhaften* Perspektive der Lebensbetrachtung – siehe die Problemaufarbeitung unseres *ersten* Abschnitts – zwangsläufig zu erwarten ist). Diese Grundbetrachtungsweise und die ihr entsprechende familienpolitische Globalkonzeption wurde nunmehr – auch in der *ökonomischen* Dimension – unter dem Blickwinkel der neulinken Weltanschauung *grundsätzlich bzw. verallgemeinernd* als Ausfluß eines negativ verstandenen sogenannten 'traditionalistisch-bürgerlichen' Denkens immer heftiger abgelehnt und durch eine 'progressiv-sozialistische' Alternative zu ersetzen versucht.

Anstelle der Idee eines gemeinwohlorientierten innergesellschaftlichen*) Ausgleichs der mit dem Aufziehen von Kindern verbundenen Kosten zwischen Kinderlosen, Kinderarmen (Ein-Kind-Ehen) und den an einem *bevölkerungserhaltenden* Nachkommenschaftsausmaß beteiligten Ehepaaren mit zwei und mehr Kindern *innerhalb jeder Einkommensschicht* ist immer stärker die überwunden geglaubte *fürsorgepolitische* Ziel-

---

*) Der Staat sollte dabei nur in seiner ordnungspolitischen Funktion als *Gesetzgeber* sowie *durchführungsmäßig* mit Einhebung und Verteilung der Gelder *über seinen fiskalischen Apparat* in Erscheinung treten, ohne daß die Gelder des Familienlastenausgleichsfonds als Bestandteil des Staatshaushaltes betrachtet werden dürften. In der Zeit eines forcierten Kollektivismus sollte dadurch klar zum Ausdruck kommen, daß dieser innergesellschaftliche Lastenausgleich nichts mit einer 'Verstaatlichung' der Familie zu tun habe.

vorstellung einer Hilfestellung zugunsten der Haushalte der *unteren* Einkommensschichten in den Vordergrund getreten. Daran angeschlossen hat sich dann das *allgemeine egalitätsideologische* Anliegen eines am Kriterium der Elternschaft wirksam werdenden nivellierenden Einkommensausgleichs. So sehr eine *fürsorgepolitische* Maßnahmenebene gerade im Zusammenhang mit dem Nachkommenschaftstatbestand als Anliegen der engeren Sozialpolitik (Hilfe für arme Familien) *zur Ergänzung des allgemeinen Familienlastenausgleichs,* der eine solche fürsorgepolitische Zusatzaufgabe *nicht* lösen kann, lebhaft zu unterstützen ist, ist es aber *grundsätzlich verfehlt,* die jenseits allen Fürsorgedenkens angesiedelte Idee des *allgemeinen Familienlastenausgleichs* als 'die sozialpolitische Großaufgabe des 20. Jahrhunderts' (Gerhard Mackenroth) in ein fürsorgepolitisches Maßnahmenbündel zu verfälschen. Noch abwegiger ist es, die Idee des allgemeinen Familienlastenausgleichs in die umfassend egalitätsideologische Zielsetzung einer einebnenden Umverteilung der unterschiedlich hohen Leistungseinkommen umzufunktionieren. Ob das Letztere wünschenswert bzw. gerecht ist oder nicht: das ist *nicht* ein Anliegen der *Familien*frage. Genau um diese seit Beginn der siebziger Jahre im Gang befindliche *doppelte Ideentransformation* geht es uns hier.

Jedenfalls ist im Verlauf der siebziger Jahre (speziell im Bereich der beiden eben genannten, miteinander gut vergleichbaren Länder) die Idee des allgemeinen Familienlastenausgleichs sowohl in Richtung der *fürsorgepolitischen* als auch der *allgemein egalitätsideologischen* Zielsetzung kräftig uminterpretiert worden. Anstelle eines *gesamtgesellschaftlich gleich wirksamen* Lastenausgleichs zwischen Kinderlosen, Kinderarmen und Kinderreichen *jeweils derselben Einkommensgruppe* (letzteres als zwingende Konsequenz aus der Anerkennung des Prinzips vom 'Leistungslohn'), wird seither neben der Heranziehung von Geldern des *allgemeinen Familienlastenausgleichs* für *fürsorgepolitische* Zielsetzungen eine nivellierende Einkommensumschichtung *zwischen Haushalten jeweils derselben Kinderzahl, aber unterschiedlichem Berufseinkommen* begünstigt bzw. angestrebt. *Das aber ist etwas grundlegend anderes.* Die Familie wird dabei bloß zu einem speziellen Anwendungsgebiet des Fürsorge- und Egalitätsdenkens. Diese Lösungsrichtung weist gar keine erkenntnisleitende Orientierung an der *Familienfrage* auf. Fürsorge- und egalitätspolitische Maßnahmen haben nicht mit Berufung auf die allgemeine *Familien*politik begründet und nicht auf deren Kosten (mit deren Mitteln) finanziert zu werden.

Wer die Konsequenzen dieser Sichtweise durchdenkt, kommt zu folgendem praktischen Ergebnis: bei den Empfängern *mittlerer* und *höherer* Berufseinkommen wirken sich *mehrere* Kinder (noch dazu bei einer in deren erzieherischem Interesse stark eingeschränkten bis fehlenden Erwerbstätigkeit der Mutter) als *gravierender Absturz* im ökonomisch bedingten Lebenszuschnitt aus, während dies bei den Empfängern kleinerer Einkommen (durch die Wirksamkeit einer Fülle fürsorgepolitisch bis egalitätsideologisch konzipierter Zulageberechtigungen und Kostenbefreiungsmaßnahmen) *nicht bzw. weit geringer* der Fall ist. Dies hat zur Folge, daß das Leistungslohnprinzip nirgends so gravierend aus den Angeln gehoben wird wie im Zusammenhang mit dem Nachkommenschaftstatbestand. Daher muß man es als eine geradezu zwangsläufige Folgewirkung verstehen, daß die Empfänger eines *mittleren bis höheren* Leistungslohnes *allein schon aus dieser heute so vordergründigen Problematik* großenteils in die Kinderarmut ausweichen. So sehr es also *begrüßenswert* ist, daß berechtigte *fürsorgepolitische* Maßnahmen gerade auch im Bezug auf das Vorhandensein von Kindern (im Sinne der erwähnten *Ergänzung* des allgemeinen Familienlastenausgleichs) so wirkungsvoll wie möglich ausgebaut werden (mit Geldern der Fürsorgepolitik), muß doch deren *getrennte* Zielsetzung bzw. ordnungspolitische Methodik betont werden. Die gesamtgesellschaftlich unter dem Kriterium einer gerechten Verteilungsordnung konzipierte ökonomische Familienpolitik im Sinne des allgemeinen Familienlastenausgleichs einerseits, fürsorgepolitische Maßnahmen im Bereich des Familienlebens andererseits und schließlich das egalitätspolitische Ziel einer Einebnung der Leistungslohndifferenzen: dies alles darf problemlogisch und maßnahmenmäßig nicht in einen Topf geworfen, verwechselt bzw. durchmischt werden. Genau dies aber geschieht seit langem in hohem Maße. Die Tatsache, daß eine Idee oder Maßnahme *irgendwie* auch eine Auswirkung auf die Familienebene des Menschen aufweist, schafft noch keine Rechtfertigung, sie in den Rang einer genuin *familienhaften* Kategorie zu erheben. Ansonsten müßten fast alle das Leben des Menschen berührenden Ideen und Maßnahmen so benannt werden. Im Interesse einer *gesamtgesellschaftlich familiengerechten* Lebensordnung ist es deshalb im Bereich der ökonomischen Verteilungsordnung wichtig, gegen die hier kritisierte *Verfälschung* der Idee des allgemeinen Familienlastenausgleichs aufzutreten.

Ihre *restriktiven* Folgen im Nachkommenschaftsverhalten liegen mit Bezug auf das Gesagte auf der Hand. Um die Wirksamkeit des Prinzips vom 'Leistungslohn' über das Fortpflanzungsverhalten *nicht völlig unterlaufen bzw. ins Gegenteil verkehren zu lassen,* ist inzwischen auch die überwiegende Mehrheit der *mittleren bis höheren* Einkommensschichten allein infolge dieses gravierenden Sachverhalts in eine hochgradige Nachkommenschaftseinschränkung ausgewichen. Zuvor war ja dieser Bevölkerungsanteil mittlerer bis höherer Einkommen durch lange Jahrzehnte hindurch in unserer Gesellschaft *überproportional* an der Nachkommenschaftsleistung beteiligt gewesen, weil das Gros der *unteren* Einkommensschichten — zumal im städtischen Bereich — schon längst als Folge des seinerzeitigen 'Proletarier'-Elends in die Kinderarmut ausgewichen war. (Ausgenommen aus dieser nachkommenschaftsfreundlichen Gesinnung innerhalb der mittleren bis höheren Einkommensschichten waren die mehrheitlich besitzbürgerlich denkenden selbständigen Erwerbsbetriebe, bei denen auch *Erbschaftsüberlegungen* eine große Rolle spielen.)

Man kann von einem durchschnittlichen Haushalt *mittlerer bis höherer* Einkommenslage trotz aller Gemeinwohlappelle nicht erwarten, daß er als Konsequenz seiner bis in die sechziger Jahre *im Durchschnitt vergleichsweise nachkommenschaftsfreundlichen* Lebenseinstellung (noch dazu in Verbindung mit der meist daraus hervorgehenden finanziellen Alleinerhalter-Problematik) sich langfristig zum Opfer einer *egalitätsideologischen* Familienpolitik machen läßt und als Folge dessen bereit ist (bei drei bis fünf Kindern — wie dies zuvor so häufig der Fall war), seinen wirtschaftlichen Lebenszuschnitt bis auf die (zeitrelevante) Armutsgrenze abzusenken. Auch eine *kinderbejahende* elterliche Lebenseinstellung hat *Grenzen.* Die Aufhebung der Wirksamkeit des Leistungsprinzips durch den Familienstand ist für die meisten Menschen eine solche Grenze.

Die gemeinwohlbegründeten Moralappelle zum Kinderkriegen finden ihre Legitimationsgrenze an einer familienfeindlichen Sozialordnung (Verteilungsgerechtigkeit). Die Idee des allgemeinen Familienlastenausgleichs will nichts anderes als die Herstellung einer gesellschaftsweit gerechten Einkommensordnung für die Familie nach dem Ausmaß ihrer Fruchtbarkeitsleistung. Die von uns hier dargestellte fruchtbarkeitshemmende Problematik der seit langem anhaltenden Tendenzen der *wirtschaftlichen* Familienpolitik ist unserer Kenntnis nach in der bisher tonangebenden bevölkerungswissenschaftlichen Erforschung des Geburtenrückganges *nicht* beachtet bzw. herausgearbeitet worden.

Daß die gegen das Wesen der Familie, gegen eine familienorientierte Daseinsordnung gerichteten emanzipatorischen und egalitätsideologischen Zielperspektiven *auch im Zusammenhang mit der wirtschaftlichen* Familienpolitik als *positiv gewertete* 'familien'-politische Lösungsrichtung seit langem öffentlichkeitswirksam vorgestellt und verteidigt werden, ist nicht nur eine Frage der standpunktabhängigen *Erkenntnisproblematik,* sondern gehört daneben auch in das Kapitel *dialektischer Sprachmanipulation.* Auch im Konnex mit der *wirtschaftlichen* Familienpolitik ist im Verlauf der zurückliegenden eineinhalb Jahrzehnte immer wieder versucht worden, das Denken und Fühlen der Menschen *mittels unauffälliger Sprachmanipulation* in ein emanzipatorisches und egalitätsideologisches Daseinsverständnis umzupolen, was in einem nicht geringen Ausmaß auch gelungen ist. Man redet von der (ökonomisch zu fördernden) 'Familie', hat aber (verteilungspolitisch) als erkenntnisleitende und systembildende Generalperspektive das *Emanzipations- und Egalitätsanliegen* im Sinn. Das ergibt natürlich eine ganz andere praktische Lösungsrichtung. Die mittels begriffsumwandelnder Sprachmanipulation erreichte Bewußtseinsveränderung (Verhaltensveränderung) ist dabei *an der Oberfläche* der gesellschaftspolitischen Praxis oft nicht leicht aufzudecken.

Da heute fast alle Menschen heiraten und die ehelich-familiale Problemdimension (direkt oder indirekt) mehr oder weniger in das *ganze* Leben hineinspielt, kommt diesem Bereich der Charakter einer 'Schaltstelle' unseres individuellen wie gesellschaftlichen Daseins zu, von der aus die Fäden in alle Richtungen hin- und zu dem die Fäden aus allen Richtungen wieder zurücklaufen. Neben einem *positiven* Sinnverständnis dieses Sachverhalts (wonach die Familienpolitik als ein *lebensumfassendes Integrationsanliegen* zu begreifen ist), kann man den Stil auch umdrehen. Man kann die Beziehungstotalität dieser Schaltstelle auch dazu benützen, das Familienthema von den verschiedensten Problemrelationen aus 'aufzufädeln', d. h. das Verständnis der Familienfrage von all diesen verschiedenen Problemzugängen aus *erkenntnisleitend aufzuschließen.* Dadurch erscheint dann das Familienleben, die Familienfrage, jeweils in einem ganz anderen Licht, wobei die auf die Familie bezogenen Betrachtungsgesichtspunkte in Wirklichkeit die Spiegelungskonsequenzen *außerfamilialer* Zielperspektiven darstellen.

So geschieht dies im Rahmen der emanzipatorischen und egalitätspolitischen Programmatik auch hinsichtlich der *wirtschaftlichen* Familienpolitik. Auch auf dem gesellschaftspolitisch so hervorragenden Sektor des Kampfes um die Verteilungsordnung des Nationalprodukts wird die Familie zum bloßen Anlaßfall des übergeordneten emanzipatorischen und egalitätsideologischen Anliegens, wird sie zum bloßen Vehikel, dessen

Ideen zu transportieren. Man gibt vor, für die 'Familie' einzutreten, die Lösung der 'Familienfrage' zu betreiben, obwohl die tatsächliche Bearbeitungsperspektive auch auf diesem Sektor ganz anderen übergeordneten erkenntnisleitenden Zielen folgt. Seit langen Jahren ist es deshalb so schwierig, eine *von den Fundamenten des Familienthemas* her entwickelte Sichtweise *auch im ökonomischen* Problemkreis verständlich zu machen, eine einsichtbegleitete Resonanz in der Öffentlichkeit zu finden, weil das ganze Denken und Fühlen unserer Zeit in die als *selbstverständlich* entwickelte emanzipatorisch-egalitätsideologische Anschauungsweise eingebunden ist; weil unser ganzes Denken und Fühlen mit deren Argumentationspathos längst tief verwachsen und auch mittels sprachmanipulatorischer Begleitumstände in diese Richtung vorkanalisiert ist. Sie zu verlassen wird unter Androhung diffamierender gesellschaftlicher Strafsanktionen (der Bezichtigung von Ungerechtigkeit, autoritärer Rückständigkeit usw.) soweit wie möglich verhindert.

Als typisches Beispiel für den ganzen Zusammenhang sei auf die 1970 gerade von *christlich orientierten* Bevölkerungsschichten in Österreich lebhaft begrüßte Einrichtung eines 'Staatssekretariats für Familienfragen' im Wiener Bundeskanzleramt hingewiesen; denn diese das *Familien*thema ausdrücklich im Firmenschild führende Regierungsstelle hat dann ihre seither entfaltete Tätigkeit ganz in der Richtung einer *emanzipatorischen* Frauenpolitik sowie einer (auch im wirtschaftlichen Bereich) *egalitätsideologischen* Familienpolitik zur Entfaltung gebracht. (Dieses Staatssekretariat ist 1980 in das Finanzministerium verlegt worden, während an seiner Stelle ein 'Staatssekretariat für Frauenfragen' den frauenemanzipatorischen Kurs in *wesentlich schärferer Weise* fortsetzt.) Für die Bundesrepublik Deutschland kann vom langjährig aufmerksamen Beobachter ähnliches von der dominanten Wirkrichtung des Bonner *Familienministeriums* seit dem Ende der sechziger Jahre gesagt werden. Dieses Beispiel scheint uns erwähnenswert dafür, wie man seit langem unter Berufung auf die Wahrnehmung von *Familien*interessen in Wirklichkeit vorrangig den emanzipatorischen und egalitätsideologischen Zielvorstellungen Einlaß *auch in die Lebensordnung von Ehe und Familie* zu verschaffen versucht. Familienunspezifische bis familienfeindliche Daseinsperspektiven *unter Berufung auf Ehe und Familie* zu entwickeln bzw. politisch durchzusetzen: darin liegt auch der Tatbestand einer *Sprachmanipulation* begründet, mit deren Hilfe das öffentliche Bewußtsein getäuscht, mit deren Hilfe dieser Widerspruch unauffällig in das Denken und Fühlen der Gesellschaft gebracht wird. Da trotz der hochgradigen Verunsicherung breiter Bevölkerungsschichten als Folge der *familienfeindlichen* Perspektiven in Sozialwissenschaft und Gesellschaftspolitik während der vergangenen eineinhalb Jahrzehnte *Ehe und Familie im Volke dennoch immer als ein positiver Lebensgrundwert* begriffen worden sind, hat man diese gesellschaftsweite Präferenz in der plebiszitabhängigen Politik geschickt dadurch zu nutzen verstanden, daß man auch *familienfremde bis familienfeindliche* Ideen und Maßnahmen werbewirksam *als im Interesse der Familie gelegen* dargestellt und sie sogar ausdrücklich danach benannt hat. Uns interessiert dies hier alles nur im Hinblick auf die damit (meist indirekt) gegebenen Auswirkungen auf das *Fruchtbarkeitsverhalten.* Wer diese — von wem immer eingesetzte — taktisch-strategische *Sprachmanipulation* und die damit verbundene *gesellschaftspolitische Programmverschleierung* nicht mittels einer tiefdringenden, durch langjährig umfassende Detail- wie Zusammenhangkenntnisse abgesicherten Situationsanalyse durchschaut bzw. aufdeckt, dem bleiben *wesentliche Hintergrundbedingungen* der jüngeren Fruchtbarkeitsentwicklung unserer Gegenwartsgesellschaft *verschlossen.* Neuerdings sei dabei darauf verwiesen, daß sich unsere konkrete Erfahrung vorrangig auf die beiden hinsichtlich der einschlägigen Mentalitätsphänomene gut miteinander vergleichbaren Länder *Österreich* und die *Bundesrepublik Deutschland* bezieht.

Ein spezieller Punkt der nachkommenschaftsbedeutsamen ökonomischen Familienproblematik von heute besteht in der in anderem Zusammenhang schon genannten Tatsache, daß — außerhalb des Umstandes, daß Kinder längst nicht mehr eine erwerbsmehrende Hilfe für ihre Eltern darstellen — die Kinderkosten in der Lebensrechnung der Eltern durch die *massive Ausweitung* der Teilnahme der jungen Generation an weiterführender bis höherer und hoher Schulbildung hochgradig angewachsen sind. Die seinerzeit überwiegend vorherrschende finanzielle Erhaltungsdauer eines Kindes bis zum Ende der Pflichtschulzeit (14 Jahre) oder bis zur Absolvierung einer ein- bis zweijährigen berufsbildenden Anschlußschule (15 bis 16 Jahre) bzw. einer (durch eine Lehrlingsentschädigung finanziell schon gemilderten) Lehrzeit (17 Jahre), diese *seinerzeit* vorherrschende Zeitspanne elterlicher Erhaltungsdauer der Kinder hat sich durch die 'Bildungsexplosion' der sechziger und siebziger Jahre in einem immer größer gewordenen Bevölkerungsanteil um mehrere bis zahlreiche Jahre pro Kind *vergrößert.* Bei der inzwischen eingetretenen Vervielfachung der Hochschüler erweitert sich dieser Unterhaltszeitraum oft bis zum 25. Lebensjahr und darüber hinaus. Angesichts dessen fällt die alte Forderung der Familienorganisationen hoch ins Gewicht, mit Rücksicht auf das lebensalterbedingte Hinaufschnellen der Kinderkosten das Kindergeld (die Familienbeihilfe) etwa ab dem 10. bis 12. Lebensjahr *maßgeblich* anzuheben. Während der ganzen siebziger Jahre ist diese wichtige Forderung in Österreich wirkungslos verhallt. Erst mit Jahresbeginn 1981 wurde pro Jugendlichen und Monat ein Aufstockungsbetrag in der Höhe von 50 Schilling gewährt, eine wirkungslose Lappalie, mit der man derzeit in Wien mittels verbilligter Vorverkaufsfahrscheine (für Erwachsene) nicht ganz drei Straßenbahnfahrten hin und zurück bezahlen kann!

Noch gravierender fällt für die ökonomische Lebenssicherung der Familie der Umstand ins Gewicht, daß anstelle einer so dringend notwendigen *kräftigen Anhebung* der mit jedem weiteren Kind schon bis dahin völlig unzureichend anwachsenden *progressiven Staffelung des Kindergeldes* diese relativ geringfügige Differenz in Österreich im Verlauf der siebziger Jahre von Regierungsseite gegen den massiven Widerstand der Familienorganisationen und der parlamentarischen Opposition *sogar abgebaut* worden ist. Das schon bestandene ökonomische Verteilungsunrecht an den bevölkerungserhaltenden *kinderreichen* Familien ist also noch *verschärft* worden. Wahlpolitisch aber ist diese Entwicklungsrichtung erfolgversprechend, weil die *Einzelkind*haushalte immer dominanter in Erscheinung getreten sind. Dabei hätten die riesigen Kindergeldreserven in Österreich (die durch Jahre hindurch allen Protesten zum Trotz bis zum Ausmaß von *10 Milliarden* Schilling den Familien vorenthalten worden waren) ausgereicht, um neben einer gewissen Altersstaffelung die seinerzeit schon völlig unzureichende progressive Steigerung der Familienbeihilfe nach der Kinderzahl des Haushalts *auszubauen.*

Nicht genug damit. Es kam im vergangenen Jahrzehnt zu *weiteren direkten Rückschritten* im allgemeinen Familienlastenausgleich. Da war einmal die wiederholt mangelhafte Anpassung des Kindergeldes (der 'Familienbeihilfe') an den sinkenden Geldwert. Sodann zunächst (ab 1973) eine *Reduzierung* der zuvor schon völlig unzureichend gewesenen *steuerlichen Kinderermäigung;* schließlich (mit egalitätspolitischer Begründung) ab 1978 eine *völlige Aufhebung* der steuerlichen Kinderermäßigung. Damit wurde der bis dahin größte Einbruch in die Idee des allgemeinen Familienlastenausgleichs verwirklicht. Erstmals in der Geschichte unseres modernen Steuerrechts gibt es seither (wie zuvor schon in der Bundesrepublik Deutschland) auch in Österreich *überhaupt keine* steuerliche Unterscheidung mehr nach dem Ausmaß der elterlichen Unterhaltpflicht für Kinder! Der Auflassung der steuerlichen Kinderermäßigung kommt der Charakter einer prinzipiellen Demontage der Idee des allgemeinen Familienlastenausgleichs zu. Ob ein Haushalt kinderlos ist, ob er ein Einzelkind (bei fast immer *zwei* Erwerbseinkommen) zu erhalten hat oder etwa drei bis fünf Kinder (in diesen Fällen überwiegend bei einem *einzigen* Erwerbseinkommen): diese gewaltigen Unterschiede in der wirtschaftlichen Belastung des einzelnen Haushalts als Folge der unterschiedlichen Kinderzahl wirken sich seither bei der Zumessung der Steuerlast *überhaupt nicht mehr* aus. Der *ausbleibende* steuerliche Entlastungseffekt wächst dabei sowohl mit dem Einkommen als auch mit der Kinderzahl. Gerechtfertigt werden sollen diese insgesamt gewaltigen Verluste des allgemeinen Familienlastenausgleichs durch dessen *fürsorge- bzw. egalitätspolitisch motivierte Umgestaltung,* die immer mehr in den Mittelpunkt auch der *wirtschaftlichen* Familienpolitik getreten ist. Die *normale* (also die sozial nicht sondergelagerte bzw. randständige) Familie war im Zuge der neuformierten staatlichen Familienpolitik immer mehr in den Hintergrund getreten. In Österreich kommt dazu die Einführung der umstrittenen Sachleistungszulagen: die sparsamkeitsfeindliche Bezahlung der Schulbücher ('Wegwerfbücher') und die Abgeltung der Schülerfahrten für die lokalen Verkehrsbetriebe *aus Mitteln des allgemeinen Familienlastenausgleichs.* (Angesichts des *geringfügigen* Umfangs der Leistungen im Bereich des allgemeinen Familienlastenausgleichs hätte man zur Ermöglichung von dessen weiterem Ausbau sinnvollerweise die Kosten der Schülerfahrten weit besser auf der kommunalpolitischen Ebene auf dem Weg der Tarifgestaltung untergebracht.) Mögen auch einzelne der in die kritisierte Zeitspanne der Umgestaltung der Idee des allgemeinen Familienlastenausgleichs neu eingeführten Maßnahmen *für sich betrachtet* begrüßenswert und wichtig sein, so stellen sie doch keinesfalls einen akzeptablen Ersatz, eine akzeptable Alternative für die Aushöhlung des *gesamtgesellschaftlich konzipierten Familienlastenausgleichs* dar.

Dessen Demontage ist in Österreich durch weitere gesetzgeberische Maßnahmen inzwischen noch erheblich verstärkt worden. Zum Jahresbeginn 1978 wurden hier (*erstmals* seit der Errichtung des gesamtgesellschaftlichen Familienlastenausgleichsfonds im Jahre 1954) die Einnahmen aus dessen Hauptfinanzierungsquelle (nämlich aus dem 6 %igen Arbeitgeberbeitrag vom Bruttolohn aller Beschäftigten) um 16,7 % verringert, und zwar in Form einer widmungswidrigen Abzweigung dieses Anteils zur Sanierung der Pensionsversicherung, genauer gesagt: zur Entlastung der staatlichen Beitragszahlungen, also zur Entlastung des Staatshaushalts auf Kosten der Familienerhalter. Neben der Eliminierung der steuerlichen Kinderermäßigung und dem Abbau des mit der Kinderzahl früher *progressiv ansteigenden* Kindergeldes ist dies der *dritte* gewaltige Einbruch in die vorrangegangene wirtschaftliche familienpolitische Konzeption. Dies umso mehr, als die in den fünfziger Jahren unter größten Anstrengungen der Familienbewegung für diesen Zweck politisch erkämpften Gelder drei Jahre später (zum Jahresbeginn 1981) — wiederum gegen den heftigen Widerstand der Familienorganisationen und der parlamentarischen Opposition — ein *zweites Mal* das Opfer eines gleichartigen Anschlags geworden sind. Noch einmal wurden so 8,4 % der ursprünglichen Höhe des genannten Arbeitgeberbeitrags für den Familienlastenausgleich (nunmehr insgesamt bereits 25 % dieser seiner Haupteinnahmsquelle) für eine *laufende Abzweigung* zur Sanierung der Pensionsversicherung gesetzlich umgewidmet, genauer gesagt: zur Entlastung der staatlichen Beitragszahlungen dafür, also zur Entlastung des Staatshaushalts auf Kosten der Familienerhalter. Diese zweimalige gesetzliche Entwendungsaktion gegenüber den in den fünfziger Jahren so mühsam erkämpften Familiengeldern ist ein *noch eindeutigeres* Symptom für die familienpolitischen Zielvorstellungen bzw. für das familienpolitische Engagement der dafür politisch Verantwortlichen als alles eben zuvor Beanstandete. Als Folge dieser beiden eben genannten Umwidmungsaktionen gehen derzeit den Familienerhaltern *jährlich etwa 6 Milliarden Schilling* verloren (die Steuer-Verluste nicht eingerechnet). Zuvor schon waren unbeschadet aller Proteste der Familienorganisationen *riesenhafte Reserven* des Familienbeihilfenfonds (bis zu 10 Milliarden Schilling!) langjährig gehortet und dadurch dem familienpolitischen Zweck einer finanziellen Entlastung der Kindeseltern vorenthalten worden. Es ist hier nicht der Platz, unsere kurzen Aussagen über diese Materie im Lichte aller relevanten Details im einzelnen begründend darzulegen. Unsere Bewertung ist dabei völlig unabhängig davon, *welche* parteipolitischen Kräfte dafür die Verantwortung tragen. *Wie überall in dieser Arbeit liegt nirgends die leiseste Absicht einer Rücksichtnahme auf tagespolitische Interessen vor.*

Unsere Problemeinschätzung kann auch nicht dadurch geändert werden, daß einzelne Maßnahmen in den Augen der die konzeptmäßigen Zusammenhänge nicht durchschauenden Öffentlichkeit einen durchaus günstigen optischen Gesamteindruck zu erwecken vermögen — etwa die zweifellos verdienstvolle *Verdoppelung* des Kindergeldes für *behinderte* Kinder; die staatlicherseits vorgestreckten Alimentationsleistungen für zahlungsunwillige Kindesväter usw. Hier geht es allein um eine konzeptorientierte Zusammenschau des Problemganzen unter besonderer Berücksichtigung der nicht sondergelagerten *Normalfamilie*, auf die sich ja der *allgemeine* Familienlastenausgleich prinzipiell und vorrangig zu beziehen hätte.

Es gilt auch, ein erläuterndes Wort über die 'Geburtenbeihilfe' zu sagen, die in Österreich seit 1975 — sachunbegründet aber öffentlichkeitswirksam — von seinerzeit 4.000 auf 16.000 Schilling angehoben, also *vervierfacht* worden ist. Diese angesichts des damals schon deutlich sichtbaren dramatischen Geburtenverfalls gesetzte Maßnahme erweist sich als eine problemspezifisch wirkungsarme punktuelle Alibihandlung. Jedermann weiß, daß nur eine ins Gewicht fallende Anhebung der *monatlichen* Familienlastenausgleichszahlungen *während der ganzen Dauer der elterlichen Unterhaltspflicht* einen problemlösenden Entlastungseffekt besitzt. Genau aber dieser einzig sachrichtigen Lösungsrichtung ist man in den siebziger Jahren so weit wie möglich aus dem Weg gegangen, obwohl die schon betonten riesigen Beitragsreserven problemlos dazu die Möglichkeit geboten hätten. Anstelle dessen hat man eine solche in der vordergründigen bevölkerungspolitischen Optik spektakuläre punktuelle Einzelmaßnahme gesetzt, die trotz des sachlich unbegründet hohen Vervierfachungseffekts im Vergleich zu einer ins Gewicht fallenden *monatlichen Erhöhung der Kindergeldzahlung während der ganzen Phase der elterlichen Unterhaltspflicht* keine problemlösende ökonomische Hilfe bringt. Diese Maßnahme erweist sich nur als ein optischer Geburten-'Anreiz'. Familienpolitik aber soll nicht mittels einer solchen überhöhten Geburtenbeihilfe Geburten 'anreizen', sondern den Familien während der ganzen Entfaltungsdauer gerechte und daseinserleichternde gesellschaftliche Rahmenbedingungen schaffen.

Abschließend gilt es, einem wichtigen Irrtum, einem problemlösungsverhindernden Einwand im Bereich der wirtschaftlichen Lebenssicherung der Familie zu begegnen, der in der Tagespolitik eine große Rolle spielt und der den politisch Verantwortlichen eine willkommene Ausrede für ihren mangelhaften Einsatz zugunsten einer familiengerechten Verteilungsordnung des Sozialprodukts (von der einschlägig bevölkerungswissenschaftlichen Forschung) ins Haus geliefert hat. Wie wir im Verlauf unserer Untersuchung immer wieder dartun konnten, liegt der Schlüssel zum richtigen Problemverständnis des Geburtenverfalls unserer heimischen Bevölkerung zunächst in der wirkungslogisch richtigen Erfassung der *übergreifenden Problemstruktur* sowie − im Zusammenhang damit − in einer *proportionierten Gewichtung* der einzelnen Teilgebiete und deren Einzelfaktoren. In diesem Zusammenhang ist zur Genüge deutlich geworden der logische Unterschied zwischen 'notwendigen' und 'hinreichenden' Bedingungen für eine bevölkerungserhaltende Fruchtbarkeit. Alle wesentlichen *Teil*erfordernisse stellen *je für sich* eine *notwendige*, d. h. *je unverzichtbare* Voraussetzung für eine bevölkerungserhaltende Nachkommenschaftsleistung dar. Jede dieser *notwendigen* ergibt aber *für sich allein* noch lange keine *hinreichende* Voraussetzung für eine bevölkerungserhaltende Nachkommenschaftsleistung. Dies gilt auch für eine *ausreichend ökonomische* Fundierung der Familie. Da es an dieser ausreichenden *ökonomischen* Lebensabsicherung der Familie *nicht allein* liegt, sondern ebenso an der (individuellen wie gesellschaftlichen) *Mentalitätsproblematik* des Fortpflanzungsverhaltens (und an *vielen anderen* Faktoren), ist es nicht nur nicht verwunderlich, sondern klar vorhersehbar und sachlogisch durchaus begründbar, daß *ökonomische* Maßnahmen *allein* nicht ausreichen für eine Bewältigung unseres generativen Gegenwartsproblems.

Diese Tatsache hat nun ein Teil der bevölkerungswissenschaftlichen Experten, vor allem im Rahmen der von seiten der Regierungen diverser Länder initiierten, bezahlten bzw. protegierten Forschungsprojekte (Auftragsforschung) zur Interpretation veranlaßt, unterstreichend darzutun, daß der Geburtenrückgang 'erwiesenermaßen nicht auf das Konto der *ökonomischen* Problematik' gehen könne, da auch *aufwendige* ökonomische Maßnahmen in verschiedenen Staaten gezeigt hätten, daß dadurch der *geburtenfallende Trend* nicht verhindert bzw. abgestoppt werden konnte. Diese (aus welchem Interpretationshintergrund immer erfolgte) sachlogisch falsche Deutung hat vielen Politikern eine fachlich bescheinigte Ausrede ins Haus geliefert, sich im tagespolitisch so dominierenden Verteilungskampf um das Sozialprodukt zugunsten der kinderabhängigen Problematik des Familienhaushalts (zum Vorteil *anderer* verteilungspolitischer bzw. machtpolitischer Präferenzen) nicht zielführend einsetzen zu müssen. Gleichzeitig haben sie an die Adresse der Sachwalter der legitimen Familieninteressen auf deren laufende Vorhaltungen, daß zu wenig im Bereich der *wirtschaftlichen* Familienabsicherung geschehe, stets diese fachlich bescheinigte Ausrede als Entlastungshilfe bei der Hand, nämlich daß 'es bewiesenermaßen ohnedies an der *ökonomischen* Problematik nicht liegen kann'. Für viele Politiker ist es auch in diesem Zusammenhang angenehm, daß die Untersuchung unserer generativen Gegenwartsproblematik in die Unerklärbarkeit des 'Irrationalen' verwiesen wird. Dadurch sind sie jeder damit verbunden *unangenehmen Konfrontation* enthoben. Dies gilt auch für viele *Experten* im Rahmen der bevölkerungswissenschaftlichen Forschung. Auch sie können so (ob bewußt oder nicht, spielt dabei keine Rolle) einer Konfrontation mit der so schwierigen *Wurzelproblematik* und in diesem Zusammenhang mit dem so heiklen *Familienthema* einschließlich dem darin eingebetteten Bekenntnisrisiko gegenüber seinen basalen Sinn- und Wertimplikationen) soweit wie möglich entgehen. Dies gilt im genannten Zusammenhang auch für die *ökonomische* Familienproblematik. Um wie vieles bequemer ist es doch in vielerlei Hinsicht für beide, für Experten wie für Politiker, bei einem so heiklen Thema in die realitätsverhüllende fachwissenschaftliche Esoterik und von dort aus am besten in die erkenntnismäßig nicht faßbare 'Irrationalität' der Bewirkung des Fortpflanzungsgeschehens ausweichen zu können! Damit kann man gerade in den *beiden wohl bedeutendsten* Problemfeldern, der *Frauenfrage* und der *ökonomischen Lebenssicherung der Familie,* der unangenehmen Erkenntnis zwingender Gegensteuerungserfordernisse aus dem Weg gehen. Was die *ökonomische* Lebenssicherung der Familie anlangt, wird sie dabei auf den Platz des *Zweitrangigen* verwiesen und damit eine weitere Voraussetzung für eine *nicht-proportionierte* Problemerfassung der wichtigen Determinanten des zeitgenössischen Fruchtbarkeitsverfalls geschaffen.

2.7 Wohnungsfrage und humanökologische Familienproblematik

Unter den finanzierungsabhängigen Problemfeldern des Familienlebens spielt gerade im Aspekt der Nachkommenschaftsfrage die *Wohnungsproblematik* eine überaus große Rolle. So sehr eine Fülle von Einzelgesichtspunkten dabei an sich *außerökonomischer* Natur ist (Fragen der innen- und außenarchitektonischen Konzeption, Regulationen der Wohnungsvergabe und des Wohnungstausches, außerfinanzielle Mietrechtsbestimmungen, diverse städtebauliche und verkehrstechnische Relevanzen, die anschließend genannten humanökologischen Fragen *im Bereich des Wohnens* etc.), so konzentriert sich für die einzelne Familie die fruchtbarkeitsabhängige Kernproblematik der Wohnungsfrage doch auf die *Finanzierungsseite*. Mit ausreichendem Geld lassen sich für das einzelne Ehepaar die meisten Wohnungssorgen bewältigen. Insofern ist dieser Sektor der Fortpflanzungsproblematik insbesondere ein Anwendungsgebiet der im letzten Kapitel behandelten *ökonomischen* Familiensicherung. Wir weisen die Wohnungsfrage hier deshalb als ein *separates Teilkapitel* aus, um ihre so *überaus große* Bedeutung für das generative Geschehen sichtbar zu machen. Ansonsten sind die Zusammenhänge sowohl mit der *Lebenswelt der Familie* als auch mit der daraus hervorgehenden Problematik der *Gesellschaftspolitik* so gut erforscht bzw. lebenspraktisch aufbereitet und in der fachlichen wie öffentlichen Diskussion deutlich gemacht, daß es im Rahmen unserer grundlagenaufhellenden Problemanalyse keiner näheren Behandlung dieser Materie bedarf. Wichtig ist die Unterstreichung der zusammenfassenden Einsicht, daß *eine steigende Kinderzahl* eine befriedigende Lösung der Wohnungsfrage im allgemeinen *immer schwieriger* macht. Die *kinderreichen* Familien sind auch in dieser Hinsicht am meisten benachteiligt. Die einer größeren Kinderzahl wegen wünschenswerte Wohnungsgröße bzw. Wohnungsausstattung können sich diese Ehepaare sehr häufig deshalb nicht leisten, weil gerade das Vorhandensein dieser Kinder ihnen die finanzielle Voraussetzung dazu nimmt. Eine familienpolitisch ebenso bekannte wie absurde Situation! Die daraus hervorgehenden geburteneinschränkenden Wirkungen (vor allem im städtischen Raum) sind in der Lebenspraxis völlig unbestritten.

Ähnliches gilt bezüglich der *humanökologischen* Familienproblematik, also der fruchtbarkeitsrelevanten Abhängigkeit des Lebens der Eltern und Kinder von ihrer heute gegebenen spätindustriellen Lebensumwelt. Wenngleich darüber die Einzelforschung in jüngster Zeit erst voll eingesetzt hat, besteht doch auch über die Bedeutung dieses Problemkreises für das Familienleben *im allgemeinen* und die darin steckenden fortpflanzungsrelevanten Implikationen *im besonderen* kein Dissens in der globalen Einschätzung. Das Hauptproblem besteht auch hier nicht in einem Erkenntnisdefizit, sondern im Grad der umständebedingten Umsetzungsmöglichkeit bzw. im Ausmaß des Umsetzungswillens der gegebenen Einsichten in der gesellschaftspolitischen Praxis.

2.8 'Ehe ohne Trauschein' und Ehescheidung

Auch diese beiden ihrer besonderen Bedeutung wegen *durch eine eigene Kapitelüberschrift blickmäßig hervorgehobenen* Teilprobleme der familienabhängigen Fruchtbarkeitssteuerung bedürfen im Rahmen unserer zusammenschauenden Grundlagenerfassung keiner prinzipiellen Problemanalyse, zumal sich unsere Lösungsperspektive zwingend aus der bisherigen Darstellung ergibt. Normalerweise wird der 'Kinderwunsch' einer Frau, eines Mannes, *nur im Rahmen einer Ehe* realisiert, die die potentiellen Kindeseltern zu einem auch für die Kinder so bedeutsamen Lebensbund rechtsverbindlich einigt. Eine rechtsunverbindliche Lebensgemeinschaft 'Ehe ohne Trauschein' – wie sie (als ein Produkt des neulinken Denkens bzw. seiner linksliberalistischen Fortsetzungsmentalität) seit längeren Jahren eine gewisse Modeerscheinung darstellt – ist in aller Regel *nicht auf eine Nachkommenschaftsabsicht* ausgerichtet. Randgelagerte Ausnahmeerscheinungen (zu denen etwa eine Variante des Feminismus gehört) haben uns hier nicht zu beschäftigen. Je mehr also solche rechtsunverbindliche Lebensgemeinschaften 'Ehe ohne Trauschein' die normale Eheschließung konkurrieren bzw. verdrängen, desto mehr muß dies gesamtgesellschaftlich auch auf das Konto eines *Nachkommenschaftsverlustes* gehen. Mit Bezug auf das schon so lange anhaltende hohe Geburtendefizit unserer Gegenwartsgesellschaft sollten sich dies alle jene politischen Kräfte und privaten Anschauungsträger vor Augen stellen, die gegen diesen Modetrend nichts einzuwenden haben, ja ihm mitunter (mentalitätsmäßig bzw. rechtspolitisch) sogar wohlwollend-fördernd gegenüberstehen. In der Hauptsache handelt es sich hier um eine der zahlreichen sozialschädlichen Varianten eines utilitaristischen Individualismus, der den Bindungskonsequenzen, den selbstverfügungseinschränkenden persönlichen Hingabeerfordernissen gerade auch in Ehe und Familie aus dem Weg gehen und nur die *angenehmen* Seiten aus dem Zusammenleben von Mann und Frau, den maximierten individuellen Nutzen, genießen will. Die mit Nachkommenschaft verbundenen elterlichen Pflichten und Lasten erscheinen dieser Mentalität in hohem Grade vermeidenswert, vor allem den *Männern* solcher Denkungsart.

Übrigens bedient sich die in Rede stehende Modetendenz *begriffswidrig* des verharmlosenden Namens 'Ehe ohne Trauschein'. Wir haben hier ein weiteres Beispiel der im letzten Kapitel angesprochenen denk- wie verhaltensändernden *Sprachmanipulation:* das *Konkubinat* wird als eine Art von *Ehe* benannt und also im Grunde auch so eingeschätzt. Zumindest im *Gefühlsunterton* scheint dabei gegenüber der Ehe in der Hauptsache nur die *Rechtsformalität eines Trauscheines* zu fehlen. Der Unterschied zur Ehe wird so von der Namensgebung her *nur im Tatbestand des Fehlens eines Behördenpapiers* sichtbar. Kein Wunder, daß als Folge solcher Verharmlosung viele junge Leute auf dem Hintergrund dessen, was wir im Kapitel 2.2 über das Institutionalisierungsproblem der Familie ausgeführt haben, an einer 'Ehe ohne Trauschein' nichts gravierend Negatives finden. Von solch mentalitätsprägender Bagatellisierung gehen dann über die öffentliche Meinungsbildung sukzessive auch *rechtspolitische* Wirkungen aus. Im Ausmaß des Erlahmens der dagegen ankämpfenden Widerstandskraft der Bevölkerung verstärken die einschlägig interessierten linksliberalistischen Kräfte ihre Bemühungen, solche Verharmlosungstendenzen auf dem Weg eines legistischen 'Nachziehverfahrens' soweit wie möglich für eine Änderung der positiv gesatzten Rechtsordnung zu nützen.

Was die ebenfalls in der Kapitelüberschrift blickmäßig hervorgehobene Fruchtbarkeits-relevanz der *Ehescheidung* anlangt, ist hier eine nähere Problemaufschließung *genauso überflüssig.* Aufbauend auf der eben genannten Erfahrung, wonach die Realisierung des 'Kinderwunsches' in aller Regel *nur im Rahmen einer Ehe* angestrebt wird, bedeutet es eine leicht einsehbare Konsequenz daraus, daß eine *gesellschaftsweite Infragestellung der dauerhaften* Ehe im Bevölkerungsganzen erhebliche *fruchtbarkeitshemmende* Fol-gen haben muß. Da im Verlauf der letzten Jahrzehnte die Gefährdung der Ehe in unserer Gesellschaft durch leichtfertige Ehescheidung unbestreitbar, und zwar in erheblichem Ausmaß, *zugenommen hat,* haben sich damit notwendigerweise auch die darin stecken-den *fruchtbarkeitshemmenden Implikationen* vergrößert. Dies nicht zuletzt durch die geänderte Leitbildproblematik im Hinblick auf die Handhabung der einschlägigen 'So-zialkontrolle' in der Bevölkerung: die Ehescheidung ist nahezu überall gesellschafts-fähig geworden, vielerorts bereits mit dem Charakter einer unproblematischen Selbst-verständlichkeit. Die Auswirkungen dieser gesellschaftsweiten Gefährdung der *dauer-haften* Ehe schlagen sich verständlicherweise insbesondere in der Fruchtbarkeitsbereit-schaft der *Frau* nieder. Durch die stete statistische Wahrscheinlichkeitszunahme einer Ehescheidung wollen sehr viele Frauen seit langen Jahren einer *Mehrzahl* von Kindern allein schon deshalb aus dem Weg gehen, weil sie nicht eines Tages als dann möglicher-weise *geschiedene* und also *alleinstehende* Mütter mit *mehreren* Kindern dastehen wollen, zumal dies auch die Chancen einer Wiederverheiratung stark verringert. Als vorbeugende Absicherung gegen ein diesbezüglich *hohes* Lebensrisiko hat sich daher auch aus dieser Ursache der Trend zur Ein-Kind-Ehe mit innerer Sachgesetzlichkeit entsprechend verstärkt. Bei *frühzeitig* erkennbar werdender Scheidungsgefahr einer Ehe gilt die in Rede stehende fruchtbarkeitshemmende Wirkung auch im Bereich ein-schlägig motivierter *Kinderlosigkeit.*

2.9 Die Fruchtabtreibung

Einige wichtige Gesichtspunkte zum Bevölkerungsaspekt der Fruchtabtreibung haben wir im Rahmen unserer Grundlagenerörterungen im Kapitel 1.6 behandelt (Die Entbindung des Fortpflanzungsverhaltens aus dem Ethos des ehelichen Fruchtbarkeitsauftrages). Wie bei den zwei vorangegangenen — summarisch gestreiften — Problemfeldern geht es auch bei diesem letzten von uns angesprochenen Teilgebiet zeitgenössischer Fruchtbarkeitsdrosselung nur um einige zusammenfassend-abrundende Anmerkungen. Diese sind umso eher angebracht, als Mitte der siebziger Jahre in Österreich (wie in einigen anderen Ländern) auf dem Weg der sogenannten 'Fristenlösung' die Fruchtabtreibung *umfassend legalisiert worden ist.* Dadurch ist die (unbewußte) öffentliche Einstellung zu dieser Problematik verändert worden, und zwar im Sinne einer *Wirkungsminderung* der Gegenargumentation bzw. Gegenmotivation. Was vom Gesetzgeber prinzipiell legalisiert wird, kann ja wohl — so diese Ausstrahlungswirkung auf das gesellschaftliche Bewußtsein — so schlimm nicht sein. Neben der komplikationsbeseitigenden Wirkung des Wegfalls eines gefürchteten Gesetzesverbots ist dadurch bis zu einem gewissen Grad bei vielen Menschen zweifellos auch *die persönliche Gewissens-Barriere* gegen die Abtreibung verkleinert worden. Durch die mittels einer weit gefaßten sozialen Indikationslösung bewirkte *hochgradige Erleichterung* (Bundesrepublik Deutschland) bzw. durch die über die 'Fristenlösung' zustandegekommene *generelle gesetzliche Freigabe* der Fruchtabtreibung (Österreich) ist es in solchen Ländern dazu gekommen, daß unter dem moralischen Rechtfertigungsmantel von Notlagen bzw. schwerwiegenden Konfliktfällen *auch der zahlenmäßig unvergleichlich größere Bereich der (im einzelnen wie immer gearteten) leichtfertigen* Abtreibungen ('Bequemlichkeitsabtreibungen') eine mentalitätsmäßige wie rechtspolitische Schützenhilfe erhalten hat. Von seiten der Befürworter dieser Abtreibungspraxis redet man zwar stets nur von 'Notlagen' bzw. 'Konfliktfällen', meint aber häufig doch eine *möglichst umfassende* rechtliche wie mentalitätsmäßige Schützenhilfe für eine weitmaschig bis bedenkenlos gehandhabte Abtreibung. Aber auch dort, wo eine so weitreichende Motivation *nicht* vorliegt, wirkt sich die gesellschaftliche Bewußtseinsänderung bzw. die Gesetzeslage häufig in diese Richtung aus.

Wir erwähnen dies hier alles nur im Hinblick auf den Zusammenhang mit der Nachwuchsproblematik unserer Gegenwartsgesellschaft. Selbst wenn nur die *unteren* Schätzwerte der Fachleute über das Ausmaß der bei uns gehandhabten Fruchtabtreibung zutreffen sollten und wir hier überdies nur die *außerhalb einer gravierenden Notlage* durchgeführten Schwangerschaftsabbrüche der *verheirateten* Frauen ins Auge fassen, bedeutet dies eine *weitere* Vergrößerung des Nachwuchsdefizits unserer Gesellschaft. Alle Befürworter einer *weit gefaßten* sozialen Indikationslösung (womit, wenn man will, *ein Großteil* der nicht geplant gewesenen Schwangerschaften zu einem indikationsberechtigten Anlaßfall überinterpretiert werden kann) sowie alle Verfechter der 'Fristenlösung' müssen wissen, daß sie damit gerade in unserer Gegenwartslage eine *weitere* fruchtbarkeitsdrosselnde Wirkung auslösen. Die *rechtliche* und die *moralische* Seite dieses Problems haben uns hier im Rahmen unserer Themenstellung nicht weiter zu berühren.

Abschließend ist noch erwähnenswert, daß in Österreich — zum Unterschied etwa von der Bundesrepublik Deutschland, wo übrigens nach einem Urteil des Verfassungsgerichtshofes die dort schon beschlossen gewesene 'Fristenlösung' aufgegeben worden ist zugunsten einer weit gefaßten sozialen Indikationslösung — daß also in Österreich von den Befürwortern der 'Fristenlösung' jede (anonyme) *statistische Erfassung* des Ausmaßes und der Beweggründe der hierzulande praktizierten Fruchtabtreibung bisher verhindert worden ist. Die Hartnäckigkeit dieser Ablehnung läßt beim Studium der einschlägigen Umstände nur den Schluß zu, daß dadurch keine präzise statistische Unterlage ans Tageslicht kommen soll, aus der sich Argumente bzw. Beweismaterial *gegen die Problemdarstellung der Verfechter der 'Fristenlösung'* entnehmen lassen. Ohne genaues ziffernmäßiges Erhebungsmaterial läßt sich die von den Verfechtern der 'Fristenlösung' entwickelte allgemeine Rechtfertigungs-Optik bezüglich der *Notstands-* bzw. der *schweren Konfliktfälle* noch eher aufrechterhalten und das Ausmaß des durch mehr oder weniger *leichtfertige* Abtreibung zustandekommenden Nachkommenschaftsverlustes leichter verharmlosen.

DRITTER ABSCHNITT

Zusammenfassung und Schlußfolgerungen

A. Zur sachrichtigen Erfassung des Problemganzen menschlichen Fortpflanzungsverhaltens und der darauf gegründeten natürlichen Bevölkerungsentwicklung

Seit in den frühen siebziger Jahren der damals in unserer spätindustriellen Gegenwartsgesellschaft schon ein Jahrzehnt andauernde Geburtenrückgang *in die roten Zahlen eines Nachkommenschaftsdefizits* überzugehen begann, haben sich die bevölkerungswissenschaftlichen Bemühungen zur Erforschung seiner Verursachungs- und Auswirkungsproblematik maßgeblich verstärkt. Obwohl diese Anstrengungen seither weiterhin intensiviert worden sind, ist die tonangebende bevölkerungswissenschaftliche Forschung bisher auf die *außerhalb der Familie* liegenden Problemtatbestände konzentriert geblieben. Dadurch haben sich sehr einseitige Ansatzbetrachtungen ergeben. Einerseits ist dabei die Familie als der normale Träger der Fortpflanzung stark unterbelichtet in den *Hintergrund* der Betrachtung der natürlichen Bevölkerungsentwicklung getreten; andererseits ist durch die Verdrängung bzw. Bagatellisierung des elementaren Zusammenhangs des generativen Prozesses mit der Familienfrage gleichzeitig *der zentrale Zugang* zu einer teilproblemübergreifenden Erfassung der nachkommenschaftsbewirkenden Gesamtproblematik *versperrt* worden. Die Folge ist ein Mangel an ganzheitsbezogener Grundlagenklärung samt einem *Durcheinander und Gegeneinander* unterschiedlicher Frageverständnisse im Konzert der bevölkerungswissenschaftlichen Forschung *gegenüber ein und derselben fortpflanzungsrelevanten Erfahrungswirklichkeit*. Bis heute bestimmen deshalb *divergierende bis kontroverse* Sichtweisen bei der Analyse und Interpretation des empirischen Materials das bevölkerungswissenschaftliche und bevölkerungspolitische Denken.

Aufgabe dieser problemzusammenschauenden Untersuchung war die *Überwindung* solch einseitiger und widersprüchlicher Betrachtungsweisen. Im Zusammenhang mit einer wurzelaufdeckenden Grundlagenklärung haben wir dies durch *gestaltanalytische Herausarbeitung des Zusammenhanges* der generativen *Teil*probleme *zueinander* sowie ihres Verhältnisses zum *Problemganzen* menschlichen Fortpflanzungsverhaltens in Angriff genommen. Dabei ist es zu einer Abklärung des Verhältnisses der Nachkommenschaftsbedeutung des *sozialen Systems Familie* zu den *außerfamilialen* Bedingungen und Einflüssen des Fruchtbarkeitsgeschehens gekommen. Auf dem Hintergrund des diese beiden Teilbereiche der Fortpflanzungsproblematik *verklammernden* sozialanthropologischen Gesamtfragestandes ist es in dieser Arbeit möglich geworden, einen *von der Wurzel her* geklärten Problemaufarbeitungsansatz des Geburtenrückganges zur Entfaltung zu bringen, der *einheitlich und widerspruchsfrei* auf die einzelnen Teilprobleme (Teilaspekte) der generativen Frage angewendet und in der interdisziplinären Vielfalt der bevölkerungswissenschaftlichen Forschung durchgehalten werden kann. Dabei konnten wir einsichtig machen, daß das *Zentralthema* der verursachenden generativen Gesamtproblematik die *Familienfrage* ist. Als das oberste Legitimationskriterium für eine humane Lösungsrichtung aller im Rahmen der sozialen Beziehungsordnung sich ergebenden Probleme des Nachkommenschaftsverhaltens haben wir das 'generative Gemeinwohl' ermittelt.

Unsere Grundlagenklärung des ersten Abschnitts hat folgende wesentliche Einsichten gebracht:

1. Die Verursachungsseite von jener der Folgewirkungen systematisch zu trennen (wie dies fast immer geschieht), erweist sich bei einem *globalen* Erfassungsansatz als problematisch. Infolge wechselseitiger Rückkoppelungseffekte zwischen dem Verursachungsgeschehen und den Auswirkungen entsteht eine interdependente Geschehnisverzahnung, die sich nicht befriedigend nach dem dualen Kausalitätsschema *Ursachen/Auswirkungen* analytisch zerlegen läßt. Immer wieder schlagen sich nämlich Folgewirkungen in einer Modifikation der Verursachungskonstellation nieder, die ihrerseits wieder Veränderungen in den Auswirkungen nach sich zieht. Es entsteht ein Kreisprozeß. Der Versuch einer systematischen Trennung von *Ursachen* und *Auswirkungen* bringt deshalb bei einem solchen Vorhaben oft mehr erkenntnisbehindernde Nachteile als klarheitsfördernde Vorteile.

2. Die *volle* Einsicht in das so komplexe Phänomen des Geburtenrückganges erschließt sich erst über den Rückgriff auf eine *allgemeine Grundlagenerfassung des Problemganzen menschlichen Fortpflanzungsverhaltens* als des Verursachungsgeschehens für die darauf aufruhende natürliche Bevölkerungsentwicklung. Nur der Blick auf dieses *Problemganze* ermöglicht ein sachrichtiges Verständnis *aller* Bearbeitungsaspekte des Geburtenrückganges — nicht nur jenes der von uns hier in der engeren Fragestellung behandelten *Familien*thematik.

3. In einer solchen allgemeinen Grundlagenerfassung des Problemganzen müssen *alle* *wesentlichen* Sektoren, Aspekte bzw. Dimensionen des Nachkommenschaftsproblems Berücksichtigung finden. Wie immer man es dabei anfängt: man kommt von *jedem* Gesichtspunkt, von *jedem* Teilproblem, von *jeder* Einzelfrage aus rasch in eine sich geradezu in geometrischer Reihe ausdifferenzierende Problemverästelung sowohl *innerhalb* des jeweiligen Sektors, Aspekts bzw. der jeweiligen Fragedimension als auch in deren Zuordnung zu den *benachbarten* und dann zu den *weiter entfernt* *liegenden* Problembereichen. Auf der Suche nach den kausalen bzw. interdependenten Zusammenhängen der nachkommenschaftsrelevanten Geschehnisreihen geht man so lange im Kreis bzw. man bleibt so lange in der Verwirrung einer amorphen Vielfalt, bis es gelingt, die Gesamtproblematik als geordnete *Struktur* zu überblicken, die sich als das Verhältnis der Teilprobleme zum Problemganzen definieren läßt. Davon hängt die richtige Zuordnung, hängt eine angemessene Gewichtung aller mit dem Geburtenrückgang zusammenhängenden Problemaspekte bzw. Teilprobleme ab. Nur so kann man zu einer wirklichkeitsnahen Gesamtschau gelangen, als deren wichtigstes Anliegen sich die richtige Erfassung der logischen Problemstruktur erweist. Dadurch soll es möglich werden, die vermeidbaren Unklarheiten, Mißverständnisse, die divergierenden bis widersprüchlichen Sichtweisen im Ansatz der Problembearbeitung des Geburtenrückganges zu überwinden. Der einschlägige Mangel ist eine wesentliche Ursache für das seit langem bestehende Durcheinander und

Gegeneinander von Auffassungsrichtungen als Folge unterschiedlicher Problemverständnisse in der bevölkerungswissenschaftlichen und in der darauf bezogenen bevölkerungspolitischen Diskussion.

4. Die vom Mangel einer richtigen *Gesamtproblemerfassung* ausgehenden Schwierigkeiten können zunächst dadurch beträchtlich verringert werden, daß man die verschiedenen Problemebenen, unter denen das menschliche Nachkommenschaftsverhalten in Erscheinung tritt und wonach die Themenerfassung orientiert werden kann, in die beiden grundlegendsten Dimensionen einerseits des *Mikrobereichs des individuell/primärgruppenhaften,* andererseits des *Makrobereichs des gesellschaftlich/staatlichen* Themenbezugs unterscheidet. Beide Problemdimensionen haben für die Vielzahl der insgesamt auftauchenden Einzelaspekte sowie für ihre Zusammenfassung zu komplexen Problemfeldern mittlerer Reichweite *eine je eigenständige thematische Beschaffenheit.* Sie sind nämlich auf *ganz unterschiedliche* Problemlagen ausgerichtet: die individuell/primärgruppenhafte Lebenslage ergibt mit ihrer andersgearteten Bedürfnis- bzw. Interessenperspektive einen mit der gesellschaftlich/staatlichen Problemebene oftmals nicht deckungsgleichen Themengrundbezug. Für den Einzelmenschen, für das Ehepaar, die Kernfamilie, für die Verwandtschaft und die persönlichen Verkehrskreise bedeuten Kinderlosigkeit, Kinderarmut und Kinderreichtum etwas ganz anderes als die sich daraus ergebenden Bevölkerungskonsequenzen für die Gesellschaft und für den sie ordnungspolitisch gestaltenden Staat. Im erstgenannten Themengrundbezug (Mikroaspekt) kommen die *persönlich relevanten* Problemtatbestände des Nachkommenschaftsverhaltens zur Geltung; im gesellschaftlich/staatlichen Makroaspekt dagegen handelt es sich um die daraus hervorgehenden *überpersönlichen* Folgewirkungen, die aus dem gesellschaftlich aufsummierten individuellen Geburtenverhalten die natürliche Bevölkerungsentwicklung entstehen lassen. So kommt es, daß *ein und derselbe* Nachkommenschaftatbestand – sei es eine hohe (bevölkerungsvermehrende) oder aber eine geringe (bevölkerungsverringernde) Fruchtbarkeit – eine *ganz andere* Problemlage entstehen lassen kann, je nachdem, ob er unter dem einen oder dem anderen der beiden genannten Themengrundbezüge betrachtet wird. Anhaltender gesellschaftsweiter Kinderreichtum im Ausmaß des Überwiegens von Vielkinderfamilien zieht unbeschadet etwaiger individuell-familial-verwandtschaftlicher (oder sonstwie primärgruppenhafter) Wünschbarkeit bei einer *industriegesellschaftlichen* Bevölkerungsweise für Gesellschaft und Staat *negative* Folgen einer störenden Übervölkerung nach sich. Die umgekehrte Problematik: individuell/primärgruppenhaft und damit im Aspekt der *persönlichen* Lebenslage wie immer als wünschenswert bzw. vorteilhaft erscheinende Kinderlosigkeit bzw. Kinderarmut (Ein-Kind-Ehen) ergibt im Fall einer gesamtgesellschaftlichen Ausbreitung solchen Fortpflanzungsverhaltens in der Langzeitwirkung vielerlei beträchtliche bis große Schwierigkeiten im gesellschaftlich/staatlichen Themenbezug als Folge der daraus entstehenden defizitären natürlichen Bevölkerungsentwicklung. Ein Auseinandertreten der beiden in Rede stehenden thematischen Grundbezüge wird aber nur im Fall einer *Übervölkerung* oder bei der Gegenproblematik einer *Bevölkerungsschrumpfung* wirksam. Stimmt die individuelle Fortpflanzungsbereitschaft mit dem daraus hervorgehenden gesellschaftlichen Bevölkerungseffekt

als wünschenswert überein, weil weder eine störende Übervölkerung noch ein nachteiliger Bevölkerungsrückgang die Folge ist, dann erweisen sich diese beiden thematischen Grundbezüge des Fortpflanzungsverhaltens als *deckungsgleich.* Ansonsten aber ergeben sich durch den zweigeteilten thematischen Grundbezug infolge der damit gegebenen Problemverschiedenheit *divergierende bis konträre Zielvorstellungen hinsichtlich der als wünschenswert angesehenen Lösungsrichtung* bei der Bewältigung der Problematik zu hoher oder zu geringer Fruchtbarkeit. Eine in der *individuell/primärgruppenhaften* Sichtweise als wünschenswert empfundene hohe eheliche Fruchtbarkeit wird *in diesem* thematischen Grundbezug die gesellschaftlichen Folgewirkungen einer *Übervölkerung* lieber durch Abwanderung des Bevölkerungsüberschusses ins Ausland gelöst sehen wollen als durch eine der persönlichen Einschätzung, dem primärgruppenhaften Lebensvollzug, widerstrebende Anpassung des individuellen Fortpflanzungsverhaltens an das Ziel einer *ausgeglichenen* natürlichen Bevölkerungsentwicklung. Die gegenteilige Sichtweise: Aus der Perspektive der *gesellschaftlich/staatlichen* Problemlage wird eine ihrer Folgewirkungen wegen als unerwünscht einzustufende Übervölkerung lieber *durch Absenkung der ehelichen Fruchtbarkeit der Inlandsbevölkerung auf ihre Bestanderhaltungsrate* als durch Abwanderung des Bevölkerungsüberschusses ins Ausland gelöst sehen wollen. Umgekehrt wird aus der Perspektive des gesellschaftlich/staatlichen Themenbezugs das Erfordernis ausreichender (bestanderhaltender) Nachkommenschaft zur Erwartung führen, daß eine defizitäre natürliche Bevölkerungsentwicklung *durch eine größere Fortpflanzungsbereitschaft der Inlandsbevölkerung* ausgeglichen werde.

In der individuell/primärgruppenhaften Perspektive des Themenbezugs jedoch hängt eine *Übereinstimmung* der persönlich relevanten Problemeinschätzung mit dieser gesellschaftlich/staatlichen Erwartung davon ab, ob die einzelnen Ehepaare gewillt sind, ihre mit dem Nachkommenschaftsverhalten in Verbindung stehende individuell/primärgruppenhafte Bedürfnis- bzw. Interessenlage mit den gesellschaftlich/-staatlichen Nachwuchserfordernissen in Einklang zu bringen. Wenn ja, wird die individuelle eheliche Fruchtbarkeitsmentalität im Bedarfsfall eine solche gesellschaftlich relevante Zusatzmotivierung akzeptieren und nach Maßgabe der umständebedingten Möglichkeit bei sich selbst wirksam werden lassen; wenn nein, wird das individuelle bzw. einzeleheliche Fruchtbarkeitsverhalten ohne Rücksicht auf die Folgen eines gesamtgesellschaftlich defizitären (oder zu Übervölkerung führenden) Fortpflanzungsverhaltens *ausschließlich* auf den individuell/primärgruppenhaften Themenbezug, d. h. auf die damit erfaßte *persönliche* Bedürfnis- bzw. Interessenlage, ausgerichtet bleiben. Dabei ist es vom Bevölkerungseffekt her einerlei, ob die Bereitschaft, eine solche Zusatzmotivierung des ehelichen Fortpflanzungsverhaltens zu akzeptieren, Ergebnis einer *individuell-eigenständigen* sozialethischen Entscheidung darstellt, oder aber, ob eine solche auf die gesellschaftlichen Nachwuchsbedürfnisse bezogene Zusatzmotivierung mehr oder weniger durch die öffentliche Meinung, die gesellschaftliche Bewußtseinslage, bewirkt wird, der sich die einzeleheliche Verhaltensentscheidung unreflektiert bis unbewußt im Sinne einer außengesteuerten Einstellung anschließt. Wird eine solche gesellschaftsbezogene Zusatzmotivierung als im

Bedarfsfall — d. h. bei störender Übervölkerung oder aber bei nachteiliger Bevölkerungsschrumpfung — erforderliches Regulativ der natürlichen Bevölkerungsentwicklung *abgelehnt,* dann scheint in der Perspektive des individuell/primärgruppenhaften Themenbezugs die Lösung des Problems eines gesellschaftlichen Geburtendefizits nicht in der notgedrungen opferbelastenden Erhöhung der ehelichen Fruchtbarkeit der Inlandsbevölkerung als vielmehr in einer *Kompensation des Bevölkerungsabganges durch Einwanderung* (beispielsweise von Gastarbeitern mit ihren Familien) zu liegen.

Die beiden in Rede stehenden thematischen Grundbezüge ergeben also bei bevölkerungsreduzierender ebenso wie bei einer zu Übervölkerung führenden Fruchtbarkeit eine *je eigenständige* Problematik. Trifft der zuletzt geschilderte Fall zu, daß trotz der mit einem länger anhaltenden und ins Gewicht fallenden Geburtendefizit verbundenen gesellschaftlichen Nachteilsfolgen die einzeleheliche Fruchtbarkeitsmentalität eine zur Überwindung dieser Nachteilsfolgen erforderliche gesellschaftsbezogene Zusatzmotivierung der eigenen Nachwuchsbereitschaft *ablehnt,* dann tritt der in Rede stehende *divergierende* thematische Grundbezug voll in Erscheinung. Das jeweils zum Ausdruck kommende Problemverständnis bzw. die daraus abgeleitete Lösungsrichtung zur Bewältigung der demographischen Problematik zu zahlreicher oder zu geringer Nachkommenschaft eines Staatsvolkes mit der Folge von Übervölkerung bzw. Schrumpfung der heimischen Bevölkerungssubstanz ist dann davon abhängig, *auf welchen dieser beiden thematischen Grundbezüge sich eine Problembearbeitung bezieht.* Das ist eine wesentliche Ursache dafür, weshalb nicht nur die bevölkerungs*politische,* sondern auch die ihr heute bis zu einem gewissen Grad meist vorgeschaltete bevölkerungs*wissenschaftliche* Bearbeitung des Geburtenrückganges auf *divergierenden* bzw. *ambivalenten* Betrachtungsweisen aufruht, somit auf einem divergierenden bzw. ambivalenten Problemverständnis mit den daraus abgeleiteten unstimmigen (kontroversen) Perspektiven der Problemlösung. Hier liegt eine maßgebliche Wurzel für das eingangs erwähnte *uneinheitliche* bevölkerungswissenschaftliche und bevölkerungspolitische Problemverständnis und die daraus hervorgehenden divergierenden Bearbeitungsrichtungen unserer generativen Gegenwartproblematik bzw. für die daraus hervorgehenden widersprüchlichen Aussagelinien hinsichtlich der wünschenswerten Lösungsrichtung zu deren Bewältigung. Je nachdem, ob der in den spätindustriellen Gesellschaften Europas meist seit den frühen sechziger Jahren anhaltende Geburtenrückgang, der sich bei mehreren von ihnen (darunter insbesondere in den Ländern des deutschen Sprachraumes) ein Jahrzehnt später in die wachsende Defizitzone eines allgemeinen Fruchtbarkeitsverfalls auszuweiten begann, entweder auf die *persönlich relevanten* Konsequenzen des Nachkommenschaftsverhaltens oder aber auf die sich daraus ergebenden *gesellschaftlichen* Folgen der natürlichen Bevölkerungsentwicklung bezogen wird: je nachdem ergibt sich die erörterte Verschiedenheit der Problemlage.

Bei Bedachtnahme auf die *Mikroebene der persönlich relevanten* Konsequenzen bringt — wesentlich verstärkt durch die in unserer Gegenwartsgesellschaft vorherrschende nützlichkeits- bzw. bequemlichkeitsbestimmte Konsumorientierung —

die Zielsetzung einer bestandsichernden Nachwuchsleistung zwangsläufig *die damit verbundene Erhöhung der elterlichen Belastungen bzw. Verzichtleistungen* in den Überlegungsmittelpunkt. Es entsteht eine belastungsabwehrende Defensiveinstellung gegen die Vorstellung (Forderung) einer Fruchtbarkeitserhöhung. Ganz anders dagegen ist es bei einer Bedachtnahme auf die *gesellschaftlichen* Konsequenzen unseres bevölkerungsreduzierenden Geburtenrückganges. In diesem Fall ist dieselbe Zielsetzung einer Fruchtbarkeitserhöhung (Wiedererreichung einer bestanderhaltenden Nachwuchsrate) *nicht* auf die abwehrerzeugende Vorstellung *wachsender Belastungen bzw. Verzichtleistungen* bezogen, sondern – im Gegenteil – auf das Bewußtsein einer höchst erstrebenswerten Überwindung der auf längere Sicht drohenden massiven gesellschaftlichen Nachteilsfolgen. Beide Sichtweisen zielen also auf die Vermeidung bzw. Verringerung unerwünschter Nachteilsfolgen; infolge des divergierenden Bezugspunktes stehen sie aber inhaltlich zueinander im Verhältnis eines *kontradiktorischen Gegensatzes:* eine Verringerung der unerwünschten Nachteilsfolgen der einen Sichtweise führt zwangsläufig zur Vergrößerung der Probleme im anderen thematischen Grundbezug. Folglich läßt die Ausrichtung auf die *eine* Problemlage einen im Verhältnis zur *anderen* g e g e n s ä t z l i c h e n Lösungshorizont entstehen (steigende persönliche Verzichtleistung bzw. Belastung contra Überwindung gesellschaftlicher Nachteilsfolgen). Mit der Abwehrhaltung gegenüber einer Nachkommenschaftserhöhung will die erste Zielperspektive eine größere Belastung der in der Fruchtbarkeitsphase stehenden Ehepaare abwehren; im anderen Fall zielt der gegenläufige Wunsch nach einer höheren (bestanderhaltenden) Geburtenrate auf die Überwindung der defizitären natürlichen Bevölkerungsentwicklung, und zwar wegen der damit gegebenen Bedrohung der biologischen Überlebenssicherung (Selbsterhaltung) des eigenen Staatsvolkes einschließlich der bei einem anhaltenden Bevölkerungsschwund in vielerlei Hinsicht gegebenen Bedrohung der gesellschaftlichen Funktionalität.

Angesichts dieser konkurrierenden Zielperspektiven muß man sich deshalb stets darüber klar werden, auf welchen dieser beiden thematischen Grundbezüge die eigene Problemanalyse bezogen ist, auf welchem dieser beiden konträren Problemverständnisse der eigene Bearbeitungsansatz aufruht. Daß dies nicht nur in der bevölkerungs*politischen,* sondern auch in der ihr vorgeschalteten bevölkerungs*wissenschaftlichen* Diskussion weithin nicht geschieht: daraus lassen sich viele kontroverse sowie ambivalent-schwankende Aussagen zum Problemkreis des Geburtenrückganges erklären. Allein aus dieser Prämissenproblematik ergibt sich ein oft so widersprüchliches, undurchschaubares Gesamtbild des Erörterungsstandes.

5. Es gibt noch ein *zweites* verstecktes Grundlagenproblem, das ebenfalls von großer Bedeutung ist für das Gesamtverständnis bzw. für die Behandlungsrichtung einer Fülle von Fragestellungen der generativen Thematik. Es handelt sich um die Wirksamkeit einer *anderen vorgelagerten Prämisse* mit weitreichenden Folgen in erkenntnisleitender bzw. lösungsrichtungbestimmender Hinsicht. Wir meinen die Tatsache, daß den in sich unstimmigen Ansatzbetrachtungen über die Problematik des Geburtenrückganges oft ein *ganz verschiedenes basales menschliches Daseinsverständnis in*

Gestalt eines individualistischen, kollektivistischen bzw. eines personalen Menschen-
bildes und der davon ausgehenden Konsequenzen für die Betrachtungsweise der
Gesellschaft zugrundeliegt. Damit wird übrigens nicht nur die Auffassungsgrundrichtung über das *Fortpflanzungsverhalten* präformiert, sondern die ganze soziale
Beziehungsordnung des Menschen, wozu in seinem gesellschaftlichen Makro-Aspekt
auch der Bereich des Nachkommenschaftsverhaltens gehört. Auch diese Prämissen-
Problematik ist in der bisherigen bevölkerungswissenschaftlichen Forschung rund um
den Geburtenrückgang bzw. in der damit verzahnten bevölkerungspolitischen Diskussion weithin unerkannt bzw. unbeachtet geblieben. Wo dennoch Fragen anthropologischer Zielbildabhängigkeit im Problembewußtsein über das Nachkommenschaftsverhalten auftauchen, bleibt dieses Problembewußtsein an der Oberfläche haften;
es dringt nicht in die Tiefe und erkennt deshalb nicht den von uns herausgearbeiteten Ableitungszusammenhang von den genannten anthropologischen Grundkonzeptionen. Soweit die Relation zu diesem Basisproblem bei der wissenschaftlichen
Themenerfassung des Geburtenrückganges nicht total verdrängt wird, wird sie sowohl von der *positivistischen* als auch von der *dem neulinken Denken verhafteten*
Problembehandlung als *fachlich irrelevant* angesehen und deshalb ganz beiläufig
abgetan mit Hinweisen über eine außerwissenschaftliche 'Ideologie'-Relevanz oder
aber mit der problemunspezifischen Globalanmerkung über den in unserer Gesellschaft eingetretenen 'Wertwandel'; jedenfalls ohne Andeutung des in *jeder* Betrachtungsweise *sachlogisch unvermeidbar* wirksamen Konnexes zwischen dem Nachkommenschaftsverhalten und der jetzt in Rede stehenden Prämissenproblematik,
d. h. ohne Andeutung über die zwangsläufig gegebene Abhängigkeit der Verhaltensdimension der ehelichen Fruchtbarkeit von der durch diese Prämisse bewirkten
Grundlegung des Menschenbildes bzw. Gesellschaftsverständnisses. Welcher *erst-*
rangige, wurzellagenbestimmende Determinantenkomplex des mentalitätsabhängigen
Fortpflanzungsverhaltens solchermaßen aus den fachlichen Aufarbeitungsbemühungen über die Problematik des Geburtenrückganges ausgeklammert wird, scheint
in der von uns ob ihrer mangelhaften Grundlagenklärung kritisierten bevölkerungswissenschaftlichen Forschung niemand zu ahnen. Deshalb war es dringend geboten,
diesen Verschwiegenheitsbezirk, diese verdrängte bis bestrittene Hintergrundproblematik in unserer Untersuchung systematisch zu erfassen und gründlich auszuleuch-
ten: die inhaltlich weitreichenden Ableitungszusammenhänge des mentalitätsbedingten ehelichen Fruchtbarkeitsverhaltens von den die ganze soziale Beziehungsordnung
präformierenden anthropologischen Grundgestalten eines individualistischen, kollektivistischen bzw. eines personalen menschlichen Daseinsverständnisses.

6. In der weitläufigen Zusammenhangklärung dieser schwierigen Wurzelproblematik
   sind wir auf das *oberste Legitimationskriterium* für eine humane Lösungsrichtung
   aller im Rahmen der sozialen Beziehungsordnung sich ergebenden Probleme des
   Nachkommenschaftsverhaltens gestoßen: auf das *generative Gemeinwohl.* Weil die
   menschliche Person (und über sie die Gesellschaft) ihre optimalen Entfaltungsbedingungen nur unter Anwendung des Maßstabes vom *Gemeinwohl* finden kann, ergibt
   sich daraus das auf die Fortpflanzungsfrage spezifizierte Legitimationskriterium vom
   generativen Gemeinwohl. Die systembildende Perspektive des *Individualismus* ist

auch im generativen Problembezug nur auf die *individuelle* Interessenlage ausgerichtet, jene des Kollektivismus dagegen nur auf die der *Gesellschaft.* Beide *verfehlen eine humane* Lösung auch in diesem Problemkreis, wenn diese *humane* Lösung das optimale Wohlergehen der menschlichen PERSON zum Ziel hat, das sich nur durch eine *bedeutungsgleiche* Einschätzung der Entfaltungserfordernisse des Menschen sowohl auf der *individuellen* als auch auf der *gesellschaftlichen* Ebene erreichen läßt. So ist es auch in der Frage des Fortpflanzungsverhaltens, wo — wie in den anderen Verhaltensbereichen — ein spannungsgeladenes Verhältnis zwischen der individuellen und gesellschaftlichen Interessenebene besteht. Das *legitime* Ausmaß der Bedeutungs- bzw. Interessenansprüche ist auf beiden Ebenen am Maßstab des Gemeinwohls — hier an jenem des *generativen* Gemeinwohls — zu bestimmen. Der *Individualismus* führt zum Standpunkt einer fortpflanzungsmäßigen Verhaltensbeliebigkeit des einzelnen Ehepaares im Sinne *maximaler* Wahrnehmung der dabei ins Spiel kommenden individuellen Eigentinteressen. Der *Kollektivismus* führt zur blinden Unterwerfung der ehelichen Fruchtbarkeit unter das Diktat der von der jeweiligen Staatsraison oder der jeweiligen öffentlichen Meinung (dem jeweiligen gesellschaftlichen Bewußtsein) geltend gemachten bevölkerungspolitischen Interessen. Nur eine *personale* Betrachtungsweise von Mensch und Gesellschaft führt zum Lösungskriterium des *generativen Gemeinwohls.* Dieses ist auf die Erbringung jener ehelichen Fruchtbarkeitsleistung ausgerichtet, die notwendig ist, um im zeitlichen Ausfaltungszusammenhang der Generationenkette — also auf lange Sicht gesehen — eine *ausgeglichene* natürliche Bevölkerungsentwicklung als Mittel zum Zweck gesellschaftlicher Funktionalität zu gewährleisten, wobei in dieser Sichtweise die gesellschaftliche Funktionalität vom übergeordneten Zweck des Wohlergehens der menschlichen PERSON bestimmt wird. Das generative Gemeinwohl zielt somit auf nichts anderes als auf die friedliche Selbsterhaltung (auf die biologische Überlebenssicherung) eines Staatsvolkes auf der Basis einer lebenswerten (eine ausreichende 'Lebensqualität' ermöglichenden) Bevölkerungsdichte. Damit haben wir ein an den letztmöglichen Problemfundamenten geprüftes Maß für die auf jede Bevölkerung anwendbare *legitime Nachwuchserwartung* gefunden (für 'bevölkerungsexplodierende' Gesellschaften ebenso wie für bevölkerungsdefizitäre), wobei diese Legitimität auf dem Ausgleich der individuellen und gesellschaftlichen Bedürfnisaspekte der menschlichen PERSON beruht, also auf dem Ausgleich von individuellem Wohlergehen und gesellschaftlicher Funktionalität.

Nach dem zweifachen thematischen Grundbezug menschlichen Fortpflanzungsverhaltens haben wir damit die *zweite* wesentliche Ursache dafür aufgedeckt, daß in der bevölkerungspolitischen und bevölkerungswissenschaftlichen Gegenwartsdiskussion (Problemaufarbeitung) ein geradezu unerklärbar scheinendes Durcheinander und Gegeneinander divergierender Auffassungsrichtungen bzw. kontroverser Aussagen auch über *tragende* Themenaspekte besteht, weil ihnen unerkannterweise divergierende Problemverständnisse als Folge divergierender Fundamentalprämissen zugrundeliegen. Infolge der sich daraus in der Problemaufarbeitung ergebenden Widersprüchlichkeit haben nicht wenige Experten verschiedener Bearbeitungsrichtungen zu resignieren angefangen, ja sie haben mitunter vollends kapituliert vor der

Aufgabe, Klarheit in diese für viele undurchschaubar gewordene Problemverworrenheit zu bringen. Eine Variante dieser Kapitulationsmentalität sieht die Ursache darin, das menschliche Nachkommenschaftsverhalten sei ein 'irrationales' Geschehen und deshalb mit *rationalen* Problemanalysen nicht faßbar. Abgesehen davon, daß man beim vieldeutig-schillernden Begriffspaar 'rational — irrational' zunächst immer wissen muß, was man darunter inhaltlich des näheren verstehen will, können wir diese Kapitulationsauffassung nicht teilen, wenngleich wir unterstreichend gestehen, daß es sich hier um einen äußerst vielschichtigen, extrem komplizierten Problemkreis handelt. Nur die Bedachtnahme auf eine problemganzheitsbezogene Grundlagenklärung kann deshalb unter angemessener Berücksichtigung dieser dabei aufgedeckten zweifachen Prämissenproblematik vom Ansatz her zu einer widerspruchsfreien Erfassung der logischen Problemstruktur führen.

7. In diesem Zusammenhang hat sich gezeigt, daß die Anerkennung einer solchen Grundlagenklärung bzw. der daraus folgenden Problemaufarbeitungskonsequenzen für einen erheblichen Teil der seit langen Jahren tonangebenden außer-fachdemographischen bevölkerungswissenschaftlichen Forschung ein mitunter radikales wissenschaftstheoretisches Umdenken voraussetzen würde. Mit der herkömmlich positivistischen Verengung der Problemerfassung stößt man wie bei anderen komplexen anthropologischen Phänomenen auch bei der Erforschung des Geburtenrückganges gar bald an die Grenzen vertretbarer Erkenntnisrechtfertigung. Dies betrifft zwei Hauptproblemebenen: einerseits die überforderte Reichweite einseitig positivistischer Problembehandlung *im Rahmen legitimer fachwissenschaftlicher* Fragestellungen, sofern sich nämlich die (einzelwissenschaftlichen) Aussagen (letztlich) auf komplexe Tatbestände der zusammengesetzt-hochorganisierten Lebenswirklichkeit, auf inhaltlich weitreichende bzw. multidimensionale Teilgebiete oder gar auf die Problemganzheit des Nachkommenschaftsverhaltens beziehen; andererseits betrifft dies den Geltungsanspruch wissenschaftlicher Problembewältigung im (weithin unaufgedeckt bleibenden) Bereich der *Sinn- und Wertfragen* menschlichen Lebens, also die Verschränkung der einschlägigen humanwissenschaftlichen Forschung mit der ihr vorgelagerten Problemdimension der normativen Entscheidungen. In beiden Aspekten ist das Fortpflanzungsverhalten ein markantes Beispiel für die relativ engen Grenzen rein positivistischer Bearbeitungsmöglichkeit. Geht es in dieser Thematik letztlich doch um ein Teilgebiet der übergeordneten Ganzheit menschlicher Lebensverwirklichung, ohne deren hinreichende Rückbindung der Verhaltenssektor der Fortpflanzung ein wenig ausgeleuchtetes Fragment bleibt. Durch diese Rückbindung an die ihn als Bedingungs- bzw. Einflußgefüge umgebende vielgestaltige Lebenswirklichkeit kommen wir aber bald in eine außerordentliche thematische Vielfältigkeit und Weite, deren fachliche Durchdringungs- bzw. Bewältigungsmöglichkeit in hohem Maße vom zugrundeliegenden Wissenschaftsverständnis abhängig ist. Dabei tut sich vor allem insofern eine große Problematik auf, als auch in der *außer-naturwissenschaftlichen* anthropologischen Forschung das tonangebende Wissenschaftsverständnis weithin vom *Positivismus* bestimmt wird. Wir beziehen uns hier nur auf diesen außer-naturwissenschaftlichen Sektor, insbesondere auf die für unsere Fragestellung geradezu ausschlaggebende *sozialwissenschaftliche* Forschungspraxis.

Es geht zunächst darum, daß eine *ausschließlich positivistische* Problembehandlung auch im Rahmen *legitimer fachwissenschaftlicher* Fragestellungen für ein kompetentes Urteil über weitreichend-komplexe Geschehniszusammenhänge der außerfachdemographischen Nachkommenschaftsproblematik *hochgradig überfordert ist.* Diese Einsicht aber bleibt hinter dem umfassenden Geltungsanspruch eines unkritischen positivistischen Wissenschaftsoptimismus bzw. hinter dem darauf gegründeten naiven wissenschaftlichen Fortschrittsglauben verborgen. Auch im Zusammenhang mit den bevölkerungswissenschaftlichen Bemühungen rund um die Erforschung des Geburtenrückganges ist zu beobachten, was den sonstigen Bereich der anthropologischen Forschung so häufig kennzeichnet: Das gewaltige Anwachsen partikulärer Einzelkenntnisse und die Überschwemmung unseres Bewußtseins mit exaktem Teil- und Detailwissen haben im wissenschaftlichen wie im außerfachlichen Leben den Eindruck, ja die Gewißheit entstehen lassen, daß wir schon über viel gesichertes *Zusammenhangwissen* verfügen als Voraussetzung einer (bald bevorstehenden) weitreichenden diesbezüglichen Problemlösungsbefähigung. In Wirklichkeit ist unser positivistisch gesichertes Zusammenhangwissen auch im generativen Problembereich immer noch ganz geringfügig. Trotz der (im interdisziplinär-problemglobalen Bearbeitungsrahmen auch für den Fachmann weder verfügbaren noch verarbeitungsmöglichen) *Informationslawine* an einschlägig verwertbarem Erhebungsmaterial und seiner Verarbeitung in einer Vielzahl humanwissenschaftlicher Disziplinen fehlt auch dem versiertesten Experten ein *wissenschaftlich engmaschig gesichertes Zusammenhangwissen* über die komplexen Problemfelder. Die bisherigen Befunde der (außerhalb des Zuständigkeitsbereichs der klassischen Naturwissenschaften liegenden) humanwissenschaftlichen – vor allem der sozialwissenschaftlichen – Bemühungen ergeben in der positivistischen Aufarbeitungsleistung hinsichtlich der von uns hier behandelten Problematik nur (wenn auch noch so bedeutsame und praktisch verwertbare) *Teilkenntnisse* bzw. sie decken nur eine Vielzahl *einzelwissenschaftlicher* Frageaspekte bzw. erst *insulare Teilbereiche interdisziplinärer Feldforschung* in ihrer ganzen Breite verläßlich ab. Selbst unter der utopischen Voraussetzung eines Gleichklanges aller einschlägigen fachlichen Bemühungen in bezug auf die zugrundeliegenden *wissenschaftstheoretischen bzw. methodischen* Auffassungen müssen ihre Ergebnisse – gemessen an den genannten Ansprüchen global-engmaschiger sowie allseits exakt datenunterlegter Forschungsabsicherung – ein Torso bleiben. Unvergleichlich stärker ins Gewicht aber fällt dieses Ungenügen angesichts der in der Realität in beträchtlichem Maße *divergierenden* wissenschaftstheoretischen Konzeptionen bzw. methodischen Auffassungen in der außer-naturwissenschaftlichen anthropologischen Forschung. In all den bisherigen Bemühungen zur Erfassung und Erklärung sowie zu der darauf aufbauenden problemlösenden Steuerung komplexer (zwischen)-menschlicher Lebensvorgänge (Verhaltensbereiche) – auf der individuellen, sozialen bzw. gesellschaftlichen Ebene – zeigen sich bei genauer Betrachtung *überaus große Defizite*, ja häufig ein weitreichendes Unvermögen, solchen Zielsetzungen mehr oder weniger umfassender positivistischer Beweissicherung zu entsprechen. Die Unangemessenheit des von uns diesbezüglich apostrophierten Forschungsoptimismus bzw. des sich darauf gründenden naiven wissenschaftlichen Fortschrittsglaubens nimmt dabei mit dem Grad der Komplexität der jeweiligen Fragestellung zu. Diese Problemeinschätzung kann gerade auch auf dem Sektor der generativen Frage in vielerlei Zusammenhängen verdeutlicht werden. Dabei reden wir keinesfalls einer wissenschaftlichen Resignation das Wort, sondern lediglich einer realistischen Selbstbescheidung in der positivistisch beanspruchten Reichweite verläßlich abgesicherter Forschungsaussagen über hochgradig komplexe Verhaltensbereiche wie etwa den Fortpflanzungssektor.

Unsere Kritik über die bisher tonangebende bevölkerungswissenschaftliche Erforschung des Geburtenrückganges geht sodann dahin, daß – in Verbindung mit dem früher erwähnten Mangel einer ausreichenden Grundlagen- und Zusammenhangklärung – *auch die jeweiligen Ansatzbetrachtungen und die daraus entwickelten tragenden Aussagelinien* einseitig bis ausschließlich mit positivistischen Forschungsbefunden begründet werden. Tatsächlich aber lassen sich die erkenntnisleitenden Ansatzbetrachtungen auf diesem Sektor ebenso wie bei der Erforschung anderer (stets sozial relevanter) Phänomene der zusammengesetzt-hochorganisierten menschlichen Lebenswirklichkeit einschließlich der damit verbundenen zusammenhangstiftenden Interpretationshorizonte bei der Deutung des empirischen Materials *überhaupt nicht* durch positivistische Forschungsbemühungen gewinnen bzw. durch deren Ergebnisse rechtfertigen. Zu den großen Defiziten an engmaschig exakt abdeckender Tatsachenforschung kommt also dieses grundsätzliche Unvermögen positivistisch schlüssiger Rechtfertigung der jeweils erkenntnisleitenden und damit lösungsrichtungentscheidenden Ansatzbetrachtung. Angesichts dessen liegt im einschlägig kritisierten bevölkerungswissenschaftlichen Forschungsoptimismus bzw. in dem (vor allem in der öffentlichen Meinungsbildung sowie auf dem Sektor der Politik) daraus abgeleiteten naiven wissenschaftlichen Fortschrittsglauben hinsichtlich einer positivistischen Bewältigungsmöglichkeit der Fruchtbarkeitsproblematik eine *hochgradige Fehleinschätzung* vor. In der Zielsetzung einer umfassenden Erkenntnisbewältigung der im Geburtenrückgang steckenden menschlichen Fortpflanzungsthematik ist der Positivismus *bereits außerhalb der Spezialproblematik einer Verzahnung mit den Sinn- und Wertfragen* in der zweifach erläuterten Hinsicht eindeutig überfordert. Im Ausmaß dieser Überforderung stellen die als Beweismaterial beigebrachten – heute kaum noch überschaubaren – exakten (einzel- bzw. teilproblemorientierten) Datenermittlungen und ihre mathematische Bearbeitung eine *Scheinrechtfertigung* für die damit begründeten (untermauerten) bevölkerungswissenschaftlichen Denkansätze sowie für die daran orientierten Interpretationsrichtungen bei der (zusammenhangstiftenden) Deutung des (heterogenen) empirischen Materials dar. Aber auch dort, wo nicht eine solche *grundsätzliche* Überforderung vorliegt, weil die Fragestellungen im Bereich positivistischer Bearbeitungsmöglichkeit bleiben, begegnen wir häufig *überzogenen Geltungsansprüchen* einseitig positivistischer Forschung, dann nämlich, wenn die Ergebnisse aus der Behandlung von Einzelfragen bzw. Teilbereichen zur alleinigen Begründung *inhaltlich weitreichender bis globaler* Aussagen herangezogen werden, obwohl die dazu erforderliche Tatsachenkenntnis bei weitem nicht gegeben ist.

Auf diese doppelte Fehleinschätzung aber läuft ein beträchtlicher Teil der bisherigen bevölkerungswissenschaftlichen Erforschung des Geburtenrückganges hinaus. Deshalb muß vor allem die erkenntnistheoretisch relevante Grundlagenproblematik in den Vordergrund der wissenschaftlichen Problemaufarbeitungsbemühungen gestellt werden. Was nützt eine hundertfache — arbeits- und geldaufwendige — Detailbeschäftigung, wenn sie ohne absichernde Gewähr eines forschungslogisch richtigen Zusammenhanges geschieht? Im Blick auf die wesentliche Substanz des generativen Problems ist damit vor allem in der so schwierigen Verursachungsforschung letztlich mehr Ablenkung und Verwirrung als problemklärende Durchschau auf das entscheidende Zentrum des vielfältig bewirkenden Geschehens die Folge. In diesem Sinne sind viele bevölkerungswissenschaftliche Auseinandersetzungen nur *Scheingefechte,* weil die entscheidenden Problemdifferenzen unausgesprochen im Hintergrund bleiben. Der Sturm der heftigen Kontroversen tobt weithin an einer *Ersatzfront* gewisser von der entscheidenden Problemstruktur isolierend abgehobener Realitäten. Auf diese Bereiche der das Gesamtphänomen unzutreffend charakterisierenden Problem*oberfläche* konzentriert sich der Einsatz der geschilderten positivistischen Fachwissenschaftlichkeit. Ihr kommt die Wirkung eines ablenkenden Blickfangs zu. Wichtiger als alle methodische Brillanz empiristischer Einzelproblembehandlung ist die gestaltlogisch richtige Erfassung der *unter* dieser Auseinandersetzungsebene liegenden *wesentlichen Problemstruktur* der Nachkommenschaftsfrage, die die ganze einschlägige Erfahrungswirklichkeit unverkürzt und proportioniert in den Blick bringt. Damit wird der herausgearbeiteten *Überschreitung* der legitimen Erkenntnisgrenzen der bislang einseitig in den Vordergrund der Auseinandersetzung gerückten positivistischen Forschungspraxis der Boden entzogen.

Immer dann, wenn auf der Basis der von uns kritisierten *kurzatmig-empiristischen* humanwissenschaftlichen Forschungspraxis die daraus entfalteten Aussagelinien *weitreichende Zusammenhänge* des Phänomens des Geburtenrückganges zum Gegenstand ihrer Beurteilung machen, haben wir allen Grund, den jeweiligen Untersuchungsrahmen einer grundlagenwissenschaftlich-forschungslogischen Ansatzprüfung zu unterziehen. Dies umso mehr, wenn das für die *Gesamt*behandlung als einzige Legitimationsbasis hervorgekehrte positivistische Wissenschaftsverständnis zum Kriterium fragloser Überlegenheit über alle anderen (ergänzenden) Forschungszugänge gemacht wird, wie dies gerade auch in der bevölkerungswissenschaftlichen Auseinandersetzung rund um den Geburtenrückgang vielerorts seit langem so nachdrücklich geschieht. Erst die von uns betonte Prüfung des jeweiligen Denkansatzes und der darauf bezogenen forschungslogischen Zusammenhänge kann erweisen, ob die auf der Basis eines einseitig bis ausschließlich zur Geltung gebrachten positivistischen Wissenschaftsverständnisses ermittelten Bearbeitungsergebnisse bzw. deren Interpretation von ihren Grundlagen her haltbar sind. Große Vorsicht ist demnach auch gegenüber jenen denkmodischen Abqualifizierungen am Platz, die allen konkurrierenden Ansatzbetrachtungen bzw. divergierenden Interpretationsrichtungen (derselben nachkommenschaftsrelevanten Erfahrungswirklichkeit) unter Berufung auf den positivistischen Alleingeltungsanspruch 'mangelnde Wissenschaftlichkeit' vorwerfen, um mit Hilfe einer solch bequemen geltungspolitischen Begründung die eigenen inhaltlichen Aussagehorizonte behaupten zu können.

8. Jenseits der positiv-wissenschaftlich in inhaltlicher Hinsicht als 'richtig' und 'falsch' beweisbaren Aussagen geht es bei der *zweiten* Hauptproblemebene unserer wissenschaftstheoretischen Grundlagenerörterung um die davon abgehobene *sinnorientierte bzw. wertabhängige normative Entscheidungsproblematik.* Diesbezüglich hat es jede humanwissenschaftliche Erforschung komplexer anthropologischer Tatbestände der zusammengesetzt-hochorganisierten Lebenswirklichkeit immer auch mit dieser zumindest an der Wurzel *vor*wissenschaftlichen Problemdimension zu tun. Gerade auf dem Verhaltenssektor der Fortpflanzung spielt sie eine hochbedeutsame Rolle. Zwar bedarf auch diese normative Bezugsproblematik in verschiedener Hinsicht einer wissenschaftlichen Problemklärung auf der Basis der Tatsachenforschung (beschreibende Kategorisierung der Sinn- und Wertphänomene; faktorenanalytische Durchleuchtung ihres Wirkgefüges: Gewichtungsermittlung und Erhellung ihrer interdependenten Zusammenhänge; Zurückführung abgeleiteter Sinn- und Wertbezüge auf deren determinierende Basisgrößen, wertlogische Konsistenzprüfung etc.). Grundsätzlich zu unterscheiden von solcher Tatsachenforschung aber ist die *inhaltliche Beweisbarkeit* der Sinnorientierung bzw. Wertgeltung menschlichen Lebens als 'richtig' bzw. 'falsch', wenn man von den Kriterien *seelischer Gesundheit* und der damit zusammenhängenden *gesellschaftlichen Funktionalität* absieht. Im Ausmaß dieser inhaltlichen Unbeweisbarkeit als 'richtig' bzw. 'falsch' besitzt die Sinn- und Wertproblematik ebenso wie die früher behandelte Orientierung einerseits am zweifachen thematischen Grundbezug menschlichen Fortpflanzungsverhaltens, andererseits an den anthropologischen Grundkonzeptionen eines individualistischen, kollektivistischen bzw. eines personalen Menschen- und Gesellschaftsbildes den Charakter einer *vorwissenschaftlichen Prämissenebene.*

Durch die geschilderte Vorherrschaft des positivistischen Wissenschaftsverständnisses auch in der außer-naturwissenschaftlichen anthropologischen Forschung aber wird gerade auch dieser dritten Prämissenproblematik *nicht im entferntesten* Rechnung getragen. Die überzogenen positivistischen Geltungsansprüche und der darauf basierende unkritische Erfolgsoptimismus hinsichtlich einer (durch Beweiskriterien des 'Richtigen' und 'Falschen' abgesicherten) wissenschaftlichen Bewältigung des menschlichen Lebens: diese Erwartungen können nur auf Kosten einer weitgehenden Verdrängung bzw. Unterschlagung der Sinn- und Wertbezüge menschlichen Lebens aufrechterhalten werden. So ist es auch bei der Bearbeitung der generativen Frage. Ihre *normative* Problemdimension wird vom Positivismus vor allem dadurch verdrängt, daß er sie — eine folgenschwere Selbsttäuschung — so weit als möglich ungeschieden mit der legitim fachwissenschaftlich lösbaren Problematik *zusammenfließen* läßt. Bei der Behandlung der generativen Frage fällt dies umso mehr ins Gewicht, weil letztlich die *Vollgestalt* menschlichen Lebens als Bedingungs- und Einflußgefüge in hundertfacher Verästelung hinter der Ausformung des Fortpflanzungsverhaltens steht. Die Ausrichtung des menschlichen Lebensvollzugs aber ist in hohem Grade durch *normative* Zielorientierung bestimmt. *Die Motivierung der Weitergabe des Lebens stellt keinen daraus isolierbaren Bezirk dar.* Ganz besonders trifft dies für unser *spätindustrielles* Fortpflanzungsverhalten zu, dessen ausschlaggebende Bestimmungsgröße ja längst nicht mehr das als Zufall oder höhere Fügung in Kauf genommene beliebige Eintreten einer (weiteren) Schwangerschaft ist; vielmehr wird heute die Empfängnis eines Kindes in der Regel von einer bewußt-persönlichen Verhaltensentscheidung abhängig gemacht.

So ist es auch in der bisher so einseitig positivistisch ausgerichteten bevölkerungswissenschaftlichen Erforschung des Geburtenrückganges hochgradig zu einer (vermeintlichen) Ausblendung der normativen Bezugsqualitäten aus dem forschungswissenschaftlichen Aussagegehalt gekommen; d. h. alle diese wissenschaftlichen Untersuchungsergebnisse erheben den Anspruch, 'werturteilsfrei' zustandegekommen zu sein. In Wirklichkeit führt dies nur dazu, daß die aus der menschlichen Lebenswirklichkeit gerade auch im generativen Problembezug nicht eliminierbaren Sinn- und Wertfragen bei all den diesbezüglich qualifizierten ('werturteilsfreien') Untersuchungsergebnissen *versteckterweise mitgelöst, mitentschieden* werden, so daß ihnen völlig unberechtigt eine 'wertfrei-objektive' Gültigkeit zugeschrieben wird. *Es gibt keine wertneutrale Verwirklichung menschlichen Lebens; folglich auch keine – daraus hervorgehende – wertneutrale Ausrichtung des Nachkommenschaftsverhaltens.* Obwohl dies von der einseitig positivistisch orientierten anthropologischen Forschung nachdrücklich verdrängt bzw. bestritten wird, werden dennoch auch im Bereich der (außer-fachdemographischen) bevölkerungswissenschaftlichen Erforschung des Geburtenrückganges immer wieder in vielfältiger Weise *normative Implikationen in die fachwissenschaftlichen Aussagen stillschweigend eingebunden* – sowohl in der globalen Ansatzbetrachtung als auch in vielerlei konkreten Bearbeitungszusammenhängen bei der Interpretation empirischer Daten bzw. der daraus gezogenen Schlußfolgerungen. Maßgeblich verstärkt wurden diese Tendenzen durch das in unserem Kulturraum seit Mitte der sechziger Jahre massiv sich ausbreitende progressiv-utopische neulinke Denken, das den unkritischen wissenschaftlichen Fortschrittsoptimismus vor allem durch die Auffassung auf die Spitze getrieben hat, mehr oder weniger alles im menschlichen Leben sei *wissenschaftlich machbar* durch planvoll gesteuerte Veränderung der problembedingenden individuellen Variablen und ihrer ökonomischen wie sozialkulturellen Rahmenbedingungen. Die Bewältigung solcher Lebensprobleme falle deshalb (vorrangig) in die *wissenschaftliche* Problemlösungskompetenz.

So verbergen sich auch auf dem weiten Feld der (außer-fachdemographischen) bevölkerungswissenschaftlichen Forschung hinter der positivistischen Verarbeitung ganzer Daten-Massen vielerlei nicht aufgedeckte sinnziel- bzw. wertabhängige Bearbeitungsansätze mit den darauf beziehbaren – ebensowenig offengelegten – normativ aufgeladenen interpretativen bzw. schlußfolgernden Ausfaltungslinien. Diesbezüglich stellen die zugrundeliegenden Datenmaterialien und ihre exakte numerische Verarbeitung nur *Scheinbeweise* für eine objektiv gültige Richtigkeit der darauf ruhenden Interpretationsaussagen bzw. Schlußfolgerungen dar. Dieser Problematik wird meist behutsam aus dem Weg gegangen. Gerade für eine *grundlagenwissenschaftliche* Aufhellung unserer generativen Gegenwartsproblematik — noch dazu in bezug auf das durch große weltanschaulich-grundsatzpolitische Kontroversen belastete 'Wagnis' unseres Themenbezugs auf die Familie — aber ist es unerläßlich, die mit einer solchen Arbeit beabsichtigte Klärungshilfe in voller Deutlichkeit zur Geltung kommen zu lassen. Nur dadurch ist die Hoffnung berechtigt, aus der bestehenden Sackgasse einer höchst unzureichenden Problemerfassung herauszukommen, die mit einer kaum mehr überschaubaren Fülle wenig oder gar nicht miteinander verbundener Einzel(Teil)-Problembearbeitungen zu so abweichenden bis gegensätzlichen Ergebnissen, zu einem so disparaten Gesamtbild der einschlägigen bevölkerungswissenschaftlichen Forschung geführt hat.

9. Soweit es sich um die Prämissenproblematik der anthropologischen Grundkonzeption und der damit verzahnten Sinnzielorientierung bzw. Wertgeltungsabhängigkeit menschlichen Lebens als entscheidende humanwissenschaftliche Bearbeitungsvoraussetzungen auch der generativen Frage handelt, ist im Verlauf der hinter uns liegenden siebziger Jahre das von uns kritisierte bevölkerungswissenschaftlich-bevölkerungspolitische Ansatzdenken *nicht nur auf der fachlichen Ebene, sondern gleichermaßen im politischen Raum* von den Menschenbildimplikationen und den daraus abgeleiteten öffentlichen Ordnungsvorstellungen *auf seiten des Regierungslagers der von uns hier vorrangig miteinander verglichenen Länder Österreich und der Bundesrepublik Deutschland* bevorzugt bzw. unterstützt worden; sei es durch Übernahme des einschlägig fachlichen Problemdenkens in die gesellschaftspolitische Betrachtungsweise, sei es durch wie immer geartete wissenschaftspolitische Förderung dieser der tragenden weltanschaulichen Zielperspektive der Regierungsparteien dieser beiden Länder adäquat erscheinenden fachlichen Bearbeitungsgrundrichtung. Insbesondere im Zusammenhang mit der wissenschaftlichen Politikberatung gibt es diesbezüglich (in allen Ländern) eine mitunter enge Verbindung zwischen der gesellschaftspolitischen und der forschungswissenschaftlichen Ebene. Bei Anwendung unserer Grundlagenanalyse ist diese Affinität bzw. Förderung (im negativen Aspekt ausgedrückt: die Nichtübereinstimmung bzw. Benachteiligung, ja Bekämpfung konkurrierender Ansatzbetrachtungen) durchaus nicht verwunderlich, sondern zu erwarten, ja als folgerichtig begründbar. Durch unsere Grundlagenanalyse wird nämlich unschwer die *normative Gemeinsamkeit von Wissenschaft und Politik* im Bereich der sinnzielorientierten bzw. wertgeltungsabhängigen menschlichen Lebenswirklichkeit erkennbar. Beide Bereiche haben es mit dem Menschen, mit seinem Leben zu tun. In beiden Bereichen erweisen sich deshalb die von uns herausgearbeiteten normativen Voraussetzungen bzw. Problemimplikationen als *gleichsinnig wirksame Richtungsorientierung*. Dieselben Prämissen sind im einen Fall die *denk*richtungbestimmenden, im anderen Fall die *handlungs*richtungbestimmenden Bearbeitungsvoraussetzungen. Daher ist es geradezu eine logische Konsequenz aus derselben Prämissenvorgabe, daß die jeweilige bevölkerungswissenschaftliche Ansatzbetrachtung mit der dazupassenden bevölkerungspolitischen Handlungskonzeption (im individuellen wie gesellschaftlichen Aspekt) *übereinstimmt, eine Einheit bildet*. Beide Bearbeitungsebenen ruhen auf denselben (sozial)anthropologischen Grundlagenbetrachtungen auf. Insofern entspricht es nur der Erwartung wertlogischer Konsistenz, daß die *außerhalb* einer 'per-

sonalen' anthropologischen Grundkonzeption zur Entfaltung gebrachten sozialwissenschaftlichen und gesellschaftspolitischen Problemausfaltungen *auch im bevölkerungswissenschaftlich/bevölkerungspolitischen* Themenbereich *keine* Affinität besitzen zu unserer in der vorliegenden Arbeit entwickelten Grundbetrachtungsweise.

10. Warum aber geht die von uns kritisierte, einseitig positivistische, bevölkerungswissenschaftliche Problemaufarbeitung der von uns geforderten *Grundlagen- und Zusammenhangklärung* so konsequent aus dem Weg? Der tiefste, entscheidende Grund dafür besteht darin, daß nur dadurch Aussicht auf Erfolg besteht, unter Zuhilfenahme der Aufmerksamkeitskonzentration auf die prestigemächtige positivistische Fachwissenschaftlichkeit *das gesamte damit in Zusammenhang gebrachte* bevölkerungswissenschaftliche Aussagevolumen als Ergebnis *objektiv wissenschaftlicher Beweisführung* erscheinen zu lassen. Vielerorts ist heute das Bestreben vorherrschend, auch die eigenen bevölkerungs*politischen* (wie zahlreiche *andere* gesellschaftspolitische) Anschauungen als im positivistischen Sinne *forschungswissenschaftlich gesicherte* Erkenntnis erscheinen zu lassen, um sie dadurch in der Auseinandersetzung mit gegenteiligen Auffassungen *unangreifbar* zu machen. Auf dem dargestellten Hintergrund ist es besser erklärbar, warum man auch etwa auf seiten des handlungsverantwortlichen Regierungslagers in den beiden als speziellen Erfahrungshintergrund herangezogenen Ländern auf die Frage, was man denn staatlicherseits gegen den längst bedrohlich gewordenen Fruchtbarkeitsschwund gesellschaftsgestaltend-ordnungspolitisch zu unternehmen gedenke, mit Vorliebe und beruhigendem Unterton in der Hauptsache zunächst stets *die wissenschaftliche Forschung (eines positivistischen Wissenschaftsverständnisses) in den Mittelpunkt* der Problemlösungszuständigkeit wie der Problemlösungshoffnung gestellt hat, und zwar in Analogie *zu anderen* gesellschaftlichen Gegenwartsproblemen. In dieser Problemeinschätzung wird der von uns kritisierte humanwissenschaftliche Erfolgsoptimismus auf dem Hintergrund des darauf bezogenen naiven wissenschaftlichen Fortschrittsglaubens (Wissenschaft als das zentrale Instrument der individuellen wie gesellschaftlichen Lebensbewältigung mit dem Ziel des größtmöglichen Glücks der größtmöglichen Zahl) auch in den Vordergrund des generativen Problembewältigungsbewußtseins gestellt. In ihrem Zentrum aber erweist sich diese Sicht einerseits als *prinzipiell irrig*, andererseits als ein Mittel *ablenkender Problemverschleierung*.

11. Zum *prinzipiellen* Irrtum ist zu sagen, daß wir die unmittelbare Steuerungsgröße der natürlichen Bevölkerungsentwicklung in der *ehelichen Fruchtbarkeitsmentalität* erkannt haben. Im Rahmen der außer-sachverhaltlichen (seelisch-geistig-sittlichen) Motivation ruht aber deren Ausformung auf dem Voraussetzungszentrum der allgemeinen Lebensperspektive. Es ist so das allgemeine menschliche Daseinsverständnis (auf der Basis der erörterten anthropologischen Grundkonzeption) die entscheidende Wurzelgröße, aus der sich *auch die fruchtbarkeitsrelevanten* Zielvorstellungen des Lebens entwickeln. Diese (vordergründig meist wenig bewußte, jedenfalls in der Regel nicht reflektierte) Vorstellung vom eigenen Lebensentwurf als die mentalitätsrelevante Bestimmungsgröße auch für die eheliche Fruchtbarkeitsbereitschaft ist aber *nicht eine Leistung wissenschaftlicher Erkenntnisrechtfertigung, sondern*

das Ergebnis sinnzielorientierter bzw. wertgeltungsabhängiger Richtungsbestimmung des eigenen Daseins, also eine Frage der *normativ-voluntaristischen persönlichen Daseinsverwirklichung.* Die von niemandem bezweifelte große Bedeutung der Wissenschaft für die erkenntnismäßige Aufhellung und Durchdringung auch dieser normativ-voluntaristischen Realität (einschließlich der ihr sachverhaltlich zugrunde-liegenden Bedingungen und modifizierenden Einflüsse der äußeren Lebensverhältnisse) stellt aber nur eine *kognitive Hilfsfunktion* für das einschlägige Handeln dar. Die Zielbestimmung und die danach orientierte Verwirklichungsrichtung menschlichen Lebens — innerhalb dessen das Fortpflanzungsverhalten einen konstitutiven Teilaspekt darstellt — ist also im Kern *nicht eine wissenschaftliche* Aufgabe bzw. Leistung. Insofern ist die vorherrschende — positivistisch orientierte — *szientistische Sichtweise* der Bewältigung des Nachkommenschaftsproblems (wie aller analogen Fragestellungen des sinnzielorientierten bzw. wertgeltungsabhängigen Vollzugs menschlichen Lebens) schon vom logischen Ansatz her *in der Hauptsache irrig.*

12. Sodann erweist sich diese Sichtweise gleichzeitig als eine mit großer Glaubwürdigkeit ausgestattete *Ablenkung vom Problemkern* der Nachkommenschaftsfrage, weil deren normativ-voluntaristische Kernrealität in ein *vorwiegend wissenschaftliches* Problembewältigungsanliegen verfälscht wird. Dadurch wird die Aufmerksamkeit von den tatsächlichen Hauptsteuerungskräften des Nachkommenschaftsgeschehens *abgelenkt.* Die Problemlösungsbemühungen werden vom *sachrichtigen Einflußzentrum* weg auf eine falsche, *weil letztlich irrelevant-unwirksame* Ebene positivistischer Auseinandersetzung verlagert. Der reale Problemkern wird durch das *Scheinproblem* einer solchen wissenschaftlichen Problembewältigungspriorität verdeckt. Es kommt zu einer problemvernebelnden *Selbst- und Fremdtäuschung.* Durch die Verlagerung der Auseinandersetzung von der mentalitätsmäßig letztentscheidenden Kernproblematik des normativ-voluntaristisch grundgelegten menschlichen Lebensentwurfs als der menschenbildabhängigen Richtungsbestimmung auch des Fortpflanzungsverhaltens auf die *Rechtfertigungsebene humanwissenschaftlicher Forschung* wird die Wissenschaft zum *Verschleierungsinstrument* der normativen Gestaltungskräfte des menschlichen Lebens gemacht. Die Zuschreibung einer so verstandenen vorrangigen Problemlösungskompetenz an die bevölkerungswissenschaftliche Forschung wird zum *problemablenkenden Alibi* für die Unterschlagung der weltanschaulich-menschenbildabhängigen Wurzeln des Nachkommenschaftsverhaltens. Der zeitgenössische Fruchtbarkeitsverfall ist in seinem mentalitätsabhängigen Verursachungsanteil *nicht ein wissenschaftlich* behebbares Problem, sondern das Ergebnis eines grundlegend veränderten menschlichen Daseinsverständnisses (Lebensentwurfs), innerhalb dessen die Fortpflanzung einen *konstitutiven* — vom übergreifenden Gesamtverständnis menschlicher Existenzdeutung *nicht isolierbaren* — Teilaspekt darstellt.

13. Diese Erkenntnis über das Bedeutungsverhältnis der bevölkerungswissenschaftlichen Forschung zu den mentalitätsbedingten Hauptsteuerungskräften des Nachkommenschaftsverhaltens hat sich erst im Zusammenhang unserer Untersuchung über die Abhängigkeit der fachlichen Problemaufarbeitung des Geburtenrückganges vom zu-

grundeliegenden Wissenschaftsverständnis ergeben. Zur Lösung der dabei auftretenden vielfältigen wie tiefliegenden Schwierigkeiten gibt es nach unserer Einschätzung nur den in dieser Arbeit sichtbar gemachten Ausweg: Das Problem in seiner inhaltlichen Vollgestalt zu erfassen, ihren bedingenden Hintergrund bis an die letzten Wurzeldeterminanten aufzuhellen, die darin steckenden *vor*wissenschaftlichen Prämissen aufzudecken, die sich daraus ergebenden normativen Ableitungskonsequenzen gewissenhaft zu verfolgen sowie unter Rückgriff auf diese Basisklärung um einen möglichst umfassenden Zusammenhang auch der sich *horizontal* ausfächernden Fragestellungen samt ihrer Verzahnung mit den benachbarten Themengebieten bemüht zu sein, so daß aus all dem wenigstens annäherungsweise die Konturen der *Problemganzheit menschlichen Fortpflanzungsverhaltens* sichtbar werden, von wo aus die Teilprobleme ihren Stellenwert für eine widerspruchsfreie Einordnung in eine auf *eindeutigem* Problemverständnis beruhenden Interpretations*gesamt*richtung erhalten. Dies setzt wissenschaftstheoretisch die Überwindung des auch für die *außernaturwissenschaftliche* anthropologische Forschung heute weithin immer noch tonangebenden *positivistischen* Wissenschaftsverständnisses und der daraus folgenden empiristischen (nicht empirischen!) Forschungseinseitigkeit zugunsten eines darüber hinausgehenden *ganzheitsbezogenen Strukturdenkens* voraus, vor allem im Zusammenhang mit der sozialpsychologischen und sozialphilosophischen Grundlagenklärung. Als ein typisches Beispiel für diese *jeder* Bearbeitung komplexer Phänomene der zusammengesetzt-hochorganisierten menschlichen Lebenswirklichkeit *gemeinsamen* Problematik kann der Bereich des *Fortpflanzungsverhaltens* angesehen werden als der umfassende Themenhintergrund sowohl unseres aktuellen Bevölkerungsdefizits als auch der in vielen Ländern der Dritten Welt seit langem beängstigend anhaltenden 'Bevölkerungsexplosion'.

14. Unsere Untersuchung über die Abhängigkeit der bevölkerungswissenschaftlichen Problemaufarbeitung des Geburtenrückganges vom zugrundeliegenden Wissenschaftsverständnis hat erkennen lassen, daß die auf dem dargestellten wissenschaftlichen Geltungsanspruch beruhende *einseitig positivistisch ausgerichtete* Forschung ihre tragenden Ansatzbetrachtungen in wichtigen bis entscheidenden Punkten *inhaltlich im Gegensatz zu unserer ganzheitsbezogenen sowie auf den Prämissen einer 'personalen' anthropologischen Grundkonzeption fußenden* Problemanalyse zur Entfaltung gebracht hat. Seine *volle* inhaltliche Bedeutung aber gewinnt dieser Gegensatz erst dann, wenn wir die der bisher dominierenden bevölkerungswissenschaftlichen Forschung zugrundeliegenden Ansatzbetrachtungen *auf ihr Verhältnis zur Familienfrage hin* prüfen. Dabei ergibt sich nämlich, daß diese bevölkerungswissenschaftlichen Sichtweisen geradezu einen *inhaltlichen Schwerpunkt* darin aufweisen, daß die *Familienfrage* aus dem bestimmenden Determinantenhorizont des Bevölkerungsprozesses *weithin verdrängt,* ja nicht selten aus dem bevölkerungswissenschaftlichen Problembewußtsein *ganz eliminiert worden ist.* Diese weithin kritiklos übergangene Betrachtungseinseitigkeit hat längst den Charakter einer tendenziösen Deformation des Problembewußtseins angenommen. Da die Familie als der unmittelbare Träger des generativen Geschehens *mit dem gesamten Bedingungshintergrund bzw. Einflußgefüge von Wirtschaftsweise und Gesellschaftsordnung*

(wenngleich weithin nur sehr indirekt) *verzahnt ist,* war es möglich, daß ein solcher Verdrängungsmechanismus unauffällig in Erscheinung treten konnte. Man erschloß immer mehr das weite Feld aller in Betracht kommenden Bedingungen und Mitbewirkungsfaktoren und begann, deren wechselseitige Verknüpfung zu erforschen. Dies war im Grunde sicherlich unerläßlich; denn allzu simpel waren zuvor oft die Vorstellungen gewesen, wovon die biologische Ersetzung einer Bevölkerung insgesamt abhängt. Es erweist sich jedoch als grundfalsch, wenn die Analyse dieser vielschichtigen Bedingungen und Einflüsse nicht mit der *Familienfrage* einer bestimmten Zeit und Gesellschaft konkret in Verbindung gesetzt wird; wenn sich die Diskussion über den Geburtenrückgang von der vordergründigen Verklammerung all dieser Faktoren mit der *Familienfrage* und damit auch mit der einschlägig gesellschaftlichen Lebensgestaltungsdimension – der Familienpolitik – loslöst und sich verselbständigt in die Behandlung der *außerhalb der Familie* liegenden Hintergrundbedingungen bzw. Einflußfaktoren des generativen Prozesses. Man handelt dann hinsichtlich des Zustandekommens des Geburten- bzw. Bevölkerungsrückganges letztlich über unzählige Einflußgrößen, nur nicht darüber, worauf es *unmittelbar und letztentscheidend* ankommt: über die Beschaffenheit des sozialen Systems Familie als des direkten Trägers des generativen Geschehens, als der unmittelbaren Fruchtbarkeitsinstanz der Gesellschaft. Die Verselbständigung der Untersuchung der *außerhalb des Familienthemas* liegenden demographischen und nichtdemographischen Bedingungs- und Einflußgrößen hat so zur grotesken Situation geführt, daß die unmittelbare biologische Regenerationsinstanz der Bevölkerung mehr oder weniger aus dem Blick der Kausalbetrachtung geriet.

15. Die *Letztursache* dafür liegt allerdings nicht im *formalen* Irrtum eines falschen erkenntnistheoretischen Ansatzdenkens in Verbindung mit der zur wissenschaftlichen (und damit auch zur politischen) Rechtfertigung, zur besseren wissenschaftlichen wie politischen Durchsetzbarkeit, in Gang gesetzten einflußmächtigen positivistischen Forschungseinseitigkeit. Hinter diesem instrumentalen Bearbeitungsmodus des Nachkommenschaftsproblems steht als *bestimmende Letztursache* das familienfeindliche Denken der seit Mitte der sechziger Jahre unseres Jahrhunderts das gesellschaftliche Bewußtsein immer nachdrücklicher bestimmenden Weltanschauungsbewegung der NEUEN LINKEN. Im Rahmen dieser lebensganzheitlich entfalteten Ideologie, die in ihrem inhaltlichen Zentrum und in ihrem dynamischen Charakter am zutreffendsten als *neomarxistische Kulturrevolution* zu kennzeichnen ist, kommt der Familienfrage eine Schlüsselbedeutung für die einschlägig tragenden (utopischen) Ideen vom erträumten neuen Menschen in einer neuen Gesellschaft zu. Das gesellschaftsweit verbreitete linkskonformistische Denken in Sozialwissenschaft, öffentlicher Meinungsbildung und Politik hat in allen thematischen Bezügen zu *familiendistanzierten bis familienfeindlichen* individual- und sozialanthropologischen Betrachtungsweisen geführt, zumal man in der Familie gleichermaßen das ausschlaggebende *Behinderungszentrum individueller Selbstverwirklichung* wie den konsequenzenreichen *Ausgangspunkt gesellschaftsfeindlicher Gestaltungskräfte* des menschlichen Lebens erblicken zu müssen glaubte (die Familie als 'Gegengesellschaft'). Dieser Hintergrund hat letztentscheidend dazu geführt, daß man trotz der

stets größer gewordenen Brisanz des Fruchtbarkeitsrückganges die Behandlung dieses Themas von einer Konfrontation mit der Familienfrage soweit als möglich ferngehalten hat. Unterstützt wurde dieses tendenziöse Problemverständnis durch den gleichsinnig wirkenden Umstand, daß man damit gleichzeitig der mit der Familienfrage notwendigerweise verbundenen Sinn- und Wertproblematik aus dem Weg gehen konnte, was für die zum Einsatz gelangende positivistische Forschungseinseitigkeit sehr erwünscht war.

16. Die tonangebende wissenschaftliche Beschäftigung mit dem generativen Prozeß ist so schwerpunkthaft bis ausschließlich auf die außerfamiliale Problemdimension der 'Bevölkerungsentwicklung' bzw. der 'Bevölkerungspolitik' konzentriert worden. Die Familie ist dabei angesichts der schließlich kaum noch überblickbaren Forschungsdetails wie in einem Vexierbild in der Darstellung dieser *außer ihr liegenden* Problemhorizonte *untergegangen*. Die tatsächliche generative Bedeutung dieser dominierend in den Erklärungshorizont gestellten *außerfamilialen* Bedingungs- bzw. Einflußfaktoren liegt aber nur im Ausgestaltungseffekt auf das sachverhaltsbedingte Fortpflanzungsvermögen sowie auf die mentalitätsbedingten Fortpflanzungsbereitschaft *des sozialen Systems Familie. Außerhalb* dieses indirekten Stellenwertes kommt weder den ökonomischen und sozialkulturellen Rahmenbedingungen des Gesellschaftsprozesses (Makroaspekt) noch den darin eingefangenen außerfamilialen individuellen Lebensbedingungen der potentiellen Kindeseltern (Mikroaspekt) ein *eigenständig-erkenntnisleitendes* Interesse zu. Erkenntnistheoretisch wie forschungspraktisch ist diese Unterscheidung von größter Bedeutung. Erst ihre angemessene Berücksichtigung ermöglicht eine sachrichtige Erfassung des Nachkommenschaftsproblems.

Die eheliche Fruchtbarkeit bzw. der daraus im gesellschaftlichen Aufsummierungseffekt entstehende Bevölkerungsnachwuchs ist also *keine direkte* Folge der genannten *außerfamilialen* Bedingungs- bzw. Einflußfaktoren. Vielmehr ruht erst darauf die unmittelbare Verursachungsebene, die direkte Steuerungsgröße, der Weitergabe des Lebens in Gestalt des ehelichen Fruchtbarkeitswillens, so sehr dieser auch durch die Bedingungen und Einflußfaktoren des vorgelagerten *außerfamilialen* gesellschaftlichen Makro- und des *außerfamilialen* persönlichen Mikrobereichs ganz maßgeblich beeinflußt wird. Zwischen einer solchen modifizierenden Beeinflussung und einer Totaldetermination aber besteht ein großer Unterschied. Die von uns kritisierte Betrachtungsweise tut so, als ob *bereits die außerfamilialen Determinanten des Makro- und Mikrobereichs selbst* die Verursachungsebene (und damit die volle Steuerungsgröße) des Fortpflanzungsverhaltens darstellen. Diese Sichtweise des generativen Prozesses löst die direkte Ursachenebene des Bevölkerungsnachwuchses (nämlich die eheliche Fruchtbarkeitsmentalität) mehr oder weniger in das Umfeld ihrer vorgelagerten Bedingungen und ihrer nebengelagerten Einflüsse auf. Nur so konnte es dazu kommen, daß die biologische Regeneration der Gesellschaft weitgehend bis ausschließlich in der *außerfamilialen* generativen Problemrelevanz gesehen und studiert wurde. *Das sachrichtige Zentrum der Ursachenforschung und damit auch der Bemühungen zur Überwindung unserer spätindustriellen Bevölke-*

rungskrise liegt ansatzlogisch nach wie vor in der (sachverhaltlichen wie mentalitätsmäßigen) Beschaffenheit des sozialen Systems Familie. Läßt man sich hingegen von der seit dem Ende der sechziger Jahre tonangebenden bevölkerungswissenschaftlichen wie bevölkerungspolitischen Sichtweise bestimmen, dann lösen sich mit der einschlägigen Bedeutung der Familie auch Substanz und Zielvorstellung der fruchtbarkeitsrelevanten *Familienpolitik* in die übergreifenden Aspekte ihres gesellschaftlichen Bedingungshintergrundes bzw. in die außerfamilialen Einflußfelder des individuellen menschlichen Lebens auf, wobei das Destillat 'Bevölkerungsentwicklung' bzw. 'Bevölkerungspolitik' übrigbleibt, aus dem sich der Familienbegriff weitestgehend verflüchtigt hat.

Hier liegt der blinde Fleck der vorherrschenden sozialwissenschaftlichen und gesellschaftspolitischen Betrachtungsweise des Geburtenrückganges. Der dabei für die Bearbeitung der Bevölkerungsentwicklung entstandene Fehler erweist sich in formaler Hinsicht als eine Fehleinschätzung der logischen Problemstruktur. Daher findet sich im Ansatz der vorherrschenden Bemühungen zur Überwindung des Fruchtbarkeitsverfalls nicht die Familien-, sondern die Bevölkerungspolitik. Für unsere problemlogische Analyse gilt es zu betonen: Im Anteil der *ehelichen* Fruchtbarkeit ist der natürliche (Wanderungsbewegungen außer Acht lassende) Bevölkerungsnachwuchs *ein Folgeproblem des Familienlebens,* genauer gesagt: des sich dabei entwickelnden elternschaftlichen Willens zum Kind. *Die Rückführung der familialen Entstehungswirklichkeit menschlicher Fortpflanzung auf die außerfamilialen Bedingungen und Einflüsse bedeutet eine fundamentale Problemverfälschung.* Die Verdrängung des Familienproblems aus dem Erfassungs- bzw. Bearbeitungszentrum der generativen Frage bringt daneben einen Nachteil für die Wirksamkeit der gegensteuernden Bemühungen im Bereich der öffentlichen Meinungsbildung insofern, als infolge Reduktion der Betrachtungsperspektive auf den *außerfamilialen* Geschehniszusammenhang der 'Bevölkerungsentwicklung' die Erörterung der Nachkommenschaftsfrage *auf der Ebene des persönlichen Erlebnisbezugs des Menschen in einen motivationsarmen Kontext gerät.* Die Dimension des gesamtgesellschaftlichen Bevölkerungsinteresses liegt dem Durchschnittsmenschen unserer Tage ungleich ferner als die Problemerfassung der Weitergabe des Lebens über die dem persönlichen Erlebnisbereich verhaftete Familienfrage.

17. Die herausgearbeitete Abhängigkeit der bevölkerungswissenschaftlichen Problemaufarbeitung des Geburtenrückganges vom zugrundeliegenden Wissenschaftsverständnis sowie von der darin bereits eingeschlossenen Problematik der Sinn- und Wertorientierung menschlichen Lebens hat ihre gemeinsame Ausgangsbasis in der *existentiellen Selbstdeutung des Menschen* einschließlich deren Konsequenzen für die sozialen (gesellschaftlichen) Ordnungsvorstellungen. Bezogen auf die abgehandelte anthropologische Grundkonzeption bedeutet die Verdrängung der Familienfrage aus dem bevölkerungswissenschaftlich/bevölkerungspolitischen Problembewußtsein im letzten nichts anderes als die Konsequenz aus einer 'nicht-personalen', nämlich aus einer individualistischen oder/und kollektivistischen, Grundanschauung unseres Daseins. Die Ausrichtung des menschlichen Lebens und damit

auch des darin eingebetteten Verhaltensbereichs der Fortpflanzung hängt aber *nicht nur von dieser Grundlagendimension geistiger Selbstdeutung unseres Daseins* ab. Unsere Lebensausfaltung einschließlich der darin eingebetteten Fortpflanzungsdimension hängt daneben *genauso von den äußeren Lebensumständen* ab. Es geht um die *Wirtschaftsweise* sowie um den *wissenschaftlich-organisatorisch-technischen Entwicklungsstand* einer Zeitlage, die der Mensch als *objektiv-äußere Lebensrealität* vorfindet. *Beide* zeitgeschichtlich sich ändernden Abhängigkeitsebenen unseres Daseins (die sozialkulturellen Lebensanschauungen und die ökonomisch-organisatorisch-technischen Lebensbedingungen) schlagen sich im *Insgesamt des sozialen Wandels* nieder, der auch für den Verhaltensbereich der *Fortpflanzung* die Summe der sich ändernden Voraussetzungen des menschlichen Lebensvollzugs repräsentiert. Hinsichtlich seiner ökonomisch-organisatorisch-technischen Grundlagen hat dieser Wandel im Verlauf unserer jüngeren Geschichte revolutionierende Voraussetzungsänderungen gebracht, die auch für das Fortpflanzungsverhalten von größter Bedeutung sind. Wir meinen die gewaltigen Veränderungen der äußeren Lebensumstände durch den *Prozeß der Industrialisierung*. Es geht um das ganze einschlägige Konsequenzen-Syndrom, soweit davon der Lebensbereich des Nachkommenschaftsverhaltens betroffen ist. Neben der grundlegend geänderten *Wirtschaftsweise* betrifft dies die Vielzahl der bekannten kinder- und familienbenachteiligenden Veränderungen unserer äußeren Lebensgrundlagen. Zunächst zur Problematik der völlig geänderten Wirtschaftsweise bzw. der damit begründeten Veränderungen der wirtschaftlichen Lebenssicherung.

In der agrarisch-handwerklichen Epoche waren die Kinder für den Durchschnittsmenschen eine wichtige Hilfe für seine persönliche wirtschaftliche Daseinssicherung. Diese seinerzeitige Lebenssicherungshilfe ist im Zuge der Industrialisierung auf die Sozialversicherung und die übrigen gesellschaftlichen Sozialeinrichtungen übergegangen. Heute genießt jeder Erwerbstätige *dieselben* gesetzlich garantierten Rechtsansprüche hinsichtlich vielfältiger sozialer Risikoabsicherung und der Ruhegenußversorgung *ohne Rücksicht darauf, ob er ein Kind großgezogen hat, mehrere Kinder oder gar keines.* Es ist so zu einer völligen Entkoppelung der Fortpflanzung von dem ihr früher innewohnenden Lebensnutzen in Gestalt der mit der Zahl der Kinder seinerzeit ansteigenden wirtschaftlichen Daseinssicherung der Kindeseltern gekommen. Diese ehemalige wirtschaftliche Rentabilität des 'Kindersegens' für die äußere Lebensbewältigung hat sich immer nachdrücklicher in die schließlich völlig einbahnige Belastung alleiniger Leistungsverpflichtung der Eltern zugunsten ihrer Kinder verkehrt. Dies findet seinen Ausdruck in einem auf den Kopf gestellten Fortpflanzungsverhalten: Galt früher allein schon wegen der in Rede stehenden wirtschaftlichen Lebenssicherung eine *Vielzahl* von Kindern als diesbezüglich erstrebenswert, so ist nunmehr als Folge dieser verkehrten Ausgangslage das einschlägig motivierte Fortpflanzungsverhalten belastungsabwehrend auf eine *Minimierung* der Kinderzahl ausgerichtet.

Die *zweite* grundlegend geänderte Voraussetzung in den äußeren Lebensbedingungen des Nachkommenschaftsverhaltens betrifft die Auflösung der naturgesetzlich-zufälligen Verbindung zwischen sexueller Betätigung und der Zeugung von Nachkommenschaft durch die immer umfassender gewordene Kenntnis von Geburtenregelungsmethoden bzw. durch die immer umfassender gewordene Verfügbarkeit wirksamer Geburtenregelungsmittel. Erst durch diese instrumentale Hilfe konnte der aus dem eben erörterten Punkt resultierende hochgradige Rückgang der Fruchtbarkeitsbereitschaft *schließlich auch hochgradig in die Tat umgesetzt werden.*

Durch die Entkoppelung der Fortpflanzung einerseits von dem ihm früher innewohnenden wirtschaftlichen Lebensnutzen für die Kindeseltern, andererseits von der rein naturgesetzlich-automatischen Empfängniswirkung ehelich gelebter Sexualität findet der Gegenwartsmensch unserer spätindustriellen Gesellschaften auf diesem Verhaltenssektor gegenüber früheren Zeiten *total veränderte äußere Lebensverhältnisse* vor. Diese beiden Entkoppelungswirkungen haben die sachverhaltliche Ausgangslage des generativen Verhaltens revolutioniert. Jeder Versuch einer direkten oder indirekten Einflußnahme auf den eingetretenen bevölkerungsdefizitären Fruchtbarkeitsabfall muß zunächst einmal auf diese beiden fundamentalen Voraussetzungsänderungen der äußeren Lebensumstände Bezug nehmen. Dabei ist in realistischer Weise von der *prinzipiellen Unumkehrbarkeit* dieser zweifachen Entkoppelungswirkung auszugehen. Weder ist es möglich, die *vorindustrielle Wirtschaftsweise* wieder aufleben zu lassen noch wäre es vertretbar, die in die persönliche Verantwortung der Ehepaare fallende lebensplanbezogene *Empfängnisregulierung* zugunsten der alten Fortpflanzungszufälligkeit aufzugeben (die Kinder kommen als naturgesetzlich-zufällig sich einstellende Wirkung ehelich gelebter Sexualität). Die heute gegebene Möglichkeit einer *bewußt gesteuerten* ehelichen Fruchtbarkeit ('Familienplanung', 'verantwortete Elternschaft') aufzugeben, wäre im Hinblick auf die damit zwangsläufig gegebene gesellschaftliche Übervölkerungswirkung *sozialethisch gar nicht vertretbar* (negative Auswirkung auf das 'generative Gemeinwohl'). Beide Entkoppelungswirkungen sind so als *irreversible Grundlagenveränderung* unserer äußeren Lebensverhältnisse anzusehen, wovon jede Bemühung einer Überwindung unseres Nachkommenschaftsdefizits auszugehen hat. Unserer grundsätzlichen Aussage liegt dabei nicht nur die Zielvorstellung vom 'generativen Gemeinwohl' zugrunde, sondern darüber hinaus die heute praktisch unbestrittene sexualethische Maxime, wonach der Sinn ehelich gelebter Sexualität nicht nur in der Zeugung von Nachkommenschaft, sondern ebenso in der symbolmächtig zum Ausdruck kommenden Liebeseinung von Mann und Frau besteht.

18. In Verbindung mit den von uns behandelten Änderungen in den sozialkulturellen Lebensanschauungen (der geistigen Selbstdeutung, des allgemeinen Daseinsverständnisses des Menschen) haben diese auf den Kopf gestellten Voraussetzungen der äußeren Lebensumstände zu einer *dritten Entkoppelungswirkung* früher einmal miteinander verzahnt gewesener elementarer Bedingungsfaktoren zur Gewährleistung einer bevölkerungserhaltenden Nachkommenschaft geführt. Wir meinen die Auflösung der Verbindung zwischen dem Fortpflanzungsverhalten und dem die persönliche Interessenlage des einzelnen Ehepaares überschreitenden *Ethos des ehelichen Fruchtbarkeitsauftrages*. Bis in die jüngste Zeit hatte dieses mit dem

Institutionsverständnis der Ehe untrennbar verbunden gewesene Ethos zum fraglosen Überzeugungsbestand der allgemeinen Lebenssicht des Volkes gehört. Eine bevölkerungserhaltende Nachkommenschaftsbereitschaft war so ganz maßgeblich auch durch die Anerkennung der objektiven Verpflichtungsnorm des auf biologische Ersetzung der Gesellschaft ausgerichteten ehelichen Fruchtbarkeitsauftrags gewährleistet worden. Diese Koppelung des Eheverständnisses mit dem bevölkerungsersetzenden Fruchtbarkeitsauftrag war in einem hohen Grad als unreflektierte Selbstverständlichkeit wirksam gewesen. Es hat sich dabei um einen der sinngesättigten und unbezweifelten Lebens-'Grundwerte' gehandelt, deren Geltung vor allem auch durch religiös-moralische Normen abgesichert war.

Inzwischen ist dieses dem Eheverständnis seinerzeit konstitutiv innewohnende Fruchtbarkeitsethos weithin aufgeweicht worden, wenn nicht überhaupt verschwunden. Für breite Bevölkerungsschichten gehört ein solches Verpflichtungsbewußtsein nicht mehr zum Selbstverständnis der Ehe. Die erlebte Sinnbreite der ehelichen Fruchtbarkeit hat sich großenteils verengt auf die alleinige Dimension persönlicher Erlebnisbereicherung der Kindeseltern. Angesichts der objektiven gesellschaftlichen Nachwuchsbedürfnisse reduziert sich solchermaßen der heute vorherrschende Wille zum Kind auf subjektive Beliebigkeit ('Wunschkinder'). Jedenfalls ist die *Verzahnung* der Dimension einer aus *individuellen Interessen bzw. Bedürfnissen* motivierten Fortpflanzung mit einem *überpersönlichen Aufgabenbewußtsein* im Sinne einer objektiven Verpflichtung der Institution Ehe gegenüber den Nachwuchsbedürfnissen der Gesellschaft großenteils abhanden gekommen. So verbleibt heute ein Fortpflanzungsausmaß, das sich ergibt, wenn alle von den einzelnen Ehepaaren bzw. von den einzelnen Ehefrauen subjektiv höher eingeschätzten *sonstigen* Wunschvorstellungen vom Leben soweit berücksichtigt sind, daß diese von den dann noch verbleibenden 'Wunschkindern' nicht mehr nennenswert beeinträchtigt werden. Da Kinder heute mit Abstand die *gravierendste* Ursache für die mit ihnen verbundenen selbstverfügungseinschränkenden Opfer im Leben der Eltern darstellen, ist es nach all dem Vorgesagten einsichtig, daß eine so rigorose Entkoppelung des Fortpflanzungsverhaltens *auch noch vom Ethos des* (den gemeinwohlerforderlichen Nachwuchsbedürfnissen der Gesellschaft verpflichteten) *ehelichen Fruchtbarkeitsauftrags* unter den Bedingungen eines vorwiegend *individualistisch-emanzipatorischen, konsum- und bequemlichkeitsbestimmten* Lebensverständnisses und einer vorherrschend − dazu paradox-funktionalen − *kollektivistischen,* d. h. familienfeindlichen Gesellschaftsbetrachtung zu einem schließlich bevölkerungsdezimierenden Fruchtbarkeitsverfall führen muß, solange nicht tiefgreifende Veränderungen dieses heute wirksame (sachverhaltliche wie mentalitätsmäßige) generative Bedingungs- und Einflußgefüge von Grund auf umgestalten.

19. Es ist also das *Zusammenwirken* der behandelten *drei elementaren Entkoppelungswirkungen,* die die Voraussetzungen im Lebensbereich der Fortpflanzung von Grund auf so radikal verändert haben:

a) Trennung der Fruchtbarkeit von dem ihr früher innewohnenden wirtschaftlichen Lebensnutzen für die individuelle Daseinsbewältigung;

b) Trennung der früher einmal rein naturgesetzlich-zufälligen Verbindung zwischen sexueller Betätigung und der Weckung neuen Lebens;

c) Herauslösung des ehemals mit der Institution Ehe fest verbunden gewesenen Ethos des bevölkerungserhaltenden Nachkommenschaftsauftrags aus dem persönlichen Lebensverständnis;

ein Zusammenwirken, das unter den skizzierten Lebensumständen unserer spätindustriellen Gegenwartsgesellschaft mit geradezu zwingender Problemlogik zu einer immer größeren *Randständigkeit* der generativen Funktion in der menschlichen Daseinsausfaltung geführt hat.

20. Die ersten beiden dieser drei Entkoppelungswirkungen sind zwar als *irreversible Grundlagenveränderung* (der äußeren Lebensumstände) des Fortpflanzungsverhaltens unserer Gegenwartsgesellschaft anzusehen; die daraus hervorgehenden Konsequenzen aber müssen Gegenstand der ordnenden Gestaltung der Nachkommenschaftsfrage im Sinne der Herbeiführung einer *ausgeglichenen* gesellschaftlichen Bevölkerungsentwicklung sein. Nur mittels einer dadurch möglichen gegensteuernden Korrektur ihrer Folgen sind diese beiden Entkoppelungswirkungen unter der Zielperspektive des *generativen Gemeinwohls* verkraftbar. Die freie persönliche Handhabung der lebensplanbezogenen einzelehelichen Empfängnisregulierung ist sozialethisch nur insofern vertretbar, als diese 'Geburtenregelung' bzw. 'Familienplanung' *im Sinne einer dem generativen Gemeinwohl 'verantworteten Elternschaft'* gehandhabt wird; *bei der also das Ethos des ehelichen Fruchtbarkeitsauftrags im Ausmaß einer bevölkerungserhaltenden Nachkommenschaft aufrecht bleibt.* Diesbezüglich ist die heute bevölkerungswissenschaftlich/bevölkerungspolitisch weithin als Dogma vertretene Auffassung *absolut irrig,* die Nachkommenschaftsfrage gehe jeweils nur die beiden Eheleute etwas an, weshalb Gesellschaft, Kirche und Staat sich aus allen einschlägigen Zielbildvorgaben herauszuhalten hätten, weil dies *grundsätzlich* eine illegitime Einmischung in den privaten Intimraum des Menschen bedeute. Im Aspekt der sich aufsummierenden Bevölkerungswirkung ist die eheliche Fruchtbarkeit ein lebenswichtiges Gemeinwohlanliegen *jeder* Gesellschaft, wobei eine gemeinwohlschädliche *Übervölkerung* genauso wie ein bestanddezimierender Fruchtbarkeitsverfall eine *objektiv* begründete Bevölkerungs-Anomie darstellt. Bei der Zielvorstellung des generativen Gemeinwohls handelt es sich also nicht — wiewohl abgeleitet aus der anthropologischen Grundkonzeption eines *personalen* Menschenverständnisses — um eine weltanschaulich bzw. politisch relativierbare ethische 'Standpunktauffassung'. Die einzig verbleibende Prämisse einer Werturteilsabhängigkeit dieser Zielvorstellung ist die Frage nach der *Wünschbarkeit* der natürlichen biologischen Selbstersetzung eines Staatsvolkes. Darüber aber besteht in unserer Gesellschaft ein hochgradiger Konsens. Der heute anhaltenden Privatisierungsrechtfertigung des generativen Lebensbereichs ist damit der Boden entzogen. Zur Geltendmachung der sozialethisch begründeten Maxime einer *bevölkerungserhaltenden* Nachkommenschaft an die Adresse der einzelnen Ehepaare ist der Staat also im Rahmen seiner gemeinwohlschützenden Aufgabe *nicht nur legi-*

timiert, sondern verpflichtet. Das problemverharmlosende Lavieren bzw. die vor allem verteilungspolitische De-facto-Begünstigung einer bevölkerungsbedrohenden Nachkommenschaftsverweigerung, dieses heute überwiegend anzutreffende Verhalten der Staatsführungen unserer spätindustriellen westlichen Wohlfahrtsgesellschaften bedeutet deshalb eine Flucht vor der Verantwortung gegenüber dem generativen Gemeinwohl. Die Hauptursache dafür besteht in einer Kapitulation der staatlichen Ordnungspolitik vor der wohlstands- bzw. bequemlichkeitsorientierten Wählergunst in unseren plebiszitären Massendemokratien. Als Folge einseitiger Bedachtnahme auf die machtmäßigen Eigeninteressen vieler Funktionäre (Mandatare) ist die politische Verantwortung auch auf diesem Problemfeld weithin zu einem Gefälligkeitsverhalten am Maßstab demoskopischer Umfrageergebnisse degeneriert.

21. Was die *zweite irreversible Grundlagenveränderung* der äußeren Lebensverhältnisse anlangt, nämlich die Trennung der Fortpflanzung vom daseinssichernden wirtschaftlichen Lebensnutzen der Kindeseltern, ja die Verkehrung in eine mit der Kinderzahl durchschnittlich rapide anwachsende Bedrohung ihrer wirtschaftlichen Lebensbewältigung, so können die Konsequenzen daraus nur gemeistert werden durch eine auf die individuelle Nachkommenschaftsleistung ausreichend abgestellte *Neuorientierung der ordnungspolitisch begründeten Verteilung des Nationalprodukts mittels des Familienlastenausgleichs.* Anderenfalls führt *allein schon* die mit jedem weiteren Kind heute durchschnittlich immer noch so beträchtlich ansteigende *ökonomische Lebensbelastung* und die damit gegebene *soziale Deklassierung* unweigerlich zu einem dauerhaften bevölkerungsdezimierenden Schwund der biologischen Selbstersetzung der je heimischen Bevölkerung mit der zwingenden Folge eines — durch anhaltend große Einwanderungsquoten aus kulturfremden Geburtenüberschußländern bewirkten — allmählichen Identitätsverlustes solcher Gesellschaften.

22. Die Lösung dieser Problematik der Verkehrung des früher mit Kindern für ihre Eltern verbunden gewesenen daseinssichernden wirtschaftlichen Lebensnutzens in die heute mit zunehmender Kinderzahl bedrängnishaft anwachsende einbahnige ökonomische Lebensbelastung reicht tief bis in das bedeutungsvolle Gebiet der *Altersversorgung* hinein. Widmet sich nämlich die Ehefrau der generativen Aufgabe wegen schwerpunkthaft (über eine lange Zeit) dem Familienhaushalt und der Kindererziehung, dann fehlt ihr später der Rechtsanspruch auf eine eigene (ausreichende) Altersversorgung. Bei geschiedenen oder in jüngeren Jahren verwitweten Müttern bedeutet dies in der Regel ein großes Lebensrisiko. Aber auch die *nicht geschiedene* bzw. *nicht früh verwitwete* Familienmutter, die einer größeren Kinderzahl wegen auf ein eigenes außerfamiliales Erwerbseinkommen (großenteils) verzichtet, besitzt bislang *keinen* aus ihrer Familien-Lebensarbeit resultierenden Pensionsanspruch. Wie zur Zeit des Aktivbezugs ihres Mannes muß sie *auch in der Ruhegenußphase* des Lebens zusammen mit ihm (weitgehend) aus einem *einzigen* Einkommen den Unterhalt bestreiten, während jene Ehepaare, die mehr oder weniger während der ganzen Zeit (statistisch gesehen zulasten einer bevölkerungserhaltenden Fruchtbarkeit) z w e i Einkommen für ihren gemeinsamen Haushalt

zur Verfügung hatten, *auch nach ihrem Ausscheiden aus dem Erwerbsleben* z w e i Pensionen für ihren ehelichen Haushalt beziehen. Der Gipfelpunkt der einschlägig sachunbegründeten, ja aufreizenden Privilegierung besteht darin, daß eine (aus welchen Gründen immer) *kinderlos* gewesene Ehefrau mit einer *hohen* eigenen Pension beim Ableben ihres Mannes auch noch eine (meist nochmals hohe) *zweite* Pension dazu erhält, so daß sie in solchen Fällen oft gar nicht recht weiß, was sie mit dem vielen Geld anfangen soll, während die kinderreiche Familienmutter nach einem meist opferreichen Leben zusammen mit ihrem Mann auch noch einen finanziell beengten *Lebensabend* verbringen muß.

Die in Rede stehende Grundlagenproblematik erfordert deshalb eine *inhaltliche Ausweitung* der Idee des Familienlastenausgleichs auf die Problemebene des 'Generationenvertrages' im Bereich der *Altersversorgung*. Bezogen auf den Sektor des Nachkommenschaftsverhaltens bedeutet die bisherige rechtspolitische Konzeption der Ruhegenußregelung angesichts der völlig veränderten äußeren Lebensumstände schlicht eine Perversion der in unseren 'sozialen Wohlfahrtsstaaten' täglich auf der gesellschaftspolitischen Diskussionsebene werbewirksam beschworenen Leitmaxime der 'sozialen Gerechtigkeit'. Sachlogisch rührt dies daher, daß unsere Gesellschaftspolitik bzw. die von ihr geschaffene Rechtsordnung im Bereich der Verteilung des Sozialprodukts *nicht auf der natürlichen Einheit der Familienhaushalte, sondern auf dem davon unabhängigen Individualdasein* aufbaut. Daraus ergibt sich in *allen* Anwendungsbereichen – also auch in der Altersversorgung – eine *familienirrelevante* und dadurch im Effekt weithin *familienfeindliche* Gesellschaftsordnung.

Die fortschreitende Misere, d. h. der drohende Zusammenbruch der gesetzlichen Altersversorgung in unseren so beschaffenen spätindustriellen Gesellschaften wird deshalb im Zusammenhang mit der ebenso bedrohten generativen Selbstersetzung der je heimischen Bevölkerung nur dadurch lösbar sein, daß man die Gesamtproblematik der Ruhegenußregelung im Sinne des soviel beschworenen sozial gerechten 'Generationenvertrages' löst; d. h. daß man die Ruhegenußregelung in wirksamer Weise mit dem Nachkommenschaftstatbestand verkoppelt. Im Problemlösungshorizont einer haushaltsbezogenen 'Partnerschaftspension' wird es dann nicht mehr zu einer solch gravierenden einkommensmäßigen Prämiierung der bevölkerungsbedrohenden Nachkommenschaftsverweigerung auch noch auf diesem Sektor kommen dürfen. Umgekehrt ausgedrückt: es wird eine solch hochgradige Benachteiligung der eine bevölkerungserhaltende Nachkommenschaftsleistung erbringenden Ehepaare *auch noch in der Ruhestandsphase des Lebens* nicht länger anhalten dürfen. Bei der unerläßlich grundlegenden Neuordnung des Pensionsrechts geht es einerseits um die Risikoabsicherung des Lebens der kinderreichen Mutter im Falle einer Ehescheidung bzw. einer jungen Witwenschaft, andererseits um die Anrechnung ihrer im Haushalt bei den Kindern verbrachten Arbeitsjahre für ihre Pensionsversicherungszeit. Diese Anrechnungszeit wird mit *wachsender* Kinderzahl *progressiv* ansteigen müssen, da ein Haushalt beispielsweise mit drei bis vier Kindern eine *lange Jahre anhaltende hauptberuflich* haushälterische wie kinderbetreuende Familienmutter benötigt, sollen die Kinder in einer lebenswerten und erziehungstüchtigen Familiengemeinschaft aufwachsen können. Das Ausräumen des in

Rede stehenden gravierenden sozialen Unrechts in der einkommensmäßigen Verteilungsordnung betrifft neben der persönlichen Sicherung der Familienmutter ebenso die finanzierungsabhängige Lebensgestaltung ihres Ehemannes. Auch der Ehemann und Kindesvater ist in diesen Fällen durch die hochgradige — mitunter lebenslang andauernde — Einkommensbenachteiligung gegenüber den Empfängern eines gleich hohen Leistungslohnes *auch noch in der Ruhegenußphase des Lebens* schwer betroffen, dann nämlich, wenn die Frauen jener anderen Männer (fast immer bei einer geringeren Kinderzahl) mehr oder weniger *dauerhaft* erwerbstätig gewesen waren. Die Idee des Familienlastenausgleichs muß also unbedingt auf diese Problematik der Altersversorgung ausgedehnt werden. Was die *Witwenpension* anlangt, so wird man diese angesichts der völlig veränderten äußeren Lebensumstände unserer spätindustriellen Gesellschaft wieder auf das Ausmaß ihres früheren Rechtfertigungssinnes einschränken müssen: einschränken auf die Versorgungsabsicherung der wegen ihrer Familienaufgabe in ihrer Erwerbstätigkeit (vorübergehend) verhinderten Mütter. Für die gegenwärtige altersversicherungsrechtliche Konzeption ist nur der *isolierte Tatbestand der Eheschließung allein* maßgebend, nicht jedoch die sich daran anschließende Nachkommenschaftsleistung. Diese Regelung stellt für die Gegenwartsfrau *auch noch im Hinblick auf die Altersversorgung* einen massiven Anreiz dar, der Nachkommenschaftsaufgabe soweit wie möglich aus dem Weg zu gehen. Sichert ihr doch der *isolierte Rechtsakt der Eheschließung allein* den vollen Anspruch auf die Witwenpension, selbst dann, wenn sie für sich selbst bereits eine ausreichende Altersversorgung besitzt. Diesen Unfug einer gerechten Verteilungsordnung im Bereich des Pensionsrechts auch noch durch eine 'spiegelbildgleiche' Einbeziehung der Ehemänner in einen allgemeinen Rechtsanspruch auf eine *Witwerpension* auszudehnen, bedeutet, den bestehenden Unfug nunmehr uneingeschränkt zum System zu erheben. Man sieht auch daraus, wie sehr das rechtspolitische Denken unserer Tage vom lebensgestalterisch *entscheidenden Ausgangstatbestand* der Familie bzw. des Familienhaushalts abgekommen ist, von jener fundamentalen Problemdimension unseres Lebens, der die Gesellschaft unter anderem auch ihre *biologische Überlebenssicherung* und die darauf in vielfältiger Weise gegründete bevölkerungsabhängige gesellschaftliche Funktionalität verdankt.

B. Die Weitergabe des Lebens in Abhängigkeit von der Familienfrage

Nach diesen wesentlichen Einsichten aus der Grundlagenklärung des ersten Abschnittes über die sachrichtige Erfassung des Problemganzen menschlichen Fortpflanzungsverhaltens und der darauf gegründeten natürlichen Bevölkerungsentwicklung wenden wir uns jetzt den Hauptergebnissen des *zweiten* Abschnittes zu. Da das Zentralthema der verursachenden generativen Gesamtproblematik in der *Familienfrage* zu erblicken ist, haben wir im zweiten Abschnitt deren wichtigste Problemdimensionen auf ihre Fruchtbarkeitsrelevanz hin untersucht.

Das Familiengrundverständnis

Die Effizienz *jeder* Familienfunktion basiert auf dem Tauglichkeitsgrad des *gesamten* Funktionsbestandes der Familie. Deshalb muß sich ein problemabdeckendes Studium ihrer Fortpflanzungsaufgabe auf *alle* wichtigen Bereiche des Familienlebens erstrecken, genauer gesagt: auf die Erfassung ihrer Fruchtbarkeitsrelevanz. Durch diesen Rückgriff auf das vielgestaltige Familienleben ist das Studium des Geburtenrückganges eingebettet in die gesamte Familienfrage unserer Gegenwartskultur. Mit diesem weitschichtigen Erklärungsumfeld ruht die Problematik des Geburtenrückganges gleichzeitig auf einem Kerngebiet der kontroversen anthropologischen Gegenwartsdiskussion — sowohl was die *individuelle* Lebensgestaltung anlangt als auch die *gesellschaftliche* Ordnung. Eine gemeinsame Klammer über die damit angesprochene außerordentlich breite Thematik können wir in der komprimierten Problemzusammenschau des *Familiengrundverständnisses* finden. In ihm verdichtet sich die Gesamtproblematik aller wichtigen Einzelfragen bzw. Teilprobleme von Ehe und Familie. Das Familiengrundverständnis vermag so stellvertretend für die ausdifferenzierte Breite der Familienfrage einen orientierungsmäßigen Überblick auch über die jeweilige Betrachtungsweise der *Nachkommenschaftsfrage* zu liefern. Es geht dabei um das allgemeine 'Bild' (Selbstverständnis) der Familie, das zu konturieren eine Bearbeitungsvoraussetzung für die systematische Behandlung *aller* Familienprobleme darstellt. Erst durch eine Ausrichtung auf dieses Familiengrundverständnis erhält jede einzelne Fragestellung im Bereich von Ehe und Familie ihren vollen Bedeutungsgehalt und ihren genaueren Stellenwert im übergreifenden thematischen Umfeld. Dies gilt auch für die Erörterung der Nachkommenschaftsfrage. Durch den der Familiengrundvorstellung bereits innewohnenden *sozialen* Ordnungsbezug ist damit neben einer Weichenstellung für die *privat-persönliche* Lebensperspektive gleichzeitig auch schon die Generalrichtung für die Lösung der davon betroffenen *öffentlichen* Ordnungsvorstellungen mitgegeben, d. h. für unser Thema: die Lösungsrichtung der generativen Problematik im Bereich der *Gesellschaftspolitik.* Das Familiengrundverständnis bietet so eine komprimierte Gesamtschau bzw. eine Globalorientierung für unser generatives Gegenwartsproblem.

In diesem Sinne setzt jede systematische Auseinandersetzung mit der Nachkommenschaftsfrage ein inhaltlich bestimmtes — also nicht nur ein formal definiertes — Selbstverständnis der Familie und der sie umgebenden gesellschaftlichen Ordnung voraus. Darin wurzeln insbesondere auch die Kriterien zur Entwicklung der erkenntnisleitenden bzw. lösungsrichtungbestimmenden *normativen Maßstäbe,* auf die — wie wir im ersten Abschnitt gesehen haben – jede Analyse familialer Problemtatbestände so maßgeblich angewiesen ist. In unserer *personalen* Sichtweise vom Menschen ist dabei die Familie kein anthropologischer Selbstzweck, sondern ein Mittel zum Zweck der Selbstverwirklichung bzw. Daseinsbewältigung der menschlichen Person. Familie ist keine *letzte* Bestimmungsgröße: sie leitet ihr Selbstverständnis nicht aus sich her, sondern von der Definition ihrer Wurzelbegriffe PERSON und GESELLSCHAFT. Das einem *personalen* menschlichen Selbstverständnis entsprechende Familienverständnis basiert dabei auf einer *gleichgewichtigen* Einschätzung der individuellen und gesellschaftlichen Bedeutungs(Bedürfnis)ansprüche des Menschen. Dadurch wird auch in der familienabhängigen Lebenswelt seiner *Individual*natur ebenso Rechnung getragen wie seiner *Sozial*natur, und zwar am Maßstab des die einzelmenschlichen bzw. primärgruppenhaften Bedeutungs(Bedürfnis)ansprüche mit ihren gesellschaftlichen Erfordernissen verbindenden GEMEINWOHLS. Das Familiengrundverständnis ist solchermaßen nichts anderes als eine Extrapolation des 'Bildes vom Menschen' in die soziale Urkonstellation des Organisationsprinzips des Geschlechter- und Generationenverbundes – ausgedrückt durch das nähere Sinnverständnis seiner beiden Wurzelbegriffe PERSON und GESELLSCHAFT sowie ihrer die ganze Sozialordnung grundlegenden Beziehung zueinander. In einer umgangsprachlichen Ausdrucksweise besagt diese sozialphilosophische Definition nichts anderes als: im jeweiligen Familienverständnis ist das individuelle wie gesellschaftliche Selbstverständnis des Menschen – seine allgemeine Lebensauffassung – abgebildet. Durch dieses an den letztmöglichen Fundamenten geklärte Familiengrundverständnis ist die unserer Problemerfassung zugrundeliegende *personale* Sichtweise vom Menschen auch gegenüber dem zu erwartenden Einwand eines 'Familismus' – einer unangemessenen Bedeutungs*überschätzung* der Familie – hinreichend abgesichert.

Die Variationsbreite des Familiengrundverständnisses wird so bestimmt durch das Spectrum der Sinnaussagen über die beiden genannten Wurzelbegriffe bzw. durch die Bandbreite des sich dabei ergebenden unterschiedlich gewichteten Zuordnungsverhältnisses. Die dabei entstehenden Auffassungsvarianten sind von größter theoretischer wie praktischer Bedeutung; denn in dieser Variabilität liegt die entscheidende Ausgangsbestimmung zur Fundierung der im ersten Abschnitt behandelten anthropologischen Grundkonzeptionen eines *individualistisch, kollektivistisch* oder eines *personal* orientierten Menschen- und Gesellschaftsbildes. Das Familiengrundverständnis erweist sich so als eine von der jeweiligen anthropologischen Grundkonzeption abgeleitete Größe. Daher sind sowohl im Bereich der *privaten* als auch im Bereich der *öffentlichen* Ordnungsvorstellungen die aus diesen kontroversen Sichtweisen vom Menschen hervorgehenden basalen Familienverständnisse miteinander *unvereinbar*. Jede dieser divergierenden Auffassungen vom Menschen besitzt ein anderes Familiengrundverständnis.

Die generative Frage stellt – außerhalb ihrer unbestritten hohen Bedeutung für die *persönlich-primärgruppenhafte* Lebenswelt des Menschen – eine wichtige Angelegenheit der *sozialen Beziehungsordnung jeder Gesellschaft* dar. Nach unserer Grundlagenklärung ist es einsichtig geworden, weshalb es keinen Gleichklang in der menschenbildabhängigen Ansatzbetrachtung der *gesellschaftlichen* Problematik des Geburtenrückganges sowohl in der sozialwissenschaftlichen Problemaufarbeitung als auch in der (vielfach darauf bezogenen) Politik gibt. Diese voneinander abweichenden Sichtweisen sind solange unaufhebbar, als ihnen divergierende Fundamentalprämissen vom Menschen bzw. die davon abgeleiteten divergierenden Gesellschaftsauffassungen – und damit ebenso divergierende Familienverständnisse – zugrundeliegen. Der Familiengrundauffassung eines *personalen* Menschenbildes entspricht als oberste Lösungsperspektive für alle im Rahmen der sozialen Beziehungsordnung sich ergebenden Probleme des Nachkommenschaftsverhaltens das *generative Gemeinwohl;* beim Familiengrundverständnis eines *individualistischen* Menschenbildes dagegen besteht diese oberste Zielvorstellung in der *individuellen Beliebigkeit* des einzelehelichen Fortpflanzungsverhaltens; dem Familiengrundverständnis eines *kollektivistischen* Menschenbildes schließlich entspricht als oberstes Lösungskriterium die Unterordnung der ehelichen Fruchtbarkeitsmentalität unter die von der jeweiligen Staatsraison oder vom jeweiligen gesellschaftlichen Bewußtsein (der öffentlichen Meinung) bestimmte bevölkerungspolitische Zielsetzung.

Bereits im jeweiligen Familiengrundverständnis ist solchermaßen die Lösungsrichtung für eine Vielzahl der menschenbild- bzw. gesellschaftsbildabhängigen Einzelprobleme der generativen Frage vorgezeichnet. Für alle theoretischen wie praktischen Bearbeitungsbezüge des Geburtenrückganges liefert das Familiengrundverständnis sodann die entscheidende zusammenschauende Bezugsgröße für die *einzelproblemübergreifende Ansatzbetrachtung,* auf die die Behandlung der Einzelfragen immer wieder ausgerichtet werden muß, soll dabei eine widerspruchsfreie Gesamtbearbeitung sichergestellt werden. Bereits im Familiengrundverständnis schlägt sich also die Summe der bedeutsamen anthropologischen Voraussetzungsklärungen des Nachkommenschaftsproblems rudimentär nieder. Die Familiengrundauffassung ist – hervorgegangen aus und daher verpflichtet der jeweiligen anthropologischen Grundkonzeption – bewußt oder unbewußt der erkenntnisleitende bzw. lösungsrichtungbestimmende Orientierungspunkt (Ausgangspunkt) für die wissenschaftliche und politische Bewältigung der menschenbildabhängigen Aspekte der Nachkommenschaftsfrage, somit gleichermaßen bedeutsam für die Problematik des bevölkerungsreduzierenden Geburtenrückgangs unserer spätindustriellen Gesellschaften wie für die Gegenproblematik anhaltender 'Bevölkerungsexplosion' in vielen Entwicklungsländern.

Das Institutionalisierungsproblem der Familie

Unter den wichtigen Teilproblemen der zeitgenössischen Familienfrage, die einen großen Einfluß auf das Fruchtbarkeitsgeschehen ausüben, geht es bei der seit dem Einsetzen der neulinken Weltanschauungsbewegung in Sozialwissenschaft, öffentlicher Meinungsbildung und Gesellschaftspolitik in verschiedensten Zusammenhängen anhaltenden Institutionalisierungsauseinandersetzung um die *elementarsten Rahmengrundlagen* des Ehe- und Familienlebens. Wo die Notwendigkeit eines (ausreichenden) institutionellen Charakters von Ehe und Familie in Zweifel gezogen oder gar bestritten wird, wo sich die rechtsverbindliche Institution Ehe und Familie mehr oder weniger in die private Beliebigkeit irgendeiner unverbindlichen Haushaltsform aufzulösen beginnt: da fehlt die *allgemeinste* Voraussetzung für eine verläßliche Erfüllbarkeit *aller* Familienfunktionen – vorweg jener, in verantwortlicher Weise Kinder in die Welt zu setzen. Diese Problematik gilt auch für jene beiden verbreiteten Varianten der öffentlichen Institutionalisierungsdiskussion, die entweder a) die rechtsverbindliche Institutionalisierung von Ehe und Familie durchaus *nicht prinzipiell* ablehnt, sie aber in die Grauzone einer derart problematischen *Verdünnung* hat geraten lassen, daß damit ein Großteil des damit bezweckten lebenspraktischen Schutzes und Haltes weggefallen ist (dazu gehören alle Tendenzen einer Aushöhlung des auch heute unerläßlichen Kernfunktionsbestandes der Familie; alle Tendenzen einer Aufweichung der aus dem objektiven Institutionsgeflecht der Familie (auch rechtlich) erwachsenden Bindungsverpflichtungen zugunsten einer rein subjektivistisch-emotionalen Bindungsbeliebigkeit; somit auch alle Tendenzen der Ermöglichung bzw. Verharmlosung *leichtfertiger* Ehescheidung usw.), oder die b) neben der überkommenen ('bürgerlichen') Form von Ehe und Familie 'fortschrittliche Alternativen' nicht legalisierter Hausgemeinschaften als 'Ehe' bzw. 'Familie' oder doch als ihnen rechtlich und im gesellschaftlichen Bewußtsein mehr oder weniger gleichgestellte Personengemeinschaften (wohlwollend) akzeptiert wissen will.

Das Zentrum der heute anhaltenden Institutionalisierungsdiskussion um Ehe und Familie läßt sich an der Problemwurzel auf eine *falsch gestellte Alternative* zurückführen; auf eine falsch gestellte Alternative bei der Lösung des Spannungsverhältnisses zwischen den im menschlichen Leben konstitutiven antagonistischen Gegenpolen PERSON und INSTITUTION. Durch eine prinzipielle Kampfansage bzw. durch den Versuch einer weitgehenden Eliminierung des Institutionellen soll zugunsten der *Freiheit der Person* entschieden werden. In Wirklichkeit ist dies aber gar nicht möglich, weil die menschliche Person ohne die entlastende und ordnende Hilfe der Institution nicht lebensfähig ist. In der Sichtweise eines *personalen* Menschenverständnisses müssen die antagonistischen Beziehungsgrößen PERSON (als Synonym für die individuelle Daseinsweise des Menschen) und INSTITUTION (als Repräsentanz für die gesellschaftlichen Ordnungsregulative) auf die Zielvorstellung eines *labilen Gleichgewichts* bezogen werden. Es ist deshalb ein prinzipiell falscher Ansatz, wenn der institutionelle Teilcharakter von Ehe und Familie als eine feindliche Gegenposition zu ihrem Selbstverständnis als einer *persönlichen Lebensgemeinschaft* aufgefaßt wird. Immer dann, wenn das Selbstverständnis von Ehe und Familie aus dem Gleichgewicht von INSTITUTION und PERSON herausgerät, beginnen sich Störungstendenzen einzustellen, die bei einem ausgeprägten Maße *destruktive* Folgen für das Individuum ebenso wie für die Sozialordnung nach sich ziehen.

Als Folge mächtiger und langjähriger Indoktrination durch das utopische neulinke Denken bzw. seiner heute dominierenden Fortsetzungsvariante in Gestalt eines modischen Linksliberalismus sind wir im Bereich der Lebensordnung von Ehe und Familie so weit gekommen, daß viele junge Menschen gar nicht mehr heiraten wollen. Es ist dies das Endergebnis einer heftigen Ablehnung des institutionellen Rahmencharakters von Ehe und Familie in Verbindung mit der einschlägig emanzipationsideologischen Demontage des sittlichen Verpflichtungsbewußtseins, so daß schließlich jede institutionell abgesicherte sozialethische Bindung – gerade im Anwendungsbereich von Ehe und Familie – als *Hindernis zur Selbstverwirklichung,* ja als Faktor der *Fremdbestimmung* mißdeutet wird. Deshalb wollen seit langen Jahren viele junge Menschen mit einem gegengeschlechtlichen Beziehungspartner nur noch eine nichtlegalisiert-unverbindliche Lebensgemeinschaft eingehen, dem institutionellen Bindungs- bzw. Verpflichtungsrahmen einer Eheschließung aber verzichtfeindlich oder risikoängstlich aus dem Weg gehen. Ohne die Grundlage einer verläßlichen institutionellen Rahmensicherung aber kommt im Zusammenleben der Geschlechter zu allererst die *Fortpflanzungsfunktion* unter die Räder. Dem Willen zum Kind fehlt solchermaßen die grundlegendste Voraussetzung. Nachkommenschaft bedeutet dann für die Kinder ebenso wie für deren erhaltungs- und erziehungsverpflichtete Eltern (vor allem für die Mutter) ein zu großes Lebensrisiko. Ohne Rückkehr des gesellschaftlichen Bewußtseins und der Rechtspolitik zu dem für die Familiengemeinschaft unerläßlichen Erfordernis eines ausreichenden wie rechtsverbindlichen institutionellen Rahmengefüges gibt es deshalb keine Hoffnung auf eine Tendenzwende in Richtung einer bevölkerungserhaltenden Nachwuchsleistung unserer Familien. Alle sozialwissenschaftlichen, rechtlichen und leitbildmäßig gesellschaftspolitischen Tendenzen zu unangemessener Lockerung der institutionellen Rahmenabsicherung von Ehe und Familie verstärken nur die Bedingungen für eine *bevölkerungsdefizitäre* Nachwuchsleistung. Auch im generativen Problemzusammenhang gilt es deshalb, vor allem den jungen Menschen glaubhaft vor Augen zu führen, daß das persönliche Wohl des einzelnen im Bereich der Lebensordnung Ehe und Familie (wie in allen übrigen institutionsbedürftigen Problemfeldern der zwischenmenschlichen Beziehungsordnung) nur in Übereinstimmung mit den grundlegenden Ordnungsregulativen der Gesellschaft möglich ist; daß also Ehe und Familie als *persönliche Lebensgemeinschaft* (und dazu gehören im Normalfall auch Kinder) nur glücken können, wenn ihre dauerhaften Rahmenbedingungen auf die objektiven Erfordernisse einer *gesellschaftlichen Institution* gegründet sind. Wer von der Unterstreichung dieses unaufhebbaren Zusammenhanges absieht zugunsten der Verteidigung oder Tolerierung der *Nichteindeutigkeit einer rechtsverbindlichen Institutionalisierung* von Ehe und Familie bzw. zugunsten der Propagierung (Akzeptierung) eines in der Lebenspraxis wenig wirksamen *institutionellen Minimalismus:* der untergräbt die allgemeinste Voraussetzung für die Entwicklung einer bevölkerungserhaltenden ehelichen Fruchtbarkeitsmentalität bzw. zur Ermöglichung ihrer Realisierung.

Der Familienhaushalt

Die einer ausreichenden Institutionalisierung *nächstliegende* allgemeine Voraussetzung zur Ermöglichung einer bevölkerungserhaltenden Nachkommenschaftsleistung der Familie besteht in ihrem *funktionierenden Haushalt.* Er stellt die zusammenfassende äußere Klammer für das *ganze* ehelich/familiale Leben, die arbeitsmäßig-pflegerisch-organisatorische Basis für die Erfüllung *aller* Familienfunktionen dar. Da die Fortpflanzungsleistung auf dem Bedingungshintergrund des *Zusammenspiels aller Teilfunktionen* der Familie aufruht, erfährt mit einer Beeinträchtigung des Haushalts die Nachkommenschaftsaufgabe nicht nur eine *direkte* Behinderung (ein für die Kinder körperlich wie seelisch gesundes Leben ist ohne entsprechende haushälterische Fundierung schlechthin nicht denkbar), sondern auch eine *indirekte.* Nur eine durch ihren funktionierenden Haushalt in vielfältiger Weise *lebenskräftig* gemachte Familiengemeinschaft besitzt in ausreichendem Maße jene Voraussetzungen im Bereich ihrer äußeren und inneren Lebensvorgänge, die für die Entfaltung einer bevölkerungserhaltenden Fruchtbarkeitsmentalität sowie zu deren Realisierung erforderlich sind. In diesem *indirekten* Wirkaspekt geht es um die haushälterischen Voraussetzungen zur Entwicklung einer ausreichenden familialen Eigendynamik und eines damit im Zusammenhang stehenden lebensbewältigenden Familienengagements, also um die Voraussetzungen zur Entfaltung eines aktiven, schwierigkeitsbewältigenden — weil nicht zuletzt trotz aller Mühen und Sorgen auch zuversichtliche Lebensfreude ermöglichenden — Familienlebens. Ohne solche (haushaltsabhängige) binnenfamiliale Lebensqualitäten kommt es im Regelfall gar nicht zur Entwicklung eines bevölkerungserhaltenden Willens zum Kind, d. h. für den überwiegenden Normalfall der fruchtbaren Ehen: zur realen Bereitschaft für d r e i Kinder.

Zu dieser *indirekten* Fruchtbarkeitsrelevanz gehört auch die *erzieherische* Bedeutung eines zu solcher Bewältigung des Familienlebens befähigenden Haushalts. Diese erzieherische Wirkung liegt darin, daß im breiten Regelfall nur durch eine angemessene Einübung der jungen Generation (im Schoß ihrer elterlichen Familie) in einen solchen *familientragenden* haushälterischen Lebensstil die erfahrungsgegründete wie zielbildgeleitete Grundlage für ein dereinst wieder eigendynamisches, schwierigkeitsbewältigendes Familienleben gelegt wird, wodurch dann — wenn diese junge Generation selbst einmal heiratet — dieselben direkten wie indirekten Voraussetzungen für die Entwicklung einer bevölkerungserhaltenden Fruchtbarkeitsmentalität und ihrer praktischen Realisierbarkeit gegeben sein werden. Fehlt hingegen — was in unserer jüngeren Vergangenheit und der Gegenwart immer mehr der Fall ist — das lebensanschaulich-verständnisprägende elterliche Modell des ein funktionierendes Familienleben ermöglichenden Haushalts, dann wird damit der jungen Generation das Fehlen dieser bedeutsamen Voraussetzung für die Möglichkeit einer später selbst zu erbringenden bevölkerungserhaltenden Fruchtbarkeitsleistung *bereits vom Elternhaus mit auf den Lebensweg gegeben.* Von einem funktionierenden Haushalt hängt so direkt wie indirekt, gegenwärtig wie zukünftig, über ein dadurch ermöglichtes *aktives* Familienleben eine gesellschaftlich ausreichende Nachkommenschaftsbefähigung wie die Entwicklung der darauf gegründeten Nachkommenschaftsbereitschaft ab. Auch dieser umfassende *haushälterische* Bedingungszusammenhang ist in der bisherigen bevölkerungswissenschaftlichen Erforschung des Geburtenrückganges — soweit wir sehen können — sehr unterbelichtet bis unbeachtet im Hintergrund des generativen Problembewußtseins geblieben.

Dem entspricht die Haushaltsproblematik unserer Gegenwartsgesellschaft. Die zunehmende Funktionsausgliederung aus dem Lebensraum der Familie als Folge des fortschreitenden Industrialisierungsprozesses hatte schon seit langem den irrigen Eindruck verstärkt aufkommen lassen, der Haushalt stelle in der Industriekultur nur noch ein *bedeutungsarmes Anhängsel* im Leben der nicht-bäuerlichen Familie dar. Seine dadurch bewirkte bewußtseinsmäßige bzw. lebenspraktische Randständigkeit vor allem im städtischen Bereich wurde sodann im Zuge der neulinken Familiendiskussion in eine *ideenmäßig bewußt negative* Einschätzung verstärkt. Seit Mitte der sechziger Jahre ist der Haushalt in der tonangebenden sozialwissenschaftlichen Betrachtungsperspektive wie in der (meist darauf bezogenen) öffentlichen Meinungsbildung richtiggehend in eine *ideologische Diffamierung* geraten. Von der prinzipiellen Familienkritik wurde der Haushalt zum Inbegriff einer unproduktiv-lästig-beschwerlichen wie niveaulos-selbstverwirklichungshinderlichen, weil subalternen Dienstleistungsverrichtungsebene gestempelt. Der früher im öffentlichen wie privaten Bewußtsein hochgeschätzte Familienhaushalt ist zur trivialen Enge der Befriedigung banaler Alltagsbedürfnisse propagandistisch verunstaltet worden. Mit der Indoktrination einer solch tatsachenwidrigen Haushaltsfeindlichkeit wurde in Verbindung mit der dadurch massiv verstärkten Hausflucht notgedrungen *auch die Fruchtbarkeitsdimension* des Familienlebens arg in Mitleidenschaft gezogen; denn die sich dadurch massiv verstärkende Randständigkeit des haushälterischen Geschehens hat zu einer erheblichen Schwächung des ganzen darauf ruhenden Familienlebens geführt. Die doktrinäre Abwertung des *Haushalts* leitet sich dabei aus der übergeordneten programmatischen Abwertung der *Familie* her. Da Familie und Haushalt zusammengehören, die funktionierende Familie einen funktionierenden Haushalt voraussetzt, trifft man mit der Vernachlässigung bzw. mit der Diffamierung ihres Haushalts *die Familie selbst* — auch im Aspekt ihrer Nachkommenschaftsbereitschaft wie ihrer alltagspraktischen Nachkommenschaftsbefähigung. Wenn wir aus den familienbehindernden, ja familiengefährdenden Lebensumständen und den ihnen so maßgeblich innewohnenden negativen Auswirkungen für das defizitäre Geburtenverhalten herauskommen wollen, müssen wir also die hauswirtschaftlichen und die mit ihnen verzahnten familienpflegerischen Leistungen aus ihrer gesellschaftlichen Geringschätzung, ja aus ihrer Diffamierung herausheben. Ohne funktionierenden Haushalt degeneriert das ganze Familienleben zu einer lebensäußerungsarmen, kommunikationsschwachen und dadurch sinnverengt-instabilen 'Bettgehergemeinschaft'. In ihr kann keine bevölkerungserhaltende eheliche Fruchtbarkeitsmotivierung erwachsen bzw. diese findet in einem solchen (in *allen* Funktionsaspekten auf den Haushalt gegründeten) Familienleben nicht die erforderlichen Realisierungsvoraussetzungen.

Die Frauenfrage

Vollends deutlich wird das Haushaltsproblem erst durch seine Verbindung mit der Frauenfrage. Dabei zeigt sich, daß der Haushalt eng verzahnt ist mit einem *Kernansatz* unserer zeitgenössischen Familienfrage, von dessen unterschiedlicher Einschätzung die kontroversen Lösungsperspektiven in der Familiendiskussion der Gegenwart einen maßgeblichen Ausgang nehmen. Man kann es auch anders ausdrücken: daß nämlich das praktische Zentrum dieser Haushaltsproblematik in der fruchtbarkeitsrelevanten *Frauenfrage* unserer Tage wurzelt. Bei dem angesprochenen Kernansatz der zeitgenössischen Familienproblematik bzw. Frauenfrage geht es darum, daß die tonangebenden Mentalitätsstrukturen unserer Gegenwartsgesellschaft — insbesondere im Bereich der öffentlichen Meinungsbildung — die Bedeutung der häuslichen Versorgungsleistungen nicht einmal im Zusammenhang mit der *Kinderbetreuung* als werteschaffende Leistung anerkennen. Es geht dabei vor allem um die Wertschätzung des Wirkbereichs der Familienmutter in ihrer Rolle als Familienhausfrau. Gleichzeitig geht es um die Anerkennung der auf den Normalfall des Alltags bezogenen geschichtsmächtigen Erfahrung, wonach (als statistische Aussage) die Ehefrau und Kindesmutter eindeutig eine bessere Eignung als ihr Mann dafür besitzt, die mit dem Zentrum des täglichen Haushaltsgeschehens eng verwobene pflegerisch-erzieherisch-menschenumsorgend-sorgend-heimschaffende Basisleistung der Familie bei der Gestaltung ihres Innenverhältnisses zu erbringen. Diesbezüglich unterscheidet sich die Frau geschlechtstypisch und wesensergänzend vom Manne und Familienvater. Wer diese auf der Zweigeschlechtlichkeit des Menschen beruhende lebensbedeutsame Erfahrungstatsache und die ihr innewohnenden Fundamentalkonsequenzen leugnet oder aber infolge verharmlosender Rückführung *allein* auf ein angelerntes Rollenverhalten, das beliebig verändert werden könne – durch bewußtseinsverändernde 'alternative' Gesellschaftspolitik – aus den Angeln heben will, dem ist es überhaupt nicht möglich, das Phänomen Ehe und Familie von den Wurzeln her zu begreifen. Er kann demnach auch keine positive Familienpolitik betreiben (nämlich eine Politik *für* Ehe und Familie), sondern er benützt diese Nomenklatur nur zur publikumswirksamen Bezeichnung einer Lebensanschauung, die sich in Wirklichkeit *gegen* Ehe und Familie richtet.

Der in Rede stehende Kernansatz der fruchtbarkeitsrelevanten haushaltsbezogenen Frauenfrage kulminiert darin, daß in der tonangebenden progressiven sozialwissenschaftlichen Betrachtungsperspektive der vergangenen eineinhalb Jahrzehnte sowie in der darauf bezogenen Denkweise und Sprache der Massenmedien und der Politik *für den Regelfall des Alltags* nicht einmal mehr die tagsüber erforderliche pflegerisch-erzieherische Betreuung der k l e i n e n Kinder im Klartext auf die Zentralgestalt der das haushälterische Wirken primär handhabenden *Familienmutter* bezogen wird, sondern vielmehr auf die problemverwischend-neutrale Ablenkungsfigur irgendeiner 'Pflegeperson' (dies kann genauso eine Großmutter, ein Großvater, eine Nachbarin, eine auswärtige 'Tagesmutter', eine Krippenschwester, der rollentauschende 'Hausmann' usw. sein). Dadurch wird die Familienmutter in ihrer Eigenschaft als Familienhausfrau *sogar in diesem innersten Kern* ihres häuslichen Wirkens leitbildmäßig in Frage gestellt. Wenn für den Regelfall des Alltags zu Hause nicht einmal mehr für die Betreuung der k l e i n e n Kinder die *Mutter als Familienhausfrau* im grundsätzlichen Problemlösungshorizont stehen darf, dann gilt dies umso mehr für die rundherum sich anschließenden Wirkfelder des innerfamilialen haushälterischen Geschehens, denen mit zunehmender Entfernung von der existentiell absichernden Umsorgungsmitte hausfraulichen Daseins (sei es – vorübergehend – *alleinberuflich* ausgeübt oder aber in Verbindung mit einer Erwerbsarbeit) eine stets weniger Not-wendige Bedeutung zukommt. Es geht hier darum, daß die Familienhausfrau als diese binnenfamiliale Zentralfigur (als das 'Herz' der Familie) *im allgemeinen Denkansatz* dieser das gesellschaftliche Bewußtsein maßgeblich bestimmenden sozialwissenschaftlichen und gesellschaftspolitischen Sichtweise abgeschafft worden ist.

Die Letztursache dafür liegt im Versuch einer totalen Funktionseinebnung des Lebensentwurfs von Mann und Frau *auch innerhalb von Ehe und Familie*. In dieser obersten anthropologischen Zielsetzung liegt *die entscheidende* Erklärung für die seit langen Jahren gesellschaftsprägenden Bemühungen, über eine kollektive Bewußtseinsänderung das Haushaltsgeschehen massiv abzuwerten. Man will damit der Frau ihr Interesse, ihre Freude am Wirkbereich des Häuslichen so nachhaltig verderben, daß sie als Folge des stets größer gewordenen Diffamierungsdrucks sich der Hausflucht immer zahlreicher anschließe. Das Ziel ist ihre möglichst umfassende Herauslösung aus dem Lebensbereich der Familie zugunsten einer vorrangigen bis totalen erwerbsberuflichen Hinwendung in Verbindung mit ihrem sonstigen außerfamilialen Engagement in Gesellschaft und Politik. Diese 'totale' Emanzipation der Frau im Sinne der genannten vollen Funktionseinebnung mit dem Mann *auch innerhalb von Ehe und Familie* (ausgenommen die rein biologischen Tatsachen von Schwangerschaft und Geburt) und das diesem Richtziel entsprechende geschlechtsneutralisierende Egalitätsverständnis aber lösen Ehe und Familie in ihrer gestaltbildend-wesensimmanenten Eigendynamik und damit in ihrer Substanz auf. Das muß man vor Augen haben, um zu wissen, wohin eine solche Emanzipation der Frau in Verbindung mit dem daraus abgeleiteten geschlechtsneutralisierenden Egalitätsdenken führt. Nach wie vor haben die imperativ gesetzten emanzipations- bzw. egalitätsideologischen Leitbilder dieser Vorstellungsrichtung die Oberhand in der öffentlichen Diskussion.

Im generativen Problemerörterungszusammenhang geht es um die *Rückkoppelungswirkung* dieser Betrachtungsweise der Frauenfrage auf das Familienleben; um die Rückkoppelungswirkung der solchermaßen orientierten Frauenpolitik auf die Familienpolitik. Da die Fortpflanzungsleistung die opferreichste, die am meisten lebenskräfteverzehrende Familienaufgabe darstellt, liegt in der Zielsetzung eines bevölkerungserhaltenden Nachwuchses das *größte* Hindernis für die Realisierung einer *emanzipationsideologischen* Lebensperspektive nicht nur auf seiten der *Frau*, sondern auch auf seiten des *Mannes*. Angesichts der geschlechtsspezifisch *tragenden* Bedeutung der Frau als Familienmutter für die Ermöglichung und Realisierung der generativen Gesamtaufgabe (die weit über die rein biologischen Ausgangstatsachen von Schwangerschaft, Geburt und Stillen hinausreichen), kommt dabei allerdings der Frau — und damit der Frauenfrage, der Frauenpolitik — eine *Schlüsselrolle* für die Weitergabe des Lebens und damit auch für die Erklärung des Geburtenrückganges in unseren spätindustriellen Gesellschaften zu. Für die Erfassung der logischen Problemstruktur des Nachkommenschaftsverhaltens ist so im Rahmen der Rückkoppelungserfordernisse *aller* generativen Teilprobleme an das Familienthema als das teilproblemübergreifende Kristallisationszentrum der Fortpflanzungsproblematik *der Zusammenhang von Frauenfrage und Familienfrage von ausschlaggebender* Bedeutung.

Der *gemeinsame Nenner* der dabei vielfältig und weitschichtig zur Geltung kommenden Problematik läßt sich insbesondere auch in der Frauenfrage in dem schon angesprochenen zweifachen Bewirkungsursprung zusammenfassen: einerseits im *individualistisch-emanzipatorischen* menschlichen Selbstverständnis, andererseits in dem daraus abgeleiteten *geschlechtsegalitären* Sinnverständnis der Frau, welch letzteres über die lebensumfassend angewendete (kollektivistisch grundgelegte) *Gleichheitsidee* auch die geschlechtsgeprägten Wesensunterschiede von Mann und Frau (innerhalb und außerhalb von Ehe und Familie) bis zur Unkenntlichkeit einzuebnen versucht. Diese zweifache Ideengrundrichtung erzeugt im Leben der Frau einen seit dem Einsetzen der neulinken Weltanschauungsbewegung *gesellschaftsweit und lebensbestimmend* aufgeschaukelten Widerstreit zwischen der alles überragenden Zielvorstellung individueller 'Selbstverwirklichung' und ihrem drohenden Gegenpol der 'Fremdbestimmung'. Dieses für die anthropologische Zielbildausrichtung unserer Gegenwartsgesellschaft *zentrale* Begriffspaar hat im Bereich der Frauenfrage seinen nachhaltigsten, die Lebensführung der Frau hochgradig bestimmenden Niederschlag *in der Auseinandersetzung mit ihrem Rollenbild in Ehe und Familie* gefunden. In diesem Ideenhintergrund des *individualistisch-emanzipatorischen* wie des *kollektivistisch-egalitätsideologischen* menschlichen Selbstverständnisses liegt das Problemzentrum der Frauenfrage unserer Gegenwartsgesellschaft mit seinen massiven fruchtbarkeitsbehindernden Implikationen. Nach unseren langwährenden Studien muß die Frauenfrage *als das Zentrum der mentalitätsabhängigen Nachkommenschaftsproblematik unserer Gegenwartsgesellschaft* angesehen werden.

Die durchschlagende gesamtgesellschaftliche Wirksamkeit dieses an der Problemwurzel der *geistigen Selbstdeutung* des Menschen zuzuordnenden Determinantenkomplexes des Geburtenrückganges erklärt sich aus dem *gesellschaftspolitischen* Zusammenhang. Bekanntlich ist das vorherrschende Lebensgefühl unserer Zeit sehr stark bestimmt von der Ausrichtung auf den *individuellen Interessenvorrang* (individualistische Selbstverwirklichungsperspektive). Als Folge des plebiszitären Charakters unserer bequemlichkeits- und konsumorientierten 'Gefälligkeitsdemokratie' wird deshalb die am genannten Ideenhintergrund ausgerichtete Leitbildorientierung der Frau (und damit der ganzen darauf abgestellten Frauenfrage) *auch auf der gesellschaftspolitischen Diskussions- und Handlungsebene* stark favorisiert. Auf dem Hintergrund des Einflusses der das gesellschaftliche Bewußtsein maßgeblich bestimmenden Massenmedien wird so das von uns charakterisierte familien- bzw. fruchtbarkeitsfeindliche Verständnis der Frauenfrage mehrheitlich auch noch von den von der öffentlichen Meinung plebiszitär abhängigen Trägern der politischen Macht zum Inspirationszentrum für die Lösung der damit zusammenhängenden *öffentlichen* Ordnungsvorstellungen gemacht. Da die Frauen mehr als 50 % der Wählerschaft ausmachen, hat man im tagespolitischen Wettlauf um die Wählergunst *gerade auch in der Politik* den mit der Frauenfrage publikumswirksam verbundenen emanzipatorisch-egalitätsideologischen Zielvorstellungen vom menschlichen Leben das Wort geredet oder sich doch dafür sehr aufgeschlossen gezeigt. Dies gilt insbesondere ab dem Zeitpunkt des Einsetzens der neulinken Weltanschauungsbewegung. Wieviel wahlpolitische Erfolgshoffnungen werden seither auf dem Feuer billiger (utopischer bis demagogischer) Propaganda im Zusammenhang mit der einschlägigen Behandlung der Frauenfrage *in der Tagespolitik* genährt! Als Folge der dabei obwaltenden grundsatzpolitischen Kurzsichtigkeit bleiben die *negativen Begleitkonsequenzen* einer solch leichtfertigen Sympathiewerbung unbeachtet: man deckt die familienfeindlichen wie fruchtbarkeitshemmenden Nebenwirkungen einer solchen Lebensschau nicht auf, man spricht nicht darüber, ja man verdrängt sie zur Vermeidung eines schlechten Gewissens oder einfach deshalb, um sich nicht in der Problemperspektive *eines anderen* wichtigen öffentlichen Themenkreises (Familienfrage, Bevölkerungsentwicklung) die Blöße einer politischen *Fehlkonzeption*, eines politischen *Fehlverhaltens* zu geben. Wo eine *komplette* Verdrängung dieser Unvereinbarkeitsproblematik nicht möglich ist, werden die in Rede stehenden unerwünschten Begleitkonsequenzen der emanzipations- und egalitätsideologischen Lebensperspektive auch in der Frauenfrage so weit wie möglich *verharmlost* oder aber durch eine entwaffnende tendenziöse Betrachtungsweise gerechtfertigt; etwa mit der These: 'Man kann ja nicht über die Wiedereinführung eines gesellschaftlichen Gebärzwanges die errungene Emanzipation der Frau rückgängig machen'. Es scheint dann, als wäre die mit einer solchen Sichtweise der Frauenfrage tangierte Familien- bzw. Fruchtbarkeitsproblematik das *kleinere* Übel im Vergleich zu einer geradezu menschenrechtsverletztend – weil freiheitsentziehend – erscheinenden Betrachtungsänderung in der Frauenfrage; einer Betrachtungsänderung, die sich allerdings aus der übergeordneten *familienorientierten* Lebensperspektive einer *personalen* Sichtweise vom Menschen in Verbindung mit der daraus abgeleiteten sozialethischen Zielvorstellung vom 'generativen Gemeinwohl' zwingend ergibt.

In der realitätsfernen Lebensbetrachtung einer emanzipations- bzw. egalitätsideologischen Perspektive wird deshalb diesem im Bereich der Mentalitätsfaktoren *zentralen* Determinantenkomplex der Fruchtbarkeitsproblematik *auch in der öffentlichen Meinungsbildung und in der vielfältig darauf bezogenen Gesellschaftspolitik* überall dort aus dem Weg gegangen, wo sich auf der Grundlage eines *nicht-personalen* Menschenbildes bzw. eines davon abgeleiteten Gesellschaftsverständnisses die skizzierte Unvereinbarkeitsproblematik zwischen der Frauenfrage und einer bevölkerungserhaltenden Nachkommenschaftsleistung ergibt. Soweit man diesem heiklen Zusammenhang nicht (vor allem durch Verdrängung unangenehmer Fakten) aus dem Weg gehen kann, wird die logische Problemstruktur bei der Erfassung des Themas vom Geburtenrückgang (bewußt oder unbewußt) so zurechtgerichtet, daß die widerspruchsgeladenen Erörterungselemente nicht in den Blick kommen. Am erfolgreichsten ist dabei die Methode der (weitgehenden) Ausblendung der Familienfrage. Damit im Zusammenhang steht eine weitere methodische Hilfe: die Frauenfrage wird soweit wie möglich als eine *eigenständig-autonome* Größe behandelt und solchermaßen in der ganzen Breite der Problemverzahnung von einer Konfrontation mit dem generativen Thema herausgehalten. Am wirkungsvollsten aber und intellektuell am elegantesten geht man einer Aufdeckung der in Rede stehenden Unvereinbarkeitsproblematik in Wissenschaft und Politik durch eine Art 'Flucht nach vorne' aus dem Weg: Man erklärt das Nachkommenschaftsgeschehen in seiner wesentlichen Breite zu einem 'irrationalen' menschlichen Verhaltensbereich, dessen Steuerungskräfte somit in der Hauptsache jenseits 'rationaler' Erfassungs- und Beeinflussungskategorien liegen. Damit ist die Tabuisierung der sowohl ideenmäßig als auch handlungspolitisch heute vielerorts Verlegenheit bereitenden Hintergründe des Fruchtbarkeitsverhaltens durch eine wissenschaftlich anmutende – zumindest interessant wirkende – Erklärung optimal abgesichert. Es kann dann in der (ideenmäßigen wie handlungsbezogenen) gesellschaftlichen Gestaltungsverantwortung des Lebens niemand – auch kein Politiker bzw. keine politische Partei – zur bevölkerungspolitischen Verantwortung gezogen werden. Wie immer die allgemeine gesellschaftspolitische Programmatik oder die konkrete rechts-, wirtschafts- und verteilungspolitische Handlungsrichtung in Zuordnung zu den Problemfeldern der Familien-, Frauen- bzw. Bevölkerungsfrage aussehen mag: es gibt dann keine Möglichkeit mehr, eine Verantwortungsrelation zum bevölkerungsdefizitären Geburtenrückgang herzustellen; denn dieses Phänomen resultiert ja aus einer 'irrationalen', das meint aus einer prinzipiell uner-klärbaren, durch rationale Kriterien nicht steuerbaren, menschlichen Verhaltensdimen-sion. Ist dies nicht eine ideale Lösung für alle, die an der Ausformung der vorherrschen-den gesellschaftlichen Bedingungen des generativen Prozesses unserer Zeit (ideenmäßig wie handlungsbezogen) aktiv beteiligt sind, eine ideale Lösung im Sinne vorweg und grundsätzlich erfolgter Ausklammerung jedweder einschlägigen moralischen wie poli-tischen Verantwortlichkeit? Dies ist wahrlich ein Schulbeispiel für die Problematik eines *interessengeleiteten Denkens:* alle sind sie aus dem Schneider! Es hat mit dem Geburten-rückgang hauptberuflich befaßte wie renommierte bevölkerungswissenschaftliche Ex-perten gegeben, die in der zweiten Hälfte der siebziger Jahre ihre (auf der Basis der von uns kritisierten wissenschaftstheoretischen Bearbeitung zustandegekommenen) For-schungsergebnisse über das schwer defizitäre Fortpflanzungsverhalten schreibend sowie landauf-landab referierend in die (vielerorts so gerne gehörte) These zusammengefaßt haben: man stehe mit diesem Phänomen vor einer 'black box', weil vor einem ganz offensichtlich durch *irrationale* Faktoren gesteuerten menschlichen Verhaltenssektor. Es ließen sich deshalb keine wissenschaftlichen Einsichten gewinnen, auf Grund derer etwa einer Regierung, einem Parlament Vorschläge zur Behebung unserer Bevölkerungs-misere unterbreitet werden könnten. Dieser Deutung des vieldurchforschten, vieldisku-tierten Phänomens 'Geburtenrückgang' ist im Bereich der menschenbildabhängigen Gestaltungsordnung unseres persönlichen wie gesellschaftlichen Daseins insbesondere auch eine angemessene Beachtung des hier etwas im übergreifenden Zusammenhang behandelten zentralen fruchtbarkeitsrelevanten Determinantenkomplexes der *Frauen-frage* zum Opfer gefallen.

Die erzieherische Aufgabe der Familie

Auch der *erzieherische* Funktionskreis der Familie hat mit deren Fortpflanzungsbereit-schaft, mit deren Fortpflanzungsbefähigung viel zu tun — wenngleich zu einem erhebli-chen Teil wieder nur in *indirekter,* deshalb aber in nicht weniger wirksamer Weise. Ein zentrales Ausgangsproblem ergibt sich durch die seit der zweiten Hälfte der sechziger Jahre in den Sozialwissenschaften, in der öffentlichen Meinungsbildung sowie in der Gesellschaftspolitik vorherrschenden *kollektivistischen* Tendenzen im Gesellschafts-verständnis. Dadurch wurden Ehe und Familie *auch in ihrer zentralen Wesensmitte* unter die gesellschaftliche Verfügung gestellt, das will hier vor allem besagen: unter die Vorherrschaft der kollektivistisch orientierten Gesellschaftspolitik. Durch die damit gegebene totale Relativierung verliert die Familie nicht nur ihren Rechtfertigungs-anspruch auf den ihr nach einem 'personalen' Menschenverständnis stets als legitim zugestandenen Raum eines *vorgesellschaftlichen Eigenbedeutungsanteils;* es verlieren damit im besonderen auch die Eltern ihr der gesellschaftspolitischen Eingriffsebene *vorgeordnetes Ersterziehungsrecht* gegenüber ihren Kindern. Diese Betrachtungsweise hat zu einer Fülle von familiendistanzierten bis familienfeindlichen Konsequenzen auch im *erzieherischen* Wirkraum der Gesellschaft geführt — und dies nicht nur zum Nachteil des Lebensglücks der Kinder und Jugendlichen sowie einer darauf basierenden seelisch gesunden Generation von morgen, sondern ebenso zur ärgerniserregenden Er-schwernis bis zur resignativen Hilflosigkeit des erzieherischen Tuns und Lassens ihrer

Eltern. Für diese wird dadurch ihre Lebensgemeinschaft mit den Kindern nicht nur in hohem Grade konfliktbelastet, sondern erzieherisch auch relativ unwirksam, weil die Breite des erzieherischen Wirkens der Familie sehr eingeengt und die elterliche Autorität systematisch untergraben wird. Unter solch negativen gesamtgesellschaftlichen Voraussetzungen hat deshalb die ohnedies zu jeder Zeit schwierige und mühsame Aufgabe des elterlichen Erziehungsgeschäfts in den zurückliegenden eineinhalb Jahrzehnten die Zumutbarkeitsgrenze bzw. die auch bei gutem Willen verkraftbare elterliche Belastungsgrenze sehr häufig überschritten, ja diese Überschreitung in Richtung einer resignativen erzieherischen Hilflosigkeit kann richtiggehend als eine *Massenerscheinung* gekennzeichnet werden.

Durch die *überzogenen* Kompetenzansprüche der Gesellschaft(spolitik) in der Erziehung der nachwachsenden Generation wurde nicht nur die Familie im allgemeinen, sondern es wurden damit auch die Kindeseltern im besonderen zu *Kontrahenten der Gesellschaft* hochstilisiert. Zum Unterschied von der vorangegangenen Einschätzung der Kindeseltern als von Gesellschaft und Staat in ihrem Ersterziehungsrecht *zu respektierende* sowie programmatisch und lebenspraktisch allseits *zu unterstützende Basisgaranten* für die Heranbildung einer lebenstüchtigen jungen Generation wurden sie seit dem Einsetzen der neulinken Weltanschauungsbewegung zunehmend zu mißtrauisch beobachteten Konkurrenten, ja häufig genug zu bekämpften Gegenspielern von Staat und Gesellschaft gestempelt. Ausgeprägte Tendenzen einer solch konfliktorientierten Grundbetrachtungsweise durchziehen seither unsere gesellschafts- und erziehungspolitische Diskussion in bezug auf das Verhältnis des menschenbildenden Ersterziehungsauftrages des Elternhauses in Konkurrenz zu den im Auftrag der Gesellschaft bzw. nach deren Leitnormen wirkenden *außerfamilialen* Erziehungseinrichtungen. Diese − in der theoretischen Zielformulierung ebenso wie in der darauf bezogenen Alltagspraxis − seither anhaltenden Tendenzen bei der Bildung der öffentlichen Meinung, des gesellschaftlichen Bewußtseins, laufen auf eine *massive Eingrenzung* bis auf eine *prinzipielle Bekämpfung* des erzieherischen Primats des Elternhauses hinaus, auf Mißtrauen und Verdächtigung gegenüber dem erzieherischen Wirken der Familie, der man von diesen gesellschaftsbestimmenden Zeiteinflüssen her möglichst prinzipiell, also möglichst verallgemeinernd (somit etwa nicht nur in bezug auf die Problematik gesellschaftlicher *Randschichten*), alle nur denkbaren Unzulänglichkeiten und Defekte, alles nur denkbare Versagen zum Schaden einer als wünschenswert geforderten 'emanzipatorischen' bzw. 'antiautoritären' Erziehung der nachwachsenden Generation angelastet hat.

Das Familiengrundverständnis ist dadurch auch im Bereich der *erzieherischen* Problemdimension irritiert, ja erschüttert worden. Die programmatische wie die davon beeinflußte unreflektiert-lebenspraktische Abwertung der erzieherischen Bedeutung und Wirksamkeit des Elternhauses haben das Familienleben im allgemeinen und das Eltern-Kind-Verhältnis im besonderen schwerstens in Mitleidenschaft gezogen. Dadurch war der radikale gesellschaftliche Prestigeverlust der Familie maßgeblich *mitbegründet* worden. Die öffentliche Bagatellisierung bis Diffamierung der Lebensausformung der Kinder und Jugendlichen *durch die Eltern* führte nach einer etappenweisen Zurückdrängung ihres Ansehens und ihres Einflusses soweit, daß schließlich auch noch die *letzte Bastion* lebensgrundlegender Erziehungsbedeutung der Familie ernsthaft in Frage gestellt und in nicht unerheblichem Ausmaß in der Lebenspraxis Schritt für Schritt preisgegeben worden ist. Wir meinen den von fachkundiger Seite ebenso wie im gesellschaftlichen Bewußtsein, den in Theorie und Praxis bis dahin rigoros verteidigten *familialen Schonraum der frühesten Kindheit des Vor-Kindergartenalters* (0 bis 3 Jahre). Mit der Infragestellung auch noch dieser für den Normalfall im Interesse des Lebensglücks des Kindes und damit im Interesse einer seelisch gesunden Gesellschaft von morgen absolut wünschenswerten Geborgenheit und erzieherischen Grundlegung des Kleinstkindes im Schoße der Familie hat die Aushöhlung ihrer menschenbildenden Aufgabe den Gipfelpunkt erreicht. Diese sozialwissenschaftlich argumentativ unterstützte und gesellschaftspolitisch mächtig entfaltete Perspektive einer *altersunangemessenen* bzw. einer dem zeitlichen Ausmaß nach *unproportioniert großen* Herauslösung des Kindes aus dem Elternhaus läuft auf eine zunehmende *Vergesellschaftung* von Pflege und Erziehung der jungen Generation hinaus und entleert das erlebbare Sinnpotential der Familie auf einem weiteren wichtigen Sektor in bedrohlicher Weise. Der Tenor der einschlägig orientierten 'Sozialisations'-Diskussion der siebziger Jahre mündet zumindest de facto in das Konzept einer autonomen staatlichen 'Kinderpolitik', die etwas ganz anderes bedeutet als die das Elternhaus bestimmend in den Mittelpunkt der erzieherischen Konzeption stellende 'Familienpolitik'. Nach dieser Problemschau sind die Kinder immer mehr aus der früheren Erstzuständigkeit ihrer Eltern in die Obhut der Gesellschaft, des Staates geraten. Eine solche Änderung der Sichtweise ist in aller Öffentlichkeit immer wieder auch dadurch unterstützt worden, daß das beklagenswerte Vorhandensein elterlicher Pflichtvergessenheit zum Anlaß unbegründeter Aufschaukelung eines *allgemeinen* Mißtrauens gegen die Erziehungsrechte der Eltern benützt wurde. Diese mitunter extrem familienfeindlichen Auffassungen und Programme wurden in unserer jüngsten Vergangenheit in Sozialwissenschaft, Massenmedien und in der gesellschaftspolitischen Programmdiskussion vielerorts als die allein zukunftverheißende Perspektive der Kindererziehung und Gesellschaftsentwicklung (ausdrücklich oder unterschwellig) propagiert.

Angesichts dessen konnte eine fundamentale Verunsicherung der Kindeseltern, konnte die massive Störung eines leistungsbefähigenden elterlichen Selbstwertgefühls nicht ausbleiben. Viele einschlägig entscheidenden Sachverhalte sind in die beiden vorangegangenen Kapitel (Familienhaushalt, Frauenfrage) mitverzahnt. Der familialen Eigendynamik und Kreativität sowie der darauf bezogenen kindbetonten Familiengesinnung wurden dadurch die aufbauenden, die entscheidenden Impulse geraubt, ja es wurde ihnen vielfach der Boden unter den Füßen entzogen. Wer kann in einem solchen gesellschaftlichen Klima und unter den ihm entsprechenden praktischen Lebensumständen noch den Schwung und den Mut zu einer kinderfreudigen elterlichen Lebenseinstellung bewahren? Im Unterschied zu dem seit der unmittelbaren Nachkriegszeit ab 1945 durch das fachliche Leben argumentativ gestärkten und in der öffentlichen Meinungsbildung auf breiter Front auch atmosphärisch unterstützten gesellschaftlichen Familienbewußtsein im freien Europa entspricht die ab Mitte der sechziger Jahre bei uns einsetzende Gegenbewegung zumindest einer Zustimmung, häufig aber einer Ermunterung oder gar einer Aufforderung zum Rückzug auf die Position eines *erzieherischen Minimalismus* des Elternhauses. Den *harten Kern* neulinken Denkens wollen wir hier gar nicht in das Zentrum unserer Betrachtung stellen, jenen harten Kern, der ja gerade in der *Erziehungs-kraft* des Elternhauses ein weichenstellendes Unglück erblickt, weil dadurch die 'repressiven' Gefühls- und Denkstrukturen des Menschen in der Generationenkette weitergegeben würden.

Bei all dem muß man bedenken, daß eine massive Einschränkung der menschenbildenden Wirksamkeit des Elternhauses nicht nur die direkte bzw. absichtliche (intentionale), sondern insgesamt noch viel stärker die nicht-absichtliche (funktionale) erzieherische Prägekraft der Familie betrifft. Der erzieherische Einfluß des Elternhauses ist nicht allein, ja nicht einmal vorrangig, unter dem Aspekt *direkter* pädagogischer Elterneinwirkung auf das Kind, den Jugendlichen, zu sehen. Angesichts unserer Definition von Erziehung als Hilfe zu Selbstfindung und Daseinsbewältigung *durch persönliches Beispiel im Lebensvollzug* kommt als erzieherischer Wirkraum der Familie ihre *Gesamtverfassung* in den Blick. Die Erziehungskraft des Elternhauses steigt und fällt nicht nur mit Qualität und Ausmaß seiner *direkt-absichtlichen* Erziehungsbemühungen, sondern mehr noch mit der erzieherisch relevanten Beschaffenheit des gesamten sozialen Systems Familie. Für die Möglichkeit einer umfassenden erzieherischen Wirksamkeit des Elternhauses gehören sodann außerhalb der der familialen *Innen*verfassung zuzurechnenden Faktoren auch entsprechende materielle wie immaterielle Voraussetzungen der *gesellschaftlichen Rahmenbedingungen*, die sich mit den privat-familialen Eigenkräften zu einer interdependenten Konstellation verbinden.

Durch die Einbeziehung der mit der 'funktionalen' erzieherischen Wirksamkeit angesprochenen *Gesamtverfassung* der Familie kommt die Abhängigkeit der *erzieherischen* Wirkebene der Familie von den *übrigen* Bereichen des Familienlebens und von dessen *Rückkoppelung an die gesellschaftlichen Verhältnisse* in den Blick, deren familiendistanzierte bis familienfeindliche Rahmenbedingungen wir hinreichend herausgearbeitet haben. Paradoxerweise ist die massive gesellschaftliche *Unterbewertung* des erzieherischen Leistungsvermögens der Familie gepaart worden mit einer bildungspolitisch ebenso unrealistischen *Überschätzung* der einsichts- und leistungsbedingten Mitwirkungsmöglichkeiten der Elternschaft bei der Durchführung der seither ununterbrochen in Gang befindlichen Schulreformen bzw. Schulexperimente. Dadurch sind die Schulkinder ebenso wie ihre Eltern seit langen Jahren einer zusätzlichen, nämlich einer schulspezifischen Überforderung ausgesetzt, die die ohnedies großen Erziehungsprobleme im Familienraum noch erheblich verstärkt haben. Kindheit und Jugend wie das darauf bezogene elternschaftliche Wirken erfahren dadurch beide eine *zusätzliche* beschwernishafte bis konfliktgeladene Trübung.

Die insgesamt bestehende Trübung und Belastung der *erzieherisch relevanten* Lebensgemeinschaft von Eltern und Kindern (Jugendlichen) stellt im gesamtgesellschaftlichen Aufsummierungsausmaß *ein weiteres Verursachungselement der Fruchtbarkeitsdrosselung* dar. Wo das erzieherische Wirken im Rahmen der Familie unter den seit dem Einsetzen der neulinken Weltanschauungsbewegung bestehenden Gesamtumständen häufig als eine so große seelische Belastung, ja als eine zermürbende Qual für Vater und Mutter erlebt werden mußte (die Eltern als entrechtete, pauschal verdächtigte und öffentlich gescholtene Prügelknaben einer familienfeindlichen Gesellschaft), muß sich dies geradezu zwangsläufig *negativ* auf den weiteren Gang der Fruchtbarkeitsmotivierung einer solchen Gesellschaft auswirken. Dies umso mehr, als trotz der vielgestaltigen negativen neulinken Dauerbeeinflussung des Verhältnisses zwischen Kindern (Jugendlichen) und Eltern (analog zur Belastung des Verhältnisses der jungen Generation zu den *übrigen* tradierten Autoritätsmächten) und trotz des damit bewirkten massiven elterlichen Einflußverlustes die Eltern inkonsequenterweise von ihren umfassenden Unterhalts- und Erziehungssorgen gegenüber ihren Kindern *keinesfalls entlastet* wurden – im Gegenteil. Ihre Rechte und ihr Ansehen sollten radikal geschmälert werden – die allseitigen Verpflichtungen aber bleiben. Erschwerend kommt dazu, daß durch die tonangebende öffentliche Mentalitätslage die (auch schon herangewachsenen) Kinder aus jeder angemessenen sozialethischen Verpflichtung in Form von mitmenschlicher Verbundenheit und liebesentgegnender Hilfsbereitschaft *ihren Eltern gegenüber* entbunden worden sind.

Diese Gesamtentwicklung hatte schließlich ein Meer von persönlichem Leid, von Verirrung und Verwirrung bei Kindern und Jugendlichen einerseits, bei vielen (in ihren Erziehungszielen und Erziehungsmethoden völlig verunsicherten) Eltern andererseits zur Folge. Die von all diesen Erscheinungen auf die Ausbildung der ehelichen Fruchtbarkeitsmentalität ausgehenden Drosselungsimpulse sind nach unserer Kenntnis in der bisherigen bevölkerungswissenschaftlichen Erforschung des Geburtenrückganges in keiner wie immer angemessenen Weise in Rechnung gestellt worden.

Im Problembereich der im Familienleben *bildungsbezogen* sich ergebenden Fruchtbarkeitsdrosselung ist auch noch hinzuweisen auf die vielfältige *bildungsmäßige* Benachteiligung der *kinderreichen* Familie, was ursächlich in hohem Maße zur Problematik der *wirtschaftlichen Lebenssicherung* der Familie gehört, also zum Thema ihrer wirtschaftlich bedingten *sozialen Deklassierung*. Unbestrittenermaßen sinken nämlich *auch die Bildungschancen* eines Kindes mit steigender Geschwisterzahl. Auf der einen Seite stehen die Eltern unter einem beträchtlichen gesellschaftlichen Meinungsdruck, ihren Kindern auch in *schulbildungsmäßiger* Hinsicht *optimale* Lebenschancen bereitzustellen. Auf der anderen Seite geraten die Eltern mit jedem weiteren Kind in die wachsende Verlegenheit der Bereitstellung der dafür erforderlichen Verwirklichungsvoraussetzungen (vor allem langjährige Unterhaltsverpflichtung). Um auch dem daraus resultierenden Problemdruck zu entgehen, ergibt sich für sehr viele Ehepaare ein Belastungsgrund mehr, zu einer drastischen Beschränkung der Kinderzahl Zuflucht zu nehmen (was häufig genug auf die Entscheidung für ein *Einzelkind* hinausläuft). Auch die spezifisch *bildungsmäßige* Benachteiligung der (meist – zumindest auf lange Jahre hinaus – nur mit einem *einzigen* Erwerbseinkommen ausgestatteten) Familie wirkt sich gesamtgesellschaftlich geradezu zwangsläufig *fruchtbarkeitshemmend* aus. Eine Vielzahl von Eltern will sich nicht auch noch mit diesen zusätzlichen Problemkonsequenzen konfrontiert sehen.

Die von der neulinken Weltanschauung geschaffene Problemsituation soll noch an einem letzten Beispiel verdeutlicht werden: durch die anhaltende Forderung nach einer *gene-*

rellen Ausweitung der gesetzlichen Anspruchsberechtigung für bezahlten Karenzurlaub aus Anlaß einer Geburt *auch für den Kindesvater*. Dadurch soll die rechtspolitische Leitbildorientierung an der für die ganze Familienerziehung so bedeutsamen, unersetzlichen engen *Mutter-Kind-Gemeinschaft* während der Phase der frühesten Kindheit zugunsten einer 'totalen' Emanzipation der Frau aufgebrochen werden. Wie zahlreiche andere verwandte Probleme gehört auch dieses gleichermaßen in das Kapitel der *Frauenfrage* wie in jenes der *Familienerziehung*. Durch diese für die neulinke Konzeption der Familienfrage so bezeichnende Forderung soll die spezifisch zweigeschlechtliche Familienerziehung in Gestalt der einander ergänzenden, *aber je unauswechselbaren* mütterlichen und väterlichen Komponente bereits in der für die Fundierung des menschlichen Lebens so entscheidenden Zeit der frühesten Kindheit aus den Angeln gehoben werden. Durch diese Tendenzen droht nicht nur die *familiale Eigendynamik im allgemeinen* weiter geschwächt zu werden; es wird damit auch die *genuin familienerzieherische* Wirksamkeit im Zentrum des unvertauschbaren Rollensegments von Vater und Mutter an ihrem Entfaltungsursprung ernstlich behindert. Durch die solchermaßen herbeigeführte Nicht-Eindeutigkeit des männlichen und weiblichen Wirkanteils beim Aufbau der ehelich-/familialen Lebenswelt wird so die *familienerzieherische* Grundlegung der nachwachsenden Generation an einem entscheidenden Punkt ausgehöhlt. Die Welt des Kindes ebenso wie die Welt der Eltern wird dadurch ihrer familienhaften *Kernsubstanz* beraubt. Da dies alles in der Hauptsache durch das *erwerbsberufliche Karrierestreben* einer einseitig emanzipatorisch orientierten weiblichen Lebensphilosophie motiviert ist, liegt der Zusammenhang mit der Fruchtbarkeitsdrosselung umso deutlicher auf der Hand.

Auch im *Erziehungsbereich* der Familienproblematik sind so seit langen Jahren zahlreiche fruchtbarkeitsbehindernde Implikationen wirksam. Es handelt sich dabei einerseits um die bagatellisierenden bis offen familienfeindlichen Tendenzen zur Herbeiführung oder Verstärkung einer drastischen erzieherischen Bedeutungsminderung bzw. Wirkeinschränkung des sozialen Systems Familie. Andererseits geht es um die aus einer familienfeindlichen Lebensperspektive entstandene *Konfliktbelastung* des familialen Erziehungsmilieus. Schließlich wirkt sich einschlägig auch noch die bildungsmäßige Benachteiligung der kinderreichen Familie aus. Ganz allgemein müssen wir auch für das Verhältnis des *erzieherischen* zum *generativen* Funktionskreis die bei der Erörterung der anderen Teilprobleme schon betonte Abhängigkeitsverschachtelung mit dem *Problemganzen* menschlichen Fortpflanzungsverhaltens betonen, womit wir hier insbesondere die Abhängigkeit der *erzieherischen* Familienproblematik *von den übrigen* Problemdimensionen des Familienlebens, andererseits die Rückkoppelung des gesamten Familienlebens an die übergreifenden (sachverhaltlichen wie mentalitätsmäßigen) ökonomischen und sozialen Strukturen bis hinauf auf die gesamtgesellschaftliche Ebene meinen. Für die Fragestellung unserer Untersuchung gilt es zusammenfassend zu betonen: Es besteht auch eine — in der einschlägigen bevölkerungswissenschaftlichen und bevölkerungspolitischen Diskussion bislang mehr oder weniger unbeachtet gebliebene — *bedeutsame* Verschränkung zwischen dem Geburtenrückgang und der *erzieherischen* Dimension des Familienlebens.

Die wirtschaftliche Lebenssicherung der Familie

Zum Unterschied von den *bisher behandelten* fruchtbarkeitsrelevanten Problemdimensionen der Familienfrage ist der generative Bezug zur *wirtschaftlichen Lebenssicherung der Familie* hinsichtlich des allgemeinen Zusammenhangverständnisses ohne verborgene Tiefen, also vergleichsweise einfach. Die Grundlagenbearbeitung dieser Problematik findet sich in den Kapiteln 1.5 (Die grundlegend geänderten Voraussetzungen des Nachkommenschaftsverhaltens der Gegenwart im Bereich der äußeren Lebensumstände) und 1.6 (Die Entbindung des Fortpflanzungsverhaltens aus dem Ethos des ehelichen Fruchtbarkeitsauftrags). Auch haben wir infolge der wechselseitigen Verschränkung der Materie an zahlreichen anderen Stellen auf die *ökonomische* Problematik des Familienlebens immer wieder Bezug genommen. Insgesamt liegt eine Parallelität mit der früher behandelten Problematik des *Haushalts* vor. So wie wir den *Haushalt* als die arbeitsmäßig-pflegerisch-organisatorisch-ökonomische Basis bzw. Klammer *für das ganze* Familienleben charakterisiert haben, bedeutet auch dessen *ökonomisches Substrat allein,* nämlich die Ausstattung der Familie mit wirtschaftlichen Existenzmitteln, die lebensermöglichende Grundlage für die zufriedenstellende Erfüllbarkeit *praktisch aller* Familienfunktionen. So hängt also die Erfüllung der Fortpflanzungsaufgabe der Familie auch vom *ökonomischen* Themenbezug *sowohl direkt als auch indirekt* ab. Unter den *sachverhaltlichen* Bedingungen handelt es sich bei der Frage der wirtschaftlichen Lebenssicherung der Familie um *den zentralen* Determinantenkomplex des Nachkommenschaftsverhaltens und damit auch des Phänomens des bevölkerungsreduzierenden Geburtenverfalls unserer Tage. Diese Problematik hat im Einflußbereich der äußeren Lebensumstände *denselben* Stellenwert wie die *Frauenfrage* unter den seelisch-geistigen Mentalitätsphänomenen.

Je stärker die Beeinflussung der Kinderzahl einer Ehe ins Gewicht fiel einerseits durch Entwicklungsstand und Verbreitung der antikonzeptionellen Methoden und Mittel, andererseits durch die gesellschaftliche Ausformung der darauf bezogenen Idee von der 'Familienplanung', desto nachdrücklicher wirkte sich — auf dem erläuterten komplexen Bedingungshintergrund des fortschreitenden Industrialisierungsprozesses — die Abhängigkeit der ehelichen Fruchtbarkeitsbereitschaft und Fruchtbarkeitsbefähigung *von der ökonomischen Lebenssicherung der Familie* aus. In dieser sich zuspitzenden Gesamtsituation kommt einem *erheblichen Ausbau des Familienlastenausgleichs* eine immer größere Bedeutung für eine bevölkerungserhaltende Nachkommenschaftsleistung zu. Trotz der Verschärfung der wirtschaftlichen Familienerhaltungsprobleme aber ist die Hoffnung auf einen sukzessiven weiteren Ausbau des allgemeinen Familienlastenausgleichs seit Beginn der siebziger Jahre unerfüllt geblieben. Die hoffnungsvollen, stetig kleinen Fortschritte der fünfziger und sechziger Jahre vor allem in puncto Kindergeld (Familienbeihilfe) und steuerlicher Kinderermäßigung sind in den siebziger Jahren etwa in Österreich und der Bundesrepublik Deutschland zunächst in eine Stagnation geraten und dann in einen unverkennbaren Rückschritt übergegangen. Anstelle eines weiteren Ausbaus des allgemeinen Familienlastenausgleichs haben sich die Akzente auch der *wirtschaftlichen* Familienpolitik parallel zu der in den vorangegangenen Kapiteln erörterten mentalitätsmäßigen Zeitausformung stark verändert. Die vorangegangene – in ihren Fundamenten auf einem *personalen,* also nicht-individualistischen sowie nicht-kollektivistischen Menschen- und Gesellschaftsbild beruhende – Grundbetrachtungs-weise der Familie und damit auch der darauf bezogenen Gesellschaftspolitik wurde nunmehr *auch in der ökonomischen Dimension* unter dem Blickwinkel der neulinken Weltanschauung *grundsätzlich und verallgemeinernd* als Ausfluß eines negativ verstan-denen sogenannten 'traditionalistisch-bürgerlichen' Denkens immer heftiger abgelehnt und durch eine 'progressiv-sozialistische' Alternative zu ersetzen versucht.

Anstelle der Idee eines gemeinwohlorientierten innergesellschaftlichen Ausgleichs der mit dem Aufziehen von Kindern verbundenen wirtschaftlichen Lasten zwischen Kinder-losen, Kinderarmen (Ein-Kind-Ehen) und den an einem *bevölkerungserhaltenden* Nach-kommenschaftsausmaß beteiligten Ehepaaren mit zwei und mehr Kindern *innerhalb jeder Einkommensschicht* ist immer stärker die überwunden geglaubte *fürsorgepolitische* Zielvorstellung einer Hilfestellung zugunsten der Haushalte der *unteren* Einkommens-schichten in den Vordergrund getreten. Daran angeschlossen hat sich das *allgemein egalitätsideologische* Anliegen eines am Kriterium der Elternschaft wirksam werdenden nivellierenden Einkommensausgleichs. Es ist grundsätzlich verfehlt, die jenseits alles Fürsorgedenkens angesiedelte Idee des *allgemeinen Familienlastenausgleichs* in ein fürsorgepolitisches Maßnahmenbündel zu verfälschen. Noch abwegiger ist es, die Idee des allgemeinen Familienlastenausgleichs zu einem Bestandteil der egalitätsideologischen Zielsetzung einer einebnenden Umverteilung der unterschiedlich hohen Leistungs-einkommen umzufunktionieren. Ob das Letztere wünschenswert bzw. gerecht ist oder nicht: das ist *nicht* ein Anliegen der *Familien*frage. Genau um diese seit Beginn der siebziger Jahre im Gang befindliche *doppelte Ideentransformation* geht es hier. Speziell etwa im Bereich der beiden eben genannten, miteinander gut vergleichbaren Länder Österreich und der Bundesrepublik Deutschland ist die Idee des allgemeinen Familien-lastenausgleichs sowohl in Richtung der *fürsorgepolitischen* als auch der *allgemein egalitätsideologischen* Zielsetzung seither kräftig uminterpretiert worden. Die *restrik-tiven* generativen Folgen daraus liegen mit Bezug auf unsere Darstellung auf der Hand: Um die Wirksamkeit des Prinzips vom 'Leistungslohn' über das Fortpflanzungsverhalten *nicht völlig unterlaufen bzw. ins Gegenteil verkehren zu lassen* ergibt sich für die (zuvor *überproportional* am gesellschaftlichen Nachwuchs beteiligt gewesenen) *mittleren bis höheren* Einkommensschichten allein schon infolge dieses gravierenden Sachverhalts das Erfordernis, in die Kinderarmut auszuweichen. Nach unserer Problemschau geht es dabei keinesfalls um eine familienpolitische 'Privilegierung' der mittleren und höheren Einkommensempfänger, sondern um ihre *systemgerechte Einbeziehung* in den Anwen-dungsbereich der Idee des Familienlastenausgleichs. Die neulinke Denkperspektive schließt sie davon so weit wie möglich aus. Dies ist ein grundlegender Unterschied, wenngleich seit langem die Denkgewohnheit vorherrscht, jedes Abweichen von den egalitätsideologischen Vorstellungen als 'soziales Unrecht' zu brandmarken. Soweit uns bekannt, ist auch diese fruchtbarkeitshemmende Problematik der wirtschaftlichen Familienpolitik in der bisherigen bevölkerungswissenschaftlichen Erforschung des Geburtenrückganges kaum beachtet bzw. nicht herausgearbeitet worden.

Die in den siebziger Jahren erfolgten gewaltigen Rückschritte im allgemeinen Familienlastenausgleich sind durch die als eine Selbstverständlichkeit in den Vordergrund gestellten Anliegen der Emanzipations- und Egalitätspolitik in den Aufmerksamkeits-
hintergrund verdrängt worden. Eine weitere verhüllende Wirkung hat eine ausgebreitete
dialektische Sprachmanipulation besorgt. Auch auf dem gesellschaftspolitisch so hervorragenden Sektor des Kampfes um die Verteilungsordnung des Nationalprodukts
wurde von den politisch bestimmenden Kräften die Familie *zum bloßen Anlaßfall* der
übergeordneten emanzipatorischen und egalitätsideologischen Zielsetzungen gemacht,
zum bloßen Vehikel, deren Ideen zu transportieren. Die Fundamente des Familienlebens
sind so auch auf dem wichtigen Feld ihrer *wirtschaftlichen* Voraussetzungen in vielfältiger Weise untergraben worden. Die Folge ist die Aushöhlung einer bevölkerungserhaltenden Fruchtbarkeitsbereitschaft bzw. Fruchtbarkeitsbefähigung *auch noch auf
diesem entscheidenden Sektor der Nachkommenschaftsfrage.* Um die familienfeindliche
Verteilungsordnung des Nationalprodukts im Hinblick auf deren generative Folgen zu
verharmlosen, hat man dabei die Tatsache, daß die Voraussetzungen für eine bevölkerungserhaltende Nachkommenschaftsbereitschaft *nicht allein* in einer ausreichenden
ökonomischen Lebenssicherung der Familie begründet sind, zum willkommenen Anlaß
ihrer sachlogisch falschen Interpretation gemacht. Man hat nämlich darauf die 'wissenschaftlich' gewonnene Behauptung aufgebaut, es sei *jedenfalls nicht die ökonomische*
Problematik, die für die Erklärung des Geburtenrückganges herangezogen werden könne.
Diese (zwischen *notwendiger* und *hinreichender* Bedingung nicht unterscheidende)
logisch falsche Interpretation hat den einschlägig orientierten politischen Kräften die
fachlich bescheinigte Rechtfertigung ins Haus geliefert, im tagespolitisch dominierenden
Verteilungskampf um das Geld weiterhin *anderen* (machtpolitisch, d. h. wahlpolitisch
interessanteren) Präferenzen der Einkommensverteilung zugewendet bleiben zu können,
ohne sich damit einem bevölkerungspolitischen Vorwurf aussetzen zu müssen. Zum
Ausgleich seiner *auch in der ökonomischen Dimension* realpolitischen *Randständigkeit*
durfte das Familienthema weiterhin Gegenstand feierlicher Sonntagsreden und sonstiger
unverbindlicher verbaler Deklamationen in der gesellschaftspolitischen Programmatik
bleiben. Wichtig dabei war und ist in der jetzt erörterten Frage nur, den elementaren Zusammenhang zwischen der schwer defizitären Bevölkerungsentwicklung und der äußerst
mangelhaften wirtschaftlichen Lebenssicherung der Familie im öffentlichen Bewußtsein so weit wie möglich zu *verschleiern,* so weit wie möglich zu *verharmlosen,* also in
den Hintergrund des generativen Problembewußtseins treten zu lassen.

Hinsichtlich der für die Gewährleistung einer bevölkerungserhaltenden Fruchtbarkeit
erforderlichen wirtschaftlichen Lebenssicherung der Familie wird man neben der kombi-
nierten Anwendung vieler anderer sich bietender (oft schon bestehender) familien-
fördernder — wirtschaftlich relevanter — Maßnahmen das vordergründige klassische Instrument des allgemeinen Familienlastenausgleichs wieder systemgerecht zur Entfaltung
bringen müssen. Es geht dabei um die ausgewogene Kombination von *direkten Aus-
gleichszahlungen* (Kindergeld, Familienbeihilfe) und der *steuerlichen Kinderermäßigung.*
Es wird eine unbedingte Voraussetzung sein, das vor der neulink inspirierten Demontage
des Familienlastenausgleichs erreichte Leistungsniveau nicht nur wiederherzustellen,

sondern *beträchtlich weiter auszubauen.* Dazu ist eine mit wachsender Kinderzahl *in erheblichem Ausmaß progressiv anwachsende Steigerung* des Kindergeldes ebenso notwendig wie seine ab dem 10. bis 12. Lebensjahr der Kinder *beträchtliche* Aufstockung nach dem Kriterium des Lebensalters. Auch eine jährlich automatische Angleichung dieser Leistungen an den sich verändernden Geldwert ist unerläßlich. Hinzutreten muß eine großzügige *steuerliche Kinderermäßigung.* Ohne eine solche wirtschaftliche Lebensabsicherung der Familie bleibt jede Hoffnung auf eine Wiederannäherung der Fruchtbarkeitsrate der heimischen Bevölkerung auf ihr Selbstersetzungsniveau ein leerer Wahn. Kosmetische Retouchen und unergiebiges optisches Blendwerk (beispielsweise eine überhöhte Geburtenbeihilfe) werden weiterhin ohne jeden Erfolg bleiben. Soweit dies von der Aufbringungsseite her nicht anders möglich ist, wird man aus Gründen der Verteilungsgerechtigkeit zwangsläufig (vorübergehend) die Leistungen für die *ersten* Kinder (zumindest soweit sie in einem gewissen zeitlichen Rahmen *Einzelkinder* bleiben) kürzen oder streichen müssen. Für ein in diesem Fall in der Regel großenteils *doppelverdienendes* Ehepaar ist der Unterhalt eines *einzigen* Kindes (der fürsorgepolitische Bereich stets ausgenommen) meist ohne Beschwernis möglich. Wie aber soll eine kinderreiche Familie mit (großenteils) einem einzigen Erwerbseinkommen finanziell das Leben meistern? Unsinnigerweise wird seit langem der *größte* Anteil der Familienlastenausgleichszahlungen in steigendem Maße für die *ersten* Kinder aufgewendet, die mehrheitlich *Einzelkinder* bleiben. Weitere wichtige Bestandteile der fruchtbarkeitsrelevanten wirtschaftlichen Lebenssicherung der Familie sind sodann die ganze *finanzierungsabhängige Wohnungsfrage* und eine angemessene Einbindung des Nachkommenschaftstatbestandes in die Gestaltung der *Altersversorgung.*

* * *

Zusammenfassende Äußerungen über die Fruchtbarkeitsrelevanz der *humanökologischen Bedingungen,* der '*Ehe ohne Trauschein*', der *Ehescheidung* und der *Fruchtabtreibung* finden sich bereits am Ende des *zweiten* Abschnitts.

Summa summarum können wir feststellen, daß die außerhalb der demographischen Faktoren liegende Problematik unseres bevölkerungsreduzierenden zeitgenössischen Fruchtbarkeitsverfalls ihr Zentrum in der *Familienfrage* unserer Gegenwartsgesellschaft hat. Dies umso mehr, als auch die der Familie *vorgelagerten* bzw. *nebengelagerten* Fruchtbarkeitsbedingungen bzw. Fruchtbarkeitseinflüsse ihre nachkommenschaftsbewirkende Bedeutung erst durch den Zusammenhang mit der Familie als dem teilproblemübergreifenden Kristallisationspunkt der generativen Frage erlangen. Die unmittelbare Verursachungsebene der (ehelichen) Fortpflanzung liegt allein in der *ehelichen Fruchtbarkeitsmentalität,* deren Ausbildung vom Tauglichkeitsgrad des *ganzen* Systems Familie abhängt, das seinerseits wieder auf die es umgebenden ökonomischen und sozialkulturellen Rahmenbedingungen der Gesellschaft verwiesen ist.

Das die gesellschaftliche Funktionalität in vieler Hinsicht bedrohende hochgradige Geburtendefizit ist so in seiner bestimmenden Breite nicht ein uns zwangsläufig wider-

fahrendes Schicksal, sondern die Folge der eigenverantwortlichen geistigen Selbstdeutung des Menschen in Verbindung mit den selbstregulierungsfähigen Modalitäten
seiner äußeren Daseinsweise – im individuellen ebenso wie im gesellschaftlichen Aspekt.
Konkret geht es dabei um die Folgen einer hochgradig *individualistisch* wie *kollektivistisch* grundgelegten Verzerrung des privatpersönlichen wie des gesellschaftlichen
Daseinsverständnisses mit der Konsequenz einer familiendistanzierten bis familienfeindlichen Lebensordnung. Zweifellos stecken im gestörten generativen Prozeß bedeutsame – teils irreversible – fruchtbarkeitshemmende Bedingungsfaktoren im Sinne der
uns als objektive Sachzwänge vorgegebenen ökonomischen und sozialkulturellen Lebensumstände unserer spätindustriellen Gegenwartsgesellschaft. Es ist aber Aufgabe der
persönlichen wie der gesellschaftlichen Gestaltungsordnung des Lebens, diesen familien-
bzw. fruchtbarkeitsfeindlichen Bedingungen bzw. Einflüssen so wirksam wie möglich
zu begegnen. Der systematische Ort dieser Bemühungen ist das *Familienleben.* Die
darauf bezogenen gesellschaftlichen Konzeptbemühungen finden ihren Niederschlag
in der – auf einem *personalen* Selbstverständnis des Menschen beruhenden – *Familienpolitik.* Das anhaltend hohe Fruchtbarkeitsdefizit unserer spätindustriellen Gegenwartsgesellschaften wird somit in der Hauptsache *nicht* von einem rätselhaften Geheimnis
bewirkt, sondern von einer familienfeindlichen Daseinsperspektive.

Daß bei der gesamtgesellschaftlichen Steuerung des Nachkommenschaftsverhaltens
neben diesen in der Hauptsache 'rationalen' Bewirkungsfaktoren im Sinne von bewußter wie vernunftmäßig legitimierbarer Motivierung bzw. Gegenmotivierung auch noch
'irrationale' Steuerungseinflüsse im Sinne unbewußt wirksamer bzw. vernunftmäßig
nicht legitimierbarer Impulse am Werk sind, soll in der generativen Frage ebensowenig
wie bei der Gesamtmotivierung *anderer* menschlicher Verhaltensbereiche in Zweifel gezogen werden. Bei den unbewußt (bzw. nicht klar bewußt, weil oft nur verschwommen
mitbewußt) wirksamen – dem Familienthema vorgelagerten – Antriebselementen (Ziel-
steuerung) bei der Weitergabe des Lebens denken wir etwa an das starke Unbehagen
bzw. an die (oft unterschwellige) Zukunftsangst zahlreicher Menschen unseres Kulturkreises angesichts unserer ökologisch nicht selten schwer defekten Lebensumstände
einerseits, der atomaren Weltbedrohung andererseits. Diese Perspektiven können vor
allem bei labilen, hoffnungsschwachen Menschen eine fatalistische Schwächung bzw.
Lähmung ihrer gesamten Lebensantriebe bewirken, was sich besonders auch im 'Willen
zum Kind' auszuwirken vermag. Diese (oft *unter* der Ebene des reflektierenden Bewußtseins liegenden) Hintergrundbezirke der gerade auch die Nachkommenschaftsfrage betreffenden Lebensantriebe seien in unserer Sicht keinesfalls verschwiegen oder
bagatellisiert. Zu diesen Hintergrundbezirken der außerfamilialen – in die Tiefenperson
des Menschen hinabreichenden – Gestaltungsantriebe des Nachkommenschaftsverhaltens gehört auch die – mit den beiden vorerwähnten Faktoren oft verzahnte – Problematik der vieldiskutierten Sinnkrise unseres gegenwärtigen Daseins, wobei zu betonen
ist, daß gerade Kinder die oft am meisten wirksame Gegensteuerungskraft zu einem sinn-
verengten Daseinsgefühl darstellen. Auf diesem Weg kehren wir – über die Sinnfrage des
Lebens – wieder zur Familie zurück, die auch unter wenig erfreulichen Zukunftperspek-
tiven für den hoffnungbefähigten Menschen eine zentrale Sinnbasis seiner Existenz
darzustellen vermag.

ANMERKUNGSAPPARAT

1) Diese Ausgangslage unseres Unternehmens soll durch nachstehende Erläuterungen besser verständlich werden. Die Problematik des in unseren hochindustrialisierten Gesellschaften des freien Europa mit den frühen sechziger Jahren einsetzenden Fruchtbarkeitsrückganges berührt alle vom Nachkommenschaftsgeschehen (direkt oder indirekt) abhängigen Lebensbereiche zwischen dem einzelmenschlichen Dasein und der Gesamtgesellschaft. Diese Breite der Problemlage bringt es mit sich, daß die Bearbeitung des Geburtenrückganges über die engere Fachdemographie hinaus eine immer größere Zahl von Humanwissenschaften und deren Hilfsdisziplinen zu beschäftigen begonnen hat. Als vergleichsweise unproblematisch erweist sich die als verlängerter Arm der Bevölkerungsstatistik in Erscheinung tretende *engere Fachdemographie:* jenseits aller geisteswissenschaftlich-hermeneutisch-philosophischen Forschungsbezüge im Bereich der seelisch-geistig-sittlichen Problemdimensionen menschlicher Lebensausfaltung hat sie nur die rein sachverhaltliche Seite der unbestreitbar-vordergründigen Ausgangstatsachen des Bevölkerungsprozesses und deren numerische Verarbeitung zum Gegenstand ihrer ziffernmäßig-statistisch-mathematischen Bearbeitung (einschließlich der Modellrechnungen zur hypothetischen Vorausberechnung der natürlichen Bevölkerungsentwicklung). Da geht es beispielsweise um die Geschlechterproportion einer Bevölkerung; ihren Altersaufbau; ihre Familienstandsausprägung (Anteil der Verheirateten, Geschiedenen, Verwitweten); um das Heiratsalter und die Ehedauer; das Ausmaß biologischer Unfruchtbarkeit; die durchschnittliche Lebenserwartung; die ziffernmäßige Entwicklung von Fertilität und Mortalität in aller wünschenswerten Aufgliederung nach regionalen und anderen sachverhaltlichen Differenzierungskriterien der individuellen, primärgruppenhaften bis gesamtgesellschaftlichen generativen Problemlage; um die darauf bezogenen quantitativ-numerisch faßbaren Problemzusammenhänge der äußeren Lebensumstände (insbesondere auch als Ergebnis von Korrelationsrechnungen); um die landesinternen wie grenzüberschreitenden Wanderungsbewegungen usw. Von dieser durch die Bevölkerungsstatistik bestimmten engeren Fachdemographie ausgehend (die es mit den 'demographischen' Faktoren des Bevölkerungsprozesses zu tun hat), ist dann im Verlauf der siebziger Jahre die angedeutete Breite der vom Geburtenrückgang insgesamt beeinflußten Lebensbereiche bzw. Problemaspekte immer mehr Bearbeitungsgegenstand einer Vielzahl humanwissenschaftlich relevanter Fachgebiete geworden – teils in Verschränkung mit der generativen Konträrproblematik der in anderen Weltregionen so bedrängenden *Übervölkerung.* Dabei geht es um die Behandlung der 'nicht-demographischen' Faktoren des Bevölkerungsprozesses, die – aufbauend auf den zugrundeliegenden 'demographischen' – insbesondere von nachstehend genannten Disziplinen seither immer intensiver mitbearbeitet werden: von der Soziologie, Ökonomie, Politologie, Ökologie, (Sozial)Psychologie, von der Verhaltensforschung in enger Verbindung mit Humanbiologie und Medizin, von der Sozialgeschichte, Ethnologie, (Sozial)Ethik und Moraltheologie.

Unsere Untersuchung unterscheidet sich von all diesen Bearbeitungen des Geburtenrückganges (bzw. der Konträrproblematik der Übervölkerung) in zweifacher Hinsicht. Zunächst handelt es sich von der Fragestellung her *nicht* um eine genuin *bevölkerungs*wissenschaftliche, sondern um eine dominant *familien*wissenschaftliche Studie. Dies bedeutet eine andere Grundperspektive der Problemerfassung: die generative Frage ist letztlich nur in Relation zur Fortpflanzungsfunktion der Familie gestellt. Damit erhalten die bevölkerungswissenschaftlichen Tatbestände eine andere Verankerung, einen anderen Forschungsbezug: die Bevölkerungsfrage erscheint nicht als ein eigenständiges, sondern als ein auf die Familie bezogenes, von ihr abhängiges Problem. Deshalb gehört das Zentrum unserer vorliegenden Arbeit trotz aller inhaltlichen Überlagerung nicht zur genuinen *Bevölkerungs*wissenschaft, sondern in den Bereich der *Familien*forschung. Der *zweite* Unterschied von den oben angedeuteten fachdemographischen und der darauf aufbauenden außerfachdemographisch-humanwissenschaftlichen Beschäftigung mit dem Geburtenrückgang (bzw. mit der Konträrproblematik der Übervölkerung) besteht darin, daß es in unserer Arbeit um eine allein *grundlagenorientiert-ganzheitsbezogene* Problemerfassung geht: einerseits (im ersten Abschnitt) um eine alle möglichen Teilbearbeitungsaspekte des Geburtenrückganges *übergreifende* Erfassung der *Problemganzheit des menschlichen Fortpflanzungsverhaltens* als Voraussetzung der andererseits (im zweiten Abschnitt) darauf aufbauenden *systematischen*

Konfrontation mit der Familienfrage unserer Gegenwartsgesellschaft. In unserer Untersuchung handelt es sich also *nicht* um eine Fortführung der *einzelwissenschaftlich akzentuierten* demographischen wie außerdemographischen Behandlung des Geburtenrückganges oder der darauf ansetzenden interdisziplinären Bemühungen bei der Erforschung der (außerhalb einer systematischen Konfrontation mit der Familienfrage verbleibenden) generativen *Teil*gebiete. Dabei stellt unserer Überzeugung nach eine solche überblicksmäßige Herausarbeitung der der fachwissenschaftlichen Einzelfragen- bzw. Teilproblembehandlung *vorgelagerten Erfassung der allgemeinen Grundlagenprobleme* des menschlichen Fortpflanzungsverhaltens eine notwendige Voraussetzung dafür dar, den uferlos gewordenen Fragestand des Geburtenrückganges *als thematische Einheit strukturlogisch widerspruchsfrei zusammenzuschauen.* Mit einem solchermaßen philosophisch ausgerichteten Unternehmen kann der (in sich so uneinheitlichen) einzelwissenschaftlich akzentuierten Teilproblembehandlung bzw. der Detailforschung eine grundlagengeklärte Voraussetzungshilfe angeboten werden.

Unsere so entwickelten Problemaufarbeitungskonturen über die sachrichtige Erfassung des Problemganzen menschlichen Fortpflanzungsverhaltens bzw. der darauf gegründeten natürlichen Bevölkerungsentwicklung fußen auf den vielfältigen Ausgangstatsachen der generativen Frage und ihrer Bearbeitung in der thematisch weit ausgefächerten demographischen wie außerdemographischen Basisliteratur, in deren Bearbeitungshorizonte unsere Thematik verzahnt ist. Unsere Erfassungsperspektive bedingt weitläufige wie vielschichtige Beziehungen dazu – sowohl im individual- als auch im sozialanthropologischen Fragebezug; denn die Weitergabe des Lebens erweist sich als ein vielgestaltiges Wurzelproblem unseres Daseins. Es sei insbesondere verwiesen auf die nachstehend genannte Grundlagenliteratur, die ihrerseits in ein breites Spectrum weiterer Veröffentlichungen eingebunden ist: F. MÜLLER-LYER, Die Entwicklungsstufen der Menschheit, Bd 4: Die Familie, München 1921. – M. HIRSCHFELD, Geschlechtskunde auf Grund 30jähriger Forschung und Erfahrung, 5 Bde, Stuttgart 1926 – 30. – H. PLESSNER, Die Stufen des Organischen und der Mensch, Berlin 1928. – G. IPSEN, Bevölkerungslehre, in: Handwörterbuch des Grenz- und Auslandsdeutschtums, Breslau 1934. – M. SCHELER, Die Stellung des Menschen im Kosmos, 15. Aufl., München 1947. – E. F. WAGEMANN, Menschenzahl u. Völkerschicksal. Eine Lehre von den optimalen Dimensionen gesellschaftl. Gebilde, Hamburg 1948. – E. MICHEL, Ehe. Eine Anthropologie der Geschlechtsgemeinschaft, Stuttgart 1948. – Ph. LERSCH, Vom Wesen der Geschlechter, 2. Auf., München 1950. – H. MUCKERMANN, Der Sinn der Ehe. Biologisch-Ethisch-Übernatürlich, 3. Aufl., Berlin 1952. – W. WINKLER, Typenlehre der Demographie, Wien 1952. – G. MACKENROTH, Bevölkerungslehre. Theorie, Soziologie u. Statistik der Bevölkerung, Berlin 1953. – H. GIESE/A. WILLY (Hg), Mensch, Geschlecht, Gesellschaft. Das Geschlechtsleben unserer Zeit, Frankfurt 1954. – H. GIESE (Hg), Die Sexualität des Menschen, Stuttgart 1955. – A. PORTMANN, Zoologie und das neue Bild des Menschen, Hamburg 1956. – Ch. LORENZ, Bevölkerungslehre, in: W. ZIEGENFUSS (Hg), Handbuch der Soziologie, Stuttgart 1956. – A. GEHLEN, Der Mensch. Seine Natur und Stellung in der Welt, 6. Aufl., Bonn 1958. – H. SCHELSKY, Soziologie der Sexualität, 10. Aufl., Hamburg 1960. – K. MAYER, Bevölkerungslehre und Demographie, in: R. KÖNIG (Hg), Handbuch der empirischen Sozialforschung I, 2. Aufl., 1967. – H. GÖPPERT/W. WINKLER (Hg), Sexualität und Geburtenkontrolle, Freiburg 1970. – W. E. MÜHLMANN, Die Entwicklung der Bevölkerung und die Zukunft des Menschen auf der Erde, in: H. DUVERNELL (Hg), Der Mensch in der Gesellschaft von morgen, Berlin 1972. – O. von NELL-BREUNING, Der Staat und die menschliche Fortpflanzung. Bevölkerungspolitik in institutioneller und ideologischer Sicht, in: R. KURZROCK (Hg), Das Kind in der Gesellschaft, Berlin 1973. – R. MACKENSEN/H. WEWER, Dynamik der Bevölkerungsentwicklung. Strukturen, Bedingungen, Folgen, München 1973. – J. SCHMID, Einführung in die Bevölkerungssoziologie, Reinbeck 1976. – K. M. BOLTE, D. KRAPPE und J. SCHMID, Bevölkerungstheorie. Statistik, Theorie, Geschichte und Politik des Bevölkerungsprozesses, 4. Aufl., Opladen 1980.

In methodischer Hinsicht ist zu sagen, daß die unserer Arbeit zugrundeliegende Zielsetzung einer Konturierung der der einzelwissenschaftlichen Forschung *übergeordneten Problemganzheit* des menschlichen Fortpflanzungsverhaltens durch eine *gestaltanalytische Erfassungsweise* geschieht. Wir folgen dabei einer Denkmethode, wie sie der Philosoph Ferdinand WEINHANDL (1896 – 1973) in seinem 1927 im Verlag Kurt Stenger in Erfurt erschienenen Buch 'Die Gestaltanalyse' entwickelt hat. (Diese im Anschluß an die gestalttheoretische Grundlegung von Christian EHRENFELS, Wolfgang KÖHLER, Kurt KOFFKA und Max WERTHEIMER entwickelte gestaltanalytische Methode wendet WEINHANDL in der Erkenntnistheorie, in der Metaphysik und Ethik sowie in seiner Goethe-Interpretation an.) Nach unserer Problemeinschätzung wird es nur durch eine solche gestaltanalytische Betrachtungsweise möglich, die außerordentliche Komplexität der generativen Gesamtthematik in einer überschaubaren und sachlogisch stimmigen Problemstruktur in den Griff zu bekommen. Aufgabe dieses Strukturdenkens ist es, ein geklärtes Zuordnungsverhältnis der generativen Teilprobleme untereinander sowie zum übergeordneten Problemganzen herzustellen. Dieses methodische Anliegen kommt im Untertitel unserer Arbeit zum Ausdruck: 'Strukturlogische Problemanalyse des übergreifenden sozialanthropologischen Fragestandes'.

Wie schon im Vorwort gesagt, stellt unsere Arbeit – soweit für uns ersichtlich – den *ersten* Versuch in der Literatur dar, den gestörten generativen Prozeß unter der erkenntnisleitenden Perspektive der Familienfrage von den Grundlagen her überblicksmäßig aufzuarbeiten. Wir können daher nicht an einschlägige Vorläufer in der Literatur anknüpfen. Soweit es die bevölkerungswissenschaftliche Forschung unserer Wahrnehmung nach mit den vielen Elementen der familienabhängigen Lebenswelt des Menschen zu tun hat, ist dies bislang *nicht* in der Perspektive unserer Fragestellung geschehen: die Familie zum erkenntnisleitenden Wurzelproblem der Fortpflanzungsfrage zu machen. Soferne dabei die Familie überhaupt in den Blick gekommen ist (was häufig genug *nicht* der Fall war und ist), sind die in Rede stehenden vielfältigen Elemente der familienabhängigen Lebenswelt des Menschen in der bisherigen bevölkerungswissenschaftlichen Forschung *nicht als Bestandteile der übergeordneten Familienfrage* behandelt worden. Dadurch ist das Familienphänomen – wenn überhaupt – *nur sehr partiell* in Erscheinung getreten. Es ist dann nur aspektologisch, sektoral bzw. segmental miterfaßt worden, und zwar als eine von den vielfältig sonstigen erkenntnisleitenden Zielvorstellungen *einseitig abhängige Variable*.

2) Diese von uns hier in den Blick genommene *Problemganzheit* des menschlichen Fortpflanzungsverhaltens soll es ermöglichen, von dieser obersten Betrachtungsebene aus zu einer *einheitsstiftenden Generalperspektive* zu gelangen, unter die sowohl die Problemdimension der *Familie* als auch jene der *Bevölkerungsentwicklung* widerspruchsfrei eingeordnet werden kann. Wir werden später sehen, daß das oberste Kriterium zur Ermöglichung einer solchen einheitsstiftenden Perspektive – wodurch dem Familienwohl ebenso entsprochen werden kann wie dem legitimen gesellschaftlichen Bevölkerungsinteresse – das *generative Gemeinwohl* ist.

3) Daß dieser zweifache thematische Grundbezug des Fortpflanzungsverhaltens in der bevölkerungswissenschaftlichen und bevölkerungspolitischen Problembehandlung so häufig nicht (hinreichend) erkannt bzw. nicht (angemessen) in Rechnung gestellt wird, liegt zunächst wohl daran, daß die einzelwissenschaftlich akzentuierten Fragestellungen bzw. die darauf bezogenen bevölkerungspolitischen Einzelprobleme in konkretistischer Schau viel zu sehr an der *spezifizierenden Problemoberfläche* angesiedelt sind, wodurch der Zusammenhang mit den ihnen vorgelagerten Problemgrundlagen gar nicht in den Blick kommt. Als Folge dessen bleiben hinter der unübersehbar gewordenen Vielzahl konkreter demographischer und nichtdemographisch-humanwissenschaftlicher Einzelprobleme des Geburtenrückganges solche allgemeinen Grundlagenaspekte weithin verborgen, deren Herausarbeitung für einen einheitsstiftend-widerspruchsfreien Kontext in der Bearbeitung der Teil(Detail)probleme wichtig ist. Fehlt eine solche Grundlagenbearbeitung, dann bleibt das im Gesamtbild der Einzelproblembehandlungen entstandene Durcheinander und Gegeneinander von Aussagen bzw. Bearbeitungsrichtungen weithin unerklärbar. Auch daran läßt sich der Sinn der Zielsetzung unserer Arbeit verdeutlichen: nicht die fachwissenschaftlich akzentuierte Teilproblembearbeitung weiterzuführen, sondern diese mit einer allgemeinen Grundlagenklärung zu konfrontieren.

4) Unter den immateriellen elternschaftlichen Leistungen wird häufig auf einen Faktor mehr oder weniger vergessen, dem aber für die Lebensführung der Kindeseltern – nicht zuletzt für ihre *seelische* Lebensqualität – gerade heute eine große Bedeutung zukommt. Es handelt sich um den Faktor 'Zeit', um die Zeit, die die Eltern – zulasten ihrer eigenen Lebensinteressen – für die Betreuung, Erziehung bzw. Lebenseinführung ihrer Kinder investieren. Dies hat bei einer kinderreichen Familie oft zur Folge, daß verantwortungsbewußte Eltern – je nach Lage des Einzelfalles – ihrer Kinder wegen auf lange Jahre (mitunter auf Jahrzehnte) hinaus auf eine wünschenswerte persönliche Freizeitgestaltung in hohem Maße verzichten.

5) Dieser letztgenannten Perspektive entspricht das seit dem Einsetzen des aktuellen Geburtenrückganges in unserer Gesellschaft bislang dominierend in Erscheinung getretene bevölkerungswissenschaftliche und bevölkerungspolitische Denken. Auf dem Hintergrund der leider häufig beobachtbaren moralischen Zwielichtigkeit oder gar einer richtiggehenden Kompromittierung der Motivation staatlicher Bevölkerungspolitik in vergangenen Epochen und Regimen – bei uns zuletzt in besonders ausgeprägter Weise während der nationalsozialistischen Diktatur – (Kinder als 'Kanonenfutter' oder als Garanten sonstiger ehrgeiziger machtpolitischer staatlicher Ziele, sei es auf militärischem, politischem oder wirtschaftlichem Gebiet), hatte sich nach dem Zweiten Weltkrieg in unserer Gesellschaft eine starke Ablehnung breitgemacht, dem Staat irgendeine Kompetenz zur Geltendmachung bevölkerungspolitischer Ziele zuzugestehen. Dies ging soweit, daß sogar die inhaltliche Vertretbarkeit der Auffassung bestritten wurde, ein *bevölkerungserhaltendes* Fruchtbarkeitsausmaß könne als *legitimes* bevölkerungspolitisches Ziel eines Staates, einer Gesellschaft angesehen werden. Die Folge dieser emotionalen Reaktionshaltung war, daß in der bisher tonangebenden wissenschaftlichen und öffentlichen Diskussion über den Geburtenrückgang gerade etwa in der Bundesrepublik Deutschland und in Österreich jegliche Verschränkung der individuellen Fortpflanzungsbereitschaft mit bevölkerungspolitischen Zielen der gesellschaftlich-staatlichen Interessenlage *prinzipiell* zurückgewiesen wurde wegen der darin erblickten staatlichen Kompetenzanmaßung über einen privaten Lebensbereich des Menschen. Eine gute Zusammenfassung dieser bevölkerungswissenschaftlichen und bevölkerungspolitischen Problematik samt umfangreicher Literaturangabe findet sich bei M. WINGEN, Grundfragen der Bevölkerungspolitik, Stuttgart 1975, insbes. S. 23 – 41. Siehe dazu auch F. X. KAUFMANN, Legitimationsprobleme der Bevölkerungspolitik, in: derselbe (Hg), Bevölkerungsbewegung zwischen Quantität und Qualität, Stuttgart 1975.

6) Ein solcher Rückbezug der generativen Frage auf die sozialphilosophische Ausgangsbestimmung des Menschen ist uns in der bevölkerungswissenschaftlichen und bevölkerungspolitischen Literatur rund um die Abklärung unseres zeitgenössischen Geburtenrückganges nirgends auch nur andeutungsweise begegnet. So sind wir gerade auch bei der Aufdeckung dieses verborgenen Bedingungszusammenhanges zwischen dem Fortpflanzungsverhalten und der dem fachlichen und politischen Denken (meist unbewußt oder doch unreflektiert) zugrundeliegenden anthropologischen Grundkonzeption auf eine völlig eigenständige Entwicklung des diesbezüglichen Problemerfassungsansatzes angewiesen. Dieser Problemaufschließungsaspekt für das Verständnis des Fruchtbarkeitsverhaltens in unserer Gegenwartsgesellschaft ist für unsere Untersuchung von hochrangiger Bedeutung. Zunächst handelt es sich dabei um ein konstitutives Kriterium bei der (im zweiten Abschnitt erfolgten) Herausarbeitung des *Familiengrundverständnisses*. Sodann ermöglicht der Rückbezug der generativen Frage auf dieses Wurzelproblem geistiger Selbstdeutung des Menschen verschiedene grundlegende Einsichten im aufzuhellenden Umfeld des themenübergreifenden Gesamtzusammenhanges. Es läßt sich daraus die Erkenntnis gewinnen, daß die sozialethische Grundlagenproblematik des Nachkommenschaftsverhaltens *nur ein markantes Beispiel* darstellt innerhalb des einzelproblemübergreifenden individuo-sozialen Spannungsverhältnisses im menschlichen Leben; daß es sich bei der Fortpflanzungsfrage diesbezüglich nur um einen typischen Anwendungsfall innerhalb der gesamten sozialen Beziehungsordnung handelt. Mit der Zuordnung der generativen Frage zu den systembildenden Perspektiven von *Individualismus, Kollektivismus* bzw. einem *personalen* Menschenverständnis ist das *alle* Verhaltensbereiche *gleich-*

sinnig präformierende anthropologische Strukturbild bezeichnet, von dem aus der ganze sozial-philosophische Ordnungsbezug des Menschen seinen Ausgang nimmt und von dem aus die darauf bezogene reale Lebensausfaltung ihre solchermaßen menschenbildgeprägte normative Grund-richtung erhält. (Die Wirksamkeit dieses Ordnungsmusters ist unabhängig davon, ob bzw. in welchem Ausmaß es mit seinen weitreichenden Konsequenzen erkannt bzw. anerkannt wird. Durch die damit ermöglichte Einsicht in den *Beispielcharakter* des Fortpflanzungsverhaltens im Rahmen der unser ganzes zwischenmenschliches Dasein betreffenden sozialethischen Grund-lagenproblematik wird diese über die Sozialphilosophie erschlossene normative Relevanz der generativen Thematik besser verständlich und besser begründbar als bei einer *isolierten* Analyse dieses Verhaltenssektors. Bei der Erfassung dieses Grundlagenzusammenhanges wird sodann die von uns zuvor schon ganz allgemein herausgearbeitete Erkenntnis vertieft, daß das Nachkommen-schaftsverhalten unbeschadet seiner großen *individuell-primärgruppenhaften* Bedeutung gleich-zeitig ein ebenso wichtiges Element der *sozialen Beziehungsordnung* darstellt. Vor allem aber erschließt sich über den Rückbezug der generativen Frage auf die in Rede stehende anthropologi-sche Grundkonzeption das Verständnis für die ganze inhaltliche Breite und das Gewicht ihrer solchermaßen gegebenen *Menschenbildabhängigkeit*. Wie schon gesagt: Soweit wir ersehen kön-nen, ist diese in unserer Untersuchung nachdrücklich herausgestellte – in mancherlei Hinsicht überaus konsequenzenreiche – Problemdimension des Geburtenrückganges in der bisherigen be-völkerungswissenschaftlichen Forschung nirgends thematisiert worden, im Gegenteil. Seit dem Einsetzen unseres spätindustriellen Fruchtbarkeitseinbruchs ist gerade im *tonangebenden* be-völkerungswissenschaftlichen und dem darauf bezogenen bevölkerungspolitischen Denken diese für den normativen Problemgehalt weichenstellende Grundlagenbeziehung aus allen Bearbeitungs-perspektiven in auffälliger Weise herausgehalten worden. Für das Faktum des Fehlens einer Berücksichtigung dieser Beziehungsabhängigkeit ist es zunächst einerlei, ob die Ursache dafür darin liegt, daß die Bedeutung dieses aller fachwissenschaftlichen Einzelproblembehandlung vor-gelagerten Prämissenzusammenhanges bisher *tatsächlich nicht erkannt* wurde oder aber, daß seine fehlende Berücksichtigung *als Folge einstellungsbedingter Tiefensteuerung* zu gelten hat, dieser Zusammenhang also *tendentiös* aus dem Problembewußtsein *verdrängt worden ist*. Hier geht es vorerst nur darum, angesichts unserer komprimierten Darstellung eine verständnisfördern-de Erläuterung zu geben, die sowohl den Erklärungswert des eben begonnenen Kapitels besser hervortreten läßt als auch dessen Zusammenhang zum normativen Aufarbeitungsgehalt unserer weiterführenden Arbeit vorausschauend verdeutlicht. Man kann daraus umso deutlicher erken-nen, welch entscheidende Klärungshilfe *fehlt*, wenn im Rahmen der üblichen fachwissenschaft-lichen Teilproblem- bzw. Detailbearbeitung dieser so vielschichtigen Materie des Geburtenrück-ganges der sozialphilosophische Grundlagenbezug aus dem Blick bleibt, dessen Anwendung in *allen* vergleichbaren komplexen Fragestellungen der zwischenmenschlichen Beziehungsordnung eine unerläßliche Voraussetzung dafür bietet, daß man das jeweilige Problem in seiner sozial-ethischen und damit in seiner lebensbedeutsamen anthropologischen Gesamtdimension in den Griff bekommt. Ansonsten bleibt die jede einzelwissenschaftliche Beschäftigung übersteigende teilproblemübergreifend-zusammenhangstiftende Erkenntnissituation über die einschlägige Lebenstotalität notgedrungen in hohem Maße *fragmentarisch*. Bezogen auf die davon abhängige *Richtungsbestimmung* des für alle ausgefächerten Einzelprobleme wirksamen Lösungsansatzes könnte man das Ungenügen einer solchen Erkenntnissituation vergleichen mit der Lage eines auf dem weiten Meer *ohne Kompaß* segelnden Schiffskapitäns: es bleibt für ihn ungewiß, welchen Kurs er steuert, auf welches Ziel hin die Fahrt geht. – Mag auch diese sozialphilosophische Fun-dierung im Rahmen einer solch ganzheitsbezogenen Themenerfassung nicht nur jenseits der ge-wohnten fachwissenschaftlichen Beschäftigung mit dem Geburtenrückgang liegen, sondern überdies infolge des dadurch bedingten philosophisch-abstrahierenden – die Sichtweisen vieler ganz unterschiedlicher akademischer Disziplinen zusammenschauenden – Denkstils nicht leicht auffaßbar sein, so wird doch gerade diese Erläuterung zum Verständnis der Notwendigkeit bei-tragen, mit Hilfe unseres Ansatzes die bisher fehlende Gesamtproblemintegration der Nach-kommenschaftsfrage herbeiführen zu helfen.

226

7) Daß diese hier skizzierte sozialphilosophische Grundlagenklärung in der bevölkerungswissenschaftlichen Erforschung des Geburtenrückganges unserer Kenntnis nach bisher nirgends berücksichtigt worden ist, wird auch damit zusammenhängen, daß erst eine Themenerfassung wie die unsere zu einer so umfassenden wie tiefgehenden Analyse des übergeordneten Gesamtfragestandes zwingt, was schließlich auch zur Aufdeckung der eben erörterten Prämissenabhängigkeit geführt hat. Im Verlauf unserer Vorstudien ist uns bewußt geworden, daß unsere Arbeit ein sehr schwieriges Unterfangen darstellt. Dieser Schwierigkeitsgrad ist vor allem dadurch bedingt, daß die Erfassung des Geburtenrückganges unter der erkenntnisleitenden Perspektive der Familienfrage die Themenaufarbeitung mit einem *weichenstellenden Kristallisationspunkt* der ganzen menschlichen Lebensordnung in Beziehung setzt. Die Ausleuchtung dieser zentralen Schaltstelle individueller und gesellschaftlicher Daseinsausfaltung hat uns u. a. auch auf die eben behandelte sozialphilosophische Wurzelproblematik hingeführt. Die hier im Zusammenhang mit der Darstellung des Problemganzen menschlichen Fortpflanzungsverhaltens vor Augen geführte Prämissenabhängigkeit des Nachkommenschaftsverhaltens vom jeweils zugrundeliegenden – sozialphilosophisch bestimmbaren – Menschenbild macht anthropologische Letzteinsichten erkennbar, die niemals aus einer *isolierten* Beschäftigung mit dem *Nachwuchsproblem allein* (bzw. mit der Bevölkerungsfrage) hervorgehen können. Die volle Auslotung der generativen Frage erweist sich als abhängig von der Erkenntnis ihrer Einbindung in diese fundamentalanthropologischen Zusammenhänge. Deshalb fällt unsere Arbeit in ihrer ganzen Anlage nicht nur aus dem Rahmen der bisherigen *bevölkerungswissenschaftlichen* Beschäftigung mit dem Geburtenrückgang – wozu sie, wie betont, im eigentlichen Sinn ohnedies *nicht* gehört; sie stößt darüber hinaus, wie der weitere Verlauf unserer Untersuchung zeigen wird, auch im Rahmen der *Familienforschung* in sozialphilosophisches Neuland vor. Um die Behandlung unserer vorgegebenen Themenstellung nicht aus dem Auge zu verlieren, haben wir den Darstellungsfortgang des Haupttextes *straff* gehalten. Ansonsten wäre es zu einer fragestellungsfernen Stoffüberladenheit gekommen, so daß dadurch der rote Faden der engeren Themenbehandlung über größere Strecken nicht mehr ausreichend im Bewußtsein des Lesers verbliebe. Für ein volles Verständnis der Problemausklärung ist bei verschiedenen Stellen die Berücksichtigung der im *zweiten* Abschnitt darauf beziehbaren Darstellungspartien erforderlich. Insofern setzt ein *volles* Verständnis verschiedener Einzelpartien die Gesamtlektüre des Buches voraus. Es ist uns bewußt, daß eine so komprimierte Grundlagenbehandlung nicht leicht auffaßbar ist. Angesichts des bisherigen Fehlens einer solchen Bearbeitung aber muß dieser globale Problemerfassungseinstieg gewagt werden. Eine weitere Schwierigkeit besteht in der Weite des von uns berührten – in sich so heterogenen – Gesamtfragestandes. Infolge der fachwissenschaftlich notwendigerweise bedingten Einengung des Blickfeldes wird die Mehrzahl der Leser nur mit Ausschnitten der behandelten Materie vertraut sein können. Auch deshalb wird eine vollständige Lektüre dieser Arbeit in mancher Hinsicht Voraussetzung eines ausreichenden Verständnisses dessen sein, was mit verschiedenen Partien der vorliegenden Studie insgesamt ausgesagt sein will.

8) Auch diese gleichermaßen vielschichtige wie komplizierte Hintergrundproblematik kann hier nur skizzenhaft angedeutet werden; handelt es sich doch auch dabei nicht um die Behandlung unserer Fragestellung selbst, sondern in diesem Fall um eine Erörterung der wissenschaftstheoretischen Rahmenbedingungen ihrer fachlichen Aufarbeitungsmöglichkeit. Es soll dabei zum Ausdruck kommen, wie stark die erkenntnismäßige Bewältigung der generativen Frage vom zugrundeliegenden Wissenschaftsverständnis abhängt. Eine *genauere* Auseinandersetzung mit all den hier angeschnittenen Problemen ist in diesem Zusammenhang weder möglich noch sinnvoll, wobei wir der notwendigen Kürze halber die unvermeidliche Gefahr verschiedenartiger Mißverständnisse in Kauf nehmen müssen.

Wichtig ist die tragende Ausgangserkenntnis, daß das Nachkommenschaftsverhalten ganz maßgeblich vom übergeordneten Gesamt-Lebensverständnis einer ehelichen Daseinsverfassung abhängt, ja, daß die Fortpflanzungsfrage darin einen konstitutiven Faktor darstellt. Die generative Frage ist also nicht ein von dieser übergeordneten Lebensperspektive *ablösbar-isolierbarer* Verhaltensbereich, dessen Verständnis nur aus sich selbst gewonnen werden könnte. Im Gegenteil: als *hochgradig sinnträchtiger, hochgradig wertgeladener* Verhaltenssektor ist die Fortpflanzung – und damit das Phänomen des Geburtenrückganges – *in besonderem Maße* in die in Rede stehende *übergreifende* Zielperspektive gesamtmenschlicher Lebensverwirklichung hineinverwoben. Durch die damit gegebene Einbindung in weitläufige Zusammenhänge unserer seelisch-geistig-sittlich relevanten Lebensausfaltung gerät die Erforschung des Geburtenrückganges (jenseits der fachdemographischen Bearbeitung) in eine außerordentliche thematische Vielfältigkeit und Weite. Die Breite des damit berührten Spectrums humanwissenschaftlich relevanter Fachgebiete haben wir bereits in den Ausgangserläuterungen der Fußnote 1 zum Ausdruck gebracht: Im Bereich der nicht-demographischen Faktoren spannt sich der buntgefächerte Kanon von den naturwissenschaftlichen Fächern über die wirtschaftswissenschaftlichen zu den geisteswissenschaftlichen Disziplinen und von dort zum bisherigen Befassungsschwerpunkt der Sozialwissenschaften. Das sind thematisch wie methodisch *äußerst heterogene* Fachbereiche. Was sie verbindet, ist nur der Bezug auf irgendeinen Bereich (Aspekt) der Nachkommenschafts- bzw. Bevölkerungsproblematik. Dies bedeutet, daß für viele der von diesen so grundverschiedenen akademischen Arbeitsgebieten stammenden Beiträge zum Geburtenrückgang *ebenso unterschiedliche* wissenschaftstheoretische Grundlagenprobleme gelten. Die *größte* Diskrepanz ergibt sich dabei in der Gegenüberstellung der kausal-naturwissenschaftlichen mit der teleologisch-hermeneutisch-geisteswissenschaftlichen Eigengesetzlichkeit der Problemgegenstände. Wird die der erstgenannten Eigengesetzlichkeit entsprechende Problemerfassungsweise zusammen mit den formal-logischen Bearbeitungsmethoden der Mathematik und Logik (Logistik) zum *Ausschließlichkeitskriterium* einer 'wissenschaftlichen' Bearbeitung menschlicher Lebensprobleme erklärt, dann haben wir es mit der in unserer Arbeit näher in den Blick genommenen Problematik des (mehrgestaltig in Erscheinung tretenden) *Positivismus* zu tun. Der wissenschaftliche Erfahrungsbegriff wird dabei auf die Dimension der je verfügbaren numerischen Datenrudimente eingeengt. Damit wird die *außerhalb* dieser positivistischen Bearbeitungsebene liegende Erfahrungswelt des (mit)menschlichen Lebensvollzugs als *jenseits* der wissenschaftlichen Erfaßbarkeit liegend eingestuft. Mit Ausnahme der Erkenntnistheorie bleibt nach dieser Auffassung auch alle *philosophische* Grundlagenbearbeitung *außerhalb* der wissenschaftlichen Aussageebene. Die damit gegebene Auseinandersetzung ist für unsere Untersuchung deshalb von großer Bedeutung, weil das von uns kritisierte Zentrum der bisherigen bevölkerungswissenschaftlichen Erforschung des aktuellen Geburtenrückganges – analog zur Bearbeitung vieler anderer einschlägig vergleichbarer humanwissenschaftlicher Problemgebiete – hochgradig auf ein positivistisches Wissenschaftsverständnis bezogen blieb. Die Einseitigkeit dieses Wissenschaftsverständnisses und die oftmals daraus hervorgehende selbstüberhebliche Intoleranz gegenüber den ergänzenden außerpositivistisch-geisteswissenschaftlich-philosophischen Bearbeitungszugängen hat sicherlich maßgeblich dazu beigetragen, daß es bisher nicht zu einer in unserem Sinne *adäquaten* Problemerfassung des Phänomens Geburtenrückgang gekommen ist. Zumindest führt dazu, daß sich (auch etwa bei der Vergabe von Forschungsprojekten und deren Finanzierung) das gesamte (öffentlichkeitswirksame) Wissenschaftsinteresse auf *positivistisch* orientierte Problembearbeitungen beschränkt. Dabei stellt innerhalb des so einseitig positivistisch orientierten humanwissenschaftlichen Forschungsbetriebs unserer Tage das hier behandelte Problemfeld 'Geburtenrückgang – generatives Verhalten' hinsichtlich dieser wissenschaftstheoretischen Fragen *nur ein Beispiel* unter vielen anderen dar. Die aus dieser Problematik hervorgehende Erkenntnisbehinderung in der Erfassung der übergeordneten Problemzusammenhänge und der von ihnen für die Bearbeitung der Einzelfragen ausgehenden Konsequenzen trifft also auch für viele andere vergleichbare Fragestellungen zu. Es geht hier im Grunde um eine recht allgemeine wissenschaftstheoretische Problematik komplexer sowie sinnbezogener bzw. wertabhängiger humanwissenschaftlicher Forschungsgegenstände. Für jeden, der über diese Grundlagenproblematik einigermaßen Bescheid weiß, liegt es auf der Hand, welch alte wissenschaftstheoretische Streitpunkte mit welch vielgestaltig daraus erfließenden Folgerungen geradezu automatisch ins Spiel kommen, wenn das in unserer vorliegenden Arbeit konturierte Problemverständnis mit seinem als Korrektiv zur Einseitigkeit der bisherigen Themenbehandlung ausgeprägten Interesse für die seelisch-geistig-sittlichen (als die

kern-anthropologischen) Problemaspekte konfrontiert wird mit dem positivistischen Alleingeltungsanspruch. Zur Vermeidung eines ganz großen Mißverständnisses sei an dieser Stelle
nachdrücklich betont, daß diese unsere Grundlagenkritik in keiner Weise etwas zu tun hat mit
einer *Geringschätzung* der vom Positivismus *allein* als 'wissenschaftlich' anerkannten exakten
Verfahrensweisen; somit insbesondere mit einer Geringschätzung der Naturwissenschaften.
Keinesfalls! (Der Verfasser hat selbst lange Jahre hindurch mit solchen Methoden empirisch ge-
arbeitet und ist in einem stark naturwissenschaftlich ausgerichteten Denken aufgewachsen.)
Es geht hier ausschließlich darum, den in der humanwissenschaftlichen Forschung vielerorts
noch immer vorherrschenden Hegemonie- bzw. Alleingeltungsanspruch des positivistischen Denkens zurückzuweisen, das auch in unserem Problembereich − wie in allen über die naturwissenschaftliche Eigengesetzlichkeit hinausführenden, analogen komplexen humanwissenschaftlichen Fragestellungen − zwangsläufig in eine Sackgasse führt. Zu dieser allgemeinen Grundlagenproblematik vergleiche als Basisliteratur insbesondere etwa: W. DILTHEY, Gesammelte Schriften, 1914 − 1936, Bände 1, 5, 7, 11. − E. ROTHACKER, Logik und Systematik der Geisteswissenschaften, 1926; derselbe, Einleitung in die Geisteswissenschaften, 1933, 3. Aufl. −
E. SPRANGER, Über die Voraussetzungslosigkeit der Wissenschaften, 1929. − G. MIGSCH,
Phänomenologie und Lebensphilosophie, 1929. − O. F. BOLLNOW, Das Verstehen, 1949. −
E. BETTI, Allgemeine Auslegungslehre als Methode der Geisteswissenschaften, 1967. −
H. G. GADAMER, Wahrheit und Methode, 1972, 3. Aufl.; derselbe, Artikel 'Hermeneutik', in:
Hist. Wörterbuch der Philosophie, Bd 3, 1974. − W. SCHULZ, Philosophie in der veränderten
Welt, bes. erster Teil: Verwissenschaftlichung, 12 − 247, 4. Aufl., Pfullingen 1980.

9) Diese weitläufigen Problemerwägungen sind für unsere Fragestellung insoweit am Platz, als wir
− wie bereits angemerkt − das Nachkommenschaftsverhalten als eine Resultante aus dem ganzen
menschlichen Lebensentwurf verstehen, d. h. als eine Resultante seiner teilbereichsintegrierenden
Gesamtperspektive. In grundlagenwissenschaftlicher Erfassung kommen dabei auch den *sozialgeschichtlichen* und den *ethnologischen* Problemzugängen keine geringe aufhellende Hintergrund-
bedeutung zu. Vgl. dazu: M. MEAD, Mann und Weib. Das Verhältnis der Geschlechter in einer
sich wandelnden Welt, Stuttgart 1955. − H. SCHELSKY, Soziologie der Sexualität, 10. Aufl.,
Hamburg 1960. − A. GEHLEN, Urmensch und Spätkultur, Hamburg 1961; derselbe, Die Sozial-
strukturen primitiver Gesellschaften, in: A. GEHLEN und H. SCHELSKY (Hg), Soziologie.
Ein Lehr- und Handbuch zur modernen Gesellschaftskunde, 7. Aufl., Düsseldorf 1968. −
H. HELCZMANOVSKI (Hg), Beiträge zur Bevölkerungs- und Sozialgeschichte, Wien 1973. −
R. KÖNIG, Die Familie der Gegenwart. Ein interkultureller Vergleich, München 1974. −
M. MITTERAUER und R. SIEDER, Vom Patriarchat zur Partnerschaft. Zum Strukturwandel
der Familie, München 1977.

10) Verschiedene konkrete Erläuterungen zu den wegen der genannten straffen Darstellungsabsicht
im Haupttext nur sehr allgemein gehaltenen Aussagen finden sich im Anmerkungsapparat. Erneut
möchten wir darauf hinweisen, daß wir die in Rede stehenden wissenschaftstheoretischen Probleme unserer Fragestellung nur als ein Anwendungsbeispiel für die *allgemeine* humanwissenschaftliche Problematik aller vergleichbaren komplexen Lebensprobleme verstanden wissen
wollen. Die dabei sichtbar werdende quantitative und qualitative Begrenztheit der positivistischen
Methodik läßt im gleichen Ausmaß die Bedeutung der sie ergänzenden bzw. grundlegenden
geisteswissenschaftlich-philosophischen Problemaufschließungszugänge erkennen. Insofern − wie
etwa auch in der generativen Fragestellung − komplexe humanwissenschaftliche Gegenstandsbereiche (des individual- wie des sozialanthropologischen Fragebezugs) sowohl mit der kausal-
naturwissenschaftlichen als auch mit der teleologisch(= final)-geisteswissenschaftlichen Eigengesetzlichkeit verzahnt sind, weil es dabei stets um den Menschen als eine *leiblich-seelisch-geistig-
sittliche Einheit* geht, insofern bringt die *Reduktion* des Wissenschaftsverständnisses allein auf
die *kausal-naturwissenschaftliche bzw. auf die formal-logische* Bearbeitungsdimension des (mehrgestaltig in Erscheinung tretenden) Positivismus immer die von uns hier betonten Bearbeitungs-
bzw. Erkenntnisinsuffizienzen mit sich. In diesem Zusammenhang zielt unsere Kritik auch darauf,

daß die Einengung des positivistischen Wissenschaftsbegriffs in der humanwissenschaftlichen Forschung *vom Positivismus selbst in keiner Weise durchgehalten wird.* Vielmehr werden dabei sehr häufig die erklärtermaßen ausgesparten Problemdimensionen durch unbewußt vorhandene bzw. verborgen gehaltene Implikationen mitunter sehr weitreichend berücksichtigt: sowohl durch Vorentscheidungen in den der einzelwissenschaftlichen Forschung zugrundeliegenden Ansatzbetrachtungen als auch durch versteckte Implikationen bei der Interpretation des Datenmaterials bzw. bei den daraus hervorgehenden Schlußfolgerungen. Bei einer konsequenten Ausklammerung der der positivistischen Methodik nicht zugänglichen Wirklichkeitsbezüge würden nämlich gar keine für die Lebenspraxis brauchbaren wissenschaftlichen Aussagen über komplexe humanwissenschaftliche Probleme zustandekommen können (siehe den radikalen Behaviorismus). Die Folge ist, daß in einer Vielzahl *rein positivistisch* angelegter humanwissenschaftlicher Bearbeitungen komplexer Lebensprobleme die vorgeblich ausgeklammerten (einer wissenschaftlichen Behandlung vermeintlich nicht zugänglichen) Fragedimensionen in Wirklichkeit in einem mehr oder minder großen Ausmaß *stillschweigend mitentschieden* werden. Dies gilt auch für viele Aspekte der humanwissenschaftlichen Erforschung des Geburtenrückganges.

11) Wir wollen damit am Beispiel der generativen Problematik zum Ausdruck bringen, daß die einseitig bis ausschließlich angewendete *positivistische* Methodik zur erkenntnismäßigen Bewältigung solcher Lebensfragen *in mehrfacher Hinsicht von vornherein* zum Scheitern verurteilt ist, eben weil die isolierte Anwendung dieser Methodik nur im Rahmen der dafür geeigneten Gegenstandsbereiche (Fragestellungen) erfolgreich möglich ist. In der generativen Gesamtproblematik aber tauchen viele Problemdimensionen auf, die weit in die spezifisch geisteswissenschaftliche bzw. philosophische Bearbeitungsnotwendigkeit hineinreichen. Nicht nur aber ist − wie schon betont − der humanwissenschaftliche Forschungsbetrieb unserer Tage vielerorts nach wie vor auf ein *positivistisches* Wissenschaftsverständnis bezogen; es gilt dies darüber hinaus für weite Bereiche des *wissenschaftspolitischen* Denkens mit den damit vielfältig gegebenen Folgen direkter bzw. indirekter Förderung (Benachteiligung) in der Forschungspraxis: Schaffung oder Nicht-ins-Leben-Rufen spezieller neuer wissenschaftlicher Einrichtungen; Vorgabe ihrer Aufgabenstellung; Ausbildung von Kriterien zur Vergabepraxis von Forschungsprojekten bzw. anderweitiger Förderung von Forschungsarbeiten; Auswahlkriterien bei der Aufnahme wissenschaftlicher Mitarbeiter usw. Als eine typische Konsequenz des Gesagten sind bei der bisherigen bevölkerungswissenschaftlichen Erforschung des Geburtenrückganges die eine positivistische Sichtweise ergänzenden bzw. grundlegenden geisteswissenschaftlich-philosophischen Problemerfassungshilfen entsprechend vernachlässigt (ausgeklammert) worden.

12) Dies betrifft also einerseits die Konstituierung der erkenntnisleitenden Ansatzbetrachtungen wie andererseits die Breite der engmaschig-datengesicherten Faktenkenntnis.

13) Als eines unter vielen Beispielen möchten wir auf die Bearbeitung der generativen Problematik (wie daneben auch anderer damit zusammenhängender Untersuchungsgebiete) in dem 1979 vom Wiener Bundeskanzleramt herausgegebenen Zweiten Österreichischen Familienbericht hinweisen. Die stark gekürzte Endfassung dieses Forschungsberichts, der eine allgemeine Situationsanalyse von Ehe und Familie in unserer Gegenwartsgesellschaft zum Inhalt hat, weist immer noch einen Umfang von 721 Druckseiten im A-4-Format auf, wobei das ganze Kompendium − einer Kurzfassung − in 6 getrennte Hefte untergliedert ist. Im Heft 1 wird in den Kapiteln 2, 3 und 4 (S. 17 − 145) im Rahmen der Strukturprobleme der Familie auf der Basis einer riesigen Daten-Fülle auch die generative Problematik ausführlich behandelt. Wer die in unserer Studie herausgearbeiteten Probleme nicht kennt, muß gerade auch hier den Eindruck gewinnen, daß den in diesem Familienbericht aufgeworfenen Fragen eine wissenschaftliche Bearbeitung von kaum überbietbarer Gründlichkeit zuteilgeworden ist, womit die Erwartung verbunden ist, es sei hier ein hoher Grad von wissenschaftlicher Problembewältigung gelungen, wenigstens insoweit, als dies beim gegenwärtigen Stand der Forschung möglich sei. Steht doch hinter dieser in

mehrjährig intensiver Arbeit entwickelten Studie ein beachtliches Leistungspotential empirischer Universitätsforschung und anderer Forschungsträger, wobei allerdings – wie üblich – die mitwirkenden Teilprojektleiter von Regierungsseite ausgewählt worden sind. Doch wie sehr trügt auch hier der Schein! Gerade in diesem großen Forschungsbericht, der in der Behandlung mancher Fragestellung (ansonsten insbesondere in der Darbietung umfangreicher Datenmaterialien) zweifellos seine Verdienste aufzuweisen hat, liegt – stärker noch als bei dem 1975 von der Deutschen Bundesregierung herausgegebenen Zweiten Deutschen Familienbericht – ein Musterbeispiel dafür vor, wie man hinter einer dichten fachwissenschaftlichen Problembearbeitung verschiedenster Fragebereiche *die ihnen allen gemeinsamen sozialphilosophischen und ethischen Grundlagen* des Familienproblems sowie ihre Ableitungszusammenhänge mit den darauf beziehbaren Fragen der Alltagspraxis *ausklammern* und also – als wären sie nicht existent – *verschweigen* kann. Diese Problemrelevanz wird in diesem großen Werk – wie in vielen anderen – einfach 'unter den Teppich gekehrt'. Dabei geht es immerhin um maßgebliche Aspekte der ethisch-ordnungspolitischen Daseinsorientierung des Menschen in diesem Kristallisationspunkt seiner Lebensausfaltung sowie um die damit verbundenen Konsequenzen für Gesellschaft und Staat, also um grundlegende Gesichtspunkte der individuellen und sozialen Lebensordnung. Das Verschweigen dieser sozialphilosophischen und ethischen Grundlagenprobleme geht aber zweifellos nicht nur auf das Konto einer *absichtlichen Ausklammerung* oder eines *unbewußten Verdrängens* dieser Thematik; sicherlich spielt dabei auch die von uns hier behandelte *erkenntnistheoretische Problematik* eine Rolle, wonach diese Grundlagenprobleme sich einer Erfassung durch die normale fachwissenschaftliche Bearbeitung einfach entziehen. Auf die Behebung dieses Mangels zielt unsere vorliegende Auseinandersetzung über das Phänomen des Geburtenrückganges, die somit – wie mehrfach betont – *nicht* eine Bereicherung der fachwissenschaftlichen Einzelfragen- bzw. Teilproblembearbeitung sein will. Was den hier als Musterbeispiel für die in Rede stehende Problematik genannten Zweiten Österreichischen Familienbericht anlangt, so kommt dort innerhalb und außerhalb der generativen Problembehandlung kein normativ-menschenbildorientiertes Familienverständnis zum Vorschein. Wenn man von einigen vagen und unverbindlichen Andeutungen absieht (insbes. Heft 1, S. 12 – 14), die überdies vom Standpunkt einer *personalen* anthropologischen Grundkonzeption als sehr problematisch und auch als in sich widersprüchlich zu bezeichnen sind, bleibt die riesige fachwissenschaftliche Problembearbeitung – einschließlich des generativen Themas – *außerhalb* einer Zuordnung zu den gerade beim Familienthema so unerläßlichen sozialphilosophischen und den damit im Zusammenhang stehenden normativen anthropologischen Grundfragen. Dies ist ein ganz typisches Beispiel für die von uns hier problematisierte einseitig bis ausschließlich *positivistisch* betriebene humanwissenschaftliche Erforschung komplexer menschlicher Lebensprobleme. Wichtig ist in unserem Zusammenhang, daß trotz dieses fehlenden Fundaments die positivistische Problembearbeitung sowohl in ihren Ansatzbetrachtungen als auch in den einzelproblemübergreifend-zusammenhangstiftenden Interpretationen des zugrundelegten Datenmaterials und in den daran anschließenden (vor allem auch gesellschaftspolitisch relevanten) Schlußfolgerungen (die oft nur ganz beiläufig in die Aussagen eingebunden sind) eine Vielzahl verborgener *sozialphilosophischer bzw. normativer Implikationen* aufweist, die aber durch das positivistische Wissenschaftsverständnis bzw. die ihm zugrundeliegenden Daten nicht legitimiert sind. Einfach ausgedrückt: auch wenn dies immer wieder noch so nachdrücklich bestritten wird, steht hinter solchen humanwissenschaftlichen Bearbeitungen weitläufig-komplexer Lebensprobleme immer die konsequenzenreiche Perspektive eines Menschenbildes, einer geistigen Selbstdeutung menschlicher Existenz. Ob diese Hintergrundorientierung aufgedeckt, verborgen gehalten bzw. bestritten wird: an ihrer faktischen Wirksamkeit ändert dies nichts. Es ist insbesondere diese erkenntnistheoretisch relevante Problematik der humanwissenschaftlichen Forschung, auf die sich – im Zusammenhang mit der generativen Frage – unsere Grundlagenerörterung bezieht. Vergleiche dazu die Analyse des Verfassers über den Zweiten deutschen Familienbericht: Familienbericht – Keine Klärung der normativen Maßstabgrundlagen; sowie: Familienbericht – Probleme der Vereinbarkeit mit einem christlichen Menschenbild, in: Die Neue Ordnung 3/1976 und 4/1976. Als ein weiteres hervorstehendes Beispiel für die hier erörterte Problematik kann das als Band 133 der Schriftenreihe der Bonner

Bundeszentrale für politische Bildung von der Arbeitsgemeinschaft katholisch-sozialer Bildungswerke in der BRD 1978 herausgegebene zweibändige Werk (mit zusammen über tausend Seiten) angeführt werden: H. EBEL, A. CRAMER, R. EIKELPASCH und E. KÜHNE, Familie in der Gesellschaft. Gestalt – Standort – Funktion.

14) Wie aus der bisherigen Darstellung ersichtlich wurde, bezieht sich die inzwischen entfaltete bevölkerungswissenschaftliche Forschung rund um den aktuellen Geburtenrückgang auf eine solche thematische Weite in sich heterogener Fragestellungen, daß wir hier in unserer zusammenschauenden Grundlagenbearbeitung *nicht auf einzelne Aspekte oder Teilbereiche konkret* eingehen wollen, sondern in Relation zur erörterten Problematik sie alle *zusammenfassend* in den Blick nehmen.

15) Zu dieser heiklen Problematik scheinen einige Erläuterungen geboten, zumal es dabei um ein zentrales Anliegen unserer Arbeit geht. Aktuell wird der hier angesprochene geltungspolitische Streit vor allem dann, wenn – wie etwa im Verlauf unserer Arbeit, siehe dazu vor allem den zweiten Abschnitt: Die Weitergabe des Lebens in Abhängigkeit von der Familienfrage – die außerhalb eines positivistischen Wissenschaftsverständnisses liegende Grundlagenerfassung und die damit involvierten normativen Problemausklärungen die rein *theoretisch-akademische* Erörterungsebene *überschreiten* und zu inhaltlich bedeutsamen, aber kontroversen Ableitungskonsequenzen *auf der Ebene des praktischen Lebensvollzugs* führen. Bei einer Fragestellung wie der unseren ist dies redlicherweise gar nicht zu umgehen – will man nicht die Problemsubstanz ausklammern oder sie nur mit vagen Andeutungen in den Schleier einer inhaltlichen Unverbindlichkeit hüllen. Bei der in unseren Augen unerläßlichen Verdeutlichung der aus einer solchen Grundlagenklärung folgenden Ableitungskonsequenzen auf den realen Lebensvollzug wird die der wissenschaftstheoretischen Kontroverse zugrundeliegende *inhaltliche* Problematik umso brisanter, je mehr ein darauf bezogener lebensausfaltungsbestimmender *normativer Prinzipienstreit* oder/und handfeste (vor allem ökonomische und machtrelevante) *Interessenkollisionen* unseres individuellen und gesellschaftlichen Daseins damit ins Spiel kommen; kurz gesagt: je *lebensbedeutsamer* diese Ableitungskonsequenzen sind. Betrifft dies ein solchermaßen *sehr hochrangiges* Konfliktniveau, dann haben wir es sowohl in der *öffentlichen* als auch in der mit ihr verschränkten *fachlichen* Diskussion mit der Wirksamkeit der schon im Vorwort angesprochenen 'heißen Eisen' zu tun. Im Themenkreis 'Fortpflanzung und Familie' liegt auf beiden Diskussionsebenen eine solche Fülle 'heißer Eisen', daß wir eine unverhüllte Behandlung unserer Fragestellung bereits im Vorwort als das 'risikoreichste Unternehmen' innerhalb der generativen Gesamtproblematik bezeichnet haben. Am heftigsten drohen die daraus hervorgehenden normativen und die Interessenkonflikte dann zu werden, wenn die in Rede stehenden lebenspraktischen Ableitungskonsequenzen in den Interessenstreit der *Politik*, vor allem in jenen der *Tagespolitik*, hineinragen – wenngleich in unserer Darstellung keinesfalls der Absicht, sondern nur der zwangsläufigen Folgewirkung unserer sozialphilosophischen Ortsbestimmung nach, wie aus unserem *zweiten* Abschnitt zu ersehen sein wird. Man muß sich in diesem Zusammenhang vergegenwärtigen, daß bereits in jeder *basalen* Selbstdeutung des Menschen infolge der darin steckenden Konsequenzen für die soziale Beziehungsordnung eo ipso auch schon eine 'politische' Problemwurzel des menschlichen Selbstverständnisses enthalten ist (im Sinne einer richtungsmäßigen Zuordnung zu den öffentlichen Ordnungsvorstellungen). In seiner Bestimmung als 'ens sociale' besitzt der Mensch schon in seiner Ausgangslage eine 'politische' Daseinsdimension. Die Frage ist nur, wie weit dieser Grundlagenzusammenhang erkannt und offengelegt wird. Verharrt eine sozial relevante humanwissenschaftliche Behandlung eines grundlagenabhängigen Problems wie etwa jenes des Nachkommenschaftsverhaltens auf einer rein *theoretisch-akademischen* Erörterungsebene, zieht sie also keine inhaltlich klaren Ableitungskonsequenzen *für den realen Lebensvollzug*, dann verbleiben die sich dabei ergebenden Problemaufarbeitungsdifferenzen im hochgradig konfliktgemilderten Schonraum eines nur akademischen Streits. Obgleich auch dieser oftmals schon mit Vehemenz geführt wird, gewinnen die humanwissenschaftlichen Kontroversen aber doch erst in Relation zum realen Leben ihre konsequenzenreiche, anfeindungs- bzw. verfolgungsintensive

brisante Schärfe. Dann wird nämlich die Bühne der theoretisch-akademischen Auseinandersetzung zum 'Ernst des Lebens'. In diese Zone lebensbedeutsamer Kontroversen gehört unsere Problemerörterung, weshalb die von uns jetzt angesprochene Problematik 'denkmodischer Abqualifizierung' einer außerpositivistischen Problembehandlung wie der unseren auf einem *Kombinationseffekt* der wissenschaftstheoretischen *und* der lebenspraktischen Kontroverse über sinnziel- und wertgeltungsabhängige Fragen der menschlichen Selbstdeutung und des darauf gegründeten (individuellen und gesellschaftlichen) realen Lebensvollzugs beruht. Gewichtsmäßig tritt dabei die erkenntnistheoretische Eigenbedeutung als zweitrangig in den Hintergrund. So lebensentscheidende Problembereiche wie 'Nachkommenschaftsverhalten und Familie' sind auch in der wissenschaftlichen Auseinandersetzung schwerpunktmäßig bestimmt durch die damit angesprochene Lebensrealität. Die wissenschaftliche Erforschung menschlicher Lebensprobleme geschieht ja fast immer (Ausnahmen bestätigen die Regel) nicht in der Absicht eines theoretischen Selbstzweckwissens, sondern in der Intention einer Hilfeleistung zur (individuellen und gesellschaftlichen) Bewältigung des realen Lebens. Wegen dieser hinter dem Wissenschaftsstreit liegenden *Konkurrenz der Lebensrealitäten*, d. h. wegen der darin liegenden normativen und interessebezogenen Kontroversen, sind solche humanwissenschaftliche Auseinandersetzungen so anfeindungs- bzw. verfolgungsriskant, auch wenn dies von wissenschaftlicher Seite meist heftig in Abrede gestellt bzw. so weit wie möglich bagatellisiert wird. Vor allem diese Anfeindungs- und Verfolgungsgefahren bewirken, daß die Ebene der humanwissenschaftlichen Problembehandlung bei solchen kontroversen Materien gerne *von den daraus folgenden lebenspraktischen Konsequenzen* soweit wie möglich abgekoppelt wird. Zumindest geht man diesen Ableitungskonsequenzen so weit wie möglich *im Klartext* aus dem Weg. Wissenschaftstheoretisch hängt dies auf das engste mit dem weithin anerkannten positivistischen Postulat der *Werturteilsfreiheit* wissenschaftlicher Aussagen zusammen, weil sich bei den in Rede stehenden *Ableitungskonsequenzen für den realen Lebensvollzug* ihre Sinn- und Wertabhängigkeit viel weniger verbergen lassen als bei praxisfernen theoretischen Erörterungen, die niemand wehtun. Wir sind uns der Brisanz unserer im gängigen humanwissenschaftlichen Forschungsbetrieb weithin tabubrechenden Aussagen bewußt und rechnen erfahrungsgemäß mit Reaktionen der Empörung, der diffamierenden Abqualifizierung bzw. des Totschweigens. Dies ist der von uns bewußt in Kauf genommene Preis für die in dieser Studie riskierte intellektuelle Redlichkeit. Aus dem Gesagten geht hervor, daß man das familienabhängige Nachkommenschaftsproblem nur in jenem Ausmaß in seiner tragenden Mitte bearbeiten kann, als man dabei die Dimension des (individuellen und gesellschaftlichen) *realen Lebensvollzugs* zum Gegenstand der Problemaufschließung macht (was in unserer Arbeit auf der Basis dieser vorausgehenden Grundlagenklärung vor allem im späteren *zweiten* Abschnitt geschieht). Diese Erläuterung schafft gleichzeitig eine überleitende Brücke zum besseren Verständnis des nächsten Unterkapitels.

16) Die prinzipielle Problematik des Kriteriums *seelische Gesundheit* besteht im Mangel seiner genauen Definierbarkeit. Diese Schwierigkeit ist letztlich nur e contrario lösbar durch die Abgrenzung von seelischer Krankheit bzw. Abartigkeit, wobei sich weitere große Schwierigkeiten ergeben im Bereich des *kontinuierlichen Übergangs* zwischen den Verhaltensbereichen des 'Gesunden' und des 'Kranken'. Immerhin erweist sich das Kriterium seelischer Gesundheit als durchaus brauchbar bei der Behandlung *praxisnaher* Fragestellungen. Ähnlich verhält es sich mit dem Kriterium 'gesellschaftliche Funktionalität', dessen Gegenbegriff in neuerer Zeit nicht selten durch den Terminus 'Sozialschädlichkeit' zum Ausdruck gebracht wird. Auch hier gibt es eine breite Übergangszone uneinheitlicher Anwendung, die je nach dem zugrundeliegenden Wertkontext bzw. seiner Normenbegrifflichkeit eine 'Sozialschädlichkeit' als gegeben annehmen zu müssen glaubt oder auch nicht. Als ein bedeutsames Beispiel strittiger Zuordnung sei die Ehescheidung genannt, die bis in unsere jüngere Vergangenheit nahezu lückenlos als eine sozialschädliche gesellschaftliche Anomie betrachtet worden ist, seit den späten sechziger Jahren unseres Jahrhunderts aber in unserer Gesellschaft vielerorts aus dieser Perspektive immer mehr herausgerückt worden ist zugunsten der höherwertig eingestuften Zielvorstellung maximaler Freizügigkeit und Mobilität des Einzelmenschen im Sinne eines verpflichtungsentrückten Autonomiebewußtseins (indi-

vidualistische Selbstbefreiungsperspektive). Zur zugrundeliegenden Problematik gesellschaftlicher Funktionalität bzw. Disfunktionalität (Sozialschädlichkeit) vgl. die sozialwissenschaftlichen Grundbegriffe 'Anomie' und 'Desorganisation', etwa bei W. BERNSDORF (Hg), Wörterbuch der Soziologie, Stuttgart 1968; in der engeren Problembeziehung zum Lebensbereich Ehe und Familie: R. KÖNIG, Materialien zur Soziologie der Familie, 2. Aufl., Köln 1974.

17) Die *Haupt*begründung für diese hochgradige Vernachlässigung der Sinn- und Wertabhängigkeit menschlicher Lebensprobleme haben wir schon betont: das folgenschwere positivistische Postulat von der *Werturteilsfreiheit* wissenschaftlicher Aussagen.

18) Daß diese vielgestaltig in Erscheinung tretende Kontroverse als Fortsetzung des altbekannten wissenschaftstheoretischen Streits kein Ende nimmt, kann geradezu als pragmatischer Beweis für die Unhaltbarkeit des positivistischen Postulats von der Werturteilsfreiheit jeglicher wissenschaftlicher Aussage gelten. Seit dem frühen 20. Jahrhundert hat sich zwar die Wissenschaftslehre unter dem Einfluß vor allem der analytischen Richtungen der Philosophie hauptsächlich in verschiedenen einflußreichen Varianten des Positivismus Geltung verschafft (vgl. insbesondere die bahnbrechende Bedeutung des Logischen Positivismus des Wiener Kreises und seiner inzwischen in alle Welt verstreuten Ausfaltungsvarianten). Zusammen mit dem englischen Empirismus und dem amerikanischen Pragmatismus ist hier eine immer noch weithin tonangebende Denkströmung entstanden, die eine – oft sehr dogmatische – *Kontrastellung* zu den geisteswissenschaftlich-hermeneutischen Erkenntniszugängen zu den sinn- und wertabhängigen menschlichen Lebensproblemen einnimmt. Zusammenfassend geht es bei den letzteren um die *geschichtlich* bedingte gesellschaftliche Wirklichkeit (Wilhelm DILTHEY), zu den 'Ordnungen des Lebens' und zur 'Deutung der Welt' (Erich ROTHACKER, Logik und Systematik der Geisteswissenschaften, 2. Aufl., Bonn 1947). Im Gegensatz dazu lehnen die seit vielen Jahrzehnten in unserem Kulturkreis vorherrschenden positivistischen Denkrichtungen die wissenschaftliche Unterscheidung zwischen naturgesetzlich-kausaler Notwendigkeit und der jenseits davon angesiedelten Problemdimension der auf Freiheit und Sittlichkeit bezogenen menschlichen Lebensausfaltung ab. In bezug auf diesen offenbar unausrottbaren alten Streit geht die unserer vorliegenden Studie zugrundeliegende wissenschaftstheoretische Auffassung davon aus, daß neben dem Bereich der naturwissenschaftlichen Gesetzmäßigkeit (auf den die positivistische Wissenschaftstheorie ihre unangefochtene Anwendung findet) erst die unabhängig davon bestehende und die naturwissenschaftliche Forschungsmethodik *ergänzende* geisteswissenschaftlich-hermeneutischen und die damit korrespondierenden philosophischen Erkenntniszugänge der Erforschung der seelischgeistig-sittlichen Problemdimensionen menschlichen Lebens gerecht zu werden vermögen. In diesem Bereich spielen die Sinnorientierung und die Wertabhängigkeit die letztentscheidende Rolle – und zwar in der von uns dargelegten Art und Weise. Hinsichtlich der Begründung und Ausgestaltung der positivistischen Gegenposition im Bereich der Sozialwissenschaften vgl. insbesondere H. ALBERT, Probleme der Wissenschaftslehre in der Sozialforschung, in: R. KÖNIG (Hg), Handbuch der empirischen Sozialforschung, 2. Aufl., Stuttgart 1967. Zur Grundlegung daneben Max WEBER, Gesammelte Aufsätze zur Wissenschaftslehre, 2. Aufl., Tübingen 1951; W. STEGMÜLLER, Methaphysik – Wissenschaft – Skepsis, Frankfurt 1954; E. TOPITSCH, Probleme der Wissenschaftstheorie, Wien 1960.

19) Dieser unkritische wissenschaftliche Erfolgsoptimismus bzw. der darauf gründende naive wissenschaftliche Fortschrittsglaube stehen in mancherlei Zusammenhängen seit langem im Dienst eines in unseren westlich-demokratischen Wohlstandsgesellschaften weit verbreiteten *Sozialeudaimonismus.*Vgl. dazu: U. SCHÖNDORFER (Hg), Der Fortschrittsglaube – Sinn und Gefahren, Graz 1965. – Kath. Sozialwissenschaftliche Zentralstelle Mönchengladbach (Hg), Gustav GUNDLACH. Die Ordnung der menschlichen Gesellschaft, 2 Bände, Köln 1964, passim. – M. SECKLER, Tradition und Fortschritt, in: F. BÖCKLE und andere (Hg), Teilband 23 der Reihe 'Christlicher Glaube in moderner Gesellschaft', Freiburg 1981.

20) Wir haben es hier mit einer radikalen Ablehnung *jedweder* Art 'naturrechtlichen' Denkens zu tun. Wenngleich der Begriff des 'Naturrechts' im Lauf seiner Geschichte eine sehr uneinheitliche bzw. sich wandelnde Sinnbesetzung aufweist (nicht zuletzt im Hinblick auf sein Verhältnis zur Geschichtlichkeit) und verschiedene Varianten dieses Sinnverständnisses sich auch auf der Basis eines *personalen* Menschenbildes als *nicht haltbar* herausgestellt haben, gibt es – außerhalb des hier in Rede stehenden positivistischen Wissenschaftsbegriffs – doch eine über alle Zeiten und Geistesströmungen sich durchhaltende Bedeutungssubstanz 'naturrechtlichen' Denkens. Auch dort, wo man damit theoretisch nichts anzufangen weiß, findet der Naturrechtsgehalt in der humanwissenschaftlichen Forschung und in der darauf bezogenen Lebenspraxis eine – unterschiedlich große – faktische Berücksichtigung (auch etwa in der Rechtswissenschaft, vor allem in der Rechtssprechung). Diese humanwissenschaftliche Fundamentalproblematik über das Verhältnis naturaler Vorgegebenheiten (Ordnungsvorgaben) des menschlichen Lebens und seines im Rahmen des *sozialen Wandels* möglichen Veränderungsspielraumes ist im Lauf der Wissenschaftsgeschichte immer wieder Gegenstand von neuen Abklärungsbemühungen gewesen. Zur Grundlegung des Naturrechts vgl. das unbeschadet aller kontroversen Diskussionen nach wie vor wegweisende Standardwerk von Johannes MESSNER 'Das Naturrecht', 5. Aufl., Innsbruck 1966. Bei der Verteidigung seines zeitlosen Bedeutungskerns geht es uns nicht um die Frage der terminologischen Zweckmäßigkeit des Begriffs 'Naturrecht', sondern um die damit gemeinte Sache. Zum wesentlichen Inhalt des Naturrechts vgl. die beiden Artikel in: K. HÖRMANN (Hg), Lexikon der christl. Moral, Innsbruck 1976: a) J. MESSNER, 'Naturrecht'; b) K. HÖRMANN, 'Natürliches sittliches Gesetz'. Zur weiterführenden Ausklärung bzw. zur kritischen Auseinandersetzung mit diesem für unser Thema (Familienfrage) so bedeutsamen Grundlagenproblematik sei auf folgende Literatur verwiesen: E. BLOCH, Naturrecht und menschliche Würde, Frankfurt 1964; F. WIEACKER, Zum heutigen Stand der Naturrechtsdiskussion, Köln 1965; F. BÖCKLE, Gesetz und Gewissen, Luzern 1965; F. KLÜBER, Naturrecht als Ordnungsnorm der Gesellschaft, Köln 1966; Zur gegenwärtigen Diskussion um das Naturrecht, in: Herder-Korrespondenz 21 (1967), 328 – 332; J. DAVID, Das Naturrecht in Krise und Läuterung, Köln 1967; H. D. SCHELAUSKE, Naturrechtsdiskussion in Deutschland. Ein Überblick über zwei Jahrzehnte: 1945 – 1965, Köln 1968; A. VERDROSS, Statisches und dynamisches Naturrecht, Freiburg 1971; R. MARCIC, Geschichte der Rechtsphilosophie. Schwerpunkte – Kontrapunkte, Freiburg 1971; A. LEINWEBER, Gibt es ein Naturrecht? Beiträge zur Grundlagenforschung der Rechtsphilosophie, 3. Aufl., Berlin 1972; E. ZACHER, Der Begriff der Natur und das Naturrecht, Berlin 1973; A. LAUER, Die naturrechtliche Begründung der Ethik in der neueren katholischen Moraltheologie, Wien 1973; J. FELLERMEIER, Das Naturrecht und seine Probleme, Stein am Rhein 1980; G. HÖVER, Erfahrung und Vernunft. Untersuchungen zum Problem sittlich relevanter Einsichten unter bes. Berücksichtigung der Naturrechtsethik von Johannes Messner, Düsseldorf 1981.

21) Ein hervorstechendes Beispiel einer solchen veränderungsbegrenzenden anthropologischen Ordnungsvorgabe ist die Anerkennung der Familie als einer der gesellschaftlichen Konvention, als einer jeder (bisherigen) geschichtlichen Veränderung unseres Daseins vorgelagerten Ordnungskonstanten, die funktionierendes menschliches Leben erst möglich macht. Vgl. dazu die Abhandlung des Verfassers 'Über das familiale Strukturprinzip', in: W. WEBER (Hg), Jahrbuch für christl. Sozialwissenschaften, Bd 18, Münster 1977.

22) Dieser gegen jedes naturrechtliche Denken gerichtete voraussetzungslose Wissenschaftsoptimismus basiert auf einer mehrschichtig-komplizierten Hintergrundproblematik, auf die wir hier kurz eingehen. Die in Rede stehende soziologistische Ablehnung veränderungsbegrenzender anthropologischer Ordnungsvorgaben bezieht sich auf zwei ganz verschiedene Voraussetzungsebenen. Einerseits geht es um die einem lebensfunktionalen menschlichen Verhaltensspielraum vorgegebenen *biologischen Fundamente* unseres Daseins, in denen in vielfältiger Weise eine daraus resultierende Richtungsorientierung der psychosozialen Erlebnis- bzw. Verhaltensgrundlagen wurzelt (Beispiel: die in den biologischen Fundamenten steckende Geschlechtsprägung des Menschen

als Mann und Frau und die damit gegebene erlebnis- und verhaltensmäßige – das ganze Selbstverständnis, die Ausfaltung des Lebensentwurfs durchwaltende – Daseinsorientierung). Der unmittelbare Bereich der *biologisch* bedingten veränderungsbegrenzenden Ordnungsvorgaben menschlicher Lebensausfaltung gehört der Bearbeitungsebene der dem Kausalitätsprinzip unterliegenden *naturwissenschaftlichen* Anthropologie an. Andererseits geht es um die außerhalb des biologisch prädisponierten Verhaltensspielraums *teleologisch* (= final) relevante *geisteswissenschaftlich-hermeneutisch* aufschließbare Erfahrungswirklichkeit der – auf das engste mit dem Freiheitsverständnis verbundenen – *Sinnzielorientierung bzw. Wertgeltungsabhängigkeit* menschlichen Lebens. Dabei handelt es sich um die Anerkennung der in der jeweils anthropologischen Grundkonzeption – also in der basalen geistigen Selbstdeutung des Menschen – steckenden unabdingbaren *seelisch-geistig-sittlichen* Ordnungsvorgaben, die dem Ausfaltungsspielraum unseres individuellen und gesellschaftlichen Lebens bzw. dem ideenbedingten sowie wissenschaftlich-technisch bewirkbaren Veränderungsspielraum – und damit der Variationsbreite des 'sozialen Wandels' – *Grenzen* setzen. Der in Rede stehende voraussetzungslose Soziologismus bestreitet (weitestgehend) die Anerkennungsnotwendigkeit *beider* Voraussetzungsebenen für die legitime Ausfaltung unseres Daseins. Er bestreitet die *nur in diesem* Rahmen vertretbare Bandbreite eines *legitimen* Veränderungsspielraums der individuellen und gesellschaftlichen Entwicklung. Seit dem Einsetzen der neulinken Weltanschauungsbewegung in der zweiten Hälfte der sechziger Jahre unseres Jahrhunderts hat sich dieser Soziologismus weithin mit den menschenbildrelevanten Vorstellungen eines paradox-funktionalen 'kollektivistischen Individualismus' verbunden. Die dabei entstandene Innovationsprogrammatik *grundstürzend-alternativer* Lebensentwürfe war nur deshalb möglich, weil nach dieser Denkrichtung die individuelle und gesellschaftliche menschliche Lebensausfaltung bzw. der darin niederschlagende soziale Wandel *nur noch der gesellschaftlichen Konvention* als einziger Normierungsinstanz unterworfen galt, womit alle ihr *vorgelagerten* anthropologischen Ordnungsvorgaben abgelehnt werden, einerlei, ob sie der Ebene des Biologisch-Naturalen oder aber jener des in den Überbegriff der 'Kultur' gehörenden geistigen Selbstverständnisses des Menschen zuzuordnen sind. Dadurch wird *jeglicher* Art eines naturrechtlichen Denkens der Boden entzogen.

Es muß sodann gesagt werden, daß die in Rede stehende *doppelseitige* Voraussetzungsproblematik anthropologischer Ordnungsvorgaben (biologische Fundamente einerseits, außerbiologische Sinnorientierung bzw. Wertgeltungsabhängigkeit andererseits) deshalb so kompliziert ist, weil zwischen diesen beiden Ebenen der (biologisch relevanten) NATUR und der (seelisch-geistig-sittlich relevanten) KULTUR *nicht* eine sphärenscheidende Trennung, sondern ein komplizierter Wechselbezug gegenseitig bedingender Durchdringung besteht. Die seit dem frühen 20. Jahrhundert äußerst fruchtbar sich entwickelnde natur- und geisteswissenschaftlich-philosophische Anthropologie hat diesen Verschachtelungszusammenhang von NATUR und KULTUR immer deutlicher werden lassen (SCHELER, PLESSNER, PORTMANN, GEHLEN). Der Mensch kann nicht leben, ohne sein Leben – bewußt oder unbewußt – zu deuten. Diese geistige Selbstdeutung schlägt sich in seinem Tun und Lassen allenorts nieder. Das Erfordernis, sich ein Bild von sich selbst zu machen, beruht darauf, daß der Mensch als einziges Lebewesen keinen festen, unveränderlichen Seinsbestand hat. Zum Unterschied vom Tier ist er nicht eingepaßt in eine spezifische Umwelt, auf die seine Wahrnehmungsorgane ausgerichtet sind. Zum Unterschied vom Tier sind seine Lebensausfaltungsmöglichkeiten nicht volldeterminiert vorgegeben durch die lenkende Wirksamkeit eines geschlossenen Regelkreises der Instinkte und Triebe als ausschließlich wirksame ererbte Verhaltensmuster. Diesbezüglich ist der Mensch 'der erste Freigelassene der Natur' (HERDER). Er muß die Richtung seiner Lebensentwicklung, die inhaltliche Richtung seiner 'Selbstverwirklichung' selbst bestimmen. Dessenungeachtet besteht für den Menschen ein nicht ungestraft verletzbarer Rahmen *lebensfunktional-biologischer Ausgangsabhängigkeit* seines Lebens. Diese komplizierte wechselseitige Durchdringung beider veränderungsbegrenzenden Voraussetzungsebenen macht die hier erörterte Problematik des Postulats einer *voraussetzungslosen* wissenschaftlichen Behandlung menschlicher Lebensprobleme so vielschichtig-kompliziert. Zum Unterschied von der rein kausal-naturgesetzlichen Lebensausreifung und der damit gegebenen vollen Verhaltensdetermination von Pflanze und Tier obliegt dem Menschen die unausweichliche Verantwortung der Selbststeuerung nach dem Motto: 'Der Mensch lebt nicht nur, *er führt sein Leben'* (GEHLEN). Infolge einseitiger Überbetonung dieser Blickrichtung ist aber im Verlauf der jüngeren Zeit die Bedeutung der *biologischen* Ausgangsabhängigkeit vielerorts verdunkelt worden. Nur eine *ausgewogene* Einschätzung der Grundbefindlichkeit des Menschen als Leib-Seele-Geist-Einheit hilft, Verzerrungen in der Gewichtung dieser doppelseitigen Voraussetzungsabhängigkeit zu verhindern und den Menschen als 'Tier-Engel-Zwischen' (Bela von BRANDENSTEIN) aufzufassen. Die vorerwähnte Entlassung des Menschen aus dem geschlossenen instinktiv-triebmäßigen Regelkreis der Natur macht ihn nicht nur zu einem entscheidungsfreien und dadurch sittlich verantwortlichem Wesen; infolge des damit gegebenen 'natürlichen' Orientierungsmangels, infolge der damit gegebenen Verhaltensunsicherheit wird er gleichzeitig zu einem 'Mängelwesen' besonderer Art. Die darin steckenden Schwächen und Gefahren kann er nur durch die 'Kultur' überwinden im Sinne einer (auf dem Weg von Institutionen vorgegebenen) ordnenden und entlastenden Hilfe zur Existenzverwirklichung. Diese (institutionsgetragene) Kultur ist für ihn so bedeutsam, daß sie ihm gleichsam zur 'zweiten Natur' wird. Damit aber wird die genannte Bedeutung seiner 'ersten Natur' (nämlich der biologisch relevanten) *nicht aufgehoben.* Für unseren engeren Zusammenhang ist wichtig, daß beide in Rede stehenden Voraussetzungsabhängigkeiten sich in *anthropologischen Ordnungsvorgaben* auswirken, die der gesellschaftlichen Konvention *vorgelagert* sind und deshalb dem legitimen Entfaltungsspielraum von Mensch und Gesellschaft bzw. dem sozialen Wandel *Grenzen* setzen. Vgl. dazu als Grundlagenliteratur: M. SCHELER, Die Stellung des Menschen im Kosmos, 15. Auf., München 1974. – H. PLESSNER, Die Stufen des Organischen und der Mensch, Berlin 1928. – A. PORTMANN, Zoologie und das neue Bild des Menschen, Hamburg 1956. – A. GEHLEN, Der Mensch. Seine Natur und Stellung in der Welt, 6. Aufl., Bonn 1958.

23) Die der gesellschaftlichen Konvention vorgelagerte Voraussetzungsabhängigkeit bezieht sich dabei sowohl auf die *biologische* als auch auf die *kulturelle* Ebene.

24) Zur praktischen Beispielsanwendung dieser dialektischen Bewertungsumkehr siehe vom Verfasser die Analyse des Zweiten deutschen Familienberichts von 1975 'Familienbericht: Keine Klärung der normativen Maßstabgrundlagen'; 'Familienbericht: Probleme der Vereinbarkeit mit einem christlichen Menschenbild', in: Die Neue Ordnung 3/1976 und 4/1976.

25) Wir wollen hier absehen von jenen extremen positivistischen Varianten des schulemachenden 'Logischen Positivismus' des 'Wiener Kreises', der den Erfahrungsbezug letztlich überhaupt ausschaltet (etwa die erkenntnistheoretischen Positionen von CARNAPP, NEURATH und WITTGENSTEIN). Der Erfahrungsbezug wissenschaftl. Aussagen wird dabei letztlich aufgehoben zugunsten des Ausbaues einer in sich stimmigen Logik der Wissenschaftssprache. Der Sachbezug wissenschaftl. Aussagen soll nur noch durch die logische Übereinstimmung der Sätze untereinander gewährleistet werden. Vgl. dazu: W. SCHULZ, Philosophie in einer veränderten Welt, 4. Aufl., Pfullingen 1980, bes. Kapitel 'Der Logische Positivismus', 29 – 78.

26) Eine solche Ansatzbetrachtung haben wir in der bevölkerungswissenschaftlichen Problembehandlung des in unserer Gesellschaft seit zwei Jahrzehnten so rapide veränderten Fortpflanzungsverhaltens nirgends gefunden. Nur auf der Basis der von uns hier versuchten Erfassung der *Problemganzheit* des menschlichen Nachkommenschaftsverhaltens scheint es möglich, zu den alle Teilproblembehandlungen übersteigenden *global-umfassenden* Fragestellungen zu gelangen, auf deren Hintergrund die Abhandlung der inhaltlich *konkreten* Probleme unseres *zweiten* Abschnitts aufruht ('Die Weitergabe des Lebens in Abhängigkeit von der Familienfrage'). Dieser neuerliche Hinweis auf den speziellen Charakter unserer vorliegenden Arbeit mag auch zur Rechtfertigung dieses ihres ersten Abschnitts dienen; denn mit der dabei zutagetretenden *allgemeinsten* Problemerfassung weiß die (einzelwissenschaftlich akzentuierte) Detailforschung *auf den ersten Blick* sicherlich nichts anzufangen. Umso mehr muß ein gründliches Bedenken unserer Studie die

vielfältigen Konsequenzen für die Behandlung der Einzelfragen, für die zusammenhangstiftende Deutung der dabei gewonnenen Detailergebnisse, vor Augen treten lassen. Auch müßte dies dazu führen, daß man in der weithin gestaltlosen Masse tausender Einzelarbeiten über das generative Problem 'den Wald vor lauter Bäumen' wieder sehen lernt.

27) Diese unbestrittene Tatsache wird zwar in der einschlägigen bevölkerungswissenschaftlichen Literatur überall betont. Nicht aber wird diese bewußt-persönliche Verhaltensentscheidung in einen *Ableitungszusammenhang gebracht* zu der die ganze Lebensausrichtung maßgeblich bestimmenden Basisprämisse der je zugrundeliegenden anthropologischen Grundkonzeption (des basalen menschlichen Selbstverständnisses) und dem darauf aufbauenden Sinn- und Wertgefüge des menschenbildabhängigen Lebensentwurfs. Damit wird der die in Rede stehenden bewußt-persönlichen Verhaltensentscheidungen *motivationsprägend umgebende Mutterboden*, aus dem die jeweilige verhaltensbestimmende individuelle 'Lebensphilosophie' erwächst, aus dem Blick gelassen. Dadurch bleiben die richtungbestimmenden Wurzelkräfte auch des generativen Verhaltens außerhalb des Erklärungsfeldes.

28) Auf dem Hintergrund des Gesagten hängt dies damit zusammen, daß innerhalb der kritisierten bevölkerungswissenschaftlichen Forschung die individual- und sozialethischen Fragen des Geburtenrückganges in keiner angemessenen Weise zur Geltung gekommen sind. Soweit die ethische Problematik des Geburtenrückganges bzw. der Gegenproblematik der Übervölkerung *außerhalb* der von uns kritisierten bevölkerungswissenschaftlichen Forschung in den Blick kommt, geschieht dies in vielfältiger Verzahnung mit der übergeordneten allgemeinen Thematik menschlicher Fruchtbarkeit – häufig im Aspekt der *Sexualethik* (sei es innerhalb oder außerhalb der Moraltheologie bzw. der christlichen Ethik). Infolge der inhaltlichen Verzahnung mit unserer Fragestellung sei an dieser Stelle auf folgende ausgewählte Literatur dieser unser Thema übergreifenden ethischen Problembehandlung hingewiesen: Artikel 'Geburtenregelung', in: Staatslexikon und Ev. Sozial L. sowie in Sacramentum Mundi, II. – Ph. LERSCH, Vom Wesen der Geschlechter, München 1948. – E. MICHEL, Ehe. Eine Anthropologie der Geschlechtergemeinschaft, 2. Aufl., Stuttgart 1950. – K. H. WRAGE, Verantwortliche Elternschaft aus evang. Sicht, in: J. HARDEGGER (Hg), Handbuch der Elternbildung, Bd 1, Einsiedeln 1966. – Th. BOVET, Ehekunde, 2. Aufl., Tübingen 1963. – B. HÄRING, Der Christ und die Ehe, Düsseldorf 1965. – F. GREINER, Menschheitsentscheidung. Die internationale Bevölkerungsfrage heute und morgen, Einsiedeln 1967. – J. M. REUSS, Verantwortete Elternschaft, Mainz 1967. – E. von GAGERN, Geburtenregelung und Gewissensentscheid, München 1967. – F. BÖCKLE, Freiheit und Bindung: Dokumente: Enzyklika 'Humanae vitae'; Königsteiner Erklärung der deutschen Bischöfe vom 30. 8. 1968 und der österr. Bischöfe vom 21. 9. 1968, Kevelaer 1968. – J. MESSNER, Ehemoral und Entscheidungsethik, Hochland 62 (1970). – O. von NELL-BREUNING, Der Staat und die menschliche Fortpflanzung, in: R. KURZROCK (Hg), Das Kind und die menschliche Gesellschaft, Berlin 1973. – J. GRÜNDEL, Sterbendes Volk? Düsseldorf 1973. – J. DÖPFNER, Bevölkerungsproblematik und die Bedingungen für eine menschenwürdige Zukunft, in: Herder-Korrespondenz 1974. – Bevölkerungsprobleme und kath. Verantwortlichkeit, Bericht über ein internationales Symposium, Tilburg 1974. – F. BÖCKLE, Zur anthropologischen und ethischen Grundlegung gesellschaftspolit. Entscheidungen, in: F. X. KAUFMANN (Hg), Bevölkerungsbewegung zwischen Quantität und Qualität, Stuttgart 1975. – H. TENHUMBERG, Warum sinken die Geburtenzahlen? in: H. TENHUMBERG (Hg), Der Bischof antwortet, Kevelaer 1975. – K. HÖRMANN, Artikel 'Geburtenregelung' in: K. HÖRMANN (Hg), Lexikon der christl. Moral, 2. Aufl., Innsbruck 1976. – Gemeinsame Synode der Bistümer in der BRD: Christlich gelebte Ehe und Familie. Beschluß. Offizielle Gesamtausgabe, Freiburg 1976. – F. BÖCKLE (Hg), Menschliche Sexualität und kirchliche Sexualmoral, Düsseldorf 1977. – R. und N. MARTIN, Brenn-Punkt Ehe und Familie. Berichte und Reflexionen eines Auditoren-Ehepaares im Anschluß an die Römische Bischofssynode 1980. Vallendar 1981. – JOHANNES PAUL II, Dem Leben dienen. Apostol. Schreiben über die Aufgaben der christl. Familie in der Welt von heute. Mit einem Kommentar von Franz BÖCKLE, Freiburg 1981.

29) Einen Einblick in dieses disparate Gesamtbild hat der Verfasser allein schon durch die seit der zweiten Hälfte der sechziger Jahre durchgeführten Jahrestagungen der Deutschen Gesellschaft für Bevölkerungswissenschaft (deren Referate meistens veröffentlicht worden sind – siehe die angegebenen Bibliographien) und die dabei stattgefundenen Diskussionen vermittelt bekommen. Es ist dabei in verdienstvoller Weise ein Durchblick durch die wesentlichen Gebiete der aktuellen bevölkerungswissenschaftlichen Befassung geboten worden. Dasselbe gilt für eine stets weiter anwachsende Zahl *anderer* bevölkerungspolitischer bzw. bevölkerungswissenschaftlicher Veranstaltungen auf der einzelstaatlichen wie internationalen Befassungsebene. Die hundertfältige Problemverästelung findet daneben einen sichtbaren Niederschlag insbesondere in den ebenfalls immer zahlreicher gewordenen bevölkerungswissenschaftlichen Zeitschriften (siehe die Dokumentation über das ausgefächerte Schrifttum und Veranstaltungswesen in: R. MACKENSEN und H. WEWER (Hg), Dynamik der Bevölkerungsentwicklung, München 1973; M. WINGEN, Grundfragen der Bevölkerungspolitik, Stuttgart 1975). Hinsichtlich der *neueren* Dokumentation des hier betonten disparaten Diskussionsstandes verweisen wir insbesondere auf die vom deutschen Bundesinstitut f. Bevölkerungsforschung (Wiesbaden) herausgegebene 'Zeitschrift f. Bevölkerungswissenschaft' und die vom gleichen Institut stammende Schriftenreihe; desgleichen auf die Schriftenreihe des Bonner Bundesministeriums des Inneren 'Bevölkerungswachstum und Entwicklung in der BRD' sowie auf die der Bevölkerungsfrage gewidmeten Veröffentlichungen in der Schriftenreihe des Bonner Familienministeriums. Für Österreich verweisen wir parallel dazu auf die Zeitschrift des Instituts f. Demographie (an der Akademie der Wissenschaften) 'Demographische Informationen' und die vom gleichen Institut herausgegebene Schriftenreihe. Ebenfalls von großer Bedeutung sind die von den Statistischen Bundes- und Landesämtern der einzelnen Staaten seit Jahrzehnten in wachsender Zahl herausgegebenen einschlägigen Publikationen (kommentierte und nichtkommentierte Statistiken, Zeitschriftenbeiträge und selbständige Monographien im Rahmen ihrer Schriftenreihen). Dazu kommen die einschlägigen Aufarbeitungsleistungen der diversen gesamtstaatlichen und teilstaatlichen Familienberichte der Bundesregierungen und Landesregierungen. Auf der internationalen Ebene haben sich im Veranstaltungswesen insbesondere der Europa-Rat und die Vereinten Nationen hervorgetan. Es sind dabei viele Proklamationen, Denkschriften, Empfehlungen und Bevölkerungspläne sowohl von Fachgremien als auch von Delegiertentagungen erarbeitet bzw. beschlossen worden, die der nationalen wie internationalen Bevölkerungspolitik als Grundlage bzw. Leitlinien dienen sollen. Den bevölkerungs*politischen* Aussagen liegen fast immer bevölkerungs*wissenschaftliche* Problembearbeitungen zugrunde. Insgesamt sind solchermaßen allein seit Beginn der zurückliegenden siebziger Jahre ganze 'Berge' einschlägiger Literatur entstanden. Dies ergibt eine Vorstellung von der von uns wiederholt betonten *schwierigen Überschaubarkeit* des thematisch so heterogenen, wissenschaftstheoretisch so uneinheitlichen und schon dadurch oft so wenig miteinander verbundenen, aussagemäßig so divergierenden bevölkerungspolitischen und bevölkerungswissenschaftlichen Schrifttums. Zur genaueren Quantifizierung sei an dieser Stelle erwähnt, daß eine österreichische Arbeitsgemeinschaft die genaue Anzahl der allein für dieses kleine Land eruierten Publikationstitel von 1945 bis zum Jahresende 1978 aufgelistet hat. Diese allein auf Österreich bezogene Bibliographie kommt in dieser Zeitspanne auf 1.178 Titel zur Bevölkerungsforschung: K. HUSA, E. TROGER, Ch. VIELHABER und H. WOHLSCHLÄGL, Bibliographie der Bevölkerungsforschung nach dem Zweiten Weltkrieg (Abhandlung zur Humangeographie an der Universität Wien, Bd 3), Wien 1980. Auf Grund meiner Rahmenerfahrung vermute ich, daß im Größenvergleich beider Länder, der Relation in der Forschungs- und Drucklegungskapazität sowie angesichts der noch größeren Aktualität dieses Thema in der Bundesrepublik Deutschland (im Vergleich mit Österreich) wohl etwa mit der zehnfachen Publizität im Bereich der dortigen Bevölkerungsforschung zu rechnen ist. Bezieht man dann auch noch die Schweiz und die DDR mit ein und verlängert man den Erfassungszeitraum einer solchen Bibliographie bis zum Erscheinen unserer vorliegenden Arbeit (Jahresende 1981), dann nehmen wir als Extrapolationsergebnis der zitierten österr. Bibliographie an, daß es nicht zu hoch gegriffen scheint zu vermuten, daß zwischen 1945 und 1981 allein im deutschen Sprachgebiet mit etwa 12.000 bis 15.000 Titeln zur Bevölkerungsforschung und ihrer Randgebiete zu rechnen ist. Die intensive Bearbeitung die-

ser Problematik hält seit langen Jahren ungebrochen an, so daß sich dieser Literaturniederschlag in den nächsten Jahren sicherlich weiterhin erheblich vergrößern wird. Angesichts des in dieser Literaturfülle liegenden hochgradig disparaten, weithin unverbundenen bzw. unverbindbaren Diskussionsstandes betonen wir das vorrangige Erfordernis einer Grundlagen- und Zusammenhangklärung unter gestaltanalytischen Gesichtspunkten einer teilproblemintegrierenden Problemzusammenschau bzw. einer strukturlogischen Klärung der Teilproblemrelationen innerhalb des übergreifenden Gesamtgefüges, um so für die verwirrende Fülle der behandelten Einzelfragen bzw. der Detailforschung die forschungslogische Hilfe eines geklärten Rasters der wesentlichen Problemstruktur anbieten zu können. Ansonsten verliert man sich widerspruchsgeladen und orientierungslos in einem Meer wenig ergiebiger Detailbefassung unter den verschiedensten Aspekten problemlogisch nicht zusammenkomponierter, einzelwissenschaftlich akzentuierter Problemerörterungen. Dies gilt umso mehr dann, wenn – wie in unserer Arbeit – die sinn- und wertabhängige normative Problematik in die Gesamtuntersuchung voll mit einbezogen wird. Bei unserer Studie ist zudem in Rechnung zu stellen, daß sie *keine genuin bevölkerungswissenschaftliche* Untersuchung sein will, sondern vorrangig eine Erfassung der generativen Frage bzw. jener des Geburtenrückganges in der dominanten Perspektive der *Familienforschung.*

30) Wie aus unserer bisherigen Darstellung zu erschließen und aus der folgenden direkt zu ersehen ist, beruht diese Verbindung zwischen der gesellschaftspolitischen und der forschungswissenschaftlichen Ebene darauf, daß der sinnzielorientierten bzw. wertgeltungsabhängigen (sozial)anthropologischen Thematik sowohl in der Wissenschaft als auch in der Politik *dieselben* menschenbildrelevanten Prämissen zugrundeliegen (was somit *nicht* für die der *natur*wissenschaftlichen Bearbeitungsebene zugehörigen Untersuchungsgebiete bzw. Fragestellungen gilt). Damit gibt es in Theorie und Praxis diesbezüglich *verbindende, weil gleichgerichtete* oder aber *partiell unterschiedliche bis gegenteilig-kontroverse* menschenbildabhängige Grundbetrachtungsweisen von Lebensproblemen. In solchen Themenbereichen gibt es daher in *wissenschaftlichen* und in der zur Lebenspraxis zugehörenden *gesellschaftspolitischen* Problembehandlungen diesbezüglich mehr oder weniger *gleichgerichtete* oder aber *kontroverse* Auffassungsrichtungen. Bei Vorliegen einer solchen inneren Verwandtschaft führt dies einsichtigerweise zu der in Rede stehenden 'mitunter engen Verbindung' beider Bearbeitungsebenen.

31) Damit kein Fehleindruck aufkommen kann, sei im Anschluß an eine schon gemachte frühere Erläuterung nochmals betont, daß *auch nach unserer Auffassung* die positivistisch anerkannte Forschungsmethodik *auch in den humanwissenschaftlichen* Bemühungen überall dort von großer Bedeutung, ja unerläßlich ist, wo sie vom Forschungsgegenstand her notwendig bzw. – zur Präzisierung – wünschenswert ist. Für den ganzen naturwissenschaftlich relevanten Bereich der humanwissenschaftlichen Forschung (somit auch für viele in diesen Sektor hineinragenden Geistes- bzw. Sozialwissenschaften) steht also diese Forschungsmethodik *auch in unserer Sicht* nicht im geringsten Zweifel. Unsere Ablehnung eines *einseitig bis ausschließlich positivistischen* Wissenschaftsverständnisses bezieht sich *nur* darauf, daß dabei der ergänzenden geisteswissenschaftlichhermeneutischen Problemdimension sowie der (auch außerhalb der Erkenntnistheorie) grundlegend-zusammenhangklärenden Leistung der Philosophie bei der Erschließung der sinnzielorientierten bzw. wertgeltungsabhängigen menschlichen Lebensprobleme kein (angemessener) Platz eingeräumt wird.

32) Zum besseren Verständnis sei jetzt schon angemerkt, daß es für eine angemessene Berücksichtigung der Familienfrage in keiner Weise ausreicht, wenn die bevölkerungswissenschaftliche Forschung zahlreiche Faktoren der familienabhängigen Lebenswelt des Menschen zum Gegenstand ihrer Behandlung macht. Der springende Punkt liegt darin, inwieweit diese (auch durch Korrelationsrechnungen miteinander in Beziehung gesetzten) Faktoren als *Teilgrößen des übergeordneten Familienthemas oder aber anderer* thematischen Perspektiven aufgefaßt werden. Dadurch, daß diese zahlreichen Faktoren der familienabhängigen Lebenswelt des Menschen *außerhalb* einer solchen strukturlogischen Beziehung zur Familienfrage verbleiben, ist *nicht das Familien-*

thema die erkenntnisleitende Untersuchungsgröße. Vielmehr wird in der von uns kritisierten Problembehandlung die Familie nur als *abhängige Variable anderer übergeordneter* Untersuchungsziele behandelt, die Familie, die dann – soweit dies die uns kontroversielle Sichtweise betrifft – *außerhalb einer personalen* anthropologischen Grundkonzeption nicht in einer angemessenen Gewichtung im Untersuchungskontext auftaucht. Auch wenn dabei die Familie im hauptwörtlichen und eigenschaftswörtlichen Sinn wiederholt genannt wird, bedeutet dies noch keinesfalls, daß es sich um eine *familien*wissenschaftlich relevante Untersuchung, um einen Beitrag zur *Familien*forschung handelt.

33) Dabei ist zu bedenken, daß diese (oft mehr oder weniger unbewußt wirksame) öffentliche Leitbildorientierung weit weniger auf das *theoretische Lehrgebäude* der neulinken Ideologie bezogen wird, sondern schwerpunkthaft auf die *lebenspraktisch* nach dieser Ideenrichtung hin orientierten allgemeinen *Denk- und Gefühlshaltungen*. Durch diese Übertragung auf die lebenspraktische Perspektive wird die Schärfe und Stringenz der theoretischen Zuordnungspositionen wie immer erheblich abgeschwächt und kompromißbereit gemacht. Hinsichtlich der Auswirkungen des neulinken Theoriegebäudes auf seine lebenspraktische Rezeption durch breitere Bevölkerungsschichten im Verlauf der zweiten Hälfte der sechziger und der siebziger Jahre geht es also *nicht um die 'reine Lehre'* dieser Ideenrichtung, sondern um die davon ausgehende gefühlsbetonte Grundströmung des allgemeinen Lebensverständnisses breiter Bevölkerungsschichten. Durch anhaltende Gewöhnung an diese im Verlauf von eineinhalb Jahrzehnten massiv indoktrinierte (meist unter Berufung auf die 'neuere wissenschaftliche Forschung' gegenüber konkurrierenden Auffassungen als *beweisgesichert* qualifizierte) Grundrichtung des Lebensverständnisses ist der Herleitungsbezug zum Ideengebäude der neulinken Bewegung immer mehr verblaßt, so daß jetzt – am Beginn der achziger Jahre – vieles von der Leitbildorientierung in Richtung Emanzipation, Selbstbefreiung und eines intensiv wie extensiv interpretierten (alle Lebensbereiche umfassenden) Egalitätsbewußtseins in breiteren Bevölkerungsschichten bis zu einem gewissen Grad bereits zur unreflektiert-fraglosen Selbstverständlichkeit geworden ist (alle davon abweichenden Denk- und Verhaltensrichtungen wirken dann als konservativ-traditionalistisch, autoritär, fortschrittsfeindlich, freiheits- bzw. selbstverwirklichungshemmend). Diese weitreichende gesellschaftliche Bewußtseinsveränderung meinen wir hier, deren Legitimität vor allem mit der widerspruchsausschaltend gemeinten Berufung auf 'Rationalität' und 'Wissenschaftlichkeit' abgesichert wird (konkurrierende Auffassungs- bzw. Lebensrichtungen werden demnach seither mit den negativ besetzten Begriffen des 'Irrationalen' und 'Unwissenschaftlichen' in Verbindung gebracht).

34) Ohne die vorausgegangene neulinke Kulturrevolution hätte sich dieses auf solchem Hintergrund anschließend entwickelte *allgemein-linksliberale* Gedankengut nie so mächtig ausbreiten können, wie dies tatsächlich geschehen ist.

35) Hinsichtlich der 'kollektivistischen' Tendenzen muß in Rechnung gestellt werden, daß diese auf dem Hintergrund einer in diese Grundrichtung tendierenden *Gesamtentwicklung des spätindustriellen* Gesellschaftsprozesses angesiedelt sind, somit also von dieser *allgemeinen Rahmenbedingung* der sozialökonomischen Entwicklung unserer Gesellschaft in vielfältiger Weise begünstigt werden.

36) Dies ist so zu verstehen, daß sich diese Aussagetrends hochgradig auf Arbeitsergebnisse eines positivistischen Wissenschaftsverständnisses abgestützt haben. Solchermaßen wurde allenthalben der Eindruck einer in hohem Grade gegebenen wissenschaftlichen Beweisabsicherung für das damit in Zusammenhang gebrachte bevölkerungswissenschaftliche Aussagevolumen erweckt.

37) Angesichts der in Fußnote 29 erfolgten näheren Quantifizierung der bevölkerungswissenschaftlichen Literaturmassen, die großenteils *außerhalb* einer Relevanz zum Familienthema bleiben, scheint es nicht notwendig, hier eine weitausholende Auflistung verschiedenster Publikationen vorzunehmen, die stets nur eine kleine Zufallsauswahl darstellen würde. Die Zielsetzung unserer

Arbeit besteht ja in der Vorlage eines geschlossenen neuen Denkansatzes, eines neuen Problembewältigungsentwurfs. Es mehren sich allerdings die Anzeichen dafür, daß mit den begonnenen achziger Jahren die von uns hier für die zurückliegenden eineinhalb Jahrzehnte betonte Betrachtungseinseitigkeit keinesfalls in der bisherigen Schärfe fortgesetzt wird.

38) Nach unserer zugrundeliegenden *personalen* anthropologischen Grundkonzeption wird das *legitime* bevölkerungswissenschaftliche Interesse einer Gesellschaft letztlich auf das Interesse an der Vollverwirklichung der menschlichen PERSON zurückgeführt. In diesem Ausmaß läßt sich 'Bevölkerungspolitik' ganz und gar *human* rechtfertigen. Andererseits ist in dieser unserer Sichtweise jedem *eigenständig-unabgeleiteten* Charakter der Bevölkerungspolitik der humane Legitimationsboden entzogen.

39) Wir weisen hier auf diesen psychologischen Effekt hin unbeschadet seiner im Kriterium des 'generativen Gemeinwohls' steckenden sachlichen Berechtigung.

40) Diese Aussage läßt die schon genannte Anwendbarkeit unserer ansatzorientierten Grundlagenbearbeitung für die Befassung mit den vielen generativen *Teil*bereichen bzw. *Einzelfragen* erkennen. Diese erfahren dadurch eine oft erhebliche Stellenwertveränderung mit bedeutsamen Folgen in den Interpretationskonsequenzen vieler Einzelergebnisse, nämlich durch ihre Rückbindung an die übergeordnete Problemganzheit.

41) Sind in einer Ehe Kinder vorhanden, so verändert sich dadurch im positiven Normalfall im Vergleich zu Kinderlosen eine Fülle einschlägig davon tangierter Erlebnis- und Verhaltensbereiche in Verbindung mit der auf Kinder bezogenen *sachverhaltlichen* Ausgestaltung der Institution Familie: angefangen etwa von der quantitativen und qualitativen Wohnungsfrage über das Erfordernis der Einkommenshöhe (Zweiteinkommen, Nebenverdienst, etwaiger Berufswechsel) und die Art der Einkommensverwendung; die Ausprägung der Sparsamkeitsgesinnung, auch etwa in Gestalt eines schonenden Umgangs mit Sachgütern und im Hinblick auf risikoabsichernde Rücklagenbildung; die Bedeutung des Erbgedankens in bezug auf die Schaffung generationsüberdauernden Eigentums; Ausmaß und Art der weitergehenden Selbsterziehung der Eltern im Hinblick auf ihren Vorbildcharakter für die Lebensentfaltung der Kinder; Art und Ausmaß der Freizeit- und Urlaubsgestaltung; Präferenzen für die ganze Investitionstätigkeit innerhalb und außerhalb des eigenen Familienhaushalts (Kraftfahrzeug, Schrebergarten bzw. ein Stück Erholungsfläche im Grünland – allenfalls in Verbindung mit einem Wochenendhäuschen usw.). Im positiven Normalfall sind Kinder eine verändernde Einflußgröße auf *alle* diese sachverhaltlichen wie mentalitätsmäßigen Bereiche im Leben eines Ehepaares mit weitreichenden Verhaltenskonsequenzen. Dies gilt sowohl für die Ausbildung des sich erst entwickelnden endgültigen Kinderwunsches eines jungen Paares als auch für die Wirkkonsequenzen, die von den im Haushalt schon vorhandenen Kindern ausgehen. In die Zukunft bezogener Kinderwunsch und die Folgen der schon geborenen Kinder wirken so bei der Gestaltung der ganzen ehelich-familialen Lebenswelt *interdependent ineinander*. Deshalb haben wir schon am Beginn dieser Studie die Einsicht betont, daß gerade bei einer solchen Grundlagenbearbeitung die systematische Zweiteilung von Ursachen und Folgewirkungen des Geburtenrückganges sich nicht als optimal erweise. Als ein Beispiel für die hier neuerdings betonte interdependente Rückkoppelung sei darauf verwiesen, daß zunehmende Kinderarmut tendentiell einen *aufwendigeren, anspruchsvolleren* Lebensstil bewirkt, der nun aber seinerseits über Gewöhnung bzw. gesellschaftliche Nachahmung eine eigenständige fruchtbarkeitsreduzierende Motivationsverstärkung auszuüben vermag.

42) Wir wollen hier von einer Bezugnahme darauf absehen, unter welchen (persönlichen und sachverhaltlichen) Voraussetzungen sich eine etwa *gleichgewichtige* Beteiligung von Mann und Frau an der Ausbildung der Fruchtbarkeitsmentalität eines Ehepaares erwarten läßt oder aber eine *ungleichgewichtige* – sei es als übergewichtige Einflußnahme der Frau oder des Mannes.

43) Eine solche analytische Ausdifferenzierung der drei erörterten Schlüsselbegriffe ist nur im Zusammenhang einer Untersuchung wie der unseren sinnvoll. Ansonsten wird man sich zweckmäßigerweise auf den zusammenfassenden Begriff vom 'sozialen System Familie' (im Sinne des inhaltlich vollen Institutionsbegriffs) als der fruchtbarkeitsbewirkenden Letztinstanz beschränken. In unserer Arbeit ist die Einführung des vorgeschalteten Begriffs vom 'allgemeinen menschlichen Daseinsverständnis' schon durch den besonderen Untersuchungsschwerpunkt bedingt, die Abhängigkeit der Fruchtbarkeitsmentalität von der *sinnorientierten bzw. wertgeltungsabhängigen* Mentalitätslage herauszuarbeiten, wie sie sich auf der Basis der jeweiligen 'anthropologischen Grundkonzeption' entwickelt und im 'Menschenbild' ihren zusammenfassenden Niederschlag findet. Diese von der geistigen Selbstdeutung des Menschen abhängige fruchtbarkeitsrelevante Mentalitätsproblematik wird von uns deshalb so nachdrücklich in den Blick genommen, weil die in Rede stehende Abhängigkeitsbeziehung von der bisherigen bevölkerungswissenschaftlichen Erforschung des Geburtenrückganges sehr unterbelichtet im Hintergrund belassen wurde bzw. ganz ausgeklammert worden ist. Im Vergleich dazu stellt die Untersuchung der Abhängigkeit des Geburtenrückganges von den geänderten Voraussetzungen des Nachkommenschaftsverhaltens der Gegenwart *im Bereich der äußeren Lebensumstände* (sachverhaltliches Determinantensyndrom) eine unvergleichlich leichtere Aufgabe dar.

44) Es kann als bekannt und unbestritten vorausgesetzt werden, daß die *individuelle* Größe des 'allgemeinen menschlichen Daseinsverständnisses' und die darauf basierende 'eheliche Fruchtbarkeitsmentalität' in den Einfluß des einschlägigen *gesellschaftlichen* Bewußtseins *zurückgekoppelt* ist. In unserer 'personalen' anthropologischen Grundkonzeption ist zwar der letztbestimmende Betrachtungsbezug auf die menschliche PERSON gerichtet. Dessenungeachtet ist auch in dieser Sichtweise der meist hochgradige Einfluß des *gesellschaftlichen* Bewußtseins realistisch in Rechnung zu stellen.

45) Vgl. dazu die Abhandlung des Verfassers 'Über das familiale Strukturprinzip', in: W. WEBER (Hg), Jahrbuch für christliche Sozialwissenschaften, Bd 18 (1977).

46) Die gebührende Anerkennung des *sozialen Wandels* bringt zur bisher herausgearbeiteten Fruchtbarkeitsabhängigkeit von der geistigen Selbstdeutung des Menschen die ergänzende *historische* Problemperspektive in den Blick. Vgl. dazu das Verhältnis von Naturrecht und Geschichtlichkeit.

47) Zur nationalökonomischen Grundlagenproblematik und ihrer Bewältigung vgl.: O. von NELL-BREUNING und C. G. FETSCH (Hg), Drei Generationen in Solidarität, Köln 1981.

48) Angesichts des bereits hinreichend deutlich gemachten sondergelagerten Charakters unserer Arbeit ist es im Rahmen dieser Studie weder möglich noch sinnvoll, die einzelnen Elemente der nun im zweiten Abschnitt überblicksmäßig behandelten engeren Problemaufarbeitung mit der unübersehbaren Weite der familienwissenschaftlichen Literatur in Beziehung zu setzen. In unserer auf die Erfassung der allgemeinen Zusammenhänge gerichteten eigenständigen Themenbearbeitung sei hier verwiesen auf die relevante Standardliteratur, auf deren thematischem Hintergrund unsere Untersuchung aufruht: F. ENGELS, Der Ursprung der Familie, des Privateigentums und des Staates, Zürich 1884. – E. WESTERMARCK, Die Geschichte der menschlichen Ehe, Jena 1893. – Derselbe, The Future of Marriage in Western Civilisation, London 1936. – W. SCHMIDT, Artikel 'Familie', in: Handwörterbuch d. Staatswiss. III, Jena 1925. – H. KEYSERLING, Das Ehebuch, Celle 1925. – W. KOPPERS, Ehe und Familie, in: VIERKANDT, Handwörterbuch der Soziologie, Stuttgart 1931. – R. THURNWALD, Die menschliche Gesellschaft und ihre ethnosoziologischen Grundlagen, Bd 2: Werden, Wandel und Gestaltung von Familie, Verwandtschaft und Bünden, Berlin 1932. – F. TOENNIES, Die moderne Familie, in: VIERKANDT, Handwörterbuch ... . – H. MUCKERMANN, Kind und Volk, 16. Aufl., Freiburg 1934. – H. DOMS,

Vom Sinn und Zweck der Ehe, Breslau 1935. – A. VIERKANDT, Familie, Volk und Staat in ihren gesellschaftl. Lebensvorgängen, Stuttgart 1936. – M. HORKHEIMER (Hg), Autorität und Familie, Paris 1936. – J. DAVID, Der Lebensraum der Familie, Luzern 1943. – A. MYRDAL, Nation and Family, London 1945. – E. W. BURGESS and J. H. LOCKE, The Family. From Institution to Companionship, New York 1945. – J. BACHOFEN, Das Mutterrecht, Bd 2 und 3 d. Ges. Werke, Basel 1948. – H. BECKER and R. HILL (Hg), Family, Marriage and Parenthood, Boston 1948. – H. F. K. GÜNTHER, Formen und Urgeschichte der Ehe, 3. Auf., Göttingen 1951. – H. MUCKERMANN, Der Sinn der Ehe, 3. Auf., Berlin 1952. – Derselbe, Die Familie im Lichte der Lebensgesetze, 2. Auf., Bonn 1952. – F. W. BOSCH, Familienrechtsreform, Siegburg 1952. – J. VIOLLET, Vom Wesen und Geheimnis der Familie, Salzburg 1952. – F. LEIST, Liebe und Geschlecht, Stuttgart 1953. – B. HÄRING, Soziologie der Familie, Salzburg 1954. – Derselbe, Ehe in dieser Zeit, Salzburg 1960. – Derselbe, Brennpunkt Ehe, Bergen-Enkheim 1967. – F. OETER, Familienpolitik, Stuttgart 1954. – Derselbe (Hg), Familie im Umbruch, Gütersloh 1960. – Derselbe (Hg), Familie und Gesellschaft, Tübingen 1966. – R. MAYNTZ, Die moderne Familie, Stuttgart 1955. – T. PARSONS and R. E. BALES, Family, Socialization and Interaction Process, Glencoe 1955. – R. KÖNIG, Soziologie der Familie, in: GEHLEN/ SCHELSKY (Hg), Soziologie. Ein Lehrbuch der Gesellschaftskunde, Düsseldorf 1955. – J. FISCHER, Ehe und Elternschaft, Hamburg 1956. – Derselbe, Die Lebensalter der Ehe, Hamburg 1957. – J. LECLERCQ/J. DAVID, Die Familie, 2. Aufl., Freiburg 1958. – J. DORNEICH/ A. SCHERER (Hg), Ehe und Familie. Beiträge zu einem Wörterbuch der Politik, Heft 7, Freiburg 1956. – H. BEGEMANN, Strukturwandel der Familie, 2. Aufl., Witten 1965. – J. DAVID (Hg), Vom Vater in Familie, Gesellschaft und Kirche, Donauwörth 1960. – Th. BOVET, Ehekunde, 2 Bde, 2. Aufl., Tübingen 1963. – Derselbe, Die Ehe, Tübingen 1972. – G. WURZBACHER (Hg), Der Mensch als soziales und personales Wesen, Stuttgart 1963. – Derselbe (Hg), Die Familie als Sozialisationsfaktor, Stuttgart 1968. – Derselbe, Leitbilder gegenwärtigen deutschen Familienlebens, 4. Aufl., Stuttgart 1969. – W. BECKER/W. SALEWSKI, Die Frühehe als Wagnis und Aufgabe, Neuwied 1963. – F. von GAGERN, Eheliche Partnerschaft, 5. Aufl., München 1963. – M. WINGEN, Familienpolitik, 2. Aufl., Paderborn 1965. – Derselbe, Familienpolitik – Konzession oder Konzeption? Köln 1966. – G. SCHERER, Ehe im Horizont des Seins, Essen 1965. – G. LÜSCHEN/R. KÖNIG, Jugend in der Familie, München 1965. – E. PFEIL, Die Familie im Gefüge der Großstadt, Hamburg 1965. – R. GUARDINI, Die Lebensalter, Würzburg 1965. – J. SCHLEMMER (Hg), Krise der Ehe, München 1966. – W. J. GOODE, Die Struktur der Familie, 2. Aufl., Köln 1966. – Derselbe, Soziologie der Familie, München 1967. – F. NEIDHARDT, Die Familie in Deutschland, Opladen 1966. – H. SCHELSKY, Wandlungen der deutschen Familie in der Gegenwart, 5. Aufl., Stuttgart 1967. – A. MITSCHERLICH, Auf dem Weg zur vaterlosen Gesellschaft, München 1968. – R. KÖNIG, Soziologie der Familie, in: derselbe (Hg) Handbuch der empirischen Sozialforschung II, Stuttgart 1969. – Derselbe, Familie und Familiensoziologie, sowie: Ehe und Ehescheidung, in: W. BERNSDORF (Hg), Wörterbuch der Soziologie, 2. Aufl., Stuttgart 1969. – Derselbe, Materialien zur Soziologie der Familie, 2. Aufl., Köln 1974. – H. E. RICHTER, Eltern, Kind und Neurose, Hamburg 1969. – Derselbe, Patient Familie, Hamburg 1972. – G. LÜSCHEN/E. LUPRI (Hg), Soziologie der Familie, Kölner Zeitschrift für Soziologie und Sozialpsychologie, Sonderheft 14/1970. – F. NEIDHARDT, Die Familie in Deutschland, 2. Aufl., Opladen 1970. – Derselbe, Die junge Generation, 2. Aufl., Opladen 1970. – D. CLAESSENS, Familie und Wertsystem, 3. Aufl., Berlin 1972. – J. DUSS (Hg), Die Zukunft der Monogamie, Tübingen 1972. – Derselbe (Hg), Kommune und Großfamilie, Tübingen 1972. – L. LIEGLE, Familie und Kollektiv im Kibbuz, 2. Aufl., Weinheim 1972. – D. CLAESSENS/P. MILHOFFER (Hg), Familiensoziologie, Frankfurt 1973. – H. und S. GASTAGER, Die Fassadenfamilie. Ehe und Familie in der Krise, München 1973. – W. TOMANN, Familienkonstellationen, 2. Aufl., München 1974. – Derselbe und S. PREISER, Familienkonstellationen und ihre Störungen. Ihre Wirkungen auf die Person, ihre sozialen Beziehungen und die nachfolgende Generation, Stuttgart 1973. – H. ROSENBAUM, Familie als Gegenstruktur der Gesellschaft, Stuttgart 1973. – G. SCHWÄGLER, Soziologie der Familie, 2. Aufl., Tübingen 1975. – J. M. FONTES u. a., Familie – Feindbild und Leitbild, Köln

1977. – R. KÖNIG, Die Familie der Gegenwart, 2. Aufl., München 1977. – M. RHONHEIMER, Familie und Selbstverwirklichung. Alternativen zur Emanzipation, Köln 1979. – R. von SCHWEITZER (Hg), Leitbilder für Familie und Familienpolitik, Berlin 1981. – K. LÜSCHER/ F. BÖCKLE, Familie, in: Christl. Glaube in moderner Gesellschaft, Freiburg 1981. – Gesamtstaatliche Familienberichte im deutschen Sprachraum: Berichte über die Lage der Familie in der BRD, in Österreich und der Schweiz; a) Bundesrepublik Deutschland: 1968, 1975 und 1979; Österreich: 1969 und 1979; Schweiz: 1978.

49) Vgl. dazu die Grundlagenanalyse des Verfassers über den Zweiten deutschen Familienbericht (1975), Familienbericht: Keine Klärung der normativen Maßstabgrundlagen, in: Die Neue Ordnung 3/1976.

50) Angesichts der einschlägig gegebenen Literaturmassen ist es in unserer auf Herausarbeitung der allgemeinen Zusammenhänge abgestellten Arbeit auch in diesem Punkt weder möglich noch sinnvoll, hier in eine nähere inhaltliche Auseinandersetzung einzutreten. Wie in anderen Fragen brächte es auch keinen Nutzen, die darauf beziehbaren Veröffentlichungen hier zu hunderten anzuführen. Vgl. zu diesem Kapitel die Abhandlung des Verfassers 'Ehe und Familie – personale Lebensgemeinschaft oder gesellschaftliche Institution? in: W. WEBER (Hg), Jahrbuch für christl. Sozialwissenschaften, Bd 20/1979; zur Grundsatzproblematik daneben etwa: H. SCHELSKY (Hg), Zur Theorie der Institution, München 1970 und F. JONAS, Die Institutionenlehre Arnold Gehlens, Tübingen 1966.

51) Über Realität und Bedeutung des Familienhaushalts siehe die einschlägigen Bearbeitungen in den am Schluß der Fußnote 48 genannten sechs gesamtstaatlichen Familienberichten der Bundesrepublik Deutschland, Österreichs und der Schweiz; des weiteren: E. EGNER, Der Haushalt, Berlin 1952; derselbe, Epochen im Wandel des Familienhaushalts, in: F. OETER (Hg), Familie und Gesellschaft, Tübingen 1966, sowie im selben Sammelband: O. BRUNNER, Das 'ganze Haus' und die alteuropäische 'Ökonomik'; J. SCHACHT, Die Bewertung der Hausarbeit im Unterhaltsrecht, Göttingen 1980.

52) Vgl. dazu den Kommentar des Autors zum Dritten deutschen Familienbericht: Dritter Familienbericht. Rückkehr zum Sozialrealismus I und II, in: Die Neue Ordnung 1 und 2/1980.

53) Auch zur (familienrelevanten) Frauenfrage besteht – wie zu anderen Teilbereichen unserer Arbeit – eine unüberschaubar große Literatur, auf die es im Zusammenhang mit unserer nur im Überblick erfolgten und allein auf die Nachkommenschaftsproblematik hingeordnete Grundlagenbehandlung *nicht* einzugehen gilt. Die (familienrelevante) Frauenfrage als eine entscheidende Hintergrundthematik unserer Fragestellung ist – recht unterschiedlich nach Art und Umfang – im Großteil der Familien-Standardliteratur (siehe Fußnote 48) mitbehandelt. Auch die Familien- und Frauenberichte der einzelnen Regierungen enthalten viel einschlägiges Untersuchungsmaterial – nicht zuletzt im engeren Aspekt der Lebensfragen und Lebensbedingungen der *Mütter.* Zum letztgenannten Aspekt vgl. etwa die Veröffentlichungen: F. SCHOTTLÄNDER, Die Mutter als Schicksal, Stuttgart 1949; A. MUTHESIUS (Hg), Die Mutter in der heutigen Gesellschaft, Frankfurt 1964; R. JUNKER, Die Lage der Mütter in der BRD. Ein Forschungsbericht, 2 Bde, Frankfurt 1965; H. ULSHÖFER, Mütter und Beruf. Die Situation erwerbstätiger Mütter in 9 Industrieländern, Weinheim 1969; Bundesministerium f. Familie und Jugend (Hg), Mütter und Kinder in der BRD, 2 Bde, Bonn 1969. Hinsichtlich der in diesem Kapitel herausgearbeiteten sozialpsychologischen und sozialphilosophischen – für Wissenschaft, Politik und persönliche Lebensgestaltung gleichermaßen konsequenzenreichen – Grundlagenproblematik sei besonders verwiesen auf die Abhandlung des Verfassers 'Ehe und Familie im Widerstreit der Ideen von Selbstverwirklichung und Fremdbestimmung', in: W. WEBER (Hg), Jahrbuch f. christl. Sozialwissenschaften, Bd 19/1978 sowie auf: M. RHONHEIMER, Familie und Selbstverwirklichung. Alternativen zur Emanzipation, Köln 1979. Schließlich verweisen wir auf nachstehende kleine Li-

teraturauswahl, die teilweise auch für die problemübergeordnete *Hintergrund*dimension der Frauenfrage einschließlich ihrer gesellschaftspolitischen Zusammenhänge relevant ist: H. HETZER, Mütterlichkeit, Leipzig 1937. – G. SCHERER, Strukturen des Menschen. Grundfragen philosophischer Anthropologie, Essen o. J. – F. BUYTENDIJK, Die Frau. Natur, Erscheinung, Dasein, Köln 1953. – A. GEHLEN, Die Seele im technischen Zeitalter, Hamburg 1957. – K. POPPER, Die offene Gesellschaft und ihre Feinde, Bern 1958. – J. L. TALMON, Die Ursprünge der totalitären Demokratie, Köln 1961. – Derselbe, Politischer Messianismus. Die romantische Phase, Köln 1963. – O. von NELL-BREUNING, Artikel 'Partnerschaft', in: Handwörterbuch der Sozialwissenschaften, Bd 8, Stuttgart 1961. – R. DARENDORF, Gesellschaft und Freiheit. Zur soziologischen Analyse der Gegenwart, München 1961. – P. KLUKE, Selbstbestimmung. Vom Weg einer Idee durch die Geschichte, Göttingen 1963. – K. NEVERMANN, Zur Strategie systemüberwindender Reformen, in: W. SCHUCHTER (Hg), Sozialdemokratie und Sozialismus heute, Köln 1968. – H. von HENTIK, Systemzwang und Selbstbestimmung, Stuttgart 1968. – H. GÜNTER (Hg), Die autoritäre Gesellschaft, Köln 1969. – U. LEHR, Die Frau im Beruf, Frankfurt 1969. – G. ROHRMOSER, Das Elend der kritischen Theorie, Freiburg 1970. – Derselbe, Emanzipation und Freiheit, München 1970. – A. von WEISS, Neomarxismus. Die Problemdiskussion im Nachfolgemarxismus der Jahre 1945 – 1970, Freiburg 1970. – H. BUSSIEK, Veränderungen der Gesellschaft. Sechs konkrete Utopien, Frankfurt 1970. – Derselbe, Wege zur veränderten Gesellschaft. Politische Strategien, Frankfurt 1971. – K. MANNHEIM, Freiheit und geplante Demokratie, Köln 1970. – G. GREER, Der weibliche Eunuch. Aufruf zur Befreiung der Frau, Frankfurt 1971. – R. POHLMANN, Artikel 'Autonomie', in: J. RITTER (Hg), Hist. Wörterbuch der Philosophie, Bd 1, Basel 1971. – A. KÜNZLI, Linker Irrationalismus. Zur Kritischen Theorie der Frankfurter Schule, in: Aufklärung und Dialektik. Politische Philosophie von Hobbes bis Adorno, Freiburg 1971. – R. LÖWENTHAL, Der romantische Rückfall. Wege und Irrwege einer rückwärts gewendeten Revolution, 2. Aufl., Stuttgart 1971. – A. MYRDAL/V. KLEIN, Die Doppelrolle der Frau in Familie und Beruf, 3. Aufl., Köln 1971. – D. ACKERKNECHT, Kommune und Großfamilie, Tübingen 1972. – F. KAINZ, Über die Sprachverführung des Denkens, Berlin 1972. – E. P. MÜLLER, Juso-Sozialismus. Programm und Strategie der Jungsozialisten in der SPD, Köln 1972. – R. NAVE-HERZ, Die Frau in der modernen Gesellschaft, Neuwied 1972. – H. SCHOECK, Vorsicht Schreibtischattentäter, Politik und Presse in der BRD, Stuttgart 1972. – Derselbe, Die Lust am schlechten Gewissen, Freiburg 1973. – J. DITTBERNER/R. EBBINGHAUSEN, Parteiensystem in der Legitimationskrise. Studien und Materialien zur Soziologie der Parteien in der BRD, Opladen 1973. – W. POLLAK, Strategien zur Emanzipation, Wien 1973. – K. STEINBUCH, Ja zur Wirklichkeit, Stuttgart 1975. – Bundeskanzleramt (Hg), Österreichischer Frauenbericht, Wien 1975. – J. SCHACHT, Die Bewertung der Hausarbeit im Unterhaltsrecht, Göttingen 1980.

54) Für unsere Themenstellung ist allein bedeutsam, daß *auch die feministische* Bewegung zumindest in ihren Auswirkungen der *Emanzipationsideologie* zuzurechnen ist, insofern nämlich, als auch die verschiedenen Varianten des Feminismus nicht auf das von uns hier in einer *personalen* Sichtweise entfaltete Grundverständnis einer *antagonistischen Dynamik der Geschlechter-Polarität* bezogen ist, womit aber allein eine *positive* Lösungsperspektive zum Verhältnis Mann-Frau gerade im Lebenskreis von Ehe und Familie grundgelegt wird.

55) Die (interdisziplinäre) Sozialisationsdiskussion (Sozialisationsforschung) hat in den vergangenen eineinhalb Jahrzehnten einen sehr breiten literarischen Niederschlag gefunden. Noch weit umfangreicher ist natürlich der Literaturbestand in bezug auf unseren engeren Themenkreis 'Erziehung und Familie'. Die Sachverhalte der *Pflege* des Kindes sind dabei mit den *erzieherischen bzw. bildungsmäßigen* Wirkzusammenhängen zu einem vermischten Problemkomplex ineinander verschachtelt. Sodann weist die erziehungs*wissenschaftliche* Forschung einen fließenden Übergang auf zum riesigen Schrifttum der *angewandten erzieherischen Lebenspraxis,* wobei die *außerfamilialen* erzieherischen Problemfelder mit der Frage der erzieherischen Aufgabenstellung sowie mit der Erziehungsrealität des *Elternhauses* wiederum eng miteinander verbunden sind. Auf die-

sem Hintergrund hebt sich für unsere Themenbehandlung eine mit dem Vorgesagten vielfältig korrespondierende, ihm vorgelagerte Problemdimension ab: die auf Sinnorientierung bzw. Wertabhängigkeit menschlichen Lebens bezogene *moralphilosophische Begründungsebene* des erzieherischen Tuns und Lassens, die gerade im Zusammenhang mit der Familienfrage eine besondere Bedeutung besitzt. Zum besseren Verständnis muß hier auch noch gesagt werden, daß hinsichtlich der der *Erziehungsfrage übergeordneten* normativen Probleme eine mitunter enge Verzahnung zum abgehandelten Kapitel der *Frauenfrage* besteht. Für das gesamte bedingende thematische Umfeld unseres jetzt behandelten Kapitels sei hier auf das folgende ausgewählte Schrifttum verwiesen: J. COHN, Befreien und Binden, Zeitfragen der Erziehung überzeitlich betrachtet, Leipzig 1926. – R. ALLERS, Das Werden der sittlichen Person, Freiburg 1929. – R. ALT (Hg), Erziehungsprogramme der Französischen Revolution, Berlin 1949. – O. HAMMELSBECK (Hg), Erziehung und Menschenbild, München 1953. – P. FLEIG, Das Elternrecht im Bonner Grundgesetz, Freiburg 1953. – M. MONTESSORI, Das Kind in der Familie, Stuttgart 1954. – R. STROHAL, Autorität. Ihr Wesen und ihre Funktion im Leben der Gemeinschaft, Freiburg 1955. – W. BREZINKA, Frühe Mutter-Kind-Trennung. Zum Problem der Charakterprägung und Erziehbarkeit, in: Die Sammlung, 14/1959. – Derselbe, Erziehung als Lebenshilfe, 3. Aufl., Wien 1963. – Derselbe, Metatheorie der Erziehung, Weinheim 1972. – Derselbe, Erziehungsziele, Erziehungsmittel, Erziehungserfolg, München 1976. – B. SUCHODOLSKI, Grundlagen der marxistischen Erziehungstheorie, Warschau und Berlin 1961. – F. SCHNEIDER, Katholische Familienerziehung, 7. Aufl., Freiburg 1961. – E. FEIFEL, Personale und kollektive Erziehung, Freiburg 1963. – J. KOB, Erziehung in Elternhaus und Schule, Stuttgart 1963. – K. SAUER, Der utopische Zug in der Pädagogik, Weinheim 1964. – A. FLITNER/G. BITTNER, Die Jugend und die überlieferten Erziehungsmächte, München 1965. – E. H. ERIKSON, Kindheit und Gesellschaft, 2. Aufl., Stuttgart 1965. – G. LÜSCHEN/R. KÖNIG, Jugend in der Familie, München 1965. – M. MEIERHOFER/W. KELLER, Frustration im frühen Kindesalter, Bern 1966. – Th. ADORNO, Negative Dialektik, Frankfurt 1966. – Derselbe, Minima Moralia, Frankfurt 1969. – Derselbe, Erziehung zur Mündigkeit, Frankfurt 1970. – J. SPECK (Hg), Das Personverständnis in der Pädagogik und ihren Nachbarwissenschaften, 2 Bde, Münster 1966/67. – Zentralkomitee der deutschen Katholiken (Hg), Die Erziehungskraft der Familie, Köln 1967. – Dasselbe, Christl. Erziehung nach dem Konzil, Köln 1967. – R. A. SPITZ, Vom Säugling zum Kleinkind, Stuttgart 1967. – K. MARX, Bildung und Erziehung. Studientexte zur Marxschen Bildungskonzeption, herausg. von H. E. WITTIG, Paderborn 1968. – E. SCHMALOHR, Frühe Mutterentbehrung bei Mensch und Tier, München 1968. – Th. ADORNO/M. HORKHEIMER, Familie, in: Soziolog. Exkurse, 4. Aufl., Frankfurt 1968. – K. MOLLENHAUER, Erziehung und Emanzipation, München 1968. – D. HAENSCH, Repressive Familienpolitik. Sexualunterdrückung als Mittel der Politik, Reinbeck 1969. – A. S. NEILL, Theorie und Praxis der antiautoritären Erziehung. Das Beispiel Summerhill, Reinbeck 1969. – H. BERNDT, Kommune und Familie, in: Kursbuch 17, Berlin 1969. – K. H. SCHEUCH (Hg), Die Wiedertäufer der Wohlstandsgesellschaft. Eine kritische Untersuchung der 'Neuen Linken' und ihrer Dogmen, 2. Aufl., Köln 1969. – Rotes Kollektiv Proletarische Erziehung Westberlin (Hg), Soll Erziehung politisch sein? Frankfurt 1970. – M. R. VOGEL, Erziehung im Gesellschaftssystem, München 1970. – J. BECK u. a. (Hg), Erziehung in der Klassengesellschaft, München 1970. – A. FISCHER, Die Entfremdung des Menschen in der heilen Gesellschaft. Materialien zur Adaptation und Denunziation eines Begriffs, München 1970. – H. FEND, Sozialisierung und Erziehung, 2. Aufl., Weinheim 1970. – Derselbe, Konformität und Selbstbestimmung, Weinheim 1971. – H. D. ORTLIEB, Die verantwortungslose Gesellschaft oder wie man die Demokratie verspielt, München 1971. – H. W. OPASCHOWSKI, Der Jugendkult in der Bundesrepublik, Düsseldorf 1971. – K. H. SCHÄFER/K. SCHALLER (Hg), Kritische Erziehungswissenschaft und kommunikative Didaktik, Heidelberg 1971. – I. SCHEFFLER, Die Sprache der Erziehung, Düsseldorf 1971. – R. SPAEMANN, Autonomie, Mündigkeit, Emanzipation, in: S. OPPOLZER (Hg), Erziehungswissenschaft 1971 zwischen Herkunft und Zukunft der Gesellschaft, Wuppertal 1971. – H. HAUKE (Hg), Aktuelle Erziehungsprobleme. Beiträge zu Fragen der antiautoritären, religiösen, denkfördernden und geschlechtsspezifischen Erziehung, Heidenheim 1971. – M. MEIERHOFER, Frühe

Prägung der Persönlichkeit. Psychohygiene im Kindesalter, Bern 1971. – H. SCHELSKY, Strukturwandlungen der Familie in ihrer Bedeutung für die Erziehung, in: D. HOELTERS-HINKEN (Hg), Vorschulerziehung, Freiburg 1971. – E. BLOCH, Parteilichkeit in Wissenschaft und Welt, in: Pädagogica, Frankfurt 1971. – M. BOIS-REYMOND, Strategien kompensatorischer Erziehung, Frankfurt 1971. – P. BOURDIEU/J.-C. PASSERON, Die Illusion der Chancengleichheit, Stuttgart 1971. – H. JANSON, Herbert Marcuse. Philosophische Grundlagen seiner Gesellschaftskritik, Bonn 1971. – W. REICH, Die sexuelle Revolution. Zur charakterlichen Selbststeuerung des Menschen, Frankfurt 1971. – K. WALLRAVEN/E. DIETRICH, Politische Pädagogik. Aus dem Vokabular der Anpassung, München 1971. – K. H. BÖNNER, Nichtautoritäre Erziehung, 2. Aufl., Düsseldorf 1972. – F. W. BUSCH, Familienerziehung in der sozialistischen Erziehung der DDR, Düsseldorf 1972. – J. BOWLBY, Mutterliebe und kindliche Entwicklung, München 1972. – Derselbe, Mütterliche Zuwendung und geistige Gesundheit, München 1973. – J. FEIL (Hg), Wohngruppe, Kommune, Großfamilie. Gegenmodelle zur Kleinfamilie, Reinbeck 1972. – H. TOMAE, Familie und Sozialisation, in: C. F. GRAUMANN (Hg), Sozialpsychologie, Bd 7 des Handbuchs der Psychologie, Göttingen 1972. – B. CAESAR, Autorität in der Familie. Ein Beitrag zum Problem schichtspezifischer Sozialisation, Reinbeck 1972. – Ch. JENKS, Chancengleichheit, Reinbeck 1973. – F. KOROLJOW/G. GMURMANN (Hg), Allgemeine Grundlagen der marxistischen Pädagogik, Pullach 1973. – F. KRON, Antiautoritäre Erziehung, Bad Heilbrunn 1973. – P. MILHOFFER, Familie und Klasse. Ein Beitrag zu den politischen Konsequenzen familialer Sozialisation, Frankfurt 1973. – K. ERLINGHAGEN, Autorität und Antiautorität. Erziehung zwischen Bindung und Emanzipation, Heidelberg 1973. – H. GIESEKE, Bildungsreform und Emanzipation, München 1973. – M. GREIFENHAGEN (Hg), Emanzipation, Hamburg 1973. – H. MORITZ, Die Neuentdeckung der Familie. Die Bewertung und Begrenzung der Erziehungseinflüsse in Elternhaus und Schule, München 1972. – J. CLASSEN (Hg), Antiautoritäre Erziehung in der wiss. Diskussion, Heidelberg 1973. – O. ENGELMAYER (Hg), Die Antiautoritätsdiskussion in der Pädagogik, Neuburgweier 1973. – E. RAUCH/W. ANZINGER (Hg), Wörterbuch kritische Erziehung, 4. Aufl., Starnberg 1973. – G. SCHIESS, Die Diskussion über die Autonomie der Pädagogik, Weinheim 1973. – St. VOETS (Hg), Sozialistische Erziehung. Texte zur Theorie und Praxis, Hamburg 1972. – Th. WILHELM, Emanzipation – Pädagogischer Schlüsselbegriff oder Leerformel? Kiel 1974. – F. STÜBIG, Erziehung zur Gleichheit. Konzepte der 'education commune' in der Französischen Revolution, Ravensburg 1974. – K. SCHALLER, Einführung in die kritische Erziehungswissenschaft, Darmstadt 1974. – E. BECKER, Sozialistische Erziehung, in: Ch. WULF (Hg), Wörterbuch der Erziehung, München 1974. – H. BATH, Emanzipation als Erziehungsziel? Bad Heilbrunn 1974. – H. LÜBBE, Zur Philosophie der aktuellen Revolution des Erziehungswesens, in: Studia Philosophica Bd 34 (1974). – U. BRONFENBRENNER, Wie wirksam ist die kompensatorische Erziehung? Stuttgart 1974. – L. KERSTIENS, Modelle emanzipatorischer Erziehung, Bad Heilbrunn 1974. – D.-J. LÖWISCH, Erziehung und Kritische Theorie, München 1974. – H. SCHELSKY, Die Arbeit tun die andern. Klassenkampf und Priesterherrschaft der Intellektuellen, Düsseldorf 1975. – Ph. ARIES, Geschichte der Kindheit, München 1975. – G. BIERMANN (Hg), Familie und Kind in der Gesellschaft unserer Zeit, München 1975. – H.-J. GÖRLING, Das Recht des Kindes und der Eltern, 4. Aufl., München 1975. – F. NEIDHARDT (Hg), Frühkindliche Sozialisation. Theorien und Analysen, Stuttgart 1975. – K. MOLLENHAUER u. a., Die Familienerziehung, München 1975. – H. J. EYSENK, Vererbung, Intelligenz und Erziehung. Zur Kritik der pädagogischen Milieutheorie, Stuttgart 1975. – Derselbe, Die Ungleichheit des Menschen, München 1975. – W. BREZINKA, Erziehung und Kulturrevolution. Die Pädagogik der Neuen Linken, 2. Aufl., München 1976. – E. von BRAUNMÜHL u. a., Das Kind in der Familie, Frankfurt 1976. – E. CLOER (Hg), Familienerziehung, Bad Heilbrunn 1979. – H. B. STREITHOFEN, Die Familie im Schulbuch, Walberberg 1980. – E. BADRY, Die erzieherische Aufgabe der Familie, Frankfurt 1980.

56) Vgl. dazu vom Verfasser: Außerfamiläre Erziehungseinrichtungen in Konkurrenz mit dem Elternhaus, in: J. HARDEGGER (Hg), Handbuch der Elternbildung, 2. Bd, Einsiedeln 1966. –

Derselbe, Krippenkinder. Eine empirische sozialpädagogische Untersuchung zur Problematik der Kinderkrippe, Wien 1971 (als gekürzte Buchpublikation des 1969 veröffentlichten kompletten Forschungsberichts). – Derselbe, Familienbericht: Probleme der Vereinbarkeit mit einem christlichen Menschenbild, in: Die Neue Ordnung 4/1976 (Analyse des 2. deutschen Familienberichts).

57) Es sei hier insbesondere hingewiesen auf die (in Fußnote 55 schon genannte) bahnbrechende Grundlagenarbeit von Wolfgang BREZINKA, Erziehung und Kulturrevolution. Die Pädagogik der Neuen Linken, 2. Aufl., München 1976. In der dort abgedruckten umfassenden Bibliographie findet sich auch weiterführendes Schrifttum zur problemübergeordneten moralphilosophischen Auseinandersetzungsebene.

58) Vgl. dazu das rund 1000 Seiten umfassende – vom Standpunkt einer *personalen* anthropologischen Konzeption in vielerlei Hinsicht problematische – doppelbändige Werk: Arbeitsgemeinschaft katholisch-sozialer Bildungswerke in der BRD (Hg), Familie in der Gesellschaft. Gestalt, Standort, Funktion. Herausgegeben als Bd 133 der Schriftenreihe der Bonner Bundeszentrale für politische Bildung, Bonn 1978. Es handelt sich dabei um eine von der eben genannten Bundeszentrale in Auftrag gegebene (geförderte) Arbeit im Rahmen eines insgesamt 10 Untersuchungen umfassenden Curriculum-Großprojekts zu verschiedenen Problembereichen. Zur kritischen Analyse des hier zitierten Familien-Curriculum vgl. N. MARTIN, Familie im Visier der Curriculum-Forschung, Bd 39 der Schriftenreihe 'Reden zur Zeit', Würzburg 1979.

59) Zu dieser in permanenten Protest und allseitiges Aufbegehren gegen alle abweichenden Auffassungen einmündende erziehungsrelevante Konfliktideologie vgl. nachstehende Literaturauswahl: A. GORZ, Zur Strategie der Arbeiterbewegung im Neo-Kapitalismus, Frankfurt 1967. – G. AMENDT (Hg), Kinderkreuzzug oder beginnt die Revolution in den Schulen? Reinbeck 1968. – P. BRÜCKNER, Die Transformation des demokratischen Bewußtseins, in: J. AGNOLI/ P. BRÜCKNER (Hg), Die Transformation der Demokratie, Frankfurt 1968. – H.-J. HAUG/ H. MAESSEN, Was wollen die Schüler? Politik im Klassenzimmer, Frankfurt 1969. – Dieselben, Was wollen die Lehrlinge? Frankfurt 1971. – H. MARCUSE, Versuch über die Befreiung, Frankfurt 1969. – M. LIEBEL/F. WELLENDORF, Schülerselbstbefreiung, Voraussetzungen und Chancen der Schülerrebellion, 3. Aufl., Frankfurt 1970. – G. BOTT (Hg), Erziehung zum Ungehorsam. Kinderläden berichten aus der Praxis der antiautoritären Erziehung, Frankfurt 1970. – H. J. GAMM, Kritische Schule. Eine Streitschrift für die Emanzipation von Lehrern und Schülern, München 1970. – K. SADOUN u. a. (Hg), Berliner Kinderläden, Antiautoritäre Erziehung und sozialistischer Kampf, Köln 1970. – R. WAELDER, Fortschritt und Revolution, Stuttgart 1970. – H. BUSSIEK, Wege zur veränderten Gesellschaft. Politische Strategien, Frankfurt 1971. – P. J. NEUHAUS, Der vollkommene Revolutionär, in: P. L. BERGER/NEUHAUS (Hg), Protestbewegung und Revolution oder die Verantwortung der Radikalen, Radikalismus in Amerika, Frankfurt 1971. – N. GANSEL (Hg), Überwindet den Kapitalismus oder was wollen die Jungsozialisten, Reinbeck 1971. – H. BREITENEICHER u. a. (Hg), Kinderläden, Revolution der Erziehung oder Erziehung zur Revolution? Reinbeck 1971. – W. EISERT, Agitatorische Bewußtseinsverengung. Reduktion als strategische Methode des Marxismus, in: Stimmen der Zeit, Bd 189 (1972). – C. von SCHRENK-NOTZING, Demokratisierung. Konfrontation mit der Wirklichkeit, München 1972. – F. KAINZ, Über die Sprachverführung des Denkens, Berlin 1972. – W. HENNIS, Die mißverstandene Demokratie, Freiburg 1973. – H. SCHOECK, Der Neid und die Gesellschaft, 3. Aufl., Freiburg 1973. – E. TOPITSCH, Machtkampf und Humanität, in: Gottwerdung und Revolution, Beiträge zur Weltanschauungsanalyse und Ideologiekritik, Pullach 1973. – Th. NIPPERDEY, Konflikt – einzige Wahrheit der Gesellschaft? Osnabrück 1974.

60) Auch wenn in den ausgehenden siebziger Jahren die aggressive Dynamik dieser gegen die Familie gerichteten Konfliktideologie immer mehr einer ernüchterten Besinnung über die vielgestaltigen Folgen einer solchen Lebenssicht zu weichen begonnen hat, ja seither in Sozialwissenschaft

und Gesellschaftspolitik vielerorts verbale familienfreundliche Stereotypien wieder in Mode gekommen sind, ist doch damit das vorausgegangene Zerstörungswerk an einer familienorientierten Lebensauffassung (Lebensführung) noch lange nicht aus der Welt geschafft. Wie schon mehrfach zum Ausdruck gebracht, lebt seither vieles aus der Substanz (aus der Richtungsorientierung) der neulinken Ideenwelt bzw. Lebenspraxis *in abgeschwächter Weise* weiter, und zwar im Rahmen einer *allgemeinen linksliberalen Lebensphilosophie* mit ihrer moralisch wie ordnungspolitisch weithin orientierungslosen Laissez-faire-Mentalität (was mit Toleranztugend verwechselt wird). Dies betrifft nicht zuletzt den Themenkreis Ehe, Familie und Kindererziehung – und ist insofern besonders relevant für die davon stark mitabhängige Ausprägung der Nachkommenschaftsgesinnung. Der Versuch einer *abrundenden wie präzisen* Erfassung aller diesbezüglichen – direkten wie indirekten – Mitbewirkungsfaktoren ist im Hinblick auf unsere einschlägigen Aussagen im *ersten* Teil dieser Arbeit ein aussichtsloses Unterfangen; denn letztlich betrifft dies ja die Breite und Komplexität des *gesamten* familienrelevanten Lebensvollzugs. Um die Schwierigkeit der Erfassung dieser Gesamt-Thematik noch einmal zu verdeutlichen, wollen wir am Beispiel der bedeutsamsten unter den sozialwissenschaftlichen Disziplinen, nämlich am Beispiel der *Soziologie*, dartun, in welche ihrer Teildisziplin-Bearbeitungen diese Gesamt-Thematik der fruchtbarkeitsrelevanten Lebenssicht, des fruchtbarkeitsrelevanten Lebensvollzugs letztlich eingebettet ist. Neben der *allgemeinen* Soziologie betrifft dies über die *Familien*soziologie nachstehend genannte Teilbereiche dieses Faches: die Frauen-, Jugend-, Bildungs-, Kultur-, die politische, die Religions-, Wirtschafts-, Kommunikations-, Kriminologie-, Rechts- und Freizeitsoziologie – nebst einer Mitbehandlung in der soziologischen Konflikt-, Ökologie-, Umwelts-, Sozialisations- und Armutsforschung. Diese Aufzählung wird sicherlich noch nicht vollständig sein. Wenn man nun bedenkt, welche Teilproblemausfächerung insgesamt zustandekommt, wenn man analog zur eben gemachten Ausdifferenzierung *auch noch alle übrigen* in diese Thematik involvierten humanwissenschaftlichen Disziplinen einbezieht, dann wird dadurch unsere einschlägige Betrachtungsweise aus dem *ersten* Abschnitt dieser Arbeit noch einmal konkretisierend unterstrichen.

61) Siehe dazu etwa den verdienstvollen Dritten deutschen Familienbericht von 1979.

62) Im Sinne der eben erfolgten Erörterung können wir uns hier auf die Angabe einiger weniger – für die Zielrichtung unserer Arbeit wichtiger – Veröffentlichungen beschränken: J. DAVID, Der Lebensraum der Familie, Luzern 1943. – G. MACKENROTH, Die Reform der Sozialpolitik durch einen deutschen Sozialplan, in: Schriften des Vereins f. Sozialpolitik, Bd 4, Frankfurt 1952. – H. ACHINGER u. a., Reicht der Lohn für Kinder? Frankfurt 1952. – Derselbe, Sozialpolitik als Gesellschaftspolitik, Hamburg 1958. – F. OETER, Familienpolitik, Stuttgart 1954. – J. HÖFFNER, Der Ausgleich der Familienlasten, Paderborn 1954. – E. EGNER, Ökonomische Probleme der Familienpolitik, in: Schmollers Jahrbuch, 1. Halbband 1955. – W. SCHREIBER, Existenzsicherheit i. d. industriellen Gesellschaft, Köln 1955. – M. WINGEN, Die wirtschaftl. Förderung der Familie, Paderborn 1958. – E. WELTY, Herders Sozialkatechismus, Bd 3, Freiburg 1958. – E. EGNER/W. MIET, Zur ökonomischen Problematik kinderreicher Familien, in: K. JANTZ u. a. (Hg), Sozialreform und Sozialrecht, Berlin 1959. – H. SCHMITZ, Gerechtigkeit für die Familie, Wien 1959. – W. DREIER, Das Familienprinzip – ein Strukturelement der modernen Wirtschaftsgesellschaft, Münster 1960. – Derselbe, Wirtschaftliche und soziale Sicherung der Familie, Münster 1965. – O. von NELL-BREUNING, Der Familienlastenausgleich, Heft 9 der Schriftenreihe des Kath. Familienverbandes Österreichs, Wien 1960. – Derselbe, Kapitalismus und gerechter Lohn, 4. Teil: Familie, Freiburg 1960. – H. H. BÜHLER, Familienpolitik als Einkommens- und Eigentumspolitik, Berlin 1961. – H. SCHMUCKER, Die ökonomische Lage der Familie in der BRD, Stuttgart 1961. – J. MESSNER, Die soziale Frage, 7. Aufl., Innsbruck 1964. – H. DANNINGER, Zur wirtschaftlichen Lage der Familie in Österreich, Schriftenreihe des Kath. Familienverbandes Österreichs, Wien 1979. – O. von NELL-BREUNING/C. G. FETSCH, Drei Generationen in Solidarität, Köln 1981.

63) Vgl. dazu die einschlägigen Aussagen und Belege im Schrifttum der Familienorganisationen dieser beiden Länder.

64) Angesichts des immer wieder betonten Charakters unserer Arbeit als einer zusammenhangklärenden Aufhellung der Grundlagenproblematik kann hier auf Literaturhinweise zum Thema 'Familie und Wohnen' ebenso verzichtet werden wie zu den ebenso nur global gestreiften restlichen Determinantenkomplexen 'Ehe ohne Trauschein und Ehescheidung' und Fruchtabtreibung. Der näher Interessierte findet in den fachlich damit befaßten Institutionen (vor allem in den einschlägigen Hochschul- und Forschungsinstituten), aber auch in den sonstigen wissenschaftlichen Bibliotheken alle wünschenwerten Angaben über die auch zu dieser Teilthematik der generativen Frage bestehenden Literatur.